Moderne Konzepte des organisationalen Marketing

Thorsten Kliewe • Tobias Kesting (Hrsg.)

Moderne Konzepte des organisationalen Marketing

Modern Concepts of
Organisational Marketing

Herausgeber
Thorsten Kliewe
Tobias Kesting

Fachhochschule Münster
Münster, Deutschland

ISBN 978-3-658-04679-8 ISBN 978-3-658-04680-4 (eBook)
DOI 10.1007/978-3-658-04680-4

Die Deutsche Nationalbibliothek verzeichnet diese Publikation in der Deutschen Nationalbibliografie; detaillierte bibliografische Daten sind im Internet über http://dnb.d-nb.de abrufbar.

Springer Gabler
© Springer Fachmedien Wiesbaden 2014
Das Werk einschließlich aller seiner Teile ist urheberrechtlich geschützt. Jede Verwertung, die nicht ausdrücklich vom Urheberrechtsgesetz zugelassen ist, bedarf der vorherigen Zustimmung des Verlags. Das gilt insbesondere für Vervielfältigungen, Bearbeitungen, Übersetzungen, Mikroverfilmungen und die Einspeicherung und Verarbeitung in elektronischen Systemen.

Die Wiedergabe von Gebrauchsnamen, Handelsnamen, Warenbezeichnungen usw. in diesem Werk berechtigt auch ohne besondere Kennzeichnung nicht zu der Annahme, dass solche Namen im Sinne der Warenzeichen- und Markenschutz-Gesetzgebung als frei zu betrachten wären und daher von jedermann benutzt werden dürften.

Gedruckt auf säurefreiem und chlorfrei gebleichtem Papier

Springer Gabler ist eine Marke von Springer DE. Springer DE ist Teil der Fachverlagsgruppe Springer Science+Business Media.
www.springer-gabler.de

Prof. Dr. rer. pol. habil. Thomas Baaken

© Foto Thomas Baaken: Kai Schenk Fotografie

Biographie von Thomas Baaken

Prof. Dr. rer. pol. habil. Thomas Baaken wurde am 9. März 1954 in Hüls (heutiger Stadtteil von Krefeld) geboren. Nach dem Abitur absolvierte er eine Lehre zum Maschinenschlosser (Gesellenbrief 1978) und studierte an der RWTH Aachen und der Freien Universität Berlin. 1981 schloss er sein Studium als Diplom-Kaufmann ab und promovierte 1986 bei Prof. Dr. Karl-Heinz Strothmann in Berlin über die Bewertung innovativer technologieorientierter Gründerunternehmen. Später habilitierte er sich am IHI Zittau (jetzt TU Dresden). Im Anschluss an seine Tätigkeit am Lehrstuhl von Professor Strothmann übernahm Thomas Baaken 1987 die Leitung einer Niederlassung der VDI/VDE-Technologiezentrum Informationstechnik GmbH in Kassel und fungierte bis 1990 als Abteilungsleiter für „Technologie-Marketing" in Berlin. Während dieser Zeit hatte er bereits mehrere Lehraufträge an Hochschulen in Enschede, Kassel und Berlin inne.

1989 nahm Thomas Baaken einen Ruf der Fachhochschule Düsseldorf an und bekleidete dort von März 1990 bis Februar 1991 die Professur für Allgemeine Betriebswirtschaftslehre, insb. Marketing und Kommunikationswissenschaft. Seit Frühjahr 1991 ist er als Professor für Allgemeine Betriebswirtschaftslehre, insb. Marketing, an der Fachhochschule Münster tätig. Ebenfalls seit 1991 arbeitet er als freiberuflicher Marktforscher und Berater auf dem Gebiet des Business-to-Business-Marketing.

Im Rahmen seiner Professur in Münster war Thomas Baaken von 1997 bis 2000 mit der Projektleitung von SMILE (Strategisches Marketing für Lehre und Entwicklung) an der Fachhochschule betraut. Von 1998 bis 2003 war er Prorektor für Forschungs- und Entwicklungsaufgaben der Fachhochschule Münster und als Mitglied der Hochschulleitung in dieser Funktion insbesondere für Forschung und Technologietransfer, Drittmittelprojekte aus Unternehmen und EU- und Bundesprogramme verantwortlich. Anschließend gründete er den Forschungs- und Entwicklungsschwerpunkt „Science Marketing" aus dem sich das Science-to-Business Marketing Research Centre (S2BMRC) entwickelte, das dank der erfolgreichen Platzierung von Projektanträgen in den folgenden Jahren kontinuierlich gewachsen ist und seit 2010 rund 20 Teammitglieder umfasst.

Thomas Baaken hat über das S2BMRC zahlreiche Kontakte und Netzwerke zu Partnern in Wissenschaft und Wirtschaft begründet und ausgebaut. Bereits 2003 fand die erste Science-to-Business Marketing-Konferenz im australischen Adelaide statt. Inzwischen wurden zwölf internationale Konferenzen auf allen Kontinenten realisiert. Thomas Baaken trat bei diesen und zahlreichen anderen Konferenzen als Keynote Speaker bzw. Referent auf und hat bisher mehr als 280 Vorträge in über 30 Ländern gehalten.

Durch seine konsequente Außenorientierung hat Thomas Baaken in den vergangenen Jahren umfangreiche Potenziale genutzt, um die Internationalisierung des S2BMRC und der Fachhochschule Münster voranzutreiben, sodass sein Einfluss und seine Aktivitäten weit über die Fachhochschule und die Region hinausgehen. Dadurch bildeten sich weitere wertvolle Partnerschaften der FH Münster mit anderen Hochschulen heraus, z.B. über kooperative Promotionsverfahren, die Thomas Baaken u.a. gemeinsam mit der University of Adelaide (Australien), der Coventry University (England), der Vrije Universiteit Amsterdam (Niederlande) und dem IHI Zittau/TU Dresden (Deutschland) realisiert.

In der Lehre hat Thomas Baaken bereits in den 1990er Jahren studentische Echtzeitprojekte in Kooperation mit Unternehmen umgesetzt und damit schon sehr früh eine moderne anwendungsbezogene, praxisorientierte und nachhaltige akademische Ausbildung zur Förderung der Schlüsselkompetenzen von Studierenden realisiert. Hierbei hat er in den letzten Jahren über 120 solcher Projekte verantwortet. Er hat zudem weit über 500 Abschlussarbeiten betreut. Darüber hinaus hat er sehr engagiert den internationalen studentischen Austausch gefördert und z.B. ein studentisches Austauschprogramm mit der University of Adelaide realisiert.

Thomas Baaken blickt auf zahlreiche Publikationen zum Business-to-Business- und zum Science-to-Business-Marketing zurück. Die vielfältigen am S2BMRC entstandenen und entstehenden Veröffentlichungen speisen sich aus mehreren Kanälen. Publikationen werden als Monographien sowie in Sammelwerken, Journalen und Konferenzbänden über das Team des S2BMRC umgesetzt. Darüber hinaus wurden vielfältige Forschungsberichte (z.B. für die Europäische Kommission) veröffentlich sowie Special Issues in internationalen Journalen herausgegeben. Aus der Gruppe der Doktoranden am Berliner Lehrstuhl von Karl-Heinz Strothmann begründete sich zudem 1996 der Kyritzer Kreis, für den Thomas Baaken/das S2BMRC Sammelwerke zur Business-to-Business-Kommunikation und zu Marketing für Innovationen umgesetzt hat.

Durch seinen unermüdlichen und engagierten Einsatz für Lehre, Forschung und Wissens- und Technologietransfer hat Thomas Baaken inzwischen zahlreiche internationale Positionen inne. So ist er u.a. als Privatdozent am IHI Zittau, als Adjunct Professor an der University of Adelaide (Australien) und als „Senior International Fellow" an der Vrije Universiteit Amsterdam (Niederlande) tätig.

Biography of Thomas Baaken

Prof. Dr. rer. pol. hab. Thomas Baaken was born on March 9th 1954 in Hüls (today a district of Krefeld). After finishing school he completed an apprenticeship as a machinist (journeyman's certificate 1978) and studied at RWTH Aachen University and the Free University of Berlin. He graduated in 1981 with a diploma degree in business administration and completed his PhD in 1986, under Prof. Dr. Karl-Heinz Strothmann in Berlin, on the evaluation of innovative start-up companies. Later he habilitated at IHI Zittau (now TU Dresden). Following his work in the department of Professor Strothmann, Thomas Baaken managed the VDI/VDE Technology Centre for Information Technology's branch in Kassel and served until 1990 as head of the "Technology Marketing" department in Berlin. During this time he took several teaching positions at universities in Enschede, Kassel and Berlin.

In 1989, Thomas Baaken accepted an invitation from the Düsseldorf University of Applied Sciences to take up a professorship in general business administration, especially marketing and communication science, from March 1990 to February 1991. Since early 1991 he has worked as a professor of business administration, especially marketing, at Münster University of Applied Sciences. Also since 1991, he has worked as a freelance market researcher and consultant in the field of business-to-business marketing.

During his professorship in Münster, Thomas Baaken was responsible for the project management of SMILE (Strategic Marketing for Teaching and Development) from 1997 to 2000. From 1998 to 2003 he was vice president for research and development, and in this function, as a member of the university management, was particularly responsible for research and technology transfer as well as projects funded by companies, and national or EU programs. Subsequently he founded the research stream "Science Marketing" from which the Science-to-Business Marketing Research Centre (S2BMRC) emerged. Thanks to the successful placement of project proposals, the S2BMRC grew steadily in the following years and since 2010 it has had approximately 20 team members.

Through the S2BMRC, Thomas Baaken has established numerous contacts and networks with partners in science and industry. Back in 2003 the first science-to-business marketing conference was held in Adelaide, Australia. Meanwhile, 12 international conferences on all continents have been implemented. Thomas Baaken joined these and numerous other conferences as a keynote speaker and lecturer and has so far given more than 280 presentations in 31 countries.

In recent years, with his systematic outward orientation, Thomas Baaken has considerably advanced the internationalisation of S2BMRC and Münster University of Applied Sciences, so that his influence and his activities go far beyond the university and the region. As a result, valuable partnerships between Münster University of Applied Sciences and other universities have been formed. For example, cooperative PhD programs have been established with the Vrije Universiteit Amsterdam (The Netherlands), the IHI Zittau/TU Dresden (Germany), The University of Adelaide (Australia) and Coventry University (England).

As early as the 1990s, Thomas Baaken implemented student real-time projects in cooperation with companies and thus committed very early to modern application-specific, practice-oriented and sustainable academic training to promote the key competences of students. He has been responsible for over 120 such projects in recent years; moreover he has supervised over 500 theses. He has also been closely involved in encouraging and promoting international student exchanges. For example, he has put in place an international student exchange program with The University of Adelaide in Australia.

Thomas Baaken has contributed numerous publications on business-to-business and science-to-business marketing. These diverse publications, which were produced and continue to be produced at the S2BMRC, emerge from different groups. Publications as monographs as well as in edited books, journals and conference proceedings are implemented by the core team of S2BMRC. In addition, many research reports (e.g. the European Commission) and other special issues have been published in international journals. In 1996 the "Kyritzer Kreis" (Kyritz Circle) was established by a group of PhD students from the Berlin Institute of Karl-Heinz Strothmann, for which Thomas Baaken/S2BMRC created edited books on business-to-business communication and marketing for innovations.

With tireless and dedicated commitment to teaching, research, and knowledge and technology transfer, Thomas Baaken currently holds positions in numerous international organisations. For example, he is a lecturer at IHI Zittau (Germany), an adjunct professor at The University of Adelaide (Australia) and a "Senior International Fellow" at the Vrije Universiteit Amsterdam (the Netherlands).

Grußwort

Es gibt Professoren, die verbringen ihre Arbeitszeit zwischen Büro und Hörsaal. Sie forschen und lehren auf ihrem Fachgebiet mit Hingabe, manchmal aber mit wenig Kontakt zur Außenwelt. Letzteres entspricht so gar nicht den Vorstellungen von Professor Dr. Thomas Baaken – zur großen Freude der Fachhochschule Münster, ihrer Studierenden und Projektpartner.

Thomas Baaken braucht den Austausch mit Kolleginnen und Kollegen auf der ganzen Welt ebenso wie den Draht zur Praxis. Davon profitieren seine Studierenden bereits seit über zwanzig Jahren. Als er 1991 Professor für Allgemeine Betriebswirtschaft mit den Schwerpunkten Investitionsgüter-, Technologie- und Softwaremarketing sowie Internationales Marketing an der Fachhochschule Münster wurde, brachte er ein großes Netzwerk und viel praktische Erfahrung mit – eine Eigenschaft, die unsere Professorinnen und Professoren auszeichnet. Und er nimmt diesen Anspruch besonders ernst: Seine Studierenden erwartet nicht nur graue Theorie, Thomas Baaken vermittelt seine Inhalte besonders praxisnah, oft auch außerhalb des Hörsaals bei Exkursionen oder in einer Vielzahl von Semesterprojekten mit Unternehmen.

Im Jahr der Internationalität an der Fachhochschule Münster sei das hohe Engagement von Thomas Baaken für den internationalen Bereich besonders herausgestellt. Seinen Studierenden bietet er vielfältige Möglichkeiten und Impulse, sich beinahe nebenbei auch interkulturelle Kompetenzen anzueignen. Und damit kennt Thomas Baaken sich aus. Seinem Engagement verdankt die FH ihre Kooperation mit der Universität von Adelaide in Australien, wo er selbst ein Jahr als Gastprofessor geforscht und gelehrt hat. Internationale Partnerschaften betreut er außerdem mit der Wirtschaftsuniversität Krakau (Polen) und der Pfeiffer University (USA). An der Christ University in Bangalore (Indien) arbeitet er als Lehrbeauftragter für den MBA im Studiengang International Management und Marketing. Beeindruckend auch folgende Zahl: In 31 Ländern weltweit hat er im Laufe seiner Karriere über 280 Vorträge gehalten.

Von seinem weitverzweigten Netzwerk und seinen guten Kontakten profitiert die Hochschule in vielerlei Hinsicht. Als drittmittelstärkster Professor am Fachbereich Wirtschaft ist er auch in finanzieller Hinsicht ein Gewinn für die FH. In der Forschung hat Thomas Baaken mit dem Aufbau des Forschungszentrums Science-to-Business Marketing Research Centre an der Hochschule einen Schwerpunkt im Bereich des Wissenschaftsmarketing gelegt und eine eigene Konferenzserie zu diesem Thema aufgelegt. Nicht nur er selbst, auch seine Mitarbeiterinnen und Mitarbeiter, die als wissenschaftlicher Nachwuchs von seinem Engagement profitieren, sind vielfach für ihre Arbeit ausgezeichnet worden.

Zudem hat sich Thomas Baaken im Bereich des Hochschulmanagements verdient gemacht. Als Prorektor für Forschung- und Entwicklungsaufgaben war er von 1998 bis 2003 der erste Marketing-Professor in dieser Rolle. Von den Ansätzen, die er in dieser Zeit entwickelt hat, profitiert die Hochschule noch heute. Erstmalig übertrug er die Methoden des Business-to-Business-Marketing auf den Bereich des Science-to-Business-Marketing.

Dass Thomas Baaken ein fachliches Schwergewicht ist, zeigt nicht zuletzt die Liste seiner Projekte, Veröffentlichungen, Vorträge und Auszeichnungen, die sich problemlos auf zwei Wissenschaftlerlebensläufe aufteilen lassen könnten. Dazu passt auch, dass er sich im Jahr 2010 am IHI Zittau (jetzt TU Dresden) mit der Schrift „Science-to-Business Marketing" habilitiert hat.

Im Namen des gesamten Präsidiums der Fachhochschule Münster gratulieren wir Thomas Baaken sehr herzlich zur Vollendung seines 60. Lebensjahres und danken ihm für sein vielfältiges Engagement. Hiermit verbinden wir die besten Wünsche für die kommenden Jahre: Gesundheit, Freude und ein ausgewogenes Verhältnis zwischen dem Wissenschaftsbetrieb und Freiräumen für die eigene Lebensgestaltung.

Prof. Dr. Ute von Lojewski
Präsidentin der Fachhochschule Münster

Carsten Schröder
Vizepräsident für Transfer und Partnerschaften

Greeting

There are professors who spend their working time between the office and lecture halls. They conduct research and teach in their field with dedication, but sometimes have little contact with the outside world. The latter does not apply at all to Professor Dr. Thomas Baaken – to the delight of Münster University of Applied Sciences, its students and project partners. Rather, Thomas Baaken needs the exchange with colleagues around the world as well having regular interaction with business. For over twenty years now students have benefitted from this.

When he became professor of business with an emphasis on business-to-business marketing, technology marketing, software marketing as well as international marketing at Münster University of Applied Sciences in 1991, he brought with him a large network and a lot of practical experience – a feature that distinguishes our professors. And he takes this practical connection very seriously; his students do not just get dry theory. Instead, Thomas Baaken presents them with very practical course content, often outside the classroom during excursions or in a large number of student projects with companies.

In the year of internationality at Münster University of Applied Sciences, the high commitment of Thomas Baaken in the international domain is particularly pointed out. He offers his students various opportunities and inspiration to acquire intercultural competences, an area with which he is quite familiar. Thanks to his commitment, the university has established cooperation with the University of Adelaide in Australia, where he conducted research and taught for a year as a visiting professor. He also supervises international partnerships with Cracow University of Economics (Poland) and Pfeiffer University (USA). At Christ University in Bangalore (India), he works as a lecturer on the MBA degree program in international management and marketing. The following statistics are also impressive: Thomas Baaken has given more than 280 presentations and talks in his career, in 31 countries.

The university benefits in many ways from his extensive network and his good contacts. As the professor who receives the most third-party money of all academics in the business department, he is also a win for the university in terms of finance. Through the foundation of the Science-to-Business Marketing Research Centre, Thomas Baaken has given the university a reputation in the field of science marketing, and it has launched its own series of conferences on the subject. Not only he himself, but also his employees, who benefit as young scientists from his commitment, have received many awards for their work.

In addition, Thomas Baaken has rendered outstanding services in the field of higher education management. As vice president for research and development from 1998 to 2003, he was the first marketing professor in this role. The university still profits from the approaches he developed during this period. He was the first to transfer the methods of business-to-business marketing to the area of science-to-business marketing.

That Thomas Baaken is a professional heavyweight is demonstrated not least by the list of his projects, publications, lectures and awards that could be split among two scientists CVs without problems. This is in line with his habilitation, which he received in 2010 from IHI Zittau (now TU Dresden) for his dissertation entitled "Science-to-Business Marketing".

On behalf of the Presidium of Münster University of Applied Sciences we congratulate Thomas Baaken very warmly on reaching his 60th year of life and thank him for his broad commitment. Herewith, we send our best wishes for the coming years: health, happiness and a balanced relationship between the scientific world and your private lifestyle.

Prof. Dr. Ute von Lojewski
President of Münster University
Applied Sciences

Carsten Schröder
Vice-President for Knowledge of
Transfer and Partnerships

Geleitwort der Herausgeber

Herr Prof. Dr. rer. pol. habil. Thomas Baaken feiert am 9. März 2014 seinen 60. Geburtstag. Seine Karriere widmet Thomas Baaken seit Jahrzehnten dem organisationalen Marketing, insbesondere dem Business-to-Business- und dem Science-to-Business-Marketing. Während das Interesse an Marketingdisziplinen mit Organisationen als Zielgruppe (inkl. Unternehmen, öffentliche Organisationen und Hochschulen) in den vergangenen zehn bis 15 Jahren stetig gestiegen ist, so sind Verknüpfungspublikationen immer noch rar. Dies sowie den runden Geburtstag von Thomas Baaken, der sich seit jeher der (Weiter-)Entwicklung und Übertragung von Ansätzen, Konzepten und Methoden innerhalb und zwischen Marketingdisziplinen verschrieben hat, haben wir zum Anlass genommen, diese Festschrift zum organisationalen Marketing umzusetzen.

Thomas Baaken hat die Marketingwissenschaft und -praxis national und international maßgeblich geprägt. Während die Aufzählung all seiner Leistungen und Erfolge den Rahmen dieses Vorwortes sprengen würde, so möchten wir dennoch sein Wirken durch einige Beispiele aufzeigen.

Noch vor seinen Beiträgen zur Wissenschaft und Praxis würdigen wir Thomas Baakens Verdienste in Bezug auf die persönliche und fachliche Weiterentwicklung seiner Mitarbeiterinnen und Mitarbeiter. Quasi als „Einzelkämpfer" gestartet, hat er das Science-to-Business Marketing Research Centre (S2BMRC) zu einem weltweit anerkannten Forschungszentrum mit 20 Teammitgliedern entwickelt. Der Begriff „Team" steht dabei stellvertretend für seinen partizipativen Führungsstil und die Tatsache, dass er jedem Teammitglied die Möglichkeit der individuellen Schwerpunktsetzung gibt, die letztendlich jedem Einzelnen, aber auch dem Team insgesamt, in Form von Vielfältigkeit und neuen Ideen zu Gute kommt. Als persönlich „Involvierte" und stellvertretend für alle Teammitglieder möchten wir Dir, lieber Thomas, ganz herzlich dafür danken!

Im Hinblick auf Thomas Baakens Verdienste in der Forschung und Praxis ist zu konstatieren, dass er – gestützt durch seine feste Überzeugung, Kunden, Partner und Märkte und nicht Produkte und Technologien in den Mittelpunkt des Denkens und Handels zu stellen – stets neue, meist steinige Wege gegangen ist und viele Menschen dazu bewegt hat, über Jahre und Jahrzehnte gefestigte Denkmuster und Handlungsweisen zu überdenken. Durch seine stetige Hingabe hat er das Forschungsgebiet des Science-to-Business-Marketing etabliert und maßgeblich zur Weiterentwicklung zentraler Konzepte wie dem Partner Relationship Management oder dem marktorientierten Wissens- und Technologietransfer beigetragen.

Die am S2BMRC entwickelten Tools und Konzepte werden heute weltweit eingesetzt und wurden vielfach ausgezeichnet. Neben zahlreichen Publikationen von internationaler Tragweite, Projekten für und mit Unternehmen und Forschungsprojekten für Fördergeber, wie z.B. die Europäische Kommission, hat Thomas Baaken zudem eine Konferenzserie zum Thema Science-to-Business-Marketing ins Leben gerufen. Seit 2003 wurden insgesamt zwölf internationale Konferenzen realisiert.

Nicht zuletzt hat Thomas Baaken zahlreiche Generationen von Studierenden für Gegenstände des Marketing begeistern können – weil er selbst seit mehr als 30 Jahren von der Marketingwissenschaft und -praxis begeistert ist. In der Lehre war es ihm immer ein besonderes Anliegen, praktisches Wissen und problemlösungsorientiertes Vorgehen zu vermitteln, um die Studierenden optimal auf ihre Karriere vorzubereiten. So hat er beispielsweise weit vor vielen anderen Hochschullehrern Semesterprojekte mit Praxispartner in die Lehre integriert.

Der runde Geburtstag bietet nunmehr Freunden, Kollegen, Mitarbeitern, Studierenden, Kooperationspartnern und weiteren Weggefährten und Experten auf dem Fachgebiet die Gelegenheit, ihre Wertschätzung gegenüber Thomas Baaken und seinem Wirken durch einen Beitrag zu dieser Festschrift Ausdruck zu verleihen. Das Werk spiegelt dabei den internationalen Wirkungsbereich von Thomas Baaken wider und verbindet Beiträge von Autorinnen und Autoren in aller Welt – verfasst in deutscher und englischer Sprache.

Wir haben die Festschrift unter den Titel „Moderne Konzepte des organisationalen Marketing" gestellt und legen dabei das folgende Begriffsverständnis zugrunde:

„Organisationales Marketing (OM) umfasst Marketingaktivitäten von Organisationen jedweder Art, die sich an andere Organisationen jedweder Art richten. Ein Kernelement des organisationalen Marketing besteht in der Identifizierung und Nutzung von Lerneffekten und Transferpotenzialen zwischen seinen Subdisziplinen (enges Begriffsverständnis) sowie zwischen diesen und weiteren Marketingdisziplinen (weites Begriffsverständnis)."

In dieser Festschrift greifen wir insbesondere die beiden Themengebiete auf, die Thomas Baaken während seiner Laufbahn maßgeblich geprägt hat. Während das Business-to-Business-Marketing die Grundlage für die von Thomas Baaken entwickelte Marketingdisziplin des Science-to-Business-Marketing darstellt, so ist das Science-to-Business-Marketing innerhalb der letzten Jahre – insbesondere durch die Hingabe von Thomas Baaken – zu einem eigenen Forschungsbereich gewachsen. Als Ergebniss dessen bietet das Science-to-Business-Marketing heute auch Impulse für das Business-to-Business-Marketing.

Die Struktur des Werkes gestaltet sich wie folgt: Die Festschrift beginnt mit einer thematischen Einführung und der Darstellung theoretischer Grundlagen (Kap. 1). Nachfolgend stehen Netzwerke und Umweltbetrachtungen im organisationalen Marketing im Fokus (Kap. 2). Im Anschluss daran widmen sich in

Kapitel 3 mehrere Beiträge dem Management, den Strukturen, den Prozessen sowie verschiedenen Perspektiven im organisationalen Marketing. Die Einbeziehung und langfristige Bindung von Kunden und Partnern bilden den Inhalt des vierten Kapitels. Der letzte Teil des Buches befasst sich mit dem Markenmanagement und der Kommunikation im organisationalen Marketing (Kap. 5).

Die Heterogenität der verschiedenen Beiträge – Heterogenität in thematischem Fokus, Perspektive, und Sprache – ist geradezu charakteristisch und begrüßenswert, da es die Vielfältigkeit des Wirkungsbereiches von Thomas Baaken widerspiegelt. Mit dieser Festschrift würdigen wir Thomas Baaken und sein stetiges Bestreben, (gedankliche) Barrieren aufzubrechen, neue Wege zu gehen und gemeinsam Wissen zu schaffen, welches gleichermaßen einen Beitrag zur Wissenschaft und Praxis leistet. Vielen Dank, Thomas!

Dank gebührt auch denen, die an dieser Festschrift mitgewirkt und dessen Erstellung wohlwollend gefördert haben. Allen voran danken wir den Autorinnen und Autoren, die durch ihre Beiträge in dieser Festschrift zur Würdigung Thomas Baakens beitragen. Neben den Autorinnen und Autoren sind dabei vor allem die Verfasser des Grußwortes, Frau Prof. Dr. Ute von Lojewski und Herr Carsten Schröder zu nennen. Ebenso hohe Anerkennung gebührt den Unterstützern, ohne die diese Festschrift nicht zustande gekommen wäre. Hier möchten wir insbesondere Nisha Korff, David Serbin, Carolin Plewa, Arno Meerman, Denise Becker, Friederike von Hagen, Christian Junker, Theresia Belmann und Michael Konrad sowie allen weiteren Teammitgliedern des Science-to-Business Marketing Research Centre ganz herzlich danken. Darüber hinaus gilt unser Dank folgenden Organisationen: brandhelfer, EMSA, Fachhochschule Münster (Fachbereich Wirtschaft), Münstermann, noventum consulting, techconsult sowie Windmöller & Hölscher. Dankend zu erwähnen sind indes auch die Gratulanten, die durch ihre Glückwünsche aus mehr als 30 Ländern das internationale Wirken von Thomas Baaken veranschaulichen.

Darüber hinaus möchten wir Springer Gabler für das Entstehen und Gelingen der Festschrift danken. Unser Dank gilt dabei insbesondere Frau Jutta Hinrichsen und Frau Marta Schmidt, die uns über den gesamten Erstellungsprozess optimal betreut haben.

Stellvertretend für die vielen Freunde, Kollegen, Mitarbeiter, Studierende, Kooperationspartner und weiteren Weggefährten und Experten danken wir Thomas Baaken für sein Engagement – gleichsam im privaten und beruflichen Umfeld – und gratulieren ihm zum 60. Geburtstag und wünschen ihm privat sowie beruflich alles Gute für die Zukunft.

Münster, im Dezember 2013

Thorsten Kliewe   Tobias Kesting

Editors' Foreword

Prof. Dr. rer. pol. habil. Thomas Baaken celebrates his 60th birthday on March 9th 2014. For decades, he has dedicated his career to organisational marketing, especially business-to-business marketing and science-to-business marketing. While interest in marketing disciplines with organisations as a target group (including companies, public organisations and universities) has risen steadily over the past 10 to 15 years, publications linking these marketing disciplines are still scarce. We took this fact as well as the 60th birthday of Thomas Baaken, who has always dedicated his work to the (further) development and transfer of approaches, concepts and methods within and between marketing disciplines, as an opportunity to implement this Festschrift on organisational marketing.

Thomas Baaken has shaped marketing science and practice not only in Germany but also internationally. While the enumeration of all his achievements and successes would be beyond the scope of this preamble, we would like to show his work by outlining some examples.

As well as his contributions to science and practice, we honour Thomas Baakens' achievements in terms of the personal and professional development of his employees. Starting as a kind of a "one-man-show", he developed the Science-to-Business Marketing Research Centre (S2BMRC) into an internationally recognised research centre with 20 team members. The word "team" is representative of his participative style of leadership and the fact that he gives each team member the possibility of individual focus, which benefits everyone individually, but also contributes to the team generally in terms of diversity and new ideas. As beneficiaries of this, and on behalf of all team members, we would very much like to thank you for that, dear Thomas!

It can be stated that Thomas Baaken – supported by his determination to put customers, partners and markets, and not products and technologies at the centre of thinking and acting – has always taken new, mostly rocky roads and moved many people to rethink well-established ways of thinking and acting which have become entrenched over years or decades. Through his steady devotion, he has established the research field of science-to-business marketing and has contributed substantially to the further development of central concepts such as partner relationship management or market-oriented knowledge and technology transfer.

The tools and concepts which were developed at the S2BMRC are used worldwide and have won many awards. In addition to numerous publications of international scope, projects for and with companies, and research projects for funding organisations, such as the European Commission, Thomas Baaken has also brought to life a conference series on science-to-business marketing. Since 2003, a total of 12 international conferences have been realised.

Last but not least, Thomas Baaken has been able to inspire many generations of students on the subjects of marketing – because he himself has been excited about marketing science and practice for more than 30 years. In teaching, he has always put special emphasis on transferring practical knowledge, and used problem-solving oriented approaches to optimally prepare students for their careers. For example, he has integrated student projects with industry partners in his teaching, well ahead of many other university teachers.

This anniversary now offers friends, colleagues, employees, students, partners and other companions and experts in the field the opportunity to show their appreciation to Thomas Baaken and his work by contributing an article to this Festschrift. The work reflects the international scope of Thomas Baaken and combines contributions from authors from all over the world – written in German and English.

We have entitled the Festschrift "Modern Concepts of Organisational Marketing" and put forward the following definition of the term:

> *"Organisational marketing (OM) comprises marketing activities of any kind of organisation aiming at any other kind of organisation. A core element of OM lies in identifying and making use of learning effects and transfer potential between OM sub-disciplines (narrow sense), and between those and further marketing disciplines (wider sense)."*

The Festschrift is dedicated especially to the two topics that Thomas Baaken has significantly influenced during his career. While business-to-business marketing provided the basis for the development of science-to-business marketing, the latter has grown in recent years, particularly through the dedication of Thomas Baaken, into its own research field. As a result, science-to-business marketing today also offers new impetus for business-to-business marketing.

The structure of the book is as follows: The Festschrift begins with a thematic introduction and theoretical foundation (chapter 1). Following this, networks and environmental considerations are discussed (chapter 2). Chapter 3 then details the management, structures, processes and perspectives in organisational marketing. After that, articles on the integration and retention of customers and partners are provided (chapter 4), and lastly, chapter 5 summarises articles on brand management and communication in organisational marketing.

The heterogeneity – in terms of theme, perspective, and language – of the various contributions is quite characteristic and welcome, as it reflects the diversity of the field of activity of Thomas Baaken. With this Festschrift, we honour Thomas Baaken and his steady effort to break down (mental) barriers, to explore new avenues, and to jointly create knowledge, thereby contributing to research and practice. Thank you, Thomas!

Gratitude is owed to those who have contributed to this Festschrift and have supported its creation. Above all, we thank the authors who have shown their appreciation of Thomas Baaken through contributing articles to this Festschrift. In addition to the authors we thank the writers of the foreword, Prof. Dr. Ute von Lojewski and Carsten Schröder. Equally high recognition is given to all those supporters without whom this Festschrift would not have realised. Here we would like to thank in particular Nisha Korff, David Serbin, Carolin Plewa, Arno Meerman, Denise Becker, Friederike von Hagen, Christian Junker, Theresia Belmann and Michael Konrad, as well as all other team members of the Science-to-Business Marketing Research Centre. We also like to thank the following organsiations for their support: brandhelfer, EMSA, Münster University of Applied Sciences (Department of Business Administration), Münstermann, noventum consulting, techconsult, and Windmöller & Hölscher. Our thanks also go to all well-wishers from more than 30 countries who by their congratulations illustrate the international work of Thomas Baaken.

Last, but not least, we would like to thank the publisher Springer Gabler for the creation and success of the Festschrift. Our particular thanks go to Ms Jutta Hinrichsen and Ms Marta Schmidt who fully supported us throughout the entire process.

Representing the many friends, colleagues, employees, students, partners and other companions of Thomas Baaken, we thank him for his commitment – to both the private and professional environment – and congratulate him on his 60th birthday, and wish him privately and professionally all the best for the future.

Münster, December 2013

Thorsten Kliewe   Tobias Kesting

Inhaltsverzeichnis
Table of Contents

Biographie von Thomas Baaken VII
Biography of Thomas Baaken.. IX

Grußwort XI
Greeting XIII

Geleitwort der Herausgeber XV
Editors' Foreword..XIX

Kapitel 1: Thematische Einführung und theoretische Grundlagen
Chapter 1: Thematic Introduction and Theoretical Foundation

Organisational Marketing – Making Use of Linkages and Transfer
Potential between Marketing Disciplines... 3
Tobias Kesting, Thorsten Kliewe, Nisha Korff and David Serbin

Entwicklung einer Marketing-Konzeption für das Business- und
Dienstleistungsmarketing: Plädoyer für einen integrativen Ansatz 23
Rolf Weiber und Tobias Wolf

Theorien im Praxis-Test
Henning Kreis und Alfred Kuß.. 43

Kapitel 2: Netzwerke und Umweltbetrachtungen im OM
Chapter 2: Networks and Environmental Considerations in OM

Institutional Perspectives in Innovation Ecosystem Development 61
David V. Gibson, Lene Foss and Robert Hodgson

Technologie-Marketing und technologische Frühaufklärung in
industriellen Unternehmensnetzwerken 77
Joachim Zülch und Martina Frießem

Zur Explikation einer Strukturanalyse zur Entwicklung wirtschaftlicher
Prosperität in einem internationalen Netzwerk 95
Klaus Niederdrenk und Nisha Korff

Lebensphasen von Communities of Practice – Eine Fallstudie 111
Alexander Brem und Maximilian Maier

Kapitel 3: Management, Strukturen, Prozesse und Perspektiven im OM
Chapter 3: Management, Structures, Processes and Perspectives in OM

Hochschulführung und die dritte Mission: Herausforderungen an
akademische Führungskräfte in der unternehmerischen Hochschule 127
Rosalba Badillo Vega und Georg Krücken

University-Business Cooperation: A Tale of Two Logics 145
*Peter van der Sijde, Firmansyah David, Hans Frederik and
María Redondo Carretero*

University-Business Cooperation Outcomes and Impacts –
A European Perspective 161
Todd Davey, Carolin Plewa and Victoria Galán Muros

Direkte und weiterführende Nutzenpotenziale eines marktorientierten
Hochschul-Wissens- und Technologietransfers 177
Tobias Kesting und Wolfgang Gerstlberger

Organisatorische Verankerung der Supportprozesse des Wissens- und
Technologietransfers an deutschen Hochschulen 199
Norbert Bach und Christoph Friedrich

Entwicklung eines Modells zum Wissenstransfer zwischen Unternehmen
unter besonderer Berücksichtigung relevanter Einflussfaktoren 215
Arne Arnold, Dorothée Zerwas und Harald von Kortzfleisch

Kapitel 4: Integration und Bindung von Kunden und Partnern im OM
Chapter 4: Customer and Partner Integration and Retention in OM

Grundlagen und Handlungsfelder für exzellentes Customer
Relationship Management 239
Frank Lasogga

Kundenbindung im B-to-B-Markt – Das Beispiel Motorradreifen 255
Diana N. Boehm und Carsten Rennhak

Champions and Trust as Drivers of Industry/University Collaborations:
A Relationship Marketing Perspective 269
Stephen C. Betts and Michael D. Santoro

Open Innovation – New Opportunities and Challenges for
Science-to-Business Collaboration 285
Andreas Pinkwart and Nagwan Abu El-Ella

Produkt-Service-Systeme – Ansätze, aktuelle Formen, Potenziale
und Gestaltungshinweise 303
Thomas Haubold und Martin G. Möhrle

Customer Integration in Product Platform Development Projects 321
Peter E. Harland, Zakir Uddin and Haluk Yörür

Kapitel 5: Markenmanagement und Kommunikation im OM
Chapter 5: Brand Management and Communication in OM

B-to-B-Branding – Aktuelle Entwicklungen in der Forschung und
Praxisempfehlungen 337
Martin Klarmann und Sophie Fleischmann

Markenaudit für B-to-B-Marken – Skizze eines holistischen Ansatzes
zur Evaluation der Markenorientierung von B-to-B-Unternehmen 357
Carsten Baumgarth

Die Relevanz digitaler Medien in B-to-B-Transaktionen 375
Klaus Backhaus, Ole Bröker, Philipp A. Brüne und Philipp Gausling

Science-to-Business-Marketing auf Messen 399
Sven Prüser

Kapitel 1
Thematische Einführung und theoretische Grundlagen

Chapter 1
Thematic Introduction and Theoretical Foundation

Organisational Marketing – Making Use of Linkages and Transfer Potential between Marketing Disciplines

Tobias Kesting, Thorsten Kliewe, Nisha Korff and David Serbin

Today's dynamic business environment requires exchanges and continuous adaptations in the management and marketing of supplier organisations in order to maintain or improve competitiveness by succesfully marketing their offerings. Looking beyond specific market environments may help to identify linkages of and foster transfer potential between marketing disciplines. Making use of such potential may result in a faster adaptation to changing conditions. Against this background, the following article introduces and discusses the term "organisational marketing" as an umbrella term. Taking into account dynamic developments in many sectors, we suggest and aim to promote a broader understanding of organisational marketing as a basis for identifying and exploiting opportunities to transfer concepts between marketing disciplines. With the example of science-to-business (S-to-B) marketing we illustrate how a sub-discipline of organisational marketing can make good use of transfer potential. Following this example, we call for a greater emphasis on identifying, discussing and making use of other forms of transfer potential between marketing disciplines, both within the context of organisational marketing and beyond.

1 Introduction

Innovations, societal changes and steady changes in (global) markets provide new challenges which must be identified, and novel solution approaches must be used to cope with the challenges arising from these conditions. From a marketing perspective this also means looking for concepts and approaches from other market environments or rather marketing disciplines. In this respect, one promising approach seems to lie in identifying linkages between marketing disciplines and making use of derivable synergies and transfer potential from one discipline to another (and vice versa), thereby combining elements of each to elaborate and implement successful marketing strategies in specific markets. A closer look at established marketing disciplines already reveals linkages and exploited transfer potential (e.g. from business-to-consumer to business-to-business marketing). Following this premise, we further elaborate and discuss such linkages by focusing specifically on marketing aimed at organisational customers. We hereby introduce "organisational marketing" as an umbrella term, comprising sub-disciplines such as business-to-business (B-to-B) and science-to-business (S-to-B) marketing. The use of this umbrella term is intended to facilitate identification and understanding of interfaces and synergy effects among its marketing sub-disciplines. We furthermore highlight the learning effects for organisational marketing activities that can be retrieved from business-to-consumer (= non-organisational marketing) and service marketing; the latter offering both organisational and non-organisational marketing.

Hence, our introductory article is intended to propose and discuss the term "organisational marketing" for illustrating specific linkages and synergy effects between marketing disciplines. We hereby seek to promote further discussions and implications for marketing theory and practice by helping to overcome the (strong) barriers between marketing disciplines. At the same time, the following statements serve as an overview on the issues to be focused on in the course of this book.

We start by discussing and defining organisational marketing on the basis of a literature review. Following this, we illustrate the use of transfer potential on the example of S-to-B marketing. In the fourth section we refer to articles in this book to provide a thorough introduction for this Festschrift to the honours of Prof. Dr. Thomas Baaken's 60th birthday. The article ends with a conclusion which summarises the article and provides an outlook.

2 Organisational marketing

As a starting point for defining and concretising organisational marketing for the purpose of this article, we first have to go beyond the borders of the classic marketing of physical goods aimed at consumers. For this purpose, we particularly refer to Philip Kotler's generic concept of marketing, according to which "(...) marketing applies to any social unit seeking to exchange values with other social units." (Kotler, 1972, p. 53). Further important literature contributions for broadening the marketing focus are publications on marketing in the public sector (e.g. Kotler and Lee, 2007) and on non-profit marketing (e.g. Andreasen and Kotler, 2008). These first considerations enable us to regard marketing from a broader perspective. While the classic business-to-consumer (B-to-C) marketing does not target organisational customers, B-to-B de facto (literally) limits the scope to business, commercial and industrial organisations on both the supplier and customer sides (Wilson, 1999). As organisational marketing, at least according to its wording, focuses on both organisational supplier and target groups in a broader sense, we hence deliberately demarcate this term from such a broader point of view. The wording "organisational" serves here as a first basis as it explicitly does not limit the focus on businesses.

In fact, the term "organisational/organizational marketing", which emerged from the management and marketing literature (Balmer, 2013), is rather rare in the Anglophone literature. In the 1960s, Kotler and Levy came up with the term "organizational marketing" in their paper entitled "Broadening the concept of marketing". They conclude that "(...) no organization can avoid marketing. The choice is whether to do it well or poorly, and on this necessity the case for organizational marketing is basically founded." (Kotler and Levy, 1969, p. 15).

The understanding and interpretation of the term differs considerably from author to author though: some scholars regard organisational marketing more or less as a synonym for industrial/B-to-B marketing (Havaladar, 2005; Boddy, 2007; de Chernatony et al., 2011) and hence apply a rather narrow term definition. In contrast, Balmer and colleagues developed a far more extensive understanding of the term. They regard organisational marketing as applicable to various kinds of organisation forms and not limited to traditional businesses. According to their view, it refers to organisational level aspects which are related to the marketing of the overall organisation. They then further developed corporate marketing as a wide-ranging umbrella term aimed at integrating corporate level concepts (such as corporate identity and corporate branding), encompassing a stakeholder approach and operating at the organisational level. They point out the general applicability of corporate and organisational marketing to all types of entities (e.g. corporations, enterprises, cities, government bodies etc.)[1] and have furthermore developed the "6Cs of Corporate Marketing" (analogous to the classic 4Ps of the marketing mix) (Balmer and Greyser, 2006; Powell, 2007; Powell and Ennis, 2007; International Centre for Corporate and Organizational Marketing, 2013). With this in mind, the term embraces the idea of an organisational philosophy employed by managers and other members of the organisation, or rather entity (Balmer, 2013).

In the tradition of Kotler and Levy (1969), Wilson (1999) also focuses on the understanding of organisational marketing as a kind of umbrella term, namely as "(...) *marketing between organizations*" (Wilson, 1999, p. 7) and, from a broader perspective, "(...) as *the management and development of exchange relationships between organizations (...)*" (Wilson, 1999, p. 8). He furthermore names a large variety of organisations for which the term "organisational marketing" would be applicable (e.g. manufacturing companies, service providers, government departments and non-profit organisations) (Wilson, 1999).

To sum up, the term "organisational marketing" is nowadays at least partly established in the Anglophone literature, though not very widespread. In contrast, German literature is not aware of the term "organisational marketing" ("Organisationales Marketing"). Instead, German publications rather tend to separate seemingly largely disciplines of marketing as there are many publications focusing on B-to-B marketing, public sector marketing and/or non-profit

---

[1] In this respect, Balmer (2013) states that "corporate marketing" represents the broader term as "organisational marketing" only applies to institutional entities.

marketing. Obvious linkages and thus considerable integration potential exist, for instance, between B-to-B and service marketing issues (see also the article of Weiber and Wolf in this book). Further developments, such as stronger competition in many sectors as well as rapid technological progress and the development of novel business models (e.g. hybrid value creation), suggest further and more intense considerations on how to integrate marketing disciplines, and help as well to identify bilateral transfer potential (e.g. from B-to-B to B-to-C marketing and vice versa). Marketing issues in the public sector (e.g. on behalf of cities and regions) and particularly university marketing concepts are currently attracting increased attention. The latter is particularly linked to the entrepreneurial universities approach which has considerable "inter-marketing disciplinary" transfer potential, reacting to and shaping the redefinition of the role and the mission of universities.

Considering today's challenges for many organisations and seeking approaches to better deal with them, we see the necessity to further promote and concretise current integration aspects with respect to organisational marketing. Against this background we regard and demarcate organisational marketing in the following context as an umbrella term.

We particularly follow Kotler and Levy (1969) and Wilson (1969) and thus regard organisational marketing as marketing directed towards to all types of organisational target customers. Therefore, we define it as follows:

"Organisational marketing (OM) comprises marketing activities of any kind of organisation aiming at any other kind of organisation."

Exemplary sub-disciplines under the umbrella term of OM are B-to-B and S-to-B marketing. A further discipline is non-profit marketing, although our OM definition only includes relations between non-profit organisations and organisational customers. Taking into account such demarcation challenges as well as the current challenges in today's dynamic market and market-like environments, we extend our core definition as follows:

"A core element of OM lies in identifying and making use of learning effects and transfer potential between OM sub-disciplines (narrow sense), and between those and further marketing disciplines (wider sense)."

When taking the wider view, we can consider further marketing disciplines such as service marketing and relationship marketing. Service marketing issues are highly relevant with regard to more novel approaches such as hybrid value creation/product service systems (e.g. Velamuri, 2013), digitalisation and a stronger customer orientation with a specific focus on problem-solving, and provide significant learning opportunities for other disciplines.

3 Science-to-business marketing as an example of making use of transfer potential

Having defined OM and having presented one of its core elements in the previous section, we now highlight the exploitation of transfer potential between marketing disciplines using the example of S-to-B marketing.

3.1 Overview

As said before, we are focusing on the sub-disciplines of OM and their respective synergy and transfer potential. In this section, we are going to illustrate this using the example of S-to-B marketing, focusing particularly on cooperation between universities and businesses and other types of organisations

Increasing competition in the science sector can be regarded as the initial impulse to develop and elaborate an approach for commercialising research. Particularly the impacts of the Bologna Process, decreasing public funding and new competitors in the form of private universities are forcing (public) universities to take adequate measures to ensure their long-term existence by maintaining and extending their research (and teaching) activities (Baaken, 2007; Helmstädter, 2007; Müller-Böling, 2007; Baaken and Kesting, 2009). At the same time, particularly businesses are seeking external research support, e.g. from scientific organisations. These circumstances suggest that increased cooperation between universities and business would be appealing and would provide considerable benefit potential for both types of organisational actors (Baaken, 2009).

Considering the described overall situation, the Science-to-Business Marketing Research Centre (S2BMRC) was established in 2002 by Prof. Dr. Thomas Baaken at Münster University of Applied Sciences (MUAS) in order to promote marketing strategies with respect to university research activities. Hence the approach of S-to-B marketing, nowadays established as an own marketing discipline (Baaken and Kesting, 2009), aims at applying market-oriented thinking and acting as a basis for (applied) research activities at universities and, in a broader sense, also in non-university research organisations. This marketing discipline therefore involves the adaptation (a mere transfer would not be sufficient) of marketing concepts to research organisations (Baaken and Schröder, 2008; Science-to-Business Marketing Research Centre, 2010).

To be more precise, S-to-B marketing is aimed at universities and other research organisations ("research suppliers") commercialising research competencies, capacities and results.[2] The target groups ("research customers") are exter-

---

[2] S-to-B marketing focuses on applicable research or research with applicability potential. Hence traditional basic research is not concerned with research commercialising considerations (Clark, 2001; Bok, 2003; Kesting, 2013).

nal organisations[3] paying or willing to pay for research services (Baaken and Kesting, 2009). S-to-B marketing includes the following fields of activities (Baaken, 2007):

⇨ University structures and processes

⇨ Internal marketing (e.g. motivating professors and researchers to cooperate with external organisations)

⇨ External marketing (focusing on external organisations as potential cooperation partners)

To better illustrate the linkages to other marketing disciplines, the following sub-section focuses on aspects of external marketing.

3.2 Linkages to further marketing disciplines

Looking closer at S-to-B marketing, we can see that it includes aspects of several marketing disciplines. With regard to the actors involved, S-to-B marketing refers to university marketing. Regarding target groups it refers (at first) to B-to-B marketing, and regarding content issues, it refers primarily to science and knowledge marketing (Science-to-Business Marketing Research Centre, 2010; Kesting, 2013). In the following, we concretise these linkages.

Actors: University marketing and public and non-profit marketing elements
According to the marketer typology of Kotler (1972), universities and other research organisations can be classified as knowledge organisations. Universities and their sub-organisations (e.g. faculties, institutes and chairs) represent core actors in S-to-B marketing, thereby underlining the strong impact of individuals (professors) regarding decisions and activities (Kesting, 2013). In this respect, university marketing issues focusing on organisational customers also apply to S-to-B marketing, particularly exchange relations with businesses.

As many universities and research organisations are public bodies, elements of public and non-profit marketing are also relevant here, particularly given that many universities were not used to market-oriented thinking and acting in the past. The changing competitive situation, and the rise of the "entrepreneurial university" approach (e.g. Etzkowitz, 2008), linked with the concept of "academic capitalism" (e.g. Slaughter and Rhoades, 2009), have established novel perspectives within organisations, whose representatives, formerly, rarely considered marketing and management issues in their thinking and acting.

---

[3] B for "business" is hereby used in a broader sense, comprising both business enterprises and other organisations such as public bodies and non-profit organisations (Kesting, 2013).

Target groups: B-to-B marketing elements
As the name "science-to-business" already implies, S-to-B marketing (primarily) aims at companies as core target groups for university research offerings. This involves elements of B-to-B marketing. This term can be understood as an extension of the term "industrial marketing" which implies a focus only on manufacturing companies (Wilson, 1999).

Particularly with regard to the transfer and cooperation potential for applied research topics of less or non-technological disciplines (such as business administration and social sciences"), the "B for business" in S-to-B marketing should be understood in a broader sense, and also includes other target organisation types such as public sector and non-profit organisations (Science-to-Business Marketing Research Centre, 2010; Kesting, 2013). Such a deliberately broader perspective also underlines the idea of "organisational marketing" as an umbrella term for marketing activities of supplier organisations aimed at specific target organisations. This becomes even more evident if we consider that the supplier perspective can also be extended to non-university research organisations of any kind.

Typical relevant characteristics of B-to-B (service) markets, and ones that are also important for S-to-B relations, are e.g. higher interdependences between buyers and sellers, a high relevance of customisation, as well as regular intensive interactions throughout the whole buying process (e.g. Kotler and Armstrong, 2014). The basic considerations and approaches regarding customer segmentation on B-to-B markets can also be transferred to and adapted for S-to-B markets (e.g. Wind and Cardozo, 1974; Bonoma and Shapiro, 1984; Hutt and Speh, 2013).

Content issues: Science and knowledge marketing
Science and knowledge marketing include two perspectives, which are (partly) linked to each other.

Science marketing includes, in a broad sense, marketing communication activities towards the public and politics, and also targets organisations in order to acquire third-party funds (e.g. companies, other universities and research funding organisations) (Westphal, 2005). The linkages between science marketing and S-to-B marketing can be identified with regard to the latter types of target organisations (Kesting, 2013). Knowledge marketing involves the commercialisation of knowledge as an economic good (Rode, 2001). The linkage here is that S-to-B marketing focuses on commercialising scientific knowledge.

This first overview highlights basic linkages between S-to-B marketing and other marketing disciplines. Two further issues have to be contemplated more in detail here, namely the type of business interactions with (potential) customers, and the characteristics of the product which is actually marketed. As these aspects are very closely linked to each other, this brings us to the fourth linkage category:

Business relation characteristics: B-to-B service marketing
As stated before, S-to-B marketing (in short) aims at commercialising research and thus implementing a stronger customer-oriented approach to (university) knowledge and technology transfer (Kesting, 2013). On trying to concretise research as a marketable product, it becomes obvious that it basically has the fundamental characteristics of a service: research suppliers have the ability to provide a research product, the product requires customer integration, and it is intangible (Meffert and Bruhn, 2009; Kesting, 2013). As marketable research thus qualifies as service particularly for companies as organisational customers, we can identify a strong relation between S-to-B and B-to-B service marketing.

In line with service marketing issues and following Magrath (1986), the classic 4 Ps (Product, Price, Place and Promotion) are not sufficient to consider all facets of marketing-mix issues in S-to-B marketing. Hence S-to-B marketing, i.e. marketing research services, also comprises more than the 4 Ps, where the focus on people involved, i.e. "personnel" as a further P, plays a predominant role (Marcure, 2004; Baaken, 2008; Kesting, 2013).

Referring to all these linkages, we can conclude that S-to-B marketing is based on many elements from other marketing disciplines. We have highlighted the idea of OM by illustrating the linkages to B-to-B marketing, for instance. We furthermore have shown that the transfer potential from other marketing disciplines to S-to-B marketing even goes beyond other sub-disciplines of OM. This is – at least indirectly – also true for B-to-C marketing issues, given that B-to-B marketing is in many ways shaped by the transfer and adaptation of B-to-C marketing elements (e.g. increasing conveyance of emotional experiences and pride of ownership in industrial B-to-B markets, Kroeber-Riel and Weinberg, 2008; Kesting and Rennhak, 2011). In any case, the transferred elements have to be adapted to the specific environmental conditions and environments of S-to-B marketing. The next sub-section will provide more detailed information on how this is being done.

3.3   Further linkages from a more operative perspective

Further relations with regard to content issues can be made, particularly with regard to technology marketing. Technology marketing in a broad sense has overlapping contents (and hence direct linkages) with innovation marketing (Baaken, 1990), which focuses on creating and implementing new offerings for existing and potential sales markets (Trommsdorff and Steinhoff, 2007). Relevant issues referring to the latter are market analyses and customer identification in the overall context of technology push and market pull considerations (Baaken, 2010). Regarding market-focused research as a service (see section 3.2) and considering that S-to-B marketing is largely nurtured by both B-to-B and service marketing issues (Baaken, 2010), we focus on these two disciplines and furthermore include relationship marketing issues in the following illustrations.

As S-to-B marketing largely focuses on establishing long-term exchange relations between universities and research customers, means of promoting relationships play an essential role (Kliewe et al., 2013). The successful development and establishment of long-term relations between universities and research customers, or rather cooperation partners, represent a core issue of the activities of the S2BMRC and hence has been the subject of several recent studies (e.g. Plewa et al., 2013a; Plewa et al., 2013b).

With respect to service and market orientation, the integration of the customer into the research process is an essential part of the S-to-B philosophy – first comes the customer, then the actual project follows (Dottore et al., 2010). One basic S-to-B activity in this respect is the implementation of research customer satisfaction surveys for both governments and universities in an international context.

To sum up, S-to-B marketing aims at creating sustainable relations between organisations. Following this consequent relationship marketing perspective, S2BMRC develops research-based tools (Dottore et al., 2010; Kliewe et al., 2013) such as the stairway model for strategic partnerships, which we will briefly highlight as an exemplary tool.

It was round about ten years ago, that Lambert (2003) pointed out the move of larger companies towards establishing a smaller number of long-term partnerships in research cooperation with universities instead of short-term research agreements with different university departments. From this perspective of long-term orientation, the stairway model to strategic partnership provides a useful structure for the development of a university-wide strategy for cooperating with business. Validated in different settings, the model has been presented at conferences and workshops dedicated to university-business cooperation for several years now (Science-to-Business Marketing Research Centre, 2011), and is currently used by some European universities (partly adapted).

The stairway model to strategic partnership guides universities' cooperation partners from their initial contact to formation of a strategic partnership, whereas business partners can also stay on a certain stage or climb down to a lower stage of the stairway. Climbing the stairs, the strategic relevance of the relationship increases and ties between the actors become tighter. Accompanied by more extensive joint activities on a regular basis, the commitment and coordination of the partnership also increase due to the resulting greater complexity. The deepening relationship leads to a gradual development from customer relationship management (CRM) to partner relationship management (PRM) and eventually to key account management (KAM) (Dottore et al., 2010; Science-to-Business Marketing Research Centre, 2011).

This stairway model does not only include relationship marketing aspects, but is also based on B-to-B issues such as the partnering focus, i.e. "(...) keep[ing] customers by meeting current needs *and* by partnering with them to help solve their problems." (Kotler and Armstrong, 2014, p. 192). The model (see Fig. 1) includes, among other features, two remarkable development processes: from business development management to KAM, and from an individual focus (see sub-section 3.2) to an overall organisational focus.

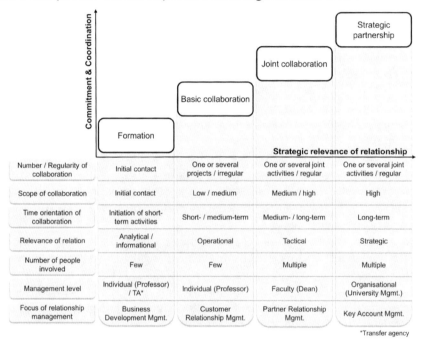

Fig. 1: Stairway model to strategic partnership, enhanced version by David Serbin
Source: Science-to-Business Marketing Research Centre (2011), p. 100.

In light of the successful development of S-to-B marketing based on other organisational marketing sub-disciplines as well as further disciplines, we have focused this Festschrift on how transfer potential between marketing disciplines can be realised, using the idea of organisational marketing as an umbrella term.

4 Structure of this book

Having defined OM in a *narrow sense* ("transfer potential between sub-disciplines of OM") as well as a *wider sense* ("learning also from disciplines going beyond OM"), and having provided S-to-B marketing as an example of how (new) disciplines can learn from other (more established) ones, this last section will give insights into the structure of the book and how it aims at fostering learning across marketing disciplines, particularly focusing on two sub-disciplines of OM, namely B-to-B and S-to-B marketing.

The first chapter focuses on the thematic introduction of OM and provides a theoretical foundation of the overall topic. One author team, for example calls for a joint perception of industrial B-to-B marketing and service marketing. Providing the central characteristics of both marketing disciplines, the authors suggest an integrative approach, thus linking two disciplines that, at present, are usually considered separately. Another article discusses the testing of theories through their application in practice. Thus, it provides a specific understanding of S-to-B marketing, more precisely, the testing of scientific results in a business setting.

Chapter 2 highlights networks and environmental considerations in OM. Looking at the regional level, the organisational network level, the city network level and the individual level, the chapter provides insights into how individuals and organisations are / can be related to external stakeholders, how these relationships evolve, and how they can be managed successfully.

In contrast to the previous chapter which looked at external relationships, chapter 3 then makes a contribution to the better understanding of the management, structures, processes and perspectives in OM, focusing on organisational-internal issues. For example, one article looks at the different "world views" in science and business, while another looks at organisational configurations for KTT support processes. Yet another article provides an example of how a S-to-B marketing approach (namely knowledge transfer between scientific institutions and business organisations) can be transferred to a B-to-B environment (knowledge transfer between business organisations), clearly outlining the transfer potential between the two disciplines.

Chapter 4 details an organisation's linkage with its customers and partners, more precisely how to manage them. For example, one author outlines the basics and fields of action in CRM, whereas another article focuses specifically on champions and trust as drivers of successful partner relationships. Compared to chapter 2 which focuses on the network level and the wider environment, chapter 4 provides insights into how to manage one-to-one relationships.

The last chapter, chapter 5, outlines approaches for brand management and communication in organisational marketing. Providing a holistic brand audit approach, one article, for example, shows how the market orientation of B-to-B companies can be evaluated, also providing interesting insights for universities, which have to become more market-oriented in the sense of S-to-B marketing, and thus should audit this change process as well. In the last article of this Festschrift the author transfers the classical B-to-B communication instrument "trade show" to the area of S-to-B marketing, and points out how universities have to adapt the instrument to the specific needs of their (potential) customers.

In summary, the book includes articles focusing on either B-to-B or S-to-B marketing, providing opportunities for readers of the respective other discipline to transfer insights to their own discipline. In addition, further articles already clearly outline how approaches from one discipline can be transferred to another discipline. In combination with very practical recommendations in most of the articles, the book thus gives new stimuli that help to advance marketing theory and practice by looking beyond one's own discipline.

5 Conclusion

With this Festschrift, we firstly honour Thomas Baaken and his scientific lifework as this book reflects his teaching and research career by putting a specific focus on B-to-B and S-to-B marketing in the overall context of organisational marketing.

Secondly, we have composed and published the work to promote and spread discussion on a more general perspective on marketing issues aimed at organisations, as the basic idea of organisational marketing has been promoted by only a few authors so far, despite its growing importance in today's business environment. With current challenges such as changing customer expectations and rapid technological progress, it has become an important issue to enhance our marketing knowledge as effectively and efficiently as possible. Instead of reinventing the wheel, we truly believe that considerable transfer potential exists between marketing disciplines, by which our learning process can be optimised. This transfer and learning potential is primarily driven by the different points in time when disciplines are required to address a certain issue. For example, while brand management was primarily relevant in the B-to-C sector some decades ago, it now plays an important role in B-to-B marketing and, in our opinion, will become a critical issue in S-to-B marketing in the coming years, thus providing significant learning opportunities for those disciplines needing to address the issue later than others.

As the above example outlines, there are many opportunities to learn from other disciplines. However, it is also important to find the right balance between the exploration of new concepts and the exploitation of existing ones. While it is very helpful (efficient) to learn from other disciplines, it has to be taken into account that this knowledge transfer might limit our view and the creation of more target-oriented approaches. Thus, we have to aim for a balanced relationship between the adaptation of existing concepts as well as explorative activities targeting an issue with fewer "boundaries".

With this article and the entire book we call for more exchange between marketing disciplines, whilst at the same time highlighting the need for a better understanding of how to manage the exchange process. In this article, we encourage researchers and practitioners not only to look at the learning potential from closely related disciplines (e.g. B-to-B and S-to-B marketing; as presented in this book), but also beyond. In our view, it is also crucial to better understand the process of learning across marketing disciplines in order to extract the true value of existing marketing approaches and concepts. Therefore, we intend and look forward to further strengthening theory and practice in organisational marketing as well as transfer processes between marketing disciplines in general.

Aiming to contribute to a more integrated perspective on marketing, we hope this book on modern concepts of organisational marketing will give its readers new impetus and foster future exchange between all those aiming to further advance marketing theory and practice.

References

Andreasen, A. R.; Kotler, P. (2008): Strategic Marketing for Nonprofit Organizations, Seventh Edition, Pearson: Upper Saddle River.

Baaken, T. (1990): Technologie-Marketing. In: Kliche, M.; Baaken, T; Pörner, R. (Eds.): Investitionsgütermarketing. Positionsbestimmung und Perspektiven, Gabler: Wiesbaden, pp. 289-309.

Baaken, T. (2007): Science Marketing – ein innovativer Ansatz zur Weiterentwicklung des Technologietransfers und zur erfolgreichen Drittmitteleinwerbung. In: TechnologieTransferNetzwerk Hessen (Ed.): Zukunftsszenarien des Wissens- und Technologietransfers zwischen Hochschule und Wirtschaft. Erfolgsmodelle, Anforderungen und Bewertungsmaßstäbe, Lemmens: Bonn, pp. 60-74.

Baaken, T. (2008): Science-to-Business Marketing – the new concept for Knowledge Transfer and successful Research Commercialisation. Presentation at the 8th International Conference on Science-to-Business Marketing "Austauschprozesse – Extracting the Value out of University-Industry Interaction" (01.-02.10.21008) on October 1, 2008 in Münster, published in the conference proceedings (ISBN 978-3-938137-15-4).

Baaken, T. (2009): Science-to-Business Marketing und Partnering als konsequente Weiterentwicklung des Technologietransfers. In: Merten, W. (Ed.): Wissenschaftsmarketing. Dialoge gestalten, Lemmens: Bonn, pp. 41-54.

Baaken, T. (2010): Science-to-Business Marketing als Impulsgeber und Treiber für marktgerechte Innovationen. In: Baaken, T.; Höft, U.; Kesting, T. (Eds.): Marketing für Innovationen. Wie innovative Unternehmen die Bedürfnisse ihrer Kunden erfüllen, Harland Media: Lichtenberg (Odw.), pp. 3-12.

Baaken, T.; Kesting, T. (2009): Wertkettenkonzepte im Science-to-Business Marketing. In: Voss, R. (Ed.): Hochschulmarketing, 2nd, completely revised edition, Eul: Lohmar and Cologne, pp. 181-200.

Baaken, T.; Schröder, C. (2008): The Triangle for Innovation in Technology Transfer at Münster University of Applied Sciences. In: Laine, K.; van der Sijde, P. C.; Lähdeniemi, M.; Tarkkanen, J. (Eds.): Higher Education Institutions and Innovation in the Knowledge Society, ARENE: Helsinki, pp. 103-117.

Balmer, J. M. T. (2013): Organisational Marketing. Its nature and strategic significance. In: Balmer, J. M. T.; Illia, L.; González del Valle Brena, A. (Eds.): Contemporary Perspectives on Corporate Marketing. Contemplating corporate branding, marketing and communications in the twenty-first century, Routledge: New York, pp. 1-20.

Balmer, J. M. T.; Greyser, S. A. (2006): Corporate Marketing. Integrating corporate identity, corporate branding, corporate communications, corporate image and corporate reputation. In: European Journal of Marketing, 40(7/8), pp. 730-741.

Boddy, D. (2007): Management. An Introduction, Fourth Edition, Pearson Education Limited: Harlow.

Bok, D. (2003): Universities in the Marketplace. The Commerzialization of Higher Education, Princeton und Oxford.

Bonoma, T.-V.; Shapiro, B. P. (1984) Segmenting the Industrial Market, Jossey Bass Wiley: Lexington.

Clark, Burton R. (2001): The Entrepreneurial University: New Foundations for Collegiality, Autonomy, and Achievement. In: Higher Education Management, 13(2), S. 9-24.

de Chernatony, L.; McDonald, M.; Wallace, E. (2011): Creating Powerful Brands, Fourth Edition, Butterworth-Heinemann: Oxford and Burlington.

Dottore, A. G.; Baaken, T.; Corkindale, D. (2010): A partnering business model for technology transfer: the case of the Muenster University of Applied Sciences. In: International Journal of Entrepreneurship and Innovation Management, 12(2), pp. 190-216.

Etzkowitz, H. (2008): The Triple Helix. University-Industry-Government Innovation in Action, Routledge: New York.

Havaladar, K. K. (2005): Industrial Marketing, 2nd edition, Tata McGraw-Hill: Delhi.

Helmstädter, H. G. (2007): Diskussion mit den einleitenden Statements von Dr. H. G. Helmstädter, HHL – Leipzig Graduate School of Management. In: Meffert, H.; Backhaus, K.; Becker, J. (Eds.): "Hochschulmarketing – Herausforderung und Erfolgsfaktoren im Wettbewerb", Dokumentation der Tagung vom 15. Januar 2007, Dokumentationspapier Nr. 197, Wissenschaftliche Gesellschaft für Marketing und Unternehmensführung e. V., Leipzig, pp. 60-67.

Hutt, M. D.; Speh, T. W. (2013): Business Marketing Management. B2B, Eleventh Edition, South-Western Cengage Learning: Mason.

International Centre for Corporate and Organizational Marketing (2013): Homepage and section on "Corporate and Organizational Marketing", both accessed on 25 November 2013 at www.coporate-marketing.org and www.coporate-marketing.org/what-is-corporate-marketing/.

Kesting, T. (2013): Wissens- und Technologietransfer durch Hochschulen aus einer marktorientierten Perspektive. Ansatzpunkte zur Gestaltung erfolgreicher Transferprozesse an Universitäten und Fachhochschulen, Springer Gabler: Wiesbaden.

Kesting, T.; Rennhak, C. (2011): Market segmentation in German business practice: relevance, procedures and challenges. In: World Review of Entrepreneurship, Management and Sustainable Development, 7(4), pp. 361-379.

Kliewe, T.; Baaken, T.; Kesting, T. (2013): Introducing a Science-to-Business Marketing Unit to University Knowledge and Technology Transfer Structures: Activities, Benefits, Success Factors. In: Szopa, A.; Karwowski, W.; Ordóñez de Pablos, P. (Eds.): Academic Entrepreneurship and Technological Innovation. A Business Management Perspective, IGI Global: Hershey, pp. 53-74.

Kotler, P. (1972): A Generic Concept of Marketing. In: Journal of Marketing, 36 (2): 46-54.

Kotler, P.; Armstrong, G. (2014): Principles of Marketing, Fifteenth Edition. Pearson: Harlow.

Kotler, P.; Lee, N. (2007): Marketing in the Public Sector. A Roadmap Prentice Hall: Upper Saddle River.

Kotler, P.; Levy, S. J. (1969): Broadening the Concept of Marketing. In: Journal of Marketing, 33(1), pp. 10-15.

Kroeber-Riel, W.; Weinberg, P. (2008): Konsumentenverhalten, 9th, revised and enhanced edition, Vahlen: München.

Lambert, R. (2003): Lambert Review of Business-University Collaboration, HMSO: London.

Marcure, J. (2004): Marketing Scientific Results & Services. A Toolkit, Calibre Communications: Sydney et al.

Magrath, A. J. (1986): When Marketing Services, 4 Ps Are Not Enough. In: Business Horizons, 29(3), pp. 44-50.

Meffert, H.; Bruhn, M. (2009): Dienstleistungsmarketing. Grundlagen – Konzepte – Methoden, 6th, completely revised edition, Gabler: Wiesbaden.

Müller-Böling, D. (2007): Marketing von Hochschulen – Ein Rück- und Ausblick. In: Bruhn, M.; Kirchgeorg, M.; Meier, J. (Eds.): Marktorientierte Führung im wirtschaftlichen und gesellschaftlichen Wandel, Prof. Dr. Dr. h.c. mult. Heribert Meffert zum 70. Geburtstag, Gabler: Wiesbaden, pp. 261-281.

Plewa, C.; Korff, N.; Baaken, T.; Macpherson, G. (2013a): University-industry linkage evolution: an empirical investigation of relational success factors. In: R&D Management, 43(4), pp. 365-380.

Plewa, C., Korff, N., Johnson, C., Macpherson, G., Baaken, T.; Rampersad, G. C. (2013b): The evolution of university–industry linkages – A framework. Journal of Engineering and Technology Management, 30(1), pp. 21-44.

Powell, S. (2007): Organisational marketing, identity and the creative brand. In: Journal of Brand Management, 2007(15), pp. 41-56.

Powell, S.; Ennis, S. (2007): Organisational marketing in the creative industries. In: Qualitative Market Research: An International Journal, 10(4), pp. 375-389.

Rode, N. (2001): Wissensmarketing. Strategische Entscheidungsoptionen für Anbieter von Wissen, Gabler: Wiesbaden.

Science-to-Business Marketing Research Centre (2010): Ein Thema. Ein Team. Eine Geschichte. Science-to-Business Marketing Research Centre 2002-2010, Science-to-Business Marketing Research Centre: Münster.

Science-to-Business Marketing Research Centre (2011): The State of European University-Business Cooperation. Final Report – Study on the cooperation between Higher Education Institutions and public and private organisations in Europe (written by Todd Davey, Thomas Baaken, Victoria Galán Muros and Arno Meerman), Report for the European Commission, Directorate-General for Education and Culture, Directorate C: Lifelong learning: higher education and international affairs, European Institute of Innovation and Technology, economic partnership, Public open tender EAC/37/2009.

Slaughter, S.; Rhoades, G. (2009): Academic Capitalism and the New Economy. Mar-kets, State, and Higher Education, John Hopkins University Press: Baltimore.

Trommsdorff, V.; Steinhoff, F. (2007): Innovationsmarketing, Vahlen: Munich.

Velamuri, V. K. (2013): Hybrid Value Creation, Springer Gabler: Wiesbaden.

Westphal, U. (2005): Wissenschaftsmarketing – Das Ende des Elfenbeinturms. In: Hoff, B.-I.; Wolf, H. (Eds.): Berlin – Innovationen für den Sanierungsfall, VS Verlag für Sozialwissenschaften: Wiesbaden, pp. 106-115.

Wilson, D. (1999): Organizational Marketing, International Thomson Business Press: London.

Wind, Y.; Cardozo, R. N. (1974): Industrial market segmentation. In: Industrial Marketing Management, 3(1974), pp.153-166.

Short biographies of authors

Tobias Kesting is a consultant (specialising in organisational marketing/management process issues) and works as a lecturer in marketing, innovation management and key competencies at Münster University of Applied Sciences, University of Münster (WWU) and other universities. With many years of teaching experience, he actively engages in university-didactic further education programmes and implements novel teaching strategies in his lectures.

Furthermore, Mr Kesting is involved in research and teaching activities at the Science-to-Business Marketing Research Centre (S2BMRC) in Münster. He holds a doctoral degree (Dr. rer. pol.) from the International Graduate School Zittau (now part of TU Dresden). From ESB Business

School Reutlingen, he holds a diploma in business administration and an MBA in international business development.

His primary research areas are knowledge and technology transfer, innovation management, research communication and commercialisation, as well as service marketing. Mr Kesting is an author and editor of books about market segmentation, marketing for innovations, business-to-business communication as well as knowledge and technology transfer, and has published numerous articles in marketing journals and books.

Thorsten Kliewe (MA) is a research associate at the Science-to-Business Marketing Research Centre (S2BMRC) at Münster University of Applied Sciences in Germany, and is also a lecturer in marketing, innovation and entrepreneurship at the same university. In addition, he is currently completing his PhD at Coventry University Business School (UK) on value creation in university-industry relationships. Mr Kliewe is also co-founder and chairman of the University Industry Innovation Network, as well as managing partner of a university spin-off active in the field of innovation and marketing consulting.

Mr Kliewe is passionate about integrating market-oriented and entrepreneurial thinking and acting in order to create sustainable, innovation-driven environments for both business and academic organisations. In line with this, his main research interests include business-to-business marketing, corporate entrepreneurship/firm innovation, entrepreneurial universities and university-industry relationships.

During his career, Mr Kliewe has worked for many innovation-focused organisations, either as an employee or a contractor. He is the editor of a book on business-to-business marketing and has published in international journals and books. In addition, he serves on various international committees and boards and is a frequently invited keynote speaker at international events.

Nisha Korff is currently a PhD Candidate at the Vrije Universiteit Amsterdam (The Netherlands) and a researcher assistant at the Science-to-Business Marketing Research Centre within Münster University of Applied Sciences (Germany). Her research fields are university-industry linkages and relationship marketing. Prior to taking up her current position Nisha finished her master's degree in international management with special focus on marketing, sales, and customer relationship management. In addition, she holds a bachelor of honors degree from the University of Brighton (United Kingdom) and is a graduate from the International University of Applied Sciences – Bad Honnef (Germany), studying tourism management.

David Serbin is a lecturer for quantitative methods and Marketing at Münster University of Applied Sciences. He holds a Master degree in International Management and a Bachelor degree in Economics from Münster University of Applied Sciences. As academic researcher at the Science-to-Business Marketing Research Centre in Münster, he is researching several projects focusing on science-to-business, business-to-business and business-to-consumer marketing. Not only involved in research projects but also in consultancy projects, he counsels companies on a national as well on an international level following an approach called evidence-based management. Specialised in quantitative methods associated to empirical market research like statistics, simulation techniques or operations research, his interest lies specifically in customer satisfaction measurement and development.

Entwicklung einer Marketing-Konzeption für das Business- und Dienstleistungsmarketing: Plädoyer für einen integrativen Ansatz

Rolf Weiber und Tobias Wolf

This conceptionally-oriented article presents suggestions for a joint perception of industrial B-to-B marketing and industrial services marketing. To this purpose, their similarities are brought forward and reunited in an integrative approach (BDM). On the basis of their central characteristics, the constituting elements of a marketing conception are developed. To portray the growing significance of the ideas presented in this article on the area of consumer marketing, a final example will be given on the basis of current developments in consumer markets. This will underline the fact that BDM can serve as a foundation for a "General Theory of Marketing".

Der vorliegende, konzeptionell ausgerichtete Beitrag unterbreitet einen Vorschlag für die gemeinsame Betrachtung von industriellem B-to-B-Marketing (Industriegütermarketing, kurz IGM) und industriellem Dienstleistungsmarketing (iDLM). Dazu werden die Gemeinsamkeiten des IGM und des iDLM herausgearbeitet und in einen integrativen Ansatz überführt (Business- und Dienstleistungsmarketing, kurz: BDM). Anhand der zentralen Charakteristika werden die konstitutiven Elemente einer Marketing-Konzeption für das BDM entwickelt. Abschließend wird exemplarisch anhand aktueller Entwicklungen auf Consumer-Märkten gezeigt, dass die in diesem Beitrag vorgetragenen Überlegungen zunehmend auch für das Konsumgütermarketing relevant sind und das BDM eine Basis für eine „General Theory of Marketing" liefern kann.

1   Notwendigkeit differenzierender Marketingansätze im IGM

Es herrscht allgemein Konsens in der Marketing-Wissenschaft, dass sich Marketing-Aktivitäten an den Verhaltensweisen der Nachfrager auszurichten haben und auch danach zu differenzieren sind. Vor diesem Hintergrund ist es eigentlich verwunderlich, dass viele Marketing-Ansätze die Besonderheiten der Vermarktungsobjekte in den Vordergrund stellen und in diesem Kontext im Bereich der Praxis- und Lehrbücher eine regelrechte Flut an Marketingvarianten (sog. Bindestrich-Marketing) existiert (vgl. Braun/Mayer, 1989, S. 307ff.; Weiber, 2006, S. 8). In der Wissenschaft ist die differenzierte Betrachtung verschiedener Marketing-Ansätze eine historisch gewachsene und maßgeblich durch die sich verändernden Wirtschaftsstrukturen in den Volkswirtschaften beeinflusste Entwicklung. In der wissenschaftlichen Auseinandersetzung hat sich primär eine auf Basis der Drei-Sektoren-Theorie (u.a. Fourastié, 1954) entstandene institutionelle bzw. sektorale Unterteilung in die Bereiche Konsumgüter-, Industriegüter- und Dienstleistungsmarketing etabliert (siehe Abb. 1).

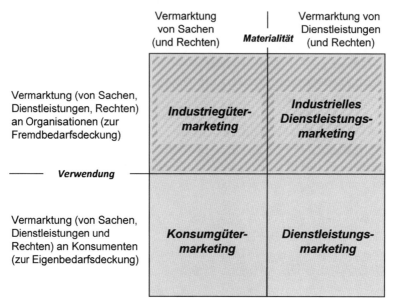

Abb. 1:   Institutionelle Gliederung des Marketing
Quelle: Eigene Darstellung in Anlehnung an Weiber/Kleinaltenkamp (2013), S. 38.

Erst Ende der siebziger Jahre, und damit deutlich später als das Konsumgütermarketing, entwickelte sich im deutschsprachigen Raum das *industrielle Business-to-Business-Marketing* (im Folgenden nur noch: B-to-B) bzw. das Industriegütermarketing (Engelhardt/Günter 1981; Backhaus 1982). Während der Konsumgüterbereich Vermarktungsvorgänge zwischen Unternehmen und Endkonsumenten umfasst, gehören zum B-to-B-Sektor alle vorgelagerten Marktstufen. Auf B-to-B-Märkten vermarkten Anbieter ihre Leistungen demnach nicht an Endkonsumenten, sondern an andere Unternehmen bzw. Organisationen (Kleinaltenkamp/Saab, 2009; Backhaus/Voeth, 2010, S. 8ff.; S. 2ff.; Weiber/Kleinaltenkamp, 2013, S. 23ff.). Die bezogenen Produkte oder Dienstleistungen werden für die anschließende Erstellung sowie den Vertrieb weiterer Leistungen verwendet und dienen damit auch den Kundenunternehmen der Fremdbedarfsdeckung. Die Wertschöpfung vollzieht sich im B-to-B dementsprechend auf einer Mehrzahl verschiedener Marktstufen, was zu höheren Umsätzen und einer größeren Anzahl an Erwerbstätigen in diesem Bereich führt (vgl. Backhaus/Voeth 2004, S. 5ff.; Frauendorf et al., 2007, S. 7ff.). Der vorliegende Beitrag fokussiert im Folgenden auf den B-to-B-Sektor und dabei insb. auf den Industriegüterbereich, während der Handel aufgrund seines nicht verarbeitenden Charakters ausgeschlossen wird.

Auch das *Dienstleistungsmarketing* hat sich im deutschsprachigen Raum erst Mitte der siebziger Jahre entwickelt (vgl. Meffert/Bruhn, 2009, S. 11ff.) und im Laufe der Jahrzehnte eine immer größere Bedeutung erlangt. Die aktuell zu beobachtende volkswirtschaftliche Entwicklung hin zu einer *Dienstleistungswirtschaft* wird häufig auf ein wachsendes Angebot von konsumtiven Dienstleistungen und eine entsprechende Nachfrage der privaten Haushalte zurückgeführt (vgl. Fließ, 2009, S. 1ff.). Werden allerdings die erstellten Leistungen genauer betrachtet, so ist festzustellen, dass der überwiegende Anteil der Dienstleistungen heute nicht für Endkonsumenten, sondern für andere Unternehmen oder staatliche Nachfrager erbracht wird. Der Schwerpunkt verschiebt sich also zunehmend von den konsumtiven hin zu den investiven Dienstleistungen (vgl. Klee/Dootz, 2003, S. 18f.). Ein wichtiger Antrieb dieser Verlagerung liegt in dem strategischen Vorgehen vieler Unternehmen, Leistungsangebote mit produktbegleitenden Dienstleistungen zu kombinieren, um damit eine Differenzierung gegenüber dem Wettbewerb zu erlangen und neue Erlöspotenziale zu entwickeln (vgl. Vandermerwe/Rack, 1988, S. 315f.; Erkoyuncu et al., 2011, S. 1223). Dies führt im Ergebnis dazu, dass heute auf den B-to-B-Märkten zunehmend *Leistungsbündel* vermarktet werden, die sowohl aus Sach- als auch Dienstleistungen bestehen (vgl. Woratschek, 1996, S. 59; Fließ, 2009, S. 104ff.; Weiber/Kleinaltenkamp, 2013, S. 49f.). Es ist somit eine Dominanz der gemeinsamen Vermarktung von Industriegütern und investiven Dienstleistungen zu beobachten, wodurch B-to-B-Marketing zu großen Teilen Dienstleistungsmarketing ist und umgekehrt.

Die obigen Darstellungen führen aus wissenschaftlicher Sicht im Ergebnis zu der Frage, ob es dann überhaupt noch zweckmäßig ist, B-to-B- und Dienstleistungs-Marketing als getrennte Disziplinen zu behandeln oder nicht vielmehr eine integrative Betrachtung vorzunehmen ist, die beide Bereiche verbindet. Diese Verbindung wird hier kurz als *Business- und Dienstleistungsmarketing* (BDM) bezeichnet.

Vor diesem Hintergrund geht der vorliegende Beitrag zunächst der Frage nach, ob signifikante Unterschiede in der Vermarktung von Industriegütern und industriellen Dienstleistungen bestehen. Die weiteren Ausführungen werden zeigen, dass diese Frage verneint werden kann, sodass das zentrale Ziel dieses Beitrag darin liegt, die Elemente eines generischen Aussagesystems im Sinne einer Marketing-Konzeption für das BDM zu entwickeln, durch die eine Integration der beiden Marketingansätze erreicht werden kann. Zu diesem Zweck werden im nächsten Abschnitt (Kapitel 2) zunächst die Unterschiede und Gemeinsamkeiten des industriellen B-to-B-Marketing und des industriellen Dienstleistungsmarketing (iDLM) herausgearbeitet und so die Zweckmäßigkeit einer Konsolidierung dieser beiden Sektoren begründet. In Kapitel 3 werden auf dieser Basis die konstitutiven Elemente einer Marketing-Konzeption für das BDM abgeleitet. Im abschließenden Kapitel werden aktuelle Entwicklungen im Verbraucherverhalten aufgezeigt und geprüft, inwiefern die für das BDM vorgetragenen Überlegungen auch für das Konsumgütermarketing gültig sind und damit das BDM eine mögliche Basis für eine „General Theory of Marketing" liefern kann.

2 Prüfung der Zweckmäßigkeit einer integrativen Betrachtung

Klassischer Weise werden als zentrale Differenzierungsmerkmale zwischen Sach- und Dienstleistungen vor allem die Immaterialität der Leistung und die Rolle des Kunden als externer Produktionsfaktor herausgestellt (vgl. Corsten, 2001, S. 56ff.; Kleinaltenkamp, 2001, S. 33ff.). Ob der *Grad der Materialität bzw. Immaterialität* aber ein wirklich trennscharfes Kriterium ist, wird vielfach auch angezweifelt, da häufig auch Sachgüter bei der Dienstleistungserstellung beteiligt sein können oder materielle Trägermedien zur Dienstleistungserbringung erforderlich sind (vgl. Kleinaltenkamp, 2001, S. 38; Weiber/Kleinaltenkamp, 2013, S. 37ff.). Doch auch wenn Input und Output im Rahmen einer Dienstleistung durchaus materielle Bestandteile besitzen können, so sind die Potenziale zur Leistungserstellung vor ihrer Realisierung i.d.R. nicht wahrnehmbar. Bezüglich des *externen Faktors* stellt die Dienstleistungsliteratur fest (vgl. Corsten/Gössinger, 2007, S. 120ff.; Fließ, 2009, S. 22ff.; Jacob, 2009, S. 108), dass erst durch die Mitwirkung des Kunden im Leistungserstellungsprozess des Anbieters ein Dienstleistungsprozess initialisiert und die Dienstleistungspotenziale aktiviert werden können (sog. *uno-actu-Prinzip*). Eine Produktion auf Vorrat ist somit nicht möglich, was unmittelbar auch zu dem oben dargestellten Problem der Immaterialität führt.

Wird jedoch – wie zuvor aufgezeigt – eine zunehmende Relevanz von *Leistungsbündeln* unterstellt, so erscheint eine differenzierte Betrachtung auf Basis dieser Kriterien nicht mehr zweckmäßig, was im folgenden Abschnitt noch eingehend begründet wird. Die nachfolgende Analyse der Gemeinsamkeiten industrieller Sachleistungen und industrieller Dienstleistungen führt vielmehr zu der Erkenntnis, dass aufgrund der großen Übereinstimmungen hinsichtlich der Vermarktungssituation und insbesondere in Bezug auf die ähnlich hohen Unsicherheitspositionen der Transaktionspartner eine gemeinsame Betrachtung zielführend ist.

2.1 Überwindung klassischer Unterschiede von IGM und iDLM

Die tiefergehende Analyse der Differenzierung zwischen Sach- und Dienstleistungen im B-to-B zeigt, dass die Vielschichtigkeit unternehmerischer Leistungsangebote keine eindeutige Abgrenzung sinnvoll erscheinen lässt (vgl. auch Préel/de la Rochefordière, 1988, S. 210). Angesichts dieser Abgrenzungsproblematik forderten bereits 1993 Engelhardt et al. (1993, S. 416ff.) die Aufhebung der Dichotomie von Sach- und Dienstleistungen und stattdessen eine Betrachtung der anbieterseitiger Vermarktungsobjekte als Leistungsbündel. Ähnlich fordert auch Grönroos (2000, S. 88) eine integrative Sichtweise von Sach- und Dienstleistungen und unterstützt dies mit seiner Aussage „services and physical goods should not be kept apart anymore. (...) physical goods marketing and services marketing converge, but services oriented principles dominate". Eine ähnliche Perspektive nehmen auch Vargo/Lusch (2004) mit dem Konzept einer „Service Dominant Logic" ein. All diese Ansätze fordern mehr oder weniger stark, die klassische Trennung zwischen Sach- und Dienstleistungen aufzuheben und damit auch differenzierende Marketing-Ansätze aufzugeben. In diesem Kontext ist auch darauf hinzuweisen, dass in der Praxis häufig nicht Sach- oder Dienstleistungen getrennt beschafft werden, sondern sich die Nachfrage überwiegend auf sog. hybride Leistungsbündel richtet (vgl. Backhaus et al. 2010, S. 1f.). Dies gilt aufgrund der Komplexität der Leistungen insbesondere für den Industriegüterbereich. Darüber hinaus werden Leistungsbündel typischerweise nicht auf anonymen Märkten angeboten, sondern vielmehr in einem interaktiven Prozess mit einzelnen, konkreten Nachfragern vermarktet.

Die Trennung zwischen Industriegütermarketing und industriellem Dienstleistungsmarketing führt demnach zu *keiner* eindeutigen Abgrenzung der beiden Bereiche, da entsprechend große Übereinstimmungen in den Produktions- und Vermarktungsprozessen vorliegen: In beiden Bereichen werden Ressourcen der Kunden in die Leistungserstellung eingebracht, wodurch beim Kauf nur ein *Leistungsversprechen* vorliegt, dessen tatsächlicher Nutzen sich erst im Leistungsergebnis entfaltet. Weiterhin werden die Leistungsangebote immer mehr zu *Leistungsbündeln*, die aus materiellen und immateriellen Anteilen bestehen und durch eine unterschiedliche Integrationsnotwendigkeit externer Faktoren gekennzeichnet sind. Diese Gemeinsamkeiten werden im folgenden Abschnitt genauer betrachtet.

2.2 Gemeinsamkeiten von IGM und iDLM

Neben der sektoralen Besonderheit des organisationalen Beschaffungsverhaltens existiert eine Reihe von Gemeinsamkeiten von IGM und iDLM, welche insbesondere durch die Vermarktungssituation bestimmt sind: So ist die Nachfrage der Abnehmer i. d. R. abhängig von den Abnehmern auf den nachgelagerten Marktstufen (vgl. Günter, 1997, S. 214). Diese sog. *„abgeleitete Nachfrage"* verlangt von den Anbietern, dass sie die Prozesse und Märkte ihrer Kunden gut kennen und in der Lage sind, die angebotenen Leistungen auf deren

Leistungserstellungsprozesse auszurichten (vgl. Baaken/Kesting, 2009, S. 197f.). Dieser Argumentation folgend setzt sich sowohl in der Vermarktung von industriellen Dienstleistungen als auch im industriellen B-to-B-Marketing zunehmend eine Interpretation von Produkten als Problemlösungen aus einer Kombination von Sach- und Dienstleistungskomponenten durch (vgl. Thomas et al., 2008, S. 209; Weiber/Kleinaltenkamp, 2013, S. 49ff.). Hierzu findet sich in den verschiedenen BWL-Disziplinen eine Reihe unterschiedlicher Bezeichnungen, wie z.B. *hybride Leistungsbündel* oder im ingenieurwissenschaftlichen Kontext der Begriff des *Product-Service-System* (PSS), dem aufgrund der industriegüterbezogenen Ausrichtung hier eine besondere Bedeutung beizumessen ist. In diesem wachsenden Forschungszweig werden als PSS solche Leistungsbündel aus Sach- und Dienstleistungen verstanden, die einen individuellen und damit möglichst optimalen Nutzen für den Nachfrager erzeugen (vgl. Baines et al., 2007, S. 3). Vor allem im Industriegüterbereich sind durch die Anreicherung von Produkten mit Services bedeutende Wettbewerbsvorteile zu erwarten (vgl. Thomas et al., 2008, S. 208ff.; Erkoyuncu et al., 2011, S. 1223).

Bei den im B-to-B-Bereich vermarkteten Produkten handelt es sich in vielen Fällen um kundenspezifische Leistungen, deren Erstellung mit wechselseitigen Prozesseingriffen verbunden ist und eine mehr oder weniger starke Zusammenarbeit von Anbieter und Nachfrager bei der Leistungserstellung erfordert. Zusätzlich ist für die volle Entfaltung des Nutzenpotenzials der Leistung i.d.R. der Einsatz einer Reihe von produktbegleitenden und reinen Dienstleistungen beim Kunden erforderlich. Im Ergebnis ist die Erstellung somit durch die Integration von internen und externen Produktionsfaktoren gekennzeichnet. Die internen Faktoren stellen dabei das sog. Leistungspotenzial dar und umfassen alle für die Angebotsofferte notwendigen Produktionsfaktoren, über die ein Anbieterunternehmen autonom disponieren kann (vgl. Corsten/Gössinger, 2007, S. 21ff.). Die Integration des Kunden und dessen Rolle als externer Faktor zielt auf die zwingende Mitwirkung im Leistungserstellungsprozess ab, da er selbst oder aber bestimmte Potenziale bzw. Informationen von ihm als Produktionsfaktoren dienen. Erst hierdurch wird der eigentliche Leistungsprozess initialisiert und das notwendige Leistungspotenzial aktiviert (vgl. hierzu u.a. Maleri, 1997, S. 133; Engelhardt, 1990, S. 280f.; Kleinaltenkamp, 1997, S. 350f.). Aufgrund der dargestellten Individualisierungs- bzw. Anpassungserfordernis bilden Kundenintegration und -interaktion die zentralen Gemeinsamkeiten bei der Leistungserstellung von industriellen Sachgütern und Dienstleistungen. Durch die für das B-to-B typische Vermarktung von Leistungsbündeln sind Sachleistung und Dienstleistung zudem in der Regel untrennbar miteinander verbunden.

Vor dem Hintergrund der obigen Darstellung kann gefolgert werden, dass letztendlich keine grundlegenden Unterschiede zwischen den Vermarktungsprozessen von Industriegütern und industriellen Dienstleistungen bestehen, sodass hier eine gemeinsame Betrachtung gefordert wird. Weiber und Kleinaltenkamp (2013, S. 40) entwickeln dazu den Begriff des Business- und Dienstleistungsmarketing und begreifen diesen wie folgt:

„Business- und Dienstleistungsmarketing (BDM) umfasst die permanente und systematische Analyse sowie Ausgestaltung von Transaktionsprozessen zwischen Marktparteien auf industriellen Business-to-Business-Märkten mit dem Ziel, ein Transaktionsdesign zu finden, das die Zielsysteme der Transaktionspartner bestmöglich erfüllt. Die Vermarktungsobjekte stellen dabei überwiegend Leistungsbündel dar, die sich sowohl aus Sach- als auch Dienstleistungen zusammensetzen und deren Erstellung durch die Integration von internen und externen Produktionsfaktoren gekennzeichnet ist."

2.3 Besondere Unsicherheitspositionen im BDM

Aufgrund der Besonderheiten des BDM stellen die angebotenen Problemlösungen in den meisten Fällen sog. *Leistungsversprechen* dar, welche von Alchian/Woodward (1988, S. 66) durch Abgrenzung zu den sog. Austauschgütern definiert werden. Während Austauschgüter dadurch gekennzeichnet sind, dass sie bereits *vor* Kaufabschluss existent und damit grundsätzlich auch durch den Nachfrager beurteilbar sind, führen die unbestimmte Leistung zum Zeitpunkt der Kaufentscheidung sowie die Dispositionsspielräume der Marktparteien dazu, dass Unsicherheiten bei Leistungsversprechen deutlich umfangreicher ausfallen als bei Austauschgütern (vgl. Weiber/Kleinaltenkamp, 2013, S. 142ff.).

Zunächst ist das Leistungsergebnis in der Vorkaufphase aufgrund der zumindest partiellen Immaterialität und dessen Unbestimmtheit für den Nachfrager nicht vollständig beurteilbar, wodurch bei der Angebotsbewertung von einer Dominanz an Erfahrungs- und Vertrauenseigenschaften auszugehen ist. Im Ergebnis ist die endgültige Leistung erst *nach* dem Kaufabschluss und häufig sogar erst beim konkreten Einsatz einer Problemlösung durch den Nachfrager beurteilbar, da das Anbieterverhalten noch *nicht vollständig determiniert* ist. Für den Nachfrager existiert bei Leistungsbündeln somit ein *zusätzliches Beurteilungsproblem*, da *nach* dem Kaufabschluss der Anbieter das Leistungsergebnis noch beeinflussen kann und zum anderen auch der Nachfrager durch seine Mitwirkung bei der Leistungserstellung auf das Ergebnis einwirkt. Die notwendige Faktorkombination führt aufgrund umfangreicher Interaktionen zwischen Anbieter und Nachfrager in der Erstellungsphase zu weiteren Unsicherheiten. Im Gegensatz hierzu ist die Beurteilungsproblematik bei reinen Sachleistungen auf die Feststellung der Ergebnisqualität beschränkt.

Während sich die *funktionale Ergebnisqualität* auf die technische und wirtschaftliche Eignung einer Leistung zur Erfüllung der vom Kunden geforderten Lösungsfunktionen bezieht, zielt die sog. *Integralqualität* (hierzu Pfeiffer, 1964,

S. 43) auf die Eignung einer Anbieter-Leistung zur Integration in die Prozesse und/oder Absatzobjekte des Kundenunternehmens. Dabei ist aufgrund der Besonderheiten der abgeleiteten Nachfrage vor allem sicherzustellen, dass die Eigenschaften einer Angebotsleistung auch zu den beim Nachfrager vorhandenen Produkten passen (integrale Produktqualität) und die Lebensdauer kompatibel ist (integrale Zeitqualität). Darüber hinaus müssen die Anbieter-Leistungen auch zu den vom Nachfrager verlangten Zeitpunkten zur Verfügung stehen (integrale Verfügbarkeitsqualität).

Die Leistungsversprechen immanente größere Beurteilungs- und Unsicherheitsproblematik des Nachfragers besitzt für Kaufentscheidungen eine herausragende Bedeutung. Anbieter müssen daher über die Unsicherheitspositionen eines Nachfragers genauestens informiert sein und Maßnahmen ergreifen, um diesen bei der Unsicherheitsreduktion zu unterstützen. Die Chance für einen Wettbewerbsvorteil ist deshalb ceteris paribus am größten, wenn ein Anbieter diese Unsicherheit besser reduzieren kann als die Konkurrenz. Eine gemeinsame Betrachtung von industriellem B-to-B- und Dienstleistungsmarketing im Rahmen des BDM erscheint somit auch aus einer unsicherheitsreduzierenden Sichtweise zielführend.

3 Konzeptionelle Merkmale eines gemeinsamen Business- und Dienstleistungsmarketing (BDM)

Wird der Forderung einer integrativen Betrachtung von B-to-B und iDLM gefolgt, so erfordert dies auch Anpassungen in der Marketing-Konzeption für das BDM. Im Folgenden wird deshalb ein Vorschlag entwickelt, der sich aus Sicht der Autoren auf die zentralen Elemente einer BDM Marketing-Konzeption konzentriert.

Unter einer Marketing-Konzeption verstehen wir hier mit Hörstrup (2012, S. 85) einen schlüssigen und ganzheitlichen Handlungsplan, „(...) der sich an angestrebten Zielen orientiert, für ihre Realisierung geeignete Strategien wählt und auf ihrer Grundlage die adäquaten Marketinginstrumente festlegt." Obwohl die konkrete Ausgestaltung von Marketing-Konzeptionen in der Literatur durchaus unterschiedlich formuliert wird, so lassen sich aber dennoch konstituierende Elemente identifizieren: Typischerweise gehört hierzu die Unterscheidung nach einer Informations-, einer Strategie-, einer Instrumental- und einer Implementierungsebene (z.B. Kuss/Tomczak, 1998, S. 11f.; Hörstrup, 2012, S. 87; Becker, 2013, S. 5). Im Hinblick auf das BDM soll ebenfalls im Grundsatz an dieser Unterteilung festgehalten werden, wobei wir aber – vor dem Hintergrund der bisherigen Überlegungen – eine Differenzierung in insgesamt sieben Ebenen vornehmen und vor allem im Analyse- und Instrumentalbereich auf das BDM angepasste Politiken vorschlagen (vgl. Abb. 2). Der hier unterbreitete Vorschlag lässt sich wie folgt begründen und in den Grundzügen charakterisieren:

(1) Handlungsebene im BDM:
Als grundsätzliche Handlungsebenen können im Marketing die Ebene der Einzeltransaktion und die Ebene der Geschäftsbeziehung unterschieden werden (hierzu Weiber/Ferreira, 2014). Agiert ein Anbieter auf der Ebene der Einzeltransaktion, so folgt er dem Ansatz des Transaktionsmarketing, welcher als Ziel eine möglichst hohe Profitabilität einer Einzeltransaktion verfolgt. Bei dem Ansatz des Geschäftsbeziehungsmarketing hingegen steht die längerfristige Beziehung zum Kunden im Vordergrund, wodurch zusätzlich Überlegungen zur Ausgestaltung der Einzeltransaktion vor dem Hintergrund transaktionsübergreifender Elemente, wie z.B. dem Customer Lifetime Value eines Kunden, bisherige Kundenerfahrungen oder zukünftige Kundenpotenziale vorzunehmen sind. Die Festlegung der Handlungsebene ist damit eine *strategische Grundsatzentscheidung*, welche grundlegende Konsequenzen für die folgende Ausgestaltung der Marketing-Konzeption besitzt.

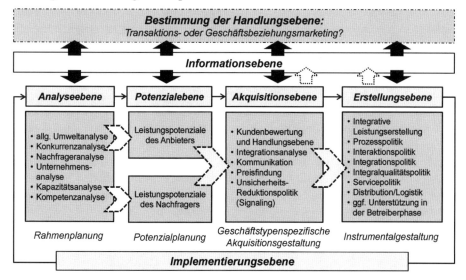

Abb. 2: *Grundstruktur einer Marketing-Konzeption für das BDM*
Quelle: Eigene Darstellung.

(2) Informationsebene im BDM:
Auf der Informationsebene erfolgt die Sammlung relevanter interner und externer Informationen, die zur Entscheidungsfindung auf den übrigen Ebenen erforderlich sind. Im BDM ist dabei besonders hervorzuheben, dass hier nicht nur Informationen zum Markt und zum Unternehmen von Bedeutung sind, sondern zusätzlich Potenzial- und Episodeninformationen berücksichtigt werden müssen (vgl. Weiber/Jacob, 2000, S. 529ff.). Dabei beziehen sich *Potenzialinformationen* auf die Ebene des Leistungspotenzials und dienen der Gestaltung von Bereitstellungsleistungen. Demgegenüber werden *Episodeninformationen* aus den konkreten Transaktionsprozessen gewonnen und dienen deren Gestaltung sowie auch der Prüfung bzgl. möglicher Anpassungserfordernisse der Leistungspotenziale eines Anbieters. Ansonsten sind auf der Informationsebene alle Verfahren anzusiedeln, die der Informationsgewinnung – auch im Hinblick auf Einzelkunden – dienen.

(3) Analyseebene im BDM:
Unter Rückgriff auf die Informationsebene gehören zur Analyseebene im BDM zunächst die klassische Umwelt-, Nachfrager-, Konkurrenz- und Unternehmensanalyse. Im BDM erlangt dabei aber die Identifikation von solchen Integrationspotenzialen besondere Bedeutung, die geeignet sind, die anbieterseitigen Leistungspotenziale in Wettbewerbsvorteile zu transformieren. Eine notwendige Voraussetzung für den Anbieter liegt hierbei zunächst darin, die für die Integrationsleistung erforderlichen Informationen zu erfassen und zu verarbeiten. Hierzu werden sowohl interne Analysen zur Ableitung von Stärken und Schwächen (z.B. Kapazitäts- und Kompetenzanalysen) sowie externe Analysen zur Identifikation von Chancen und Risiken (z.B. Konkurrenz- und Nachfrager-Analysen) benötigt. Da es sich bei Vermarktungsobjekten im BDM im Allgemeinen um Leistungsversprechen handelt, erfährt die Analyse bezüglich der Nachfrager eine besondere Bedeutung, da insbesondere hierdurch Art, Umfang und Intensität der Kundenintegration abgeschätzt werden können.

(4) Potenzialebene im BDM:
Aufgrund der hohen Bedeutung der integrativen Zusammenarbeit zwischen Anbieter und Nachfrager im BDM wird zusätzlich zur Analyseebene die gesonderte Betrachtung einer Potenzialebene vorgeschlagen. Während auf der Analyseebene die bestehenden Leistungspotenziale von Anbieter und Nachfrager „lediglich" erfasst werden, sind diese auf der Potenzialebene im Hinblick auf ihre *Integrationseignung* im Rahmen einer gemeinsamen Leistungserstellung zu prüfen. Neben der Feststellung der anbieter- und nachfragerseitigen Produktionsfaktoren ist hier insb. der Aufbau einer ausreichenden Integrationskompetenz vordergründig: Dabei wird mit der *Integrationskompetenz* sowohl die anbieterseitige als auch die nachfragerseitige Fähigkeit bezeichnet, sich mit seinen

Leistungspotenzialen in die (Wertschöpfungs-)Prozesse des Anbieters bzw. des Kundenunternehmens zu integrieren (Fließ 1996, S. 92ff.). Zu prüfen sind hier auch mögliche Vorkombinationen von Produktionsfaktoren, die ein Anbieter in identischer Weise in unterschiedlichen Transaktionsprozessen einbringen kann.

(5) Akquisitionsebene im BDM:
Im Vergleich zur reinen Sachleistungsproduktion erfolgt die Akquisition im BDM *vor* der Fertigstellung einer Leistung. Der Transaktionsgegenstand weist zunächst den Charakter eines Leistungsversprechens auf, was auf der Kundenseite vor dem Kauf zu einer erhöhten Beurteilungsproblematik und damit höheren Kaufunsicherheit führt. Dadurch erlangen *unsicherheitsreduzierende Maßnahmen* in der Akquisitionsstrategie des Anbieters in Form geeigneter Signaling-Maßnahmen eine besondere Bedeutung (vgl. Kaas, 1990, S. 539ff.). Allerdings ist auch auf der Anbieterseite aufgrund der erforderlichen Kundenintegration im (späteren) gemeinsamen Leistungserstellungsprozess von erhöhter Unsicherheit auszugehen. Die möglichen *Integrationspunkte* und deren Ausgestaltung auf der Erstellungsebene sollten deshalb bereits in der Akquisitionsphase in ihren Wesensmerkmalen analysiert werden (Integrationsanalyse). Aufgrund der Unbestimmtheit des Transaktionsgegenstandes im Akquisitionsprozess ergeben sich auch besondere Herausforderungen für die *Preisfindung*, da hier die Leistungen und die damit verbundenen Kosten im späteren Erstellungsprozess zu antizipieren sind. Weiterhin ist herauszustellen, dass die Akquisitionsstrategie sowie die daraus resultierende Entscheidung für ein Transaktions- oder ein Geschäftsbeziehungsmarketing maßgeblich durch die *Kundenbewertung* bestimmt werden.

(6) Erstellungsebene im BDM:
Die Leistungserstellung erfolgt auch im BDM teilweise im Rahmen von Vorkombinationen der anbieterseitigen Produktionsfaktoren *vor* der Akquisition bzw. der Kaufentscheidung durch den Kunden. Besondere Bedeutung erlangt im BDM aber der Teil der Leistungserstellung, der integrativ mit dem Kunden erfolgt und erst *nach* der Kaufentscheidung einsetzt. Hier gilt es für den Anbieter, seine Leistungsversprechen zu erfüllen, wobei die Qualität der Leistungserstellung aber auch durch die Kundenaktivitäten beeinflusst ist. Das aber bedeutet, dass Abstimmungen zwischen dem Kunden und dem Anbieter vorgenommen werden müssen, sodass hier eine erstellungsbezogene und auf entsprechenden Interaktionskompetenzen basierende *Interaktionspolitik,* große Bedeutung erlangt. Anbieterseitig gilt es dabei vor allem, dem Kunden die notwendige *Prozessevidenz* zu vermitteln (vgl. Fließ, 1996, S. 92ff.), damit er sich zur richtigen Zeit an der richtigen Stelle auf die richtige Art und Weise in den Leistungserstellungsprozess einbringt. Ein Mangel an Prozessevidenz führt zu einer erhöhten *Integrationsunsicherheit* des Anbieters (Weiber/Wolf, 2014),

weshalb es die Aufgabe des Kundenkontaktpersonals ist, dem Kunden aufzuzeigen, wie er sich bzw. ‚seine' Produktionsfaktoren in den Leistungserstellungsprozess einbringen kann. Hierzu bedarf es in besonderem Maße einer entsprechenden Qualifikation der betreffenden Mitarbeiter, die vor allem über die Fähigkeit verfügen müssen, sich in die Lage der Kunden hineinzuversetzen. Die Integrationskompetenz kann dabei vor allem durch das sog. Customer Enablement (Kundenentwicklung) erhöht werden, das alle Maßnahmen umfasst, mittels derer das Qualifikationsniveau eines Kunden verbessert und damit seine Integrationsfähigkeit und Integrationsbereitschaft erhöht werden kann (vgl. Gouthier, 2003, S. 384ff.). Darüber hinaus ist als Besonderheit im BDM noch die sog. *Integralqualitätspolitik* hervorzuheben (vgl. Pfeiffer, 1964, S. 43; Weiber/Kleinaltenkamp, 2013, S. 120ff.), durch die vor allem die integrale Produktqualität, Zeitqualität und Verfügbarkeitsqualität sicherzustellen sind.

(7) Implementierungsebene im BDM:
Bei der Betrachtung der bisherigen Konzeptionsebenen ist zu berücksichtigen, dass diese nicht in einer festgelegten, gleichförmigen Reihenfolge ablaufen, sondern es aufgrund der umfassenden Interaktions- und Integrationsprozesse zu permanenten Rückkopplungen und Interdependenzen kommt. Im Rahmen der Implementierungsebene müssen daher die skizzierten Handlungspläne in die anbieterseitigen Prozesse implementiert werden, um so deren konsequente Umsetzung zu erreichen. Neben der Überwindung von Umsetzungsbarrieren, wie sie z.B. durch das 3-W-Modell von Krüger (2000, S. 20ff.) beschrieben werden, ist dabei insbesondere auch die Einführung einer, den spezifischen Belangen des BDM angepassten, Qualitätspolitik von besonderer Relevanz. Hinweise hierzu liefern z.B. die Überlegungen von Weiber/Kleinaltenkamp (2013, S. 321ff.), Weiber/Wolf (2013) und Weiber/Wolf (2014).

Die in diesem Kapitel vorgeschlagene Marketing-Konzeption für das BDM ist als allgemeine *Rahmen-Konzeption* zu verstehen, deren Vorteile in der integrativen Betrachtung und den damit verbundenen Möglichkeiten liegt, Schnittstellen besser zu managen und Synergien zu nutzen. Für den konkreten Einsatz sind jedoch nicht nur noch Ausformulierungen im Detail vorzunehmen, sondern die einzelnen Elemente der Marketing-Konzeption erlangen in Abhängigkeit der jeweiligen Vermarktungssituation auch unterschiedliche Bedeutung. Diese Präzisierungen sollten vor allem in Abhängigkeit möglicher Geschäftstypen im BDM erfolgen. Eine Vorschlag hierzu bieten Weiber/Kleinaltenkamp (2013, S. 185ff.) an. Weiterhin erfordern selbstverständlich auch die jeweils betrachteten Vermarktungsobjekte Anpassungserfordernisse in der Ausgestaltung des Marketing-Instrumentariums. Diese verändern aber nicht die strukturellen und konzeptionellen Elemente der hier vorgestellten Marketing-Konzeption für das BDM.

4 BDM als Basis für eine „General Theory of Marketing"

Die in diesem Beitrag vorgeschlagene Konzeption ist auf den Industriegüter-Bereich fokussiert. Als zentrale Merkmale des BDM lassen sich dabei zusammenfassend neben der Individualisierung von Leistungsangeboten die integrative Leistungserstellung, die Interaktion zwischen Anbieter und Nachfrager, die besondere Rolle von Leistungsbündeln als Vermarktungsobjekte und die Unsicherheitsproblematik herausstellen. Werden aktuelle Entwicklungen auf den Consumer-Märkten beobachtet, so lassen sich auch dort genau diese Merkmale zunehmend wiederfinden:

So führen aktuell die technologischen Entwicklungen zu einer ansteigenden Vernetzung zwischen Nutzern und Konsumenten und zu grundlegenden Veränderungen in deren Informations- und Kommunikationsverhalten (vgl. Greve, 2011, S. 16ff.; Wirtz et al., 2012, S. 217f.). Als Konsequenz kommt es zu einem erhöhten Interaktionsgrad zwischen den Kunden und zu erhöhten Mitwirkungsmöglichkeiten sowie Mitwirkungsbereitschaften von Konsumenten in den Prozessen der Unternehmen (vgl. Horster/Gottschalk, 2012, S. 230). Dabei treffen die Entwicklungen im Bereich der *Kundeninteraktionen* gleichzeitig auf ein wachsendes Bedürfnis der Konsumenten nach exakt auf ihre jeweiligen Vorstellungen abgestimmten Leistungen (vgl. Jacob, 1995, S. 8ff.; Franke/Piller, 2003, S. 578f.; Freichel, 2009, S. 21ff.). Diesem zunehmenden Wunsch nach individuellen Leistungen begegnen die Unternehmen durch das Angebot von Leistungsbündeln, welche neben der häufig standardisierten Kernleistung auch ein gewisses Maß an Individualisierungen beinhalten (vgl. Brady et al., 2005, S. 360). Am deutlichsten zeigt sich dies im Konzept der *„Mass Customization"*, bei dem Kunden auf Massenmärkten auf die individuellen Bedürfnisse angepasste Produkte erhalten. Nach den Zielsetzungen der Anbieter können Leistungen so passender auf die Wünsche der Konsumenten zugeschnitten werden, Preisbereitschaften besser ausgenutzt sowie Kundenzufriedenheit und Kundenbindung gesteigert werden (vgl. Baaken/Bobiatynski, 2002, S. 27ff.). Als Folge hieraus können Konsumgütermärkte nur noch bedingt als anonyme Massenmärkte verstanden werden.

Bereits diese kurz skizzierten Entwicklungen lassen erkennen, dass die Vermarktungssituationen auf B-to-B- und B-to-C-Märkten eine immer größere Ähnlichkeit aufweisen, womit auch im Konsumgütermarketing nicht mehr von einer Dominanz fertiger Produkte und einem anonymen Markt ausgegangen werden kann. Vielmehr gewinnen Individualisierungstendenzen an Bedeutung, wodurch die für das BDM als typisch herausgestellten Merkmale zunehmend auch für das Konsumgütermarketing gültig sind. Wird entsprechend den Forderungen in diesem Beitrag im Marketing von einer nach Güterarten getrennten Betrachtung Abstand genommen und das Verhalten der Marktparteien in der Austauschbeziehung in den Vordergrund gestellt, so besteht auch zwischen dem

BDM und dem Konsumgütermarketing eine weiterführende Konvergenz in den Grundelementen der Austauschprozesse. Die bereits von mehreren Autoren geäußerte Forderung, die verwendungsbezogene Trennungen im Marketing aufzugeben und auf die breiten Gemeinsamkeiten in den unterschiedlichen Marketing-Disziplinen abzustellen (vgl. Fern/Brown, 1984, S. 68ff.; Backhaus, 1997, S. 54; Meffert, 2007, S. 137f.; Weiber, 2007, S. 68ff.) wird auch durch die in diesem Beitrag vorgestellten Überlegungen weiter gestärkt. Aus Sicht der Autoren kann dabei die in diesem Beitrag entwickelte Marketing-Konzeption für das BDM eine mögliche Basis für eine „General Theory of Marketing" liefern: Im Mittelpunkt von Marketing-Betrachtungen sollte nämlich stets das *Verhalten der Marktparteien in Austauschbeziehungen* stehen. Das bedeutet, dass für Marketingüberlegungen letztendlich nicht das Leistungsangebot eines Anbieters entscheidend ist, sondern die Art und Weise, *wie* diese Leistungen von der Nachfragerseite gekauft und verwendet werden. „Grundsätzlich kann sogar festgestellt werden, dass es einem Produkt nicht zwingender Weise angesehen werden kann, wie es gekauft wird, so dass produktspezifische Marketing-Ansätze ihre Berechtigung im Prinzip nur in den Besonderheiten der „physischen" Produktgestaltung bezogen auf den Kundennutzen besitzen, nicht aber im Hinblick auf die damit verbundene Kaufverhaltensweise" (Weiber, 2007, S. 69f.). In ähnlicher Weise stellten jüngst auch Vargo und Lusch (2011, S. 182) die These „it's all B-to-B" auf und fordern, die Beteiligten im Transaktionsprozess unabhängig von der betrachteten Marketing-Teildisziplin als aktiv wertschöpfende Akteure zu verstehen.

Quellenverzeichnis

Alchian, A.; Woodward, S. (1988): The Firm is Dead; Long Live the Firm. In: Journal of Economic Literature, 26(1), S. 65-79.

Baaken, T.; Bobiatynski, E. (2002): Customer Relationship Management – Erhöhung der Kundenbindung durch Kommunikation. In: Baaken, T. (Hrsg.): Business-to-Business-Kommunikation. Neue Entwicklungen im B2B-Marketing, Berlin, S. 11-30.

Baaken, T.; Kesting, T. (2009): Wertkettenkonzepte im Science-to-Business Marketing. In: Voss, R. (Hrsg.): Hochschulmarketing, 2., völlig überarbeitete Auflage, Lohmar und Köln, S. 181-200.

Backhaus, K. (1982): Investitionsgüter-Marketing, 1. Aufl., München.

Backhaus, K. (1997): Entwicklungspfade im Investitionsgütermarketing. In: Backhaus, K.; Günter, B.; Kleinaltenkamp, M.; Plinke, W.; Raffée, H. (Hrsg): Marktleistung und Wettbewerb. Strategische und operative Perspektiven der marktorientierten Leistungsgestaltung, Wiesbaden, S. 33-62.

Backhaus, K.; Becker, J.; Beverungen, D.; Fuchs, M.; Knackstedt, R.; Müller, O.; Steiner, M.; Wedeling, M. (2010): Vermarktung hybrider Leistungsbündel, Heidelberg.

Backhaus, K.; Voeth, M. (2004): Besonderheiten des Industriegütermarketing. In: Backhaus, K.; Voeth, M. (Hrsg.): Handbuch Industriegütermarketing, Wiesbaden, S. 3-21.

Backhaus, K.; Voeth, M. (2010): Industriegütermarketing, 9. Aufl., München.

Baines, T.; Lightfoot, H.; Evans, S.; Neely, A. D.; Greenough, R.; Peppard, J.; Roy, R.; Shehab, E.; Braganza, A.; Tiwari, A.; Alcock, J.; Angus, J.; Bastl, M.; Cousens, A.; Irving, P.; Johnson, M.; Kingston, J.; Lockett, H.; Martinez, V.; Micheli, P.; Tranfield, D.; Walton, I.; Wilson, H. (2007): State-of-the-Art in Product Service Systems. In: Proceedings of the Institution of Mechanical Engineers, Part B: Journal of Engineering Manufacture; 221(10), S. 1-10.

Becker, J. (2013): Marketing-Konzeption. Grundlagen des ziel-strategischen und operativen Marketing-Managements, 10. Aufl., München.

Brady, T.; Davies, A.; Gann, D. (2005): Creating value by delivering integrated solutions. In: International Journal of Project Management, 23(5), S. 360-365.

Braun, I. A.; Mayer, R. (1989): Von Absatz- bis Turbo-Marketing – Ein Beitrag zum Abbau der Begriffsverwirrung. In: WiSt, 1989(6), S. 307-312.

Corsten, H. (2001): Ansatzpunkte für ein integratives Dienstleistungsmanagement. In: Bruhn, M.; Meffert, H. (Hrsg.): Handbuch Dienstleistungsmanagement, 2. Aufl., Wiesbaden, S. 51-71.

Corsten, H.; Gössinger, R. (2007): Dienstleistungsmanagement, 5. Aufl., Oldenburg.

Engelhardt, W. H.; Günter, B. (1981): Investitionsgüter-Marketing, Stuttgart.

Engelhardt, W. H.; Kleinaltenkamp, M.; Reckenfelderbäumer, M. (1993): Leistungsbündel als Absatzobjekte. In: Zeitschrift für betriebswirtschaftliche Forschung, 45(5), S. 395-426.

Erkoyuncu, J. A.; Roy, R.; Shehab, E.; Cheruvu, K. (2011): Understanding service uncertainties in industrial product-service system cost estimation. In: International Journal of Advanced Manufacturing Technologies, 52(1), S. 1223-1238.

Fern, E. F.; Brown, J. R. (1984): The Industrial/Consumer Marketing Dichotomy: A Case of Insufficient Justification. In: Journal of Marketing, 48(2), S. 68-77.

Fließ, S. (1996): Prozeßevidenz als Erfolgsfaktor der Kundenintegration. In: Kleinaltenkamp, M.; Fließ, S.; Jacob, F. (Hrsg.): Customer Integration, Wiesbaden, S. 91-103.

Fließ, S. (2009): Dienstleistungsmanagement, Wiesbaden.

Franke, N.; Piller, F. T. (2003): Key Research Issues in User Interaction with User Toolkits in a Mass Customization System. In: International Journal of Technology Management, 26(5–6), S. 578-599.

Frauendorf, J.; Kähm, E.; Kleinaltenkamp, M. (2007): Business-to-Business Markets. In: Journal of Business Market Management, 2007(1), S. 7-40.

Freichel, S. (2009): FIT-Modelle der Produktindividualisierung, Hamburg.

Fourastié, J. (1954): Die große Hoffnung des 20. Jahrhunderts, Köln.

Gouthier, M. (2003): Kundenentwicklung im Dienstleistungsbereich, Wiesbaden.

Greve, G. (2011): Social CRM – ganzheitliches Beziehungsmanagement mit Social Media. In: Marketing Review St. Gallen, 28(5), S. 16-21.

Grönroos, C. (2000): Service Management and Marketing – A Customer Relationship Management Approach, Chichester.

Günter, B. (1997): Wettbewerbsvorteile, mehrstufige Kundenanalyse und Kunden-Feedback im Business-to-Business-Marketing. In: Backhaus, K.; Günter, B.; Kleinaltenkamp, M.; Plinke, W.; Raffée, H. (Hrsg): Marktleistung und Wettbewerb. Strategische und operative Perspektiven der marktorientierten Leistungsgestaltung, Wiesbaden, S. 213-231.

Horster, E.; Gottschalk, C. (2012): Computer-assisted Webnography. A new Approach to online reputation management in tourism. In: Journal of Vacation Marketing, 18(3), S. 229-238.

Hörstrup, R. (2012): Anbieterintegration: Eine konzeptioneller Ansatz zur Analyse und Gestaltung kundenseitiger Nutzungsprozesse, Hamburg.

Jacob, F. (1995): Produktindividualisierung, Wiesbaden.

Jacob, F. (2009): Marketing, Stuttgart.

Kaas, K. P. (1990): Marketing als Bewältigung von Informations- und Unsicherheitsproblemen im Markt. In: Die Betriebswirtschaft, 50(4), S. 539-548.

Klee, G.; Dootz, D. (2003): Unternehmensnahe Dienstleistungen im Bundesländervergleich, Endbericht für das Landesgewerbeamt Baden-Württemberg, Tübingen.

Kleinaltenkamp, M. (1997): Kundenintegration. In: Wirtschaftswissenschaftliches Studium, 26(7), S. 350-354.

Kleinaltenkamp, M. (2001): Begriffsabgrenzungen und Erscheinungsformen von Dienstleistungen. In: Bruhn, M.; Meffert, H. (Hrsg.): Handbuch Dienstleistungsmanagement, 2. Aufl., Wiesbaden, S. 27-50.

Kleinaltenkamp, M.; Bach, T.; Griese, I. (2009): Der Kundenintegrationsbegriff im (Dienstleistungs-)Marketing. In: Bruhn, M.; Stauss, B. (Hrsg.): Kundenintegration, Wiesbaden, S. 35-62.

Kleinaltenkamp, M.; Saab, S. (2009): Technischer Vertrieb: Eine praxisorientierte Einführung in das Business-to-Business-Marketing, Berlin und Heidelberg.

Krüger, W. (2000): Das 3W-Modell: Bezugsrahmen für das Wandlungsmanagement. In: Krüger, W. (Hrsg.): Excellence in Change, Wiesbaden, S. 15-29.

Kuss, A.; Tomczak, T. (1998): Marketingplanung – Einführung in die marktorientierte Unternehmens- und Geschäftsfeldplanung, Wiesbaden.

Maleri, F. R. (1997): Grundlagen der Dienstleistungsproduktion, 4. Aufl., Berlin.

Meffert, H. (2007): General Marketing oder sektorale Spezialisierung. In: Büschken, J.; Voeth, M.; Weiber, R. (Hrsg.): Innovationen für das Industriegütermarketing, Stuttgart, S. 109-142.

Meffert, H.; Bruhn, M. (2009): Dienstleistungsmarketing, 6. Aufl., Wiesbaden.

Pfeiffer, W. (1964): Absatzpolitik bei Investitionsgütern der Einzelfertigung, Stuttgart.

Préel, B.; de la Rochefordière, C. (1988): Indikatoren einer Symbiose zwischen Industrie und Dienstleistungen in Frankreich. In: Clement, W. (Hrsg.): Die Tertiärisierung der Industrie, Wien, S. 207-236

Thomas, O.; Walter, P.; Loos, P. (2008): Product-Service Systems: Konstruktion und Anwendung einer Entwicklungsmethodik. In: Wirtschaftsinformatik, 3(2008), S. 208-219.

Vandermerwe, S.; Rack, J. (1988): Servitization of Business – Adding Value by Adding Services. In: European Management Journal, 6(4), S. 314-324.

Vargo, S. L.; Lusch, R. F. (2004): Evolving to a New Dominant Logic for Marketing. In: Journal of Marketing, 68(1), S. 1-17.

Vargo, S. L.; Lusch, R. F. (2011): It's all B2B...and beyond: Toward a systems perspective of the market. In: Industrial Marketing Management, 40(1), S. 181-187.

Weiber, R. (2006): Was ist Marketing? Grundlagen des Marketing und informationsökonomische Fundierung, Arbeitspapier zur Marketingtheorie Nr. 1, 3. Aufl., Trier.

Weiber, R. (2007): Elemente einer allgemeinen informationsökonomisch fundierten Marketingtheorie. In: Büschken, J.; Voeth, M.; Weiber, R. (Hrsg.): Innovationen für das Industriegütermarketing, Stuttgart, S. 67-108.

Weiber, R.; Ferreira, K. (2014): Transaktions- versus Geschäftsbeziehungsmarketing. In: Backhaus, K.; Voeth, M. (Hrsg.): Handbuch Industriegütermarketing, 2. Aufl., Wiesbaden (im Druck).

Weiber, R.; Jacob, F. (2000): Kundenbezogene Informationsgewinnung. In: Kleinalten-kamp, M.; Plinke, W. (Hrsg.): Technischer Vertrieb: Grundlagen des Business-to-Business-Marketing, 2. Aufl., Berlin u.a., S. 523-612.

Weiber, R.; Kleinaltenkamp, M. (2013): Business- und Dienstleistungsmarketing, Stuttgart.

Weiber, R.; Wolf, T. (2013): Der Qualitäts-Dreisprung: Ein konzeptioneller Ansatz zur Verbesserung des Qualitätsmanagements bei Dienstleistungen durch Social Media. In: Bruhn, M.; Hadwich, K. (Hrsg.): Forum Dienstleistungsmanagement 2013: Dienstleistungsmanagement und Social Media, Wiesbaden, S. 397-422.

Weiber, R.; Wolf, T. (2014): Der Qualitäts-Dreisprung bei integrativ erstellten Leistungen, Beitrag zur Frühjahrstagung der Erich-Gutenberg-Arbeitsgemeinschaft: „Service Management", 14. Juni 2013, Bonn (im Druck).

Wirtz, B.; Nitzsche, P.; Ullrich, S. (2012): Nutzerintegration im Web 2.0. Eine empirische Analyse. In: DBW, 72(3), S. 215-234.

Woratschek, H. (1996): Die Typologie von Dienstleistungen aus informationsökonomischer Sicht. In: der Markt, 35(136), S. 59-71.

Short biographies of authors

Rolf Weiber has been holder of the professorship for marketing, innovation and E-business (innovation.uni-trier.de) at the University of Trier since 1992. He has been managing director of the Competence Center for E-Business (ceb.uni-trier.de) since 2000 and chairman of the Institute for Economics of Medium-sized Companies at the University of Trier (www.inmit.de) since 2011.

After receiving his doctorate (Dr. rer. pol.), Prof. Weiber acted as a systems engineer for IBM within the telecommunications sector, where after he acquired several years of management experience in the food retailing sector. In 1991 he habilitated at the University of Münster, writing on the "diffusion of telecommunication". Thereafter, Prof. Weiber was offered a professorship at the TU Munich, which he declined. He is currently editorial board member and reviewer of several journals and a member of numerous advisory boards (e.g. German Council of Science and Humanities; Advisory Council of Technology).

The focal points of his current research are industrial marketing, service marketing, innovation management, relationship management and electronic business. Prof. Weiber is the author and editor of over 20 books in different fields and has published more than 200 articles in marketing journals and books.

Tobias Wolf is a research assistant at the chair of marketing, innovation and E-business (Prof. Dr. Rolf Weiber). He holds a diploma in business administration from the University of Trier. Furthermore, Mr Wolf is in lecturer for marketing and online-management at the University of Applied Sciences, Trier and the University of Applied Sciences, Fresenius. His primary research areas are electronic word-of-mouth, social media and service marketing.

Theorien im Praxis-Test

Henning Kreis und Alfred Kuß

This paper discusses the testing of theories against the background of the science-to-business approach. After an introduction to the nature and relevance of theories, it is the process of theory testing, which particularly highlights the importance of theory testing through application in practice ("interventions"). Through the discussion of various methods of analyzing the reactions of reality to such interventions, the paper provides starting points for science-to-business marketing. The possibility of testing theory in practice may serve as an important and non-monetary based motivation for researchers to engage in cooperation with industry.

Der vorliegende Beitrag diskutiert die Prüfung von Theorien vor dem Hintergrund des Science-to-Business-Ansatzes. Nach einer Einführung zu Wesen und Relevanz von Theorien ist es insbesondere der Prozess der Theorieprüfung, der die Bedeutung von Theorie-Tests durch Anwendung in der Realität („Interventionen") verdeutlicht. Durch die Diskussion verschiedener Methoden zur Überprüfung der Reaktionen der Realität auf eine solche Intervention liefert der Beitrag Ansatzpunkte für das Science-to-Business-Marketing. Die Möglichkeit des Theorie-Tests in der Praxis stellt für Forscher sicherlich eine wesentliche, gleichzeitig aber nicht-monetär begründete Motivation für Unternehmenskooperationen dar.

1 Einleitung

In den letzten 20 bis 30 Jahren hat sich das systematische Bemühen von Wissenschaftlern und Forschungsinstitutionen um eine engere Verbindung zur Praxis stark entwickelt (siehe z.B. Baaken/Davey, 2012). Als Hauptgründe dafür sind wohl der (wirtschafts-)politisch gewollte Technologietransfer und auch die auf Seiten der Wissenschaft gewachsene Notwendigkeit, die Relevanz ihrer Arbeit sichtbar zu machen, zu nennen. Unter dem Begriff Science-to-Business (S-to-B)-Marketing versteht man dabei die bedarfsgerechte und kundenorientierte Vermarktung von Forschungskompetenzen und Forschungsergebnissen, vorrangig an Nachfrager aus dem Bereich von Wirtschaftsunternehmen (vgl. Baaken/Kesting, 2009, S. 182). Bei diesem S-to-B-Marketing stehen meist die beiden folgenden Aspekte im Vordergrund:

⇨ Aufnahme neuartiger/ungelöster Praxis-Probleme als Forschungsfragen

⇨ Wissenstransfer von der Forschung in die Praxis einschließlich Unterstützung bei der Umsetzung von Forschungsergebnissen

Der Fokus liegt folglich auf der kundenorientierten Forschungsvermarktung, wodurch der Ansatz sich gegenüber der bisweilen als kritisch angesehenen Auftragsforschung (weil diese die akademische Freiheit einschränken kann) abgrenzt (Baaken, 2010). Vielmehr positioniert sich das Science-to-Business-Marketing nach Kesting (2013, S. 77) an der Schnittstelle von Hochschulmarketing (Akteur), Wissenschaftsmarketing (Gegenstand) und Business-to-Business-Marketing (Zielgruppe).

Aus der Kooperation von Wissenschaft (Forschungsinstitut) und Praxis (Unternehmen) ergeben sich Vorteile für beide Seiten. Unternehmen bekommen Zugang zu den Forschungsergebnissen und damit zu neuem Wissen (vgl. Lee, 2000, S. 122). Aber auch die Forschungsinstitute und die Forscher selbst können profitieren. So können bspw. universitäre Ressourcen durch finanzielle Unterstützung der Unternehmen aufgebessert werden. Aus Sicht des S-to-B-Marketing sind es jedoch nicht nur solche monetären Anreize, die Kooperationen der Wissenschaft mit der Praxis lohnend machen, sondern eben auch nichtmonetäre Vorteile (vgl. Kesting, 2013, S. 192f.), wie z.B. die Forschungsergebnisse einer breiteren Öffentlichkeit zugänglich zu machen (vgl. Coursey/Bozeman, 1992, S. 348f.) oder eben auch selbst Fragestellungen für ihre Forschung aufzunehmen. In diesem Zusammenhang identifiziert Lee (2000, S. 121) in seiner Studie neben der Einwerbung finanzieller Mittel die Möglichkeit, mehr über seine eigene Forschung zu lernen und diese in der Realität zu testen als wesentliche Motivation für Forscher, mit Unternehmen zu kooperieren. Dieser Aspekt des Theorie-Tests soll in diesem Beitrag näher diskutiert werden, da im Zusammenhang mit aktuellen wissenschaftstheoretischen Fragen in der Marketingwissenschaft jetzt auch der Aspekt der Bewährung von Theorien in der Praxis als Beurteilungskriterium stärker ins Blickfeld gerückt ist.

Es geht also um die Frage, wie bzw. inwiefern die Bewährung von Theorien in realen Anwendungen geeignet ist, zur Akzeptanz bzw. zur Ablehnung von Theorien beizutragen. Die zentrale Fragestellung wird schon durch ein Zitat des führenden Marketing-Theoretikers Shelby D. Hunt (2010, S. 287) deutlich: „When confronted with any theory, ask the basic question: Is the theory true? Less succinctly, to what extent is the theory isomorphic with reality? Is the real world actually constructed as the theory suggests, or is it not?" Neben den gängigen Methoden empirischer Überprüfung (siehe Abschnitt 3) kann eben auch die erfolgreiche (oder nicht erfolgreiche) reale Anwendung eines theoretischen Ansatzes zeigen, inwieweit diese Theorie der Realität gerecht wird.

Im vorliegenden Beitrag sollen zunächst (Abschnitt 2) zentrale Kennzeichen und Qualitätskriterien von Theorien umrissen werden. Anschließend (Abschnitt 3) geht es um ein Modell zur Darstellung des Prozesses der Theorieprüfung. Einer der dabei möglichen Wege führt über so genannte „Interventionen", also die Anwendung theoretisch entwickelter Ansätze auf reale Probleme, und lässt dann erkennen, in welchem Maße sich die entsprechende Theorie dabei bewährt (Abschnitt 4). In diesem Zusammenhang können in methodischer Hinsicht insbesondere Fallstudien, die „historische Analyse" und Event-Studien eine Rolle spielen. In einem kurzen Fazit (Abschnitt 5) werden die Ergebnisse dieses Beitrags zusammengefasst.

2 Wesen und Relevanz von Theorien

Was meint man mit dem Begriff „Theorie"? Ganz elementar geht es dabei um ein sprachliches Gebilde – oft auch teilweise in der Sprache der Mathematik formuliert oder graphisch illustriert -, mit dem Aussagen bzw. Behauptungen formuliert werden, die sich bei einer (späteren) Überprüfung als richtig oder falsch zeigen können. Wie so oft in der Wissenschaft sind die Auffassungen zum Wesen von Theorien nicht ganz einheitlich. Es lassen sich aber Kernelemente identifizieren, über die in der Marketingwissenschaft weitgehend Einvernehmen herrscht. Hier zunächst eine Definition, durch die schon wesentliche Elemente deutlich werden: „A theory is a set of statements about the relationship(s) between two or more concepts or constructs." (Jaccard/Jacoby, 2010, S. 28).

Mit den in der Definition angesprochenen Konzepten sind Abstraktionen (und damit Verallgemeinerungen) einzelner Erscheinungen in der Realität gemeint, die für die jeweilige Betrachtungsweise zweckmäßig sind. Kaum ein Mensch befasst sich z.B. mit der ungeheuren Vielfalt im Körper normalerweise ablaufender physiologischer Prozesse, sondern spricht – wenn es keine wesentlichen Probleme dabei gibt – von „Gesundheit". In der Marketingforschung interessieren kaum jemanden die unterschiedlichsten Einzelheiten der Nachkaufprozesse bei einer sehr großen Zahl von Kunden, sondern man interessiert sich für das – naturgemäß abstraktere – Konzept „Kundenzufriedenheit". Konzepte dienen dazu, eine Vielzahl von Objekten oder Ereignissen im Hinblick auf gemeinsame Charakteristika und unter Zurückstellung sonstiger – in der jeweiligen Perspektive weniger wichtiger – Unterschiede zusammenzufassen. Sie ermöglichen also eine Vereinfachung des Bildes der Realität und werden auf diese Weise zu wesentlichen „Bausteinen des Denkens" („(…) fundamental building blocks of everyday thinking (…)") (Jaccard/Jacoby, 2010, S. 11). Die bereits angesprochene Grundidee von Theorien ist schon früh von Richard Rudner (1966, S. 10) etwas konkreter formuliert mit der Forderung nach empirischer Überprüfung versehen worden: „A theory is a systematically related set of statements, including some lawlike generalizations, that is emprically testable."

Wozu dienen nun Theorien, deren Beliebtheit bei zahlreichen Praktikern und Studierenden wohl eher begrenzt ist? Die folgenden Gesichtspunkte mögen das kurz charakterisieren:

⇨ Theorien dienen der Ordnung und Strukturierung von Wissen. Ungeordnetes und unsystematisches Wissen könnte man sich kaum dauerhaft aneignen und erst recht nicht anwenden.

⇨ Eine „gute" (bewährte) Theorie liefert allgemeine Erkenntnisse, aus denen Regeln für den konkreten, speziellen Einzelfall der Praxis abgeleitet werden können.

⇨ Aus Theorien lassen sich Anregungen und Anleitungen für weitere Forschung ableiten, z.B. hinsichtlich des Gültigkeitsbereichs einer Theorie oder der Art von Zusammenhängen (beispielsweise linear oder nicht-linear).

⇨ Letztlich geht es – über die jeweilige fachliche Zweckmäßigkeit hinaus – bei der Entwicklung und Überprüfung von Theorien auch um das Grundbedürfnis vieler Menschen, die sie umgebende Realität zu verstehen.

Zwangsläufig ist mit der Theoriebildung eine gewisse Abstraktion verbunden (s.o.), aber die vorstehenden Aspekte weisen schon auf den Anwendungsbezug von Theorien hin. Theorie und Praxis werden dennoch oft als verschiedene Welten angesehen. Praktiker sehen Theorien gelegentlich als zu abstrakt oder zu „weltfremd" an, um für die Lösung praktischer Probleme hilfreich zu sein. Die unterschiedliche Zielsetzung von Theorie (Aussagen mit einem gewissen Allgemeinheitsgrad) und Praxis (Lösung spezieller Probleme) scheint für diese Auffassung zu sprechen. Weiterhin neigen auch manche Marketingwissenschaftler dazu, die Probleme der Praxis zu ignorieren und sich um Fragen zu kümmern, die in ihrem wissenschaftlichen Fachgebiet diskutiert werden, ohne die praktische Relevanz dieser Fragen zu beachten. Dabei spielt es oftmals eine Rolle, dass für Erfolg und Karriere innerhalb der Wissenschaft die Akzeptanz der Ergebnisse wissenschaftlicher Arbeit durch Gutachter von Journals, Mitglieder von Berufungskommissionen etc. oftmals wichtiger ist als die Relevanz der Ergebnisse dieser Arbeit hinsichtlich der Lösung praktischer Probleme.

Im Hinblick auf die Kriterien, nach denen man „bessere" von „schlechteren" Theorien unterscheiden kann, gibt es in der wissenschaftstheoretischen Literatur einen gewissen Konsens im Hinblick auf logische Korrektheit, Allgemeinheitsgrad, Präzision und Informationsgehalt (siehe z.B. Kuß, 2013, S. 76ff.). Für die Akzeptanz von Theorien in der Praxis ist sicher der Bewährungsgrad der jeweiligen Theorie von zentraler Bedeutung. In welchem Maße ist eine Theorie wahr, wenigsten approximativ wahr? Welcher Praktiker würde schon – möglicherweise weit reichende – Entscheidungen auf Basis theoretischer Überlegungen treffen, deren Realitätsnähe und Angemessenheit sich nicht bei entsprechenden Anwendungen gezeigt hat? An diesem Punkt lohnt es sich einen Blick auf ein aktuelles Modell für den Prozess der Prüfung von Theorien mit Hilfe empirischer Untersuchungen, Erklärungen beobachteter Phänomene und praktischer Interventionen zu werfen, das auf Shelby D. Hunt (Hunt, 2011; Hunt, 2012) zurückgeht.

3   Der Prozess der Theorieprüfung

Hunt (2011) stellt mit seinem Modell (siehe Abb. 1) einen Ansatz zur Kennzeichnung und Operationalisierung approximativer Wahrheit vor und konkretisiert in diesem Zusammenhang auch den Begriff der „Reife" einer Wissenschaft. Unter Approximation von Wahrheit versteht er dabei das Ausmaß der Bewährung einer Theorie, das sich anhand seines prozesshaften Modells der wiederholten Prüfung von Theorien bei empirischen Tests, bei wissenschaftlichen Erklärungen realer Phänomene und bei realen Anwendungen („Interventionen") verstehen lässt. „Accepting a theory (…) as approximately true is warranted when the evidence related to the theory is sufficient to give reason to believe that something like the specific entities, the attributes of the entities, and the relationships, structures, and mechanisms posited by the theory is likely to exist in the world external to the theory" (Hunt, 2011, S. 169).

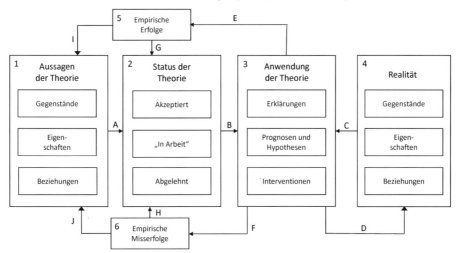

Abb. 1:   Modell der Theorieprüfung nach Hunt
Quelle: Hunt (2011), S. 9, mit kleinen Veränderungen.

Vor diesem Hintergrund ist eine Disziplin als "reif" zu bezeichnen, wenn sie schon oft geprüft und gegebenenfalls modifiziert wurde. Der Marketingforschung lässt sich beispielsweise heute nach unzähligen theoretischen Beiträgen und empirischen Studien ein höherer Reifegrad bescheinigen als vor 40 Jahren. Verschiedene Konzepte wurden immer wieder auf den Prüfstand gestellt und angepasst, wobei sich viele (nicht alle!) grundsätzlich bewährt haben.

Nun zu den Einzelheiten des in Abb. 1 dargestellten Modells von Hunt (2011): Die großen Boxen 1 bis 4 stehen für die Theorie selbst, den Status der Theorie im Sinne ihres Akzeptanzgrades, die Anwendungen der Theorie und die Realität („world external to the theory"). Die Inhalte von Box 4 – „Gegenstände" (z.B. Konsumenten, Marken, Produkte), „Eigenschaften" (z.B. der Konsumenten, der Marken, der Produkte) und „Beziehungen" dieser Elemente untereinander – entsprechen dem Inhalt von Box 1, da Theorie und Realität möglichst weitgehend übereinstimmen sollen. Box 3 („Anwendung der Theorie") enthält ganz andere Elemente und ist für den vorliegenden Beitrag von besonderer Bedeutung, da dies die drei hauptsächlichen Anwendungen von Theorien auf die Realität sind. **Erklärungen** sind Antworten auf die Frage, *warum* bestimmte reale Phänomene auftreten. Bei **Prognosen und Hypothesen** geht es um die Nutzung von (theoretischem) Wissen über Kausal-Beziehungen für Prognosen zukünftiger Entwicklungen im Mittelpunkt. **Interventionen** hingegen sind Maßnahmen, die auf der Basis theoretischer Überlegungen getroffen werden und die Realität verändern. Während in vielen wissenschaftlichen Disziplinen eine solche Art von Tests stark verbreitet ist (z.B. klinische Tests in der Medizin oder die praktische Verwendung und der ausgiebige Test von Prototypen im Rahmen der Ingenieurwissenschaften), findet man in der Marketingwissenschaft ein entsprechendes Vorgehen eher selten. Vor dem Hintergrund der in der Einleitung dieses Beitrags erörterten Motive von Wissenschaftlern, mit der Praxis zu kooperieren, soll die „Intervention" als Theorie-Test in der Praxis im Fokus des nachfolgenden Kapitels stehen. Zuvor jedoch zu den weiteren Modellelementen sowie den einzelnen Beziehungspfaden.

Die Boxen 5 und 6 beziehen sich auf die Anteile von erfolgreichen bzw. nicht erfolgreichen Anwendungen einer Theorie. Je nach Ergebnis führt das zur Stärkung der Annahme (Pfade E und G), dass entsprechende Gegenstände, Eigenschaften und Beziehungen in der Realität tatsächlich existieren oder zur Verstärkung von Zweifeln hinsichtlich der Wahrheit der Theorie (Pfade F und H). Die Definition von „empirischen Erfolgen und Misserfolgen" ist nicht unbedingt immer eindeutig, weil bei inferenzstatistischen Schlussweisen die Entscheidung über Annahme oder Ablehnung von Hypothesen auch von der (festzulegenden) Sicherheitswahrscheinlichkeit und der Teststärke („Power") abhängt (Näheres hierzu findet sich bei Kuß/Kreis, 2013).

Die weiteren im Modell enthaltenen „Pfaden" lassen sich wie folgt beschreiben:

⇨ Pfad A stellt dar, dass im Lauf der Zeit Theorien überprüft werden, sich mehr oder weniger bewähren und dem entsprechend letztlich Akzeptanz finden oder eben nicht.

⇨ Pfad B steht für die Nutzungen von Theorien zur Erklärung, Prognose und Intervention einschließlich der Hypothesentests für Theorien „in Arbeit".

⇨ Pfad C symbolisiert die „Rückmeldungen" aus der Realität auf Versuche zur Erklärung, Prognose oder Intervention und wirkt sich direkt auf Erfolg oder Misserfolg der jeweiligen Theorie aus.

⇨ Pfad D zeigt, dass sich Erklärungen und Prognosen über darauf aufbauende Interventionen (also z.B. Einflussnahmen mit Richtung auf Kunden, Märkte, Wettbewerber etc.) auf die Realität auswirken.

⇨ Pfade I und J repräsentieren die Auswirkungen empirischer „Erfolge und Misserfolge" auf die weitere Gestaltung einer Theorie durch Modifikationen, Verfeinerungen, Ergänzungen etc.

4 „Interventionen": Bewährt sich eine Theorie in der Praxis?

Die Grundidee des Theorie-Tests durch Anwendung in der Praxis ist im vorigen Abschnitt schon umrissen worden. Wenn man theoretische Vermutungen entwickelt hat (z.B. zu den Vorzügen eines frühen Markteintritts oder zu Möglichkeiten der Beeinflussung des Markenwerts), dann wird man die entsprechenden theoretischen Aussagen in vielen Fällen mit den gängigen empirischen Untersuchungsmethoden (z.B. mit Experimenten) nicht oder nur unzureichend überprüfen können. Eine „Intervention" unter realen Bedingungen ist oftmals aussagekräftiger. Nun werden nicht viele Unternehmen bereit sein, sich für die Erprobung von Theorien zur Verfügung zu stellen. Immerhin gibt es aber einige Ansätze, um ex post zu ermitteln, wie reale Maßnahmen, die bestimmten theoretischen Vermutungen entsprachen, gewirkt haben, ob sich also die der Theorie entsprechenden Vermutungen bestätigt haben. Ein sehr bekanntes Beispiel dafür ist die Studie von Golder/Tellis (1993), in der untersucht wurde, inwieweit sich – den theoretischen Überlegungen entsprechend – in einer Vielzahl von Fällen aus der Vergangenheit bestätigt hat, dass Pioniere dauerhafte Wettbewerbsvorteile haben. Im vorliegenden Abschnitt sollen drei entsprechende Untersuchungsansätze (Fallstudien, historische Analysen, Event-Studien) vorgestellt werden.

4.1 Fallstudien

Bei bestimmten – oftmals explorativen – Fragestellungen der Marketing- und Managementforschung werden gelegentlich umfassende Analysen von Einzelfällen verwendet. Beispielsweise haben für das Verständnis der besonders komplexen organisationalen Beschaffungsprozesse solche Fallstudien eine bedeutsame Rolle gespielt. Fallstudien können sich auf Abläufe/ Ereignisse (z.B. Innovationsprozesse), Personen (z.B. Entstehung einer Markenbindung), Organisationen (z.B. Struktur und Strategie) oder soziale Einheiten (z.B. Personengruppen) beziehen. Typisch für eine solche Fallstudie ist die Anwendung unterschiedlicher Datenquellen und Erhebungsmethoden zur umfassenden Beschreibung und Analyse des jeweiligen Falles. Als Beispiele seien hier Auswertungen von Aufzeichnungen und Dokumenten (z.B. Schriftverkehr, Protokolle), Beobachtungen und Experten-Interviews genannt. Im Zusammenhang mit der hier interessierenden Untersuchung der Wirkung von Interventionen dürfte der Zugang zu unternehmensinternen Daten in der Regel unabdingbar sein.

Robert Yin (2009, S. 18) definiert Fallstudien in folgender Weise: „A case study is an empirical inquiry that investigates a contemporary phenomenon in depth and within its real-life context." Als weitere Charakteristika hebt Yin (2009) hervor, dass in der Regel eine Vielzahl von Merkmalen bei einer relativ geringen Zahl von Fällen erhoben wird und – im Zusammenhang dieses Beitrags besonders wichtig – dass sich die Datenerhebung auf reale Abläufe bezieht, nicht auf mehr oder weniger künstliche Untersuchungssituationen. Kurzum, es geht um eine tiefgehende Analyse einer großen Informationsmenge über einen einzelnen oder wenige Fälle im Zeitablauf (vgl. Neuman, 2011, S. 42f.).

Häufig, so auch in der Marketingliteratur (besonders im industriellen Marketing), wird der Fallstudienansatz als exploratives und weniger als theorietestendes Verfahren eingesetzt (vgl. Piekkari et al., 2010, S. 114). Bei der Untersuchung der Wirkungen von Interventionen handelt es sich allerdings um die Nutzung von Fallstudien zum Test einer Theorie: Ist tatsächlich die von der Theorie prognostizierte Wirkung eingetreten? Wenn ja, dann ist die Theorie weiter bestätigt (natürlich nicht bewiesen). Wenn nicht, dann kann anhand des Falles bzw. der Fälle untersucht werden, woran das lag. Ist die Theorie falsch oder ungenau? Gilt sie nur unter besonderen Bedingungen? (vgl. de Vaus, 2001, S. 222). Diese Art der Fallstudienuntersuchung hat zwar bisher weniger Beachtung gefunden, liefert jedoch mitunter sehr interessante Erkenntnisse. Als Beispiel lässt sich jedoch die Studie von van der Valk/Wynstra (2005) anführen, die im Sinne eines theorietestenden Vorgehens den möglichen Übertrag eines existierenden Modells zur Neuproduktentwicklung im Lebensmittelbereich auf andere Industrien mit Hilfe mehrerer Fälle untersucht haben. Ein solcher sogenannter „Multiple Case Study"-Ansatz macht sicherlich in Bezug auf den Test von Theorien am meisten Sinn, allerdings besteht auch die Möglichkeit, Theorien oder Teile von Theorien zu testen, selbst wenn (nur) ein einzelner Fall untersucht wird. Yin fasst die Anforderungen an eine solche Einzelfallstudie wie folgt zusammen und stellt damit die Bedeutung der richtigen Fallauswahl noch einmal abschließend heraus: „Overall, the single-case design is eminently justifiable under certain conditions – where the case represents (a) a critical test of existing theory, (b) a rare or unique circumstance, or (c) a representative or typical case, or where the case serves a (d) revelatory or (e) longitudinal purpose." (Yin, 2009, S. 52).

4.2 Historische Analyse

Die historische Analyse hat zunächst durch die schon erwähnte Untersuchung von Pioniervorteilen (Golder/Tellis, 1993) eine gewisse Beachtung gefunden und ist später (Golder, 2000; Chandy et al., 2004) mit weiteren Anwendungsmöglichkeiten nochmals ins Blickfeld gerückt worden. Da sich historische Analysen weitgehend auf veröffentlichtes und archiviertes Material stützen, ist ihre Anwendung wohl auf Fragen der Marketingstrategie konzentriert, wo derartiges Material (z.B. in der Wirtschaftspresse) relativ gut zugänglich ist. Das spiegelt sich auch in den Beispielen und Empfehlungen von Golder (2000, S. 158ff.) wider. Eine historische Analyse wird danach in fünf typischen Schritten durchgeführt:

1. Themenwahl und Datensammlung (insbesondere publiziertes Material und Material aus Archiven)

2. Kritische Analyse der identifizierten Quellen nach den in der Geschichtswissenschaft entwickelten Maßstäben (Authentizität, Umstände der Entstehung eines Dokuments, Kompetenz des Autors u.a.)

3. Kritische Analyse der Inhalte eines Dokuments (Interpretation des Inhalts, Korrektheit der Aussagen des Autors, Neutralität des Autors, Übereinstimmung mit Aussagen aus anderen Quellen)

4. Quantitative und / oder qualitative Analyse der gesammelten Informationen im Hinblick auf Abläufe, Kausalitäten und Generalisierbarkeit

5. Bericht über Ergebnisse und Schlüsse daraus

Schwerpunkte bisheriger Publikationen zeigen sich beim Eintritt in neue Märkte (z.B. Golder/Tellis, 1993), bei Produktinnovationen (z.B. Chandy/Tellis, 2000) und beim Produktlebenszyklus (z.B. Golder/Tellis, 2004). Gerade das Beispiel des Markteintrittszeitpunkts zeigt, dass die historische Analyse wesentliche Beiträge zur Klärung theoretisch umstrittener Fragestellungen (zum Überblick siehe z.B. Lieberman/Montgomery, 2012) leisten kann. Im Hinblick auf die entsprechende Studie von Golder/Tellis (2004) interpretiert man die erfolgten Markteintritte von Pionieren als „Interventionen" und kann feststellen, ob sich theoretisch erwartete Pioniervorteile tatsächlich eingestellt haben.

Im Vergleich zu den im vorigen Abschnitt angesprochenen Fallstudien zeigen sich spezifische Vorteile und Begrenzungen der historischen Analyse. Wegen der Konzentration auf die Analyse veröffentlichten Materials sind, wie schon erwähnt, die Untersuchungsthemen auf Gegenstände beschränkt, für die solches Material zugänglich ist. Beispielsweise dürften Innovationsprozesse in Unternehmen nur angemessen zu analysieren sein, wenn auch Zugang zu unternehmensinternen Informationsquellen besteht. Andererseits bietet die Ausrichtung auf veröffentlichte oder zumindest zugängliche Informationen den Vorteil, dass auch weit zurückliegende oder regional bzw. international breit gestreute „Interventionen" untersucht werden können. Bei Fallstudien ist man dagegen in der Regel auf die zeitnahe Datenerhebung und die Zugänglichkeit der untersuchten Prozesse, Ereignisse etc. angewiesen. Aus diesen Spezifika ergibt sich für die historische Analyse auch ein Vorteil im Hinblick auf großzahlige Untersuchungen mit statistischen Schlussweisen.

4.3 Event-Studien

Im Rahmen sogenannter Event-Studien werden die Auswirkungen von besonderen Ereignissen (Events) auf Finanzmärkte untersucht. Die aus dem Finanzierungsbereich stammende Methode findet aber auch durchaus Anwendung im Marketing. Als besonderes Ereignis wird hierbei beispielsweise die Ankündigung einer Markenerweiterung (vgl. Lane/Jacobson, 1995, S. 67ff.) oder der Einsatz eines neuen Distributionskanals (vgl. Geyskens et al., 2002, S. 108ff.), die von einem Unternehmen bekanntgegeben werden, verstanden.

Die Grundidee der Methode besteht nun darin, die von dem Event getriebenen abnormalen Renditen zu identifizieren. Hierbei besteht die grundsätzliche technische Herausforderung in der sauberen Unterscheidung des eventspezifischen Effekts auf die Wertpapierpreise (sog. abnormal returns) von anderen, im Markt begründeten weiteren Effekten (vgl. Corrado, 2011, S. 209ff.). Dabei wird von der Effizienz der Kapitalmärkte ausgegangen in dem Sinne, dass neue Informationen (z.B. Ankündigungen) sogleich in den aktuellen Aktienkurs „eingepreist" werden. Hieraus ergibt sich ein relativ kleines und gut kontrollierbares zeitliches Fenster (i.d.R. wenige Tage) in dem der Effekt des besonderen Ereignisses analysiert werden kann.

In der Literatur wird der Ablauf von Event-Studien typischer Weise in verschiedene Schritte (vgl. Srinivasan/Bharadwaj, 2004, S.11ff.) unterteilt:

1. *Identifikation des Events:* Hierunter fällt die genaue Beschreibung des Events aber auch die Überlegung zur Länge des Untersuchungsfensters (Event-Window).

2. *Abgrenzung der Analyse:* Hier wird der tatsächliche Untersuchungsgegenstand festgelegt, also beispielsweise nur Events innerhalb einer bestimmten Branche.

3. *Berechnung der normalen und abnormalen Renditen:* Um die von dem besonderen Ereignis getriebenen (positiven oder negativen) Renditen zu berechnen, werden zunächst die unter normalen Umständen zu erwartenden Renditen geschätzt und dann von der tatsächlichen Rendite im Markt auf Grundlage des Aktienkurses abgezogen.
4. *Hypothesentests:* Im Anschluss können dann durch den Vergleich der normalen mit den abnormalen Renditen die im Vorfeld theoretisch hergeleiteten Hypothesen statistischen Tests unterzogen werden.

Der besondere Vorteil der Methodik liegt darin, die Auswirkung eines bestimmten Ereignisses sichtbar zu machen und von anderen Einflüssen zu isolieren. Damit eine solche Event-Studie allerdings im Sinne einer „Intervention" und eines Theorie-Tests (nach Hunt, s.o.) verstanden werden kann, müssen verschiedene Voraussetzungen erfüllt sein.

⇨ Das als Intervention verstandene Ereignis muss klar identifiziert und auch eindeutig einem Tag zugeordnet werden können. Im Marketingbereich erfüllen am ehesten Ankündigungen von Maßnahmen diese Voraussetzung. Die bereits oben genannte Ankündigung einer Markenerweiterung lässt sich beispielsweise durch das Datum der Veröffentlichung einer entsprechenden Pressemitteilung identifizieren, wobei jedoch ein vorheriges „Durchsickern" von Informationen in den Markt nicht ausgeschlossen werden kann.

⇨ Die getroffene Maßnahme muss eine theoretisch hergeleitete (positive oder negative) Auswirkung auf den Kapitalmarkt (Aktienkurs) haben. Dies beschränkt gerade im Marketing die Anwendung der Methodik auf unternehmensstrategische Maßnahmen. Theorietests im Rahmen des (individuellen) Konsumentenverhaltens scheinen vor diesem Hintergrund nur sehr eingeschränkt über die Event-Studien-Methodik durchführbar.

Um der Methodik auch im Marketing ein breiteres Anwendungsspektrum zu bieten, müsste versucht werden sich von Aktienkursen als Ergebnisgröße zu lösen. Eine Möglichkeit besteht darin, die Event-Studien-Methodik auf tagesaktuelle Scanner-Paneldaten zu beziehen, die in vielen Handelsunternehmen anfallen. Schlenker/Villas-Boas (2009) berechneten beispielsweise abnormale tägliche Änderungen beim Rindfleischabverkauf nach dem Bekanntwerden des ersten Falles von Rinderwahn.

Insgesamt gesehen stellt die Event-Studien-Methodik also eine interessante Alternative für den Test ausgewählter theoretischer Zusammenhänge dar. Unter den genannten Voraussetzungen und Einschränkungen lassen sich theoretisch postulierte Beziehungen post-hoc in der Realität testen, sofern die geeignete Datenbasis vorhanden ist.

5 Fazit

Zusammenfassend lässt sich festhalten, dass der Test von Theorien in der Praxis ein wesentliches Element auf dem Weg zu gefestigten und reifen Wissenschaften bildet, jedoch im Marketing nur eingeschränkt durchgeführt wird. Vor diesem Hintergrund liefert das Science-to-Business-Marketing interessante Ansatzpunkte für Forschungsinstitutionen, um mit Hilfe von Unternehmenskooperationen eben diesen Zugang zur Praxis zu erhalten, um die entwickelten Theorien zu testen. Auch wenn sich der Einsatz von Interventionen aufgrund von wirtschaftlichen Risiken oftmals nicht direkt realisieren lässt, zeigt dieser Beitrag mit den darin diskutierten Methoden auf, inwieweit aus der Praxis generierte Erfahrungen wissenschaftliche Theorien prüfen, aber auch schärfen können.

Dieser Aspekt, der im Bereich der nicht-monetären Motive von Forschern für Kooperationen mit der Praxis angesiedelt ist, verdient mehr Beachtung und sollte von den handelnden Akteuren, also Wissenschaftlern und Praktikern, stringenter verfolgt bzw. unterstützt werden. Gerade vor dem Hintergrund der schon in der Einleitung erwähnten Studie von Lee (2000) sowie der Untersuchung von Baaken/Davey (2012) und den dort diskutierten Motiven für Unternehmenskooperation liefert das S-to-B-Marketing einen geeigneten Rahmen, um hier substanzielle Fortschritte im Bereich des Theorie-Tests in der Praxis zu ermöglichen.

Quellenverzeichnis

Baaken, T. (2010): Science-to-Business Marketing – ein innovativer Ansatz im Wissenstransfer, Key Note Vortrag auf der Tagung „Technologietransfer – Ideen Perspektiven geben" der University Partners Interchange am 24.02.2010 in Bonn.

Baaken, T.; Davey, T. (2012): Wirtschafts-Wissenschaftskooperationen an Fachhochschulen in Europa. In: Zeitschrift für Hochschulentwicklung (ZFHE), 7(2), S. 44-63.

Baaken, T.; Kesting, T. (2009): Wertkettenkonzepte im Science-to-Business Marketing. In: Voss, Rödiger (Hrsg.): Hochschulmarketing. 2. Auflage, Lohmar und Köln, S. 181-200.

Chandy, R.; Golder, P.; Tellis, G. (2004): Historical Research in Marketing Strategy: Method, Myths, and Promise. In: Moorman, C.; Lehmann, D. (Hrsg.): Assessing Marketing Strategy Performance, Cambridge (MA), S. 165-184.

Chandy, R.; Tellis, G. (2000): The Incumbent's Curse? Incumbency, Size, and Radical Product Innovation. In: Journal of Marketing, 64(3), S. 1-17.

Corrado, C. J. (2011): Event Studies: A Methodology Review. In: Accounting and Finance, 51(1), S. 207-234.

Coursey, D.; Bozeman, B. (1992). Technology Transfer in U.S. Government and University Laboratories: Advantages and Disadvantages for Participating Laboratories. In: IEEE Transactions on Engineering Management, 39(4), S. 347-351.

de Vaus, D. (2001): Research Design in Social Research. London, Thousand Oaks und New Delhi.

Geyskens, I.; Gielens, K. J. P.; Dekimpe, M.G. (2002): The market valuation of internet channel additions. In: Journal of Marketing, 66(2), S. 102-119.

Golder, P. (2000): Historical Method in Marketing Research with New Evidence on Long-term Market Share Stability. In: Journal of Marketing Research, 37(2), S. 156-172.

Golder, P.; Tellis, G. (1993): Pioneer Advantage: Marketing Logic or Marketing Legend? In: Journal of Marketing Research, 30(2), S. 158-170.

Golder, P.; Tellis, G. (2004): Growing, Growing, Gone: Cascades, Diffusion, and Turning Points in the Product Life Cycle. In: Marketing Science, 23(2), S. 207-218.

Hunt, S. D. (2010): Marketing Theory – Foundations, Controversy, Strategy, Resource-Advantage Theory, Armonk (NY) und London.

Hunt, S. D. (2011): Theory Status, Inductive Realism, and Approximative Truth: No Miracles, No Charades. In: International Studies in the Philosophy of Science, 25(2), S. 159-178.

Hunt, S. D. (2012): Explaining Empirically Successful Marketing Theories: The Inductive Realist Model, Approximative Truth, and Market Orientation. In: AMS Review, 2(1), S. 5-18.

Jaccard, J.; Jacoby, J. (2010): Theory Construction and Model-Building Skills, New York.

Kesting, T. (2013): Wissens- und Technologietransfer durch Hochschulen aus einer marktorientierten Perspektive. Ansatzpunkte zur Gestaltung erfolgreicher Transferprozesse an Universitäten und Fachhochschulen, Wiesbaden, zugleich Dissertation am Internationalen Hochschulinstitut (IHI) Zittau 2012.

Kuß, A. (2013): Marketing-Theorie – Eine Einführung, 3. Aufl., Wiesbaden.

Kuß, A.; Kreis, H. (2013): Wissenschaftlicher Realismus und empirische Marketingforschung – Grundlagen und Konsequenzen. In: Marketing ZFP, 35(4), S. 255-271, in Druck.

Lane, V.; Jacobson, R. (1995): Stock Market Reactions to Brand Extension Announcements: The Effects of Brand Attitude and Familiarity. In: Journal of Marketing 59(1), S. 63-77.

Lee, Y. S. (2000): The Sustainability of University-Industry Research Collaboration: An empirical assessment. In: Journal of Technology Transfer, 25(2), S. 111-133.

Lieberman, M.; Montgomery, D. (2012): First-mover/pioneer strategies. In: Shankar,V.; Carpenter, G. (Hrsg.): Handbook of Marketing Strategy, Cheltenham (UK) und Northampton (MA), S. 339-361.

Neuman, L. (2011): Social Research Methods – Qualitative and Quantitative Approaches, 7. Aufl., Boston u.a.

Piekkari, R.; Plakoyiannaki, E.; Welch, C. (2010): 'Good' case research in industrial marketing: Insights from research practice. In: Industrial Marketing Management, 39(1), S. 109-117.

Rudner, R. (1966): Philosophy of Social Science, Englewood Cliffs (NJ).

Schlenker, W.; Villas-Boas, S. B. (2009): Consumer and Market Responses to Mad-Cow Disease. In: American Journal of Agricultural Economics, 91(4): S. 1140-1152.

Srinivasan, R.; Bharadwaj, S. (2004): Event Studies in Marketing Strategy Research. In Moorman, C.; Lehmann, D. R. (Hrsg.): Assessing Marketing Strategy Performance, Cambridge (MA), S. 9-28.

Valk, W. v.d.; Wynstra, J. Y. F. (2005): Supplier involvement in new product development in the food industry. In: Industrial Marketing Management, 34(7), S. 681-694.

Yin, R. (2009): Case Study Research – Design and Methods, 4. Aufl., Los Angeles u.a.

Short biographies of authors

Henning Kreis is a junior professor of market communications at Freie Universitaet Berlin (marketing department). He holds a doctorate from Humboldt Universitaet in Berlin. His primary research areas are word-of-mouth communication, drivers of customer loyalty, product and service failure, and quantitative methods. He has published several articles in marketing journals and books.

Alfred Kuß is professor of marketing at Freie Universitaet Berlin (marketing department). He holds a doctorate from the FU Berlin and also finished his habilitation at that institution. After some years as a professor at Fernuniversitaet Hagen and some research work in the United States he came back to Berlin. He has published articles in international journals and some books. Now his work focuses on research methodology and marketing theory.

Kapitel 2
Netzwerke und Umweltbetrachtungen im OM

Chapter 2
Networks and Environmental Considerations in OM

Institutional Perspectives in Innovation Ecosystem Development

David V. Gibson, Lene Foss and Robert Hodgson

While universities worldwide are increasingly called upon to contribute to economic development, there is disagreement on how this objective should be fulfilled. In addition, there are limited theoretical contributions to inform this discussion. In this article we introduce two perspectives for consideration: 1) "institutional theory" and the related concepts of institutional change and organizational fields of activity, and 2) "entrepreneurial architecture" which describes important constructs of the entrepreneurial university. We relate the concept of organizational field to regional innovation ecosystems as defined by those institutions, organizations, and activities that enhance or inhibit innovation-based economic development. Finally, we link these theoretical discussions to the Technopolis framework and Triple Helix model to describe, at a practical level, the important role of key influencers that facilitate institutional change and cooperative activity across universities, government, industry, and support groups in different regional and national contexts.

1 Introduction

In addition to the key objectives of excelling in research and education, universities worldwide are increasingly tasked with fulfilling and enhancing their third mission of service with a concerted effort to help stimulate and to sustain economic development through regional innovation. The importance of these activities has been accentuated by recent economic recessions, and as regional and national governments have been challenged to initiate and sustain successful growth policy. Although, more than ever, university-based entrepreneurship and innovation are called upon to stimulate economic growth, it is clear that governments, businesses, and societies differ in how they expect universities to contribute to knowledge-based growth as do regional challenges and assets for stimulating and sustaining such growth (Butler and Gibson, 2011; Göransson and Brundenius, 2011; Foss and Gibson, 2014).

We believe that the variety of perspectives on the role of the university in stimulating regional innovation can be better understood by grounding discussion in two intellectual perspectives: Institutional Theory and University Entrepreneurial Architecture. For the first perspective, we turn to Scott (2008), in *Institutions and Organizations* as he asks, "How are we to understand institutions and institutionalization processes: If institutions work to promote stability and order, how does change occur?" Scott replies, "I see the ascendance of Institutional Theory as simply a continuation and extension of the intellectual revolution [...] that introduced open systems theory by insisting on the importance of the wider context or environment as it constrains, shapes, penetrates, and renews the organization" (Scott, 2008: vii-x). In short, Institutional Theory, as elaborated by Scott (2008), emphasizes the interplay of stability and change in different institutions and their agencies within organizational fields of activity. In our conceptualization, Institutional Theory allows for a structured analysis of the interaction between the various agents and the organizational field of concern is defined by those organizations, agencies, programs and activities and relationships that enhance or inhibit innovation-based economic development. As emphasized in the Triple Helix (Viale and Etzkowitz, 2010) and Technopolis frameworks (Smilor et al., 1988) academia, industry, government, and support groups are key institutions of organizational fields relevant to regional innovation ecosystem development.

We identify universities as key organizations in regional innovation ecosystems and hence our focus is on their contribution. Accordingly, for the second level of analyses we find the Nelles and Vorley's (2010) Entrepreneurial Architecture approach particularly appealing because of the elaboration of different areas of action within the universities along with the mix of leadership and supporting roles. In brief, according to this perspective, an understanding of a university's "entrepreneurial architecture" should include the following five constructs:

⇨ Structures: the entrepreneurial infrastructure, including technology transfer offices (TTOs), incubators, technology parks, and business portals

⇨ Systems: networks of communication, including the configuration of linkages between structures, departments, and administration

⇨ Leadership: the qualification and orientation of key influencers including administrators, boards of directors, department heads, and "star scientists"

⇨ Strategies: institutional goals elaborated in institutional planning documents, incentive structures, and policy

⇨ Culture: institutional, departmental and individual attitudes and norms

Figure 1 depicts how we envision the relationship between Scott's (2008) Institutional Theory and the Nelles and Vorley's (2010) Entrepreneurial Architecture in working towards a generalizable framework for analyzing regional and national innovation ecosystems. Featured in Figure 1 is the prominent role of actors that cross fields of activity influencing organizations, governance structures, and societal institutions. We link these theoretical discussions to the practical implications of the Technopolis (Smilor et al., 1988) and Triple Helix (Viale and Etzkowitz, 2010) frameworks to describe, in practical terms, how collaboration between academic, business, and government organizations, and public and private support groups can be achieved, contributing to the successful development and sustainability of regional innovation ecosystems.

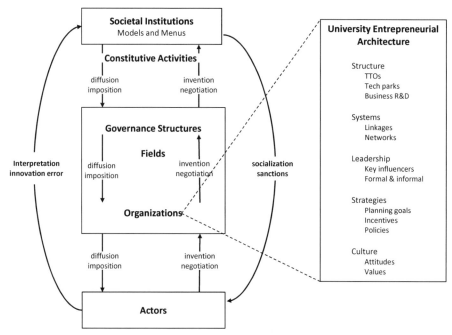

Fig. 1: Top-down and bottom-up processes in institutional creation and diffusion and characteristics of a university's entrepreneurial architecture

Source: Scott (2008); Nelles and Vorley (2010).

2 Towards an institutional framework for innovation ecosystems

Scott's (2008) "Institutional Creation and Diffusion" model, as depicted in Figure 1, focuses on the pressures and influences to which organizations accommodate change. Feedback and interactive loops dominate the diagram, with recognition of both top-down and bottom-up influences. For example, there is top-down change in the broad national and regional policy environment, and bottom-up contributions from individual regional actors. The layers of control and interactions through which actors combine and effect change provide the backbone of the diagram. To this institutional perspective, we link Nelles and Vorley's (2010) five constructs (structure, systems, leadership, strategies, and culture), which represent important characteristics of a university's entrepreneurial architecture. Each of the five constructs interacts both within the institution and with a broad range of regional actors, well representing the multi-dimensional nature of the university. In organizational terms some of these activities and contributions are determined by the university, albeit in response to external as well as internal pressures, and some are determined largely by actors external to the university.

The *structures component* is often where the business-related aspects of the university are concentrated, such as with technology parks, technology transfer offices, or incubators. In some instances these activities are developed and managed exclusively by universities while others occur through alliances with local or even national and international players.

The *systems component* emphasizes networks and linkages which apply within the university as well as between the university and other agents in the regional ecosystem. In some instances this can prove to be a constraint, for example if there is an over emphasis on the vertical rigidities of academic disciplines with well-developed vertical networks but few horizontal linkages across universities and the community. Linkages outside the university are crucial to our interest in the region's innovation ecosystem and again these can sometimes be a constraint and sometimes an advantage. The traditional European model of academic life as separate from the rest of the world, and especially the commercial world, can lead to poor external networks, and considerable effort may be required to build them. At the same time, the contribution of the university as a magnet for talent and the long-term associations with alumni can be a huge advantage to the accelerated development of the knowledge economy if they can be well harnessed and leveraged.

The *leadership component* recognizes both informal and formal forms and fits comfortably with Scott's (2008) concept of key actors crossing organizations, governance structures, constitutive activities, and societal institutions. Such leadership is often exercised inside the institution in governance processes which determine the organization's direction and contributions to society. This also applies to the social and cultural position a university often holds as a leading institution in its region as well as being an important source of new knowledge and technologies. In short, there is recognition of the roles of key actors both inside and outside the university in terms of the individual's role as influencers or opinion leaders.

The *strategies component* is the area where the university as an institution sets out its policies and procedures, so it is more internal in its focus even where these policies relate to interactions with the region's innovation ecosystem. The policies relating to the "third mission" is one of the areas of greatest interest, particularly in relation to the legitimation of these relatively new activities and to changes in incentive structures or metrics to promote them. Other policy areas of central interest are those relating to research activities and to innovations in teaching, not least of which are those relating to entrepreneurial education.

The *culture component* combines norms and values and emphasizes both the distinctive view and approaches that academics can bring to the innovation ecosystem and the variations that can be found in the broad family of institutions that share the name "university". Worldwide there is considerable discussion about the strengths that academic culture can bring and about the effort needed to adjust a traditional culture to accommodate different activities and different values relating to innovation. Finally, the university is also a key agent in the other meaning of the word "culture", and in the contribution to quality of life that the arts can make to a region's image as a vibrant and attractive community for entrepreneurs, business professionals, and other talent so important to viable innovation ecosystems.

In some universities the dominant influence is a top-down legal framework which is determined by national law at the central level. Other universities have almost complete freedom to determine their own structure and processes as they have a large degree of independence from central control. Scott's (2008) model (Figure 1) accommodates both these cases and others, wherever they fall within the two extremes.

The key role of actors/influencers
There are many regions worldwide with excellent research universities, successful businesses, and supportive city or national governments that have not been very successful in leveraging these assets for accelerated technology-based development. The Scott (2008) framework emphasizes the important role of actors as they have significant influence in shaping organizational culture and policies. Most significantly they can combine – usually as individuals rather than as organizational representatives – with other actors to address problems and opportunities that span the interests of the community as a whole and that should not be the responsibility of a single agency. For a region's innovation ecosystem these inter-organizational opportunities are the real engines for growth and success in addressing the knowledge economy. Within the Triple Helix and Technopolis frameworks a main conclusion is that the impetus and momentum for successful regional cooperative activity comes from key influencers or actors working within and across institutional sectors or sub-sectors to connect and leverage otherwise unconnected and perhaps competing actors for a common purpose during key targets of opportunity (Gibson and Rogers, 1994; Phillips, 2008). The focus is on influencers and the networks in which they are

embedded as opinion leaders and as communication bridges (Rogers and Kincaid, 1981).

In setting strategy and structure, firms may choose action from a repertoire of possible options which are bound by rules, norms, and beliefs (Hoffman, 1997). In our conceptualization, first level influencers are successful leaders in "their" sector, but they also maintain extensive personal and professional links to other sectors and they effectively cross sectors, maintaining credibility and influence. First level influencers also tend to mentor and at times "protect" second level influencers as they work across different public-private sectors, at times challenging institutionalized rules, procedures, and established expectations of conduct. Second level influencers act as informal communication bridges to first level influencers while initiating boundary-spanning activities with their colleagues and trusted friends in other sectors, whether within large institutions like the research university or across business, academia, or government. The personal communication networks of such influencers tend to be outward looking and open as opposed to being closed and provincial. This point of view is in agreement with social network researchers who look to the individual's social environment to explain how certain things get done as a result of the connections one has with others (Borgatti et al., 2009). As emphasized in Institutional Theory, organizations are major actors in modern society and to understand their broader significance it is necessary to see their role as players in larger networks and systems. In the following, we relate the concept of "organizational field" to our conceptualization of regional innovation ecosystems which include those organizations, agencies, programs and activities and relationships that enhance or inhibit innovation-based economic development.

3 Organization fields

According to DiMaggio (1986, p. 337), the "organization field" is a critical unit bridging the organizational and the societal levels in the study of social community and change. However, Scott (2008) observes that it has taken considerable time for theorists to comprehend the extent to which organizations are creatures of their distinctive times and places, reflecting not only technical knowledge but also the cultural rules and social beliefs in their environments. In "Institutions and Organizations", Scott (2008) emphasizes, that organizations are affected and even penetrated by their environments and they are also capable of responding to these influence attempts creatively and strategically. While organizations are creatures of their institutional environments, most modern organizations are active players not passive pawns. In short, there is a need to craft research designs to examine the complex recursive processes by which institutional forces both shape and are shaped by organizational actions.

The evolution of organizational field concepts relating to economic development

In 1920 Alfred Marshall noted that industries tend to cluster in distinct geographic districts that specialize in the production of closely related goods (Marshall, 1920). Marshall believed that knowledge spillovers are the cause (or result) of such clustering. Schumpeter (1934) continued down this theoretical path when he noted that innovative breakthroughs tend to distribute themselves irregularly over time in specialized clusters of activity. Michael Porter's (1990) "The Competitive Advantage of Nations" elaborated that the development of regionally-based industry clusters was key to a globally successful and competitive regional strategy. As noted by Moore (1996, p. 76): "To extend a systematic approach to strategy, I suggest that a company be viewed not as a member of a single industry but as part of a business ecosystem that crosses a variety of businesses. In a business ecosystem, companies co-evolve capabilities around a new innovation, they work cooperatively and competitively to support new products, satisfy customer needs, and eventually incorporate the next round of innovations".

Kozmetsky (1993) reinforced the concept of community in the cluster discussion by taking the firm as one unit of analysis embedded in a regional ecosystem that includes key public and private sectors. He argued for organizational approaches that emphasize networking and collaboration as important to new venture creation. In "Breaking the Mold: Reinventing Business Through Community Collaboration", a paper delivered at the MIT Enterprise Forum, Kozmetsky (1993) emphasized that the solutions to many critical issues and problems now demand an integrated, holistic and flexible approach that blends technology, management, and scientific, socio-economic, cultural and political ramifications in an atmosphere of profound change and extreme time compression.

In contrast to population ecologists (Hannan and Freeman, 1989) who emphasize competitive processes among similar organizations, community ecologists emphasize that organizations also develop structures that are mutually beneficial (Astley and Van de Ven, 1983). The community ecologists' perspective is in line with the Technopolis framework which emphasizes the role of key influencers or actors that cross organizational and institutional barriers to foster collaboration (Gibson and Rogers, 1994). As emphasized by Bourdieu and Wacquant (1992), the organizational field is both the totality of actors and organizations involved in an arena of social or cultural production and the dynamic relationships among them, and that "to think in terms of field is to think relationally" (Bourdieu and Wacquant, 1992, p. 96).

Silicon Valley, California was perhaps the first region worldwide to embody the cooperation-competition paradox in a flexible industrial system embedded in networks (i.e., an organization field) rather than single firms located in hierarchical, vertical institutional environments (Saxenian, 1994). The premise was that a greater network of institutional alliances yields greater technological development and innovation, which accelerates technology-based development. The organization of public and private institutions in the Triple Helix and Technopolis frameworks rather than being a collection of entities, takes on the structure of an industrial ecosystem comprising networks, culture, and corporate organization (Saxenian, 1994; Rosenberg, 2002; Nishizawa, 2011).

As depicted in Figure 1, the organizational field is an intermediate level between individual actors and governance structures, constitutive activities, and societal institutions. The focus is on the way higher and lower level actors and structures shape, reproduce, and change the contexts within which they operate. Research emphasizes the interweaving of top-down and bottom-up processes as they combine to influence institutional phenomena (Barley and Tolbert, 1997). The concept of the organization field celebrates and exploits the insight that local "social orders" constitute the building blocks of contemporary social systems.

DiMaggio and Powell (1983) see the organizational field as those organizations that in the aggregate, constitute a recognized area of institutional life, such as key suppliers, resource and product consumers, regulatory agencies and other organizations that produce similar products or services. Other approaches suggest that fields can develop not only around settled markets, technologies, or policy domains, but also around control disputes and issues (Scott, 2008). According to Hoffman (1997, p. 352) a "field" is formed around the issues that become important to the interests and objectives of a specific collective or organizations, for example, by making links that previously may not have been present. Organizations may make claims about being or not being part of the field, but their membership is defined through social interaction patterns. As already noted, in our conceptualization, the organizational field of concern is defined by those organizations, agencies, programs and activities and relationships that enhance or inhibit innovation-based economic development.

On the one hand, ecologists such as Hawley (1950), Warren (1967), and Astley (1985) employ the concept of inter-organizational community to focus on a geographically-bounded collection of organizations rendered interdependent because of functional ties or shared localities. On the other hand, Scott and Meyer (1983) point out that a limitation of the regionally-based view is its tendency to focus more on colocation than on functional interdependence which would include the effect of important connections and exchanges among organizations outside the spatial boundaries of the community. In our conceptualization of regional innovation ecosystems we certainly do not want to ignore or limit the importance of national and international variables and networks. Indeed, the concept of the organizational field fulfills a vital role of connecting organization studies to wider macrostructures: sectorial, societal, and transnational.

4 Triple Helix and Technopolis frameworks

We now provide an overview of the Triple Helix (Viale and Etzkowitz, 2010) and Technopolis frameworks (Smilor et al., 1988) as they help describe possible initiatives and activities within different organization fields of activity with a focus on facilitating regional innovation and sustainable economic development.

The thesis of the "Triple Helix" is that the potential for innovation and economic development in a knowledge society lies in a more prominent role for the university and the hybridization of elements from university, industry and government to generate new institutional and social formats for the production, transfer and application of knowledge (Viale and Etzkowitz, 2010). The Triple Helix concept relies on three main ideas: (1) a more prominent role for the university in innovation, on a par with industry and government in the knowledge society; (2) a movement toward collaborative relationships among the three major institutional spheres, in which innovation policy is increasingly an outcome of interaction; and (3) in addition to fulfilling their traditional functions, each institutional sphere also "takes the role of the other", performing new roles as well as their traditional function (Triple Helix Research Group, 2013).

The Technopolis framework (Smilor et al., 1988) describes a slightly broader base for regional development than does the Triple Helix. It articulates a finer delineation of the academic, business, and governmental sectors. While the academic sector may be anchored by the research university it includes the contributions of regional community colleges and other academic institutions in education, training, and re-training to meet workforce needs. The business sector differentiates between large and established firms, and start-up companies. Government policies and programs are defined at local, regional, and national levels of analysis. While the delineations within these sectors may be seen as minor, the differences in available actions and their potential impact are not. In addition, the Technopolis framework identifies a fourth sector as vital to innovation ecosystem development: the support groups sector. This sector includes such organizations and associations as venture capital and angel financing, legal and management talent, manufacturing capabilities, professional and industry associations, entrepreneurship support activities, chambers of commerce, non-profit and non-government organizations etc. As stated by Saxenian (1994), support groups are a segment of regional institutions that set the tone for social interaction, and both influence and are influenced by the culture of a region.

Figure 2 depicts the crucially important role of key actors or change agents who network and provide feedback across organizational fields and social institutions. As emphasized in both the Triple Helix and Technopolis frameworks, institutional excellence in any sector or subsector is not sufficient for regional development based on innovation. Rather, it is the interaction or networking across sectors that is most important and that sets regions apart in terms of their creative and innovative capacity (Smilor et.al., 1988; Gibson and Rogers, 1994; Philips, 2008; Viale and Etzkowitz, 2010; Gibson and Butler, 2013). We identify the key role of actors or influencers across structures, processes (e.g. systems, leadership, strategies, and culture), and metrics as being crucial in linking the university, business, and government institutions and support groups. The structures component includes such things as policy (e.g. the Bayh Dole Act) or such entities as technology transfer offices, science parks, incubators, and business accelerators. Processes focus on how these policies and entities are managed. For example, is communication highly structured and vertical or is it more informal and horizontal? Is there a high tolerance for entrepreneurial risk-taking and the ability to try again, i.e., is failure seen as an important learning activity or as the end of an individual's entrepreneurial career? Are key metrics the number of patents a university generates or the number of published articles? Are key metrics the amount of research funding, the impact of the research, or commercial applications? In short, how structures, processes, and metrics are developed and institutionalized has a great deal to do with facilitating or frustrating cooperation, at various levels of analysis, across the Triple Helix or Technopolis frameworks.

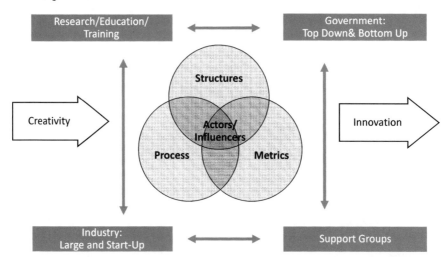

Fig. 2: Mechanisms, processes, and metrics interacting with four regional institutional sectors central to innovation ecosystem development and sustainability

Source: IC2 Institute, The University of Texas at Austin.

5 Conclusion

As emphasized in the introduction to this article, in addition to the key objectives of excelling in research and education, universities worldwide are increasingly tasked with fulfilling and enhancing their third mission of service with a concerted effort to help stimulate and to sustain economic development. It is also noted that governments, businesses, and societies differ in how they expect universities to contribute to knowledge-based growth, and there are also differences in regional challenges and assets for stimulating and sustaining such growth. Based on these observations and challenges, this article attempts to provide a useful and generalizable framework for better understanding regional and university differences in assets and challenges for developing and sustaining successful innovation ecosystems. This framework is based on Institutional Theory to which we have linked defined aspects of a university's entrepreneurial architecture. An overview of the Triple Helix and Technopolis frameworks is presented to highlight the important role of the research university while also emphasizing the necessary contributions of regional government, industry, and support group sectors. Clearly national and regional differences are critically important to effective innovation policy and actions; however, we suggest that through an analysis of the concepts described in this article it is possible to illuminate the challenges and assets universities face in different regional contexts when they seek to successfully implement third mission activities that foster and accelerate regional economic development.

References

Astley, W. G. (1985): The two ecologies: Population and community perspectives on organizational evolution. In: Administrative Science Quarterly, 30(2), pp. 224-241.

Astley, W. G.; van de Ven, A. (1983): Central perspectives and debates in organization theory. In: Administrative Science Quarterly, 28(2), pp. 245-273.

Barley, S. R.; Tolbert, P. S. (1997): Institutionalization and structuration: Studying the links between action and institution. In: Organization Studies, 18(1), pp. 93-117.

Borgatti, S. P.; Mehra, A.; Brass, D. J.; Labianca, G. (2009): Network Analysis in the Social Sciences. In: Science Magazine, 323(5916), pp. 892-895.

Bourdieu, P.; Wacquant, L. (1992): An invitation to reflexive sociology, University of Chicago Press: Chicago.

Butler, J.; Gibson, D. (Eds.) (2011): Global Perspectives on Technology Transfer and Commercialization, Edward Elgar: Northampton.

DiMaggio, P. (1986): Structural analysis of organizational fields: A block model approach. In: Staw, B.; Cummings, L. (Eds.): Research in Organization Behavior, JAI Press: Greenwich, pp. 355-370.

DiMaggio, P.; Powell, W. (1983): The Iron Cage Revisited: Institutional Isomorphism and collective rationality in organizational fields. In: American Sociological Review, 48(2), pp. 147-160.

Fligstein, N. (2001): Social skill and the theory of fields. In: Sociological Theory, 19(2), pp. 105-125.

Foss, L.; Gibson, D. (2014): Universities and Innovation Ecosystem Development: Case Studies and Policy Implications, *forthcoming*.

Gibson, D.; Butler, J. (2013): Sustaining the Technopolis: The Case of Austin, Texas. In: World Technopolis Review, 2(2-6), pp. 64-80.

Gibson, D.; Rogers, E. (1994). R&D: Collaboration on Trial, Harvard Business School Press: Boston.

Göransson, B.; Brundenius, C. (Eds.) (2011): Universities in Transition: The Changing Role and Challenges for Academic Institutions, Springer: Ottawa, CN.

Hannan, M.; Freeman, J. (1989): Organizational Ecology, Harvard University Press: Cambridge, MA.

Hawley, A. (1950): Human Ecology, Ronald Press: New York.

Hoffman, A. (1997): From Heresy to Dogma: An Institutional History of Corporate Environmentalism, New Lexington Press: San Francisco.

Kozmetsky, G. (1993): Breaking the mold: Reinventing business through community collaboration. To: MIT Enterprise Forum; Cambridge, MA; October 23.

Marshall, A. (1920): Principles of Economics, Macmillan: London.

Moore, J. (1996): The Death of Competition: Leadership and Strategy in the Age of Business Ecosystems, Harper Business: New York.

Nelles, J.; Vorley, T. (2010): Constructing an entrepreneurial architecture: an emergent framework for studying the contemporary university beyond the entrepreneurial turn. In: Innovative Higher Education, 35(3), pp. 151-76.

Nishizawa, A. (2011): From Triple-Helix Model to Eco-system Building Model. In: International Journal of Technoentrepreneurship, 2(3-4), pp. 304-323.

Phillips, F. Y. (2008): The Godfathers: Characteristics and Roles of Central Individuals in the Transformation of Techno-Regions, Journal of Centrum Cathedra, 1(2), pp. 12-27.

Porter, M. (1990): The Competitive Advantage of Nations, Free Press: New York.

Rogers, E.; Kincaid, L. (1981): Communication Networks: Toward a New Paradigm for Research, Free Press: New York.

Rosenberg, D. (2002): Cloning Silicon Valley: The Next Generation High-Tech Hotspots, Pearson Education: New York.

Saxenian, A. (1994): Regional Advantage: Culture and Competition in Silicon Valley and Route 128, Harvard University Press: Cambridge.

Schumpeter, J. (1934): Theory of Economic Development, Harvard University Press: Cambridge.

Scott, W.; Davis, G. (2007): Organizations and Organizing: Rational, Natural, and Open System Perspectives, Pierson Prentice Hall: Upper Saddle River.

Scott, W. (2008): Institutions and Organizations: Ideas and Interests, 3rd Edition, Sage: Los Angeles.

Scott, W.; Meyer, J. (1983): The Organization of Societal Sectors. In: Meyer, J.; Scott, R. (Eds.): Organizational Environments: Ritual and Rationality, Sage: Newbury Park, pp. 129-153.

Smilor, R.; Gibson, D.; Kozmetsky, G. (1988): Creating the Technopolis: High-technology development in Austin, Texas. In: Journal of Business Venturing, 4, pp. 49-67.

Triple Helix Research Group (2013): The Triple Helix concept, accessed on 15 October 2013 at triplehelix.stanford.edu/3helix_concept.

Viale, R.; Etzkowitz, H. (Eds.) (2010): The Capitalization of Knowledge: A Triple Helix of University-Industry-Government, Edward Elgar: Northampton.

Warren, R. (1967): The interorganizational field as a focus for investigation. Administrative Science Quarterly, 12(3), pp. 396-419.

Short biographies of authors

David V. Gibson is associate director and The Nadya Kozmetsky Scott Centennial Fellow, IC² (Innovation, Creativity, Capital) Institute, The University of Texas at Austin (www.ic2.utexas.edu). In 1983, he received a PhD. in sociology from Stanford University with a focus on organizations and communication theory. Dr. Gibson's research and publications focus on technology transfer/commercialization, cross-cultural communication, and the growth and impact of regional technology/knowledge centers. He is a consultant to businesses, academia, and governments worldwide and his publications have been translated into Mandarin, Japanese, Korean, Russian, Spanish, Italian, French, German, Finnish, Norwegian, and Portuguese. Dr. Gibson was a Fulbright Scholar at Insituto Superior Tecnico, Lisbon, Portugal, 1999-2000. He is currently Professor II at Tromsø University, Business School, Norway. His most recent book is Global Perspectives on Technology Transfer and Commercialization: Building Innovative Ecosystems (Eds.) J. Butler and D. Gibson, Edward Elgar Pub. (2011). Dr. Gibson is chair of the International Conference on Technology Policy and Innovation.

Lene Foss is a professor of innovation and entrepreneurship at the School of Business and Economics at UiT, The Arctic University of Norway. She holds a PhD from the Norwegian School of in Bergen, and has been visiting scholar at universities in UK and US. Foss has been member of the Ministry of Finance's advisory panel on macroeconomic models and methods, scientific member of the Norwegian Research Council and in The Norwegian Association of Higher Education Institutions. She also serves as a quality referee for the Norwegian Agency for Quality Assurance in Higher Education.

Since 2010 Foss has led and developed, with other staff, the master of science course in business creation and entrepreneurship at UiT, a high profile international study programme aimed at educating entrepreneurs and innovators. She has been involved in establishing national PhD. programmes in enterprise development and innovation, and she is supervising several PhD. students

Foss's primary research areas are academic entrepreneurship, entrepreneurial education, entrepreneurial networks, and gender in entrepreneurship and innovation. Her research has appeared in the International Journal of Entrepreneurship and Innovation, the European Journal of Marketing, the International Journal of Gender and Entrepreneurship, System Practice and Action Research, and the International Journal of Entrepreneurship and Small Business. Foss has contributed to 11 international books and has co-edited several Norwegian books. She is an associate editor and is on the editorial board of several journals.

Bob Hodgson is MD of Zernike (UK) which manages an ICT incubator and provides start-up capital for knowledge-based firms. He has thirty years of international consulting experience, having worked in around 30 countries on innovation policies and technology commercialization. Half this time was with agencies like the World Bank, and half with national agencies and the private sector. Before launching Zernike (UK), Bob spent 14 years as executive director of SQW Ltd, which is best known for its ground-breaking study "The Cambridge Phenomenon", published in 1983, updated in 1999. He is a senior fellow at IC^2 at the University of Texas, Austin.

Technologie-Marketing und technologische Frühaufklärung in industriellen Unternehmensnetzwerken

Joachim Zülch und Martina Frießem

If an industrial corporate network linked to technological foresight adds the topic of marketing, special requirements relating to the cooperation and the network partners are necessary. The following analysis illustrates the influence of the network configuration on the technology marketing and shows that it is generally a matter of larger networks with a lower unique selling point, whose activities are in close connection with the areas of sales and innovation management.

Weitet sich ein industrielles Unternehmensnetzwerk im Zusammenhang mit der technologischen Frühaufklärung auf den Bereich des Marketing aus, so werden besondere Anforderungen an die Kooperation und die Netzwerkpartner gestellt. Die folgende Analyse bildet den Einfluss der Netzwerkkonfiguration auf das Technologie-Marketing ab und zeigt, dass es sich im Grundsatz um größere Netzwerke mit einem geringerem Alleinstellungsmerkmal handelt, deren Aktivitäten insbesondere in engem Zusammenhang mit den Bereichen des Innovationsmanagements und des Vertriebs stehen.

1 Einleitung

Die Globalisierung stellt für Unternehmen aufgrund der stetigen Zunahme der Wettbewerbsintensität eine große Herausforderung dar. Somit ergreifen Unternehmen in ihrem Kampf um die eigene Zukunftsfähigkeit verschiedene Maßnahmen zur langfristigen Behauptung am Markt sowie zum Erreichen einer relativ stabilen Positionierung im Wettbewerbsgeschehen. Zu diesen Maßnahmen zählen Marketing-Aktivitäten, die den Fokus auf den Kunden legen und eine ganzheitlich kundenorientierte Unternehmensausrichtung zum Ziel haben (vgl. Bruhn, 2007, S. 13). Ergänzend beschäftigen sich Unternehmen mit der kooperativen Form der technologischen Frühaufklärung und vernetzen sich mit anderen Unternehmen, um technologische Diskontinuitäten frühzeitig zu erkennen, auf anstehende Veränderungen rechtzeitig zu reagieren sowie Weiterentwicklungen der Technologien voranzutreiben (vgl. Landwehr, 2007, S. 20ff.; Nick, 2008, S. 3f.).

In diesem Beitrag werden zwei technologieorientierte Maßnahmen – das Technologie-Marketing sowie die kooperative Form der technologischen Frühaufklärung – in Kombination betrachtet und die gemeinsame Wirkung diskutiert. Dazu folgt eine Einführung in das Technologie-Marketing (siehe Kapitel 2) sowie in die kooperative Form der technologischen Frühaufklärung (siehe Kapitel 3). Anschließend wird eine empirische Studie zur technologischen Frühaufklärung in Netzwerken unter den Aspekten des Technologie-Marketing ausgewertet (siehe Kapitel 4).

2 Technologie-Marketing

Der Begriff des Technologie-Marketing stammt ursprünglich aus dem Bereich der Betriebswirtschaftslehre, wird jedoch in der einschlägigen Literatur nicht einheitlich verwendet. Unterscheidungen finden einerseits auf der Basis des Betrachtungsfokus und anderseits in der Abgrenzung des Technologie-Marketing zum traditionellen Marketing statt. In den Ingenieurwissenschaften kommt der Begriff des Technologie-Marketing selten zum Tragen. Bezeichnungen wie Produkt-, Technologie- oder Innovationsmanagement beinhalten die Zielsetzung des Marketing (vgl. Haagemann, 1999, S. 100).

Um die Variantenvielfalt der Technologie-Marketing-Definitionen aufzuzeigen, werden im Folgenden die Unterschiede der Begrifflichkeiten sowie deren Bedeutung herausgearbeitet.

2.1 Definition des Begriffs

Der Fokus des Technologie-Marketing liegt bei älteren Werken auf der Vermarktung technologischen Wissens zur Lösung eines technischen Problems und dessen Einsatz im Kontext neuer Produkte oder Anwendungsgebiete (vgl. Mittag 1985, S. 14). So definiert Wolfrum (1995, S. 2449), basierend auf den Arbeiten von Bender (1986) und Sommerlatte (1987), dass „[d]ie zentrale Aufgabe des Technologie-Marketing im Rahmen des strategischen Technologiemanagements (…) in der umfassenden Vermarktung von Technologien in verschiedenen Produkten und Branchen [besteht]." Eine ähnliche Definition zeigt die Dissertation von Mittag (1985, S. 38f.): „Technologiemarketing umfasst (…) die Identifikation und Definition des in einer Unternehmung vorhandenen technologischen Wissens als eigenständigen Erlösträger und seine Vermarktung an selektierte Anwender bzw. Anwendergruppen (…). Im Mittelpunkt (…) steht (…) die Vermarktung von Produkt- und/oder Prozeßtechnologien einschließlich des Wissens über den Ansatz der auf der Basis der Produkt- bzw. Prozeßtechnologien erstellten Produkte." Als Zielsetzung des Technologie-Marketing wird in diesem Fall der immaterielle Wissenstransfer angesehen, der es dem Kunden ermöglicht, die Technologie im eigenen Unternehmen wirtschaftlich zu nutzen (vgl. Mittag, 1985, S. 40). Basierend auf den neuen Technologieoptionen generieren anbietende Unternehmen eine neue Art der Nachfrage, die als Triebkraft des technologischen Marketing bezeichnet wird. Im Gegensatz dazu spielt im traditionellen Marketing das Ergebnis, beispielsweise in Form einer gesteigerten Marktabdeckung oder dem Zugewinn an Marktanteilen, die zentrale Rolle (vgl. Baaken, 1987, S.12).

Neuere Definitionen des Technologie-Marketing legen den Schwerpunkt nicht länger auf die ausschließliche Vermarktung technologischen Wissens, sondern darüber hinaus treten technologisch anspruchsvolle Produkte in den Vordergrund. So definiert Schneider (2002, S. 34f.) „Technologiemarketing als Marketing technologieintensiver Produkte [, welches] (...) alle Maßnahmen einer ziel- und wettbewerbsorientierten Ausrichtung der marktrelevanten Aktivitäten der Unternehmung an technologischen Entwicklungen der wesentlichen Technologiebereiche einerseits, sowie an ausgewählten Problemfeldern gegenwärtiger und zukünftiger Kundenpotenziale anderseits (...) [umfasst]." Auch wenn sich das Technologie-Marketing sowohl an technologischen Entwicklungen als auch an den Bedürfnissen des Kunden orientiert (vgl. Schneider, 2002, S. 35), wird insbesondere die Schwierigkeit adressiert, dass technologieorientierte Entwicklungen den Kundenanforderungen vorauslaufen und zuerst einige Barrieren überwunden werden müssen, bis sich der Kunde für die technologische Innovation öffnet (vgl. Schneider, 2002, S. 38). Die professionelle Positionierung wettbewerbsfähiger Problemlösungen, ausgerichtet an dem jeweiligen Zielmarkt, wird hier als Zielsetzung beschrieben (vgl. Schneider 2002, S. 35) und zeigt die Parallelen zu den Ansätzen des Produkt-, Technologie- und Innovationsmanagements auf.

2.2 Entwicklung der Begriffsverwendung

Die in Kapitel 2.1 dargestellte inhaltliche Veränderung des Begriffs Technologie-Marketing kann auf zwei zentrale Aspekte zurückgeführt werden:

1. Der verkaufs- und marktorientierten Phase (60 und 70er Jahre), die durch die ausschließliche Betrachtung physischer Produkte geprägt war, schloss sich mit der Fokussierung immaterieller Produkte in Form technologischen Know-hows die Phase der Wettbewerbsorientierung (80er Jahre) an (vgl. Mittag, 1985, S. 14; Meffert, 2007, S. 16). Zu Beginn wurden diese beiden Ausrichtungen des traditionellen und des technologiespezifischen Marketing strikt getrennt, wie beispielsweise die Ausführungen von Ford/Ryan (1977, S. 369ff.) zum Marketing von Technologien zeigen. Mit dem zeitgleichen Paradigmenwechsel von der Technologieführerschaft hin zu der Nutzenführerschaft hat sich das Leistungsportfolio der Unternehmen von Produkten zu Produkt-Service-Systemen stark verändert (vgl. Meier/Uhlmann, 2003, S. 4ff.). Mit dieser Entwicklung rückten immaterielle Leistungen, zunächst in Form reiner, d.h. von Produkten isolierten Dienstleistungen, über das kombinierte Angebot von Produkten und Dienstleistun-

gen bis hin zu Komplettlösungen in Form hybrider Leistungsbündel immer mehr in den Fokus von Unternehmen (vgl. Meffert, 2003, S. 260ff.; Meier/Uhlmann, 2003, S. 4ff.). Dieser Wandel bewirkte in den Unternehmen ein Umdenken auf ganzer Linie, das zur Folge hatte, dass die physischen Produkte nicht länger isoliert von immateriellen Produkten betrachtet wurden. Marketing wird heute definiert als „(…) **eine unternehmerische Denkhaltung. Sie konkretisiert sich in der Analyse, Planung, Umsetzung und Kontrolle sämtlicher interner und externer Unternehmensaktivitäten, die durch eine Ausrichtung der Unternehmensleistungen am Kundennutzen im Sinne einer konsequenten Kundenorientierung darauf abzielen, absatzmarktorientierte Unternehmensziele zu erreichen."** (Bruhn, 2007, S. 14).

2. Darüber hinaus lässt sich der Begriff der Technologie definitorisch nicht eindeutig von dem Begriff der Technik abgrenzen und trägt somit zu der begrifflichen Variantenvielfalt des Technologie-Marketing bei. Zurückgehend auf den griechischen Wortursprung (technología) ist die Technologie als eine „(…) einer Kunst gemäße[n] Abhandlung (…)" zu verstehen (Drosdowski, 1989, S. 738). Unter dem Einfluss verschiedener Faktoren sowie Wissenschaftsbereiche – wie beispielsweise der Kameralistik und der Landwirtschaft, der Ingenieurwissenschaft, genauso wie durch gesellschaftliche, wirtschaftliche, rechtliche und politische Aspekte (vgl. Timm, 1964, S. 43; Tuchel/Klaus, 1967, S. 273f.) – hat sich das Verständnis der Technologie weiterentwickelt. Nach Binder/Kantowsky (2011, S. 33) beinhaltet die Technologie heute „(…) Wissen, Kenntnisse und Fertigkeiten zur Lösung technischer Probleme sowie Anlagen und Verfahren zur praktischen Umsetzung naturwissenschaftlicher Erkenntnisse." Zusammengefasst bezieht sich die Technologie demnach auf das zum Lösen des technischen Problemlösungsprozesses notwendige Wissen. Darüber hinaus wird jedoch auch häufig das Ergebnis des Problemlösungsprozesses – also die Problemlösung – als Technologie bezeichnet (vgl. Bullinger, 1994, S. 33). Basierend auf dieser Gegebenheit wird der definitorische Einfluss des Technologiebegriffs auf das Verständnis des Technologie-Marketing deutlich.

2.3 Zwischenfazit

Nach dem heutigen Wissensstand ist eine isolierte Betrachtung von Produkten und immateriellen Leistungen, beispielswiese in Form technologischen Knowhows, allein nicht ausreichend; unter Technologie-Marketing wird das Marketing technologisch anspruchsvoller Leistungen verstanden (vgl. Schneider, 2002, S. 34f.). Im Marketing fand ein Umdenken statt; es wurden integrierte und ganzheitliche Lösungen gefordert, mit denen ein „(…) funktionsübergreifendes Denken innerhalb der Unternehmung (…)" (Meffert, 1999, S. 412) einherging. Dabei sollte jedoch berücksichtig werden, dass sich der Betrachtungszeitraum i.d.R. erheblich vergrößert (vgl. Mittag, 1985, S. 42), wenn die Marketingstrategie nicht nur auf die Produktebene fokussiert, sondern darüber hinaus auch die Technologie inkludiert.

Generell ist beim Aufbau eines fundierten Technologie-Marketing der Aufgabenbereich nicht nur als eine Funktion des Unternehmens zu interpretieren, sondern als Bestandteil der Philosophie ins Unternehmen zu integrieren (vgl. Sommerlatte, 1991, S. 162). Das Technologie-Marketing konzentriert sich im ersten Schritt auf das eigene Unternehmen und die Überzeugung der Mitarbeiter hinsichtlich der innovativen technologischen Leistungen (interne Perspektive). Im zweiten Schritt wird auf die externe Perspektive fokussiert und somit die Leistung nach außen hin vermarktet (vgl. Sommerlatte, 1991, S. 151; Meffert, 1999, S. 212).

3 Gemeinsamkeiten zwischen Technologie-Marketing und der technologischen Frühaufklärung in industriellen Unternehmensnetzwerken

Die technologische Frühaufklärung zählt zum Technologie- und Innovationsmanagement von Unternehmen und beschäftigt sich mit der Sicherung der eigenen Zukunftsfähigkeit. Die Zielsetzung der Zukunftsfokussierung liegt in der langfristigen Wettbewerbsdifferenzierung durch leistungsstarke, nutzenbringende Technologien und Produkte (vgl. Krystek/Müller-Stewens, 1993, S. 41). Zur Trenderkennung und zur Erfassung schwacher Signale spielen in diesem Zusammenhang Netzwerke eine zentrale Rolle für Unternehmen. Netzwerke ermöglichen es, den Beobachtungsraum zur Aufnahme schwacher Signale in Bezug auf neue technologische Entwicklungen massiv zu vergrößern und die Herausforderung sowie das Risiko der technologischen Frühaufklärung einzelner Unternehmen, die richtige Innovationsentscheidung zu treffen, auf ein Minimum zu reduzieren (vgl. Mieke, 2006, S. 47ff.).

Der Prozess der technologischen Frühaufklärung ist nicht isoliert vom Technologie-Marketing zu betrachten. Einerseits zählt die Vermarktung innovativer und hochwertiger Leistungen zur Zielsetzung des Marketing. Anderseits werden durch das Marketing und die Nähe zum Markt sowie über Kunden wichtige Impulse in das Unternehmen getragen, die die technologischen Entwicklungen beeinflussen. Aus diesem Grund weisen sowohl die klassischen Marketing-Aktivitäten als auch die Bestrebungen der kooperativen technologischen Frühaufklärung eine gemeinsame Schnittmenge auf, die die aktuelle sowie zukünftige Position des Unternehmens im Markt maßgeblich tangiert.

Diese positive Wirkung von Netzwerken auf das Marketing, insbesondere unter der Berücksichtigung des Einflusses der Globalisierung auf Unternehmen, wird in der Marketing-Phase der Netzwerkorientierung betrachtet. Hierbei werden Begriffe wie das Netzwerk-Marketing oder auch das Beziehungsmarketing geprägt (vgl. Meffert, 1999, S. 412f.; Bruhn, 2007, S. 18).

Im Folgenden wird anhand einer empirischen Studie der Zusammenhang zwischen der technologischen Frühaufklärung in industriellen Unternehmensnetzwerken und dem Technologie-Marketing betrachtet.

4 Empirische Untersuchung

Von März bis Juli 2012 fand eine Studie zum Erfolg technologischer Frühaufklärung in industriellen Unternehmensnetzwerken statt. Dabei zählten Geschäftsführer von Unternehmen mit Sitz in Deutschland, Österreich oder der Schweiz zur Zielgruppe, die in einem zweifachen Verfahren per E-Mail zur Teilnahme an der Studie aufgefordert wurden. Die Befragung wurde online mit dem Tool Unipark und der Software EFS Survey Version 8.02 durchgeführt.

Insgesamt beteiligen sich 281 Unternehmen an der Umfrage, wovon 155 Unternehmen angeben, in mindestens einem Netzwerk aktiv zu sein. Von dieser Teilnahmegruppe bestätigen 58 Unternehmen, dass sich die Kooperation in Form industrieller Unternehmensnetzwerke sowohl auf die Aktivitäten der technologischen Frühaufklärung als auch auf den Bereich des Marketing ausweitet. Der Fokus der folgenden Auswertung basiert daher auf den Erfahrungen dieser 58 Unternehmen, die mit den Aussagen der Unternehmen verglichen werden, deren Netzwerkaktivitäten sich nicht auf den Bereich des Marketing beziehen.

4.1 Charakterisierung der sich mit dem Marketing befassenden Netzwerkgruppe

Die Unternehmen (N=58), die sich in Netzwerken mit dem Marketing beschäftigen, gehören mit 86% zu der Gruppe der Klein- und mittelständischen Unternehmen (KMU) und positionieren ihre Produkte schwerpunktmäßig ausschließlich in einer Branche (72%). Produzierende bzw. herstellende Unternehmen bilden mit 38% die größte Gruppe (siehe Abb. 1). Es gelingt den Unternehmen auf dem deutschen Markt, eine im Vergleich zu der internationalen Ausrichtung deutlich bessere Positionierung zu erreichen. Nach eigenen Angaben sind 25% der Unternehmen Marktführer des deutschen Marktes; nur 13% stehen hingegen in anderen Ländern an der Spitze (siehe Abb. 2). Demnach sind die befragten Unternehmen auf dem deutschen Markt erfolgreicher als auf internationalen Märkten.

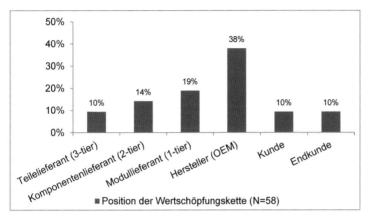

Abb. 1: Position der befragten Unternehmen entlang der Wertschöpfungskette
Quelle: Eigene Darstellung.

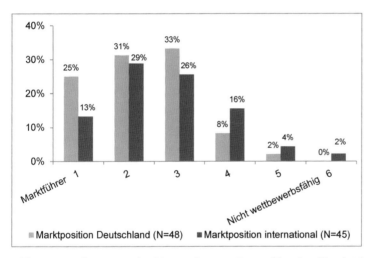

Abb.2: Marktposition der Unternehmen in Deutschland im Vergleich zu der internationalen Positionierung
Quelle: Eigene Darstellung.

Ähnlich wie die Verteilung der Marktposition fällt die Bekanntheit der Unternehmen als Vorreiter für technologische Entwicklungen aus (siehe Abb. 3). Auffallend ist, dass die Bedeutung der technologischen Frühaufklärung generell sowie bezogen auf die Wettbewerbsdifferenzierung deutlich höher eingeschätzt wird, als es die reale Situation der Unternehmen widerspiegelt (siehe ebd.). Technologisch fortschrittliche und erfolgreiche Unternehmen haben demnach die Bedeutung der technologischen Frühaufklärung als Bestandteil der Zukunftssicherung erkannt. Dem Großteil dieser Unternehmensgruppe ist es jedoch zum Zeitpunkt der Befragung noch nicht gelungen, die Erkenntnisse im gleichen Maße für ihre Position im Markt zu nutzen.

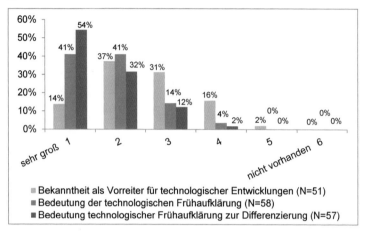

Abb.3: Vergleich der Bekanntheit als Vorreiter für technologische Entwicklungen zur Bedeutung der technologischen Frühaufklärung sowie zur Bedeutung der technologischen Frühaufklärung zur Differenzierung der Unternehmen
Quelle: Eigene Darstellung.

4.2 Vergleich der fokussierten Netzwerkgruppen

Fast die Hälfte der Netzwerke (47%), deren Aktivitäten sich auf den Bereich des Marketing beziehen, existiert maximal fünf Jahre. Im Gegensatz dazu kooperieren 29% der Unternehmen schon länger als zehn Jahre. Dabei bestehen 35% der Netzwerke aus mehr als 50 Unternehmen (siehe Abb. 4). Die Verteilung der Netzwerke, die sich nicht mit die Marketing-Aktivitäten beschäftigen, weist, bezogen auf die Existenzdauer, ein ähnliches Profil auf. 47% der Unternehmen kooperieren seit weniger als fünf Jahren miteinander und 26% der Unternehmen länger als zehn Jahre. Bei der Anzahl der Unternehmen in einem Netzwerk gibt es Unterschiede zwischen den beiden fokussierten Gruppen; hier zeigt die Verteilung die signifikante Tendenz auf, dass es sich eher um kleinere Netzwerke handelt, deren Kooperation sich nicht auf den Bereich des Marketing bezieht (T=-3,051, p<0,05, N=87, siehe Abb. 4).

Technologie-Marketing und technologische Frühaufklärung in Unternehmensnetzwerken

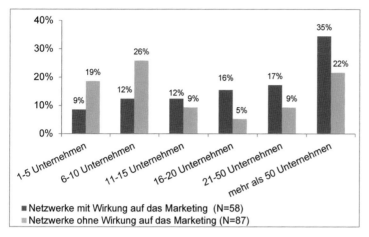

Abb.4: Anzahl der Unternehmen in einem Netzwerk
Quelle: Eigene Darstellung.

Als Netzwerkpartner werden verschiedene Gruppen entlang der Wertschöpfungskette, Forschungsinstitute sowie externe Markt- und Technologieexperten gewählt. Dabei nimmt die Anzahl der vertretenden Unternehmen auf der vertikalen Wertschöpfungskette ab, je weiter die Unternehmensgruppe vom Hersteller entfernt ist (siehe Abb. 5). In den Netzwerken mit Marketing-Fokus sind Hersteller zu 83%, Endkunden zu 36% und Unterlieferanten zu 31% aktiv vertreten. Darüber hinaus ist die Gruppe der potenziellen Wettbewerber nur in sehr wenigen Fällen integriert (siehe Abb. 5). Im Vergleich zu der Gruppe der Netzwerke, die sich nicht auf den Bereich des Marketing beziehen, sind signifikant mehr Lieferanten, Unterlieferanten, Forschungsinstitute sowie neutrale Markt- und Technologieexperten (T=-2,925 / T=-2,338 / T=-1,982 / T=-2,028, p<0,05, N=58) vertreten.

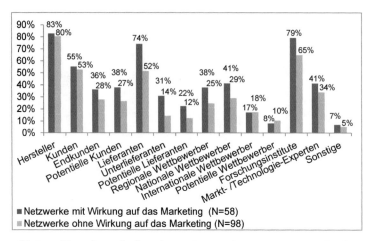

Abb.5: Verteilung der beteiligten Unternehmensgruppen in den beiden Netzwerkgruppen
Quelle: Eigene Darstellung.

Als Gründe für den Aufbau der Netzwerke und der Aktivitäten wurden allgemeine Synergieeffekte, das Wissensmanagement, der Aufbau von Kontakten, die gemeinsame Forschungs- und Entwicklungsarbeit sowie das Innovationsmanagement am häufigsten von der Netzwerkgruppe genannt, deren Kooperation das Marketing inkludiert (siehe Abb. 6). Es handelt sich einerseits um die Zielsetzung, die aktuelle Situation der Unternehmen zu verbessern, und andererseits darum, zukünftige Fragestellungen frühzeitig zu fokussieren. Im Vergleich zu der anderen Netzwerkgruppe sind die Gründungsziele Synergieeffekte, Wissensmanagement sowie der Aufbau von Kontakten signifikant häufiger vertreten (T=-4,063 / T=-4,155 / T=-2,782, p<0,05, N=58, siehe Abb. 6).

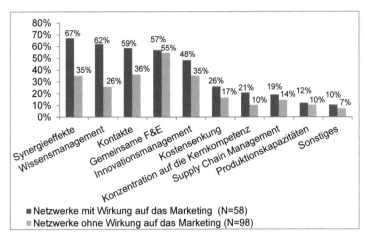

Abb. 6: Ursprüngliche Gründungziele der Unternehmensnetzwerke
Quelle: Eigene Darstellung.

Das Gründungsziel in Form der technologischen Frühaufklärung wurde von der Netzwerkgruppe, deren Kooperation nicht das Marketing beinhaltet, stärker verfolgt, als von der Vergleichsgruppe (siehe Abb. 7). Im Gegensatz dazu haben schwache Signale für Netzwerke mit Marketing-Aktivitäten eine signifikant höhere Bedeutung, als für die anderen (T= 2,436, p<0,05, N=51). Diese beiden Effekte spiegeln sich jedoch nicht im Erfolg der Netzwerke wider; hier existieren bisher keine signifikanten Unterschiede zwischen den beiden Netzwerkgruppen. Dieses Ergebnis wird von der Studie von Frießem (2014) unterstützt, die den unabhängigen Erfolg der Netzwerke von dem ursprünglichen Gründungsziel darstellt. Netzwerke weisen i.d.R. eine positive Wirkung auf den Erfolg der technologischen Frühaufklärung auf. Demnach sind netzwerkende Unternehmen durch die Vergrößerung des Beobachtungsraumes zur Erfassung schwacher Signale, bezogen auf die Anforderungen der technologischen Frühaufklärung, besser aufgestellt als nicht netzwerkende Unternehmen.

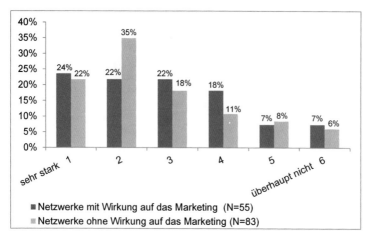

Abb. 7: Fokussierung der Zielsetzung der technologischen Frühaufklärung bei Gründung des Netzwerkes
Quelle: Eigene Darstellung.

Um das jeweilige Gründungsziel bestmöglich zu erreichen, zählen die beiden Netzwerkgruppen die strategische Kompatibilität, die Erfahrungen, die Kompetenzen, bezogen auf die Forschung und Entwicklung sowie die Innovationsfähigkeit der Kooperationspartner als die relevanten Fähigkeiten bzw. Kompetenzen auf (siehe Abb. 8). Dabei haben die strategische Kompatibilität sowie der Aufbau internationaler Beziehungen für Netzwerke mit Aktivitäten im Bereich des Marketing eine höhere Relevanz als für die Vergleichsgruppe (T=-2,525 / T=-2,606, p<0,05, N=58).

Abb. 8: Ideale Fähigkeiten und Kompetenzen der Netzwerkpartner
Quelle: Eigene Darstellung.

Als wichtigste Informationsquelle zum Erkennen schwacher Signale nennen beide Netzwerkgruppen die persönlichen Kontakte (siehe Abb. 9). Signifikante Unterschiede bestehen in Bezug auf die Quellenangaben zu Experten, öffentlichen Medien und Informationsdienste. Diese haben für Netzwerke mit Marketing-Bemühungen jeweils eine höhere Relevanz (T=-2,456 / T=-1,732 / T=-1,816, p<0,05, N=58).

Abb. 9: Wichtigste Informationsquellen für Netzwerke
Quelle: Eigene Darstellung.

Ebenso haben diese Netzwerke ein signifikant kleineres Alleinstellungsmerkmal (T=2,304, p<0,05, N=56) und weiten wahrscheinlich aus diesem Grund die Netzwerkarbeit in Richtung Marketing aus. Zudem wird das Ziel, das Netzwerk zu verstetigen und eine möglichst langfristige Bindung aufzubauen, in einem signifikant geringerem Level verfolgt (T=2,226, p<0,05, N=58) und auf die Netzwerkorganisation, die die Zusammenarbeit der Netzwerkpartner regelt, wird weniger Wert gelegt (T=-1,960, p<0,05, N=56). Darüber hinaus werden in diesen Netzwerken seltener personelle Ressourcen von den Unternehmen zur Verfügung gestellt (T=-1,893, p<0,06, N=53).

Dahingegen weiten sich die Kooperationen, die das Marketing beinhalten, signifikant auf die Bereiche des Vertriebs, des strategischen Managements, des Produkt- und des Innovationsmanagements aus (T=-3,415 / T=-2,448 / T=-2,013 / T=-2,448, p<0,05, N=58). Hierbei stellen die Forschung und Entwicklung sowie das Innovationsmanagement, dicht gefolgt von dem Vertrieb und der Produktion, die häufigsten Kooperationsbereiche dar (siehe Abb. 10).

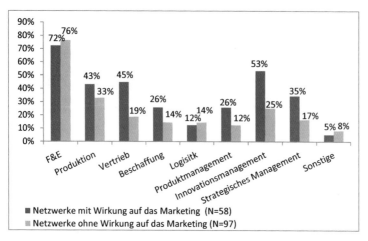

Abb. 10: Kooperationsbereiche
Quelle: Eigene Darstellung.

4.3 Zwischenfazit

Der Vergleich der beiden Netzwerkgruppen zeigt, dass wenn sich ein industrielles Unternehmensnetzwerk im Zusammenhang der technologischen Frühaufklärung auf den Bereich des Marketing ausweitet, es sich in einigen Aspekten deutlich von Netzwerken unterscheidet, die sich nicht mit der Fragestellung des Marketing beschäftigen.

So handelt es sich nach dieser Studie i.d.R. um größere Netzwerke, die sich schwerpunktmäßig aus Herstellern, Forschungsinstituten, Lieferanten, Kunden sowie Markt- und Technologie-Experten zusammensetzen. Dabei werden insbesondere die Fähigkeiten bzw. Kompetenzen der strategischen Kompatibilität, der Erfahrung, der Forschungs- sowie Entwicklungskompetenz als auch der Innovationsfähigkeit unter den Netzwerkpartnern geschätzt. Neben der Relevanz der strategischen Kompatibilität hebt sich insbesondere die Relevanz, neue internationaler Beziehungen aufzubauen deutlich von Netzwerken ab, die sich nicht mit den Aspekten des Marketing auseinandersetzen.

Die im Bereich des Marketing netzwerkenden Unternehmen sind durch ein kleineres Alleinstellungsmerkmal gekennzeichnet und in diesen Netzwerken spielt der Aufbau langfristiger Bindungen sowie einer strukturierten Netzwerkorganisation eine untergeordnete Rolle, obwohl die Ausprägungen dieser Merkmale zunächst im Zwiespalt zu der Zielsetzung der technologischen Frühaufklärung stehen. Ebenso fällt der Einsatz personeller Ressourcen im Vergleich geringer aus. Die Kooperationen beziehen sich neben den Marketing-Aktivitäten vor allem auf das Innovationsmanagement, den Vertrieb und das strategische Management und wurden vornehmlich auf Basis der Zielsetzungen der Synergieeffekte, des Wissensmanagements und des Aufbaus von Kontakten gegründet.

5 Fazit

Durch die Studie wird verdeutlicht, dass Unternehmen, die sich in Netzwerken mit der Frage des Marketing auseinandersetzen, versuchen, das geringere Alleinstellungsmerkmal durch den Aufbau von Kontakten sowie durch eine Konzentration auf das Innovationsmanagement und den Vertrieb innerhalb von Netzwerken zu kompensieren. Aus diesem Grund handelt es sich i.d.R. um größere Netzwerke. Die Unternehmen legen laut ihrer Selbsteinschätzung zum Untersuchungszeitpunkt einen geringeren Fokus auf die technologische Frühaufklärung, wobei die Bedeutung der schwachen Signale als hoch eingeschätzt wird.

Zur weiterführenden Analyse wäre eine ergänzende Untersuchung wünschenswert, die den Fokus auf die Motivation der netzwerkenden Unternehmen, sich neben der technologischen Frühaufklärung mit dem Marketing zu beschäftigen, sowie auf die detaillierten Wirk- und Erfolgsmechanismen der Marketing-Aktivitäten in industriellen Unternehmensnetzwerken legt.

Quellenverzeichnis

Baaken, T.; Simon, D. (1987): Abnehmerqualifizierung als Instrument des Technologie-Marketings – Personalentwicklung beim Kunden – eine Herausforderung für Anbieter innovativer Technologien, Berlin.

Bender, H. (1986): High Technology Marketing. In: Backhaus, K.; Wilson, D. (Hrsg.); Industrial Marketing, Berlin, S. 191-223.

Binder, V.; Kantowsky, J. (2011) Technologiepotentiale, St. Gallen.

Bruhn, M. (2007): Marketing. Grundlagen für Studium und Praxis, 8. Auflage, Wiesbaden.

Bullinger, H. (1994): Einführung in das Technologiemanagement. Modelle, Methoden, Praxisbeispiele, Stuttgart.

Drosdowski, G. (1989): Duden – Das Herkunftswörterbuch. Etymologie der deutschen Sprache, München.

Ford, D.; Ryan, C. (1977): The Marketing of Technology. In: European Journal of Marketing, 11(6), S. 369-382.

Frießem, M. (2014): Multikriterielle, kausalanalytische Betrachtung von Erfolgstreibern technologischer Frühaufklärung in industriellen Unternehmensnetzwerken, Springer Fachmedien Wiesbaden. *(in Druck)*

Haagemann, O. (1999): Innovationsmarketing für technologieorientierte kleine und mittlere Unternehmen, Wiesbaden.

Krystek, U.; Müller-Stewens, G. (1993): Frühaufklärung in Unternehmen. Identifikation und Handhabung zukünftiger Chancen und Bedrohungen, Stuttgart.

Landwehr, K. (2007): Strategische Frühaufklärung – Grundlagen, Systematik und Methoden, Saarbrücken.

Meffert, H. (2003): Marketing für innovative Dienstleistungen. In: Bullinger, H.-J.; Scheer, A.-W. (Hrsg.): Service Engineering – Entwicklung und Gestaltung innovativer Dienstleistungen, Heidelberg, S. 259-282.

Meier, H.; Uhlmann, E. (2012): Hybride Leistungsbündel – ein neues Produktverständnis. In: Meyer, H.; Uhlmann, E. (Hrsg.): Integrierte Industrielle Sach- und Dienstleistungen – Vermarktung, Entwicklung und Erbringung hybrider Leistungsbündel, Heidelberg, S. 1-22.

Mieke, C. (2006): Technologiefrühaufklärung in Netzwerken, Wiesbaden.

Mittag, H. (1985): Technologiemarketing – Die Vermarktung von industriellem Wissen unter besonderer Berücksichtigung des Einsatzes von Lizenzen, Bochum.

Nick, A. (2008): Wirksamkeit strategischer Frühaufklärung – eine empirische Untersuchung, Wiesbaden.

Schneider, D. (2002): Einführung in das Technologie-Marketing, München.

Sommerlatte, T. (1987): Technologiemarketing – neue Märkte gezielt erschließen. In: Harvard Manager, 1/1987, S. 22-26.

Sommerlatte, T. (1991): Systematische Schritte eines Technologie-Marketing: Die Entwicklung eines Programms. In: Töpfer, A.; Sommerlatte, T. (Hrsg.): Technologiemarketing. Die Integration von Technologie und Marketing als strategischer Erfolgsfaktor, Landsberg/Lech, S. 141-162.

Wolfrum, B. (1995): Technologie-Marketing. In: Tietz, B. (Hrsg.): Handwörterbuch des Marketings, 2. Auflage, Stuttgart, S. 2449-2460.

Short biographies of authors

Prof. Dr. phil. Joachim Zülch has held the chair of "Industrial Sales Engineering" (ISE) at the faculty of mechanical engineering of the Ruhr-University, Bochum since 2005. His main research area is answering scientific questions regarding dynamic and complex industrial sales decision processes connected to the relationship between buying and selling centres, particularly during the early stages with a micro (on e.g. attention-directing behaviour in sales decision processes of high-technology products) as well as a macro perspective (on e.g. success factors of technological foresight). Another field of attention is research into inter-individual differences among managers in customer-oriented career areas.

Dipl.-Ing. (FH) Martina Frießem, M.Sc., completed her diploma study of mechanical engineering at the University of Applied Sciences in Koblenz, as well as a master's program in "Sales Engineering and Product Management" at the Ruhr-University in Bochum (RUB). Since 2008 she has been a research assistant at the chair of "Industrial Sales Engineering" (ISE) at the faculty of mechanical engineering of RUB. The focus of her research is the analysis of the technological sustainability of organisations and the development of models for the effective and efficient implementation of technological foresight. In 2013, she submitted her doctoral dissertation on "Multi-criterial, causal-analytical investigation of key success factors of technological foresight in industrial corporate networks", successfully passing the examination.

Zur Explikation einer Strukturanalyse zur Entwicklung wirtschaftlicher Prosperität in einem internationalen Netzwerk

Klaus Niederdrenk und Nisha Korff

The association of cities and towns "DIE HANSE" was founded approximately 30 years ago and is based on the Hanseatic League as a trade network. This league operated effectively from the 12th until the 17th century in the northern European area. Nowadays, tourism and youth exchanges as well as cultural activities are the main focus. In order to stimulate the economic dimension of the HANSE, 30 Hanseatic cities came together in an international project network. Against this background, comprehensive location analyses were conducted, which constituted the basis for the development of innovative cooperation models for fostering international economic activities. However, the statistical analyses have serious interpretative difficulties, which will be covered in this contribution.

Der Städtebund DIE HANSE wurde vor rund 30 Jahren gegründet und lehnt sich an die Hanse als Handelsnetz an, die vom 12. bis zum 17. Jahrhundert im nordeuropäischen Raum vorteilhaft agierte. Allerdings beschränken sich die Aktivitäten heutzutage auf Tourismus, Jugendaustausch und kulturelle Aspekte. Um der HANSE eine ökonomische Dimension zu geben, haben sich 30 Hansestädte zu einem internationalen Projektnetzwerk zusammengefunden. In diesem Zusammenhang sind umfassende Standortanalysen erstellt worden, die zur Entwicklung innovativer Kooperationsmodelle dienen, um international ausgerichtete wirtschaftliche Aktivitäten zu forcieren. Allerdings haben die zugrunde liegenden statistischen Analysen erhebliche interpretative Schwierigkeiten mit sich gebracht; hierauf soll besonders eingegangen werden.

1 Introduktion

Die Hanse als Handelsnetzwerk ist mit einer langen und äußerst positiv belegten Tradition zu Zeiten des späten Mittelalters und des Beginns der Neuzeit verbunden. Der im Jahr 1980 neugegründete Städtebund DIE HANSE stützt sich hierauf und möchte das Eigenbewusstsein der Hansestädte stärken sowie die Zusammenarbeit untereinander fördern. Dadurch soll ein Beitrag zur wirtschaftlichen, kulturellen, sozialen und staatlichen Einigung Europas geleistet werden. Bisher wird der heutige Städtebund im Wesentlichen durch Austauschaktivitäten im kulturellen und touristischen Bereich unter Einbeziehung der Jugend charakterisiert; wirtschaftsbezogene Anknüpfungspunkte fehlen weitgehend.

Das zentrale Ziel eines Projektes von 30 Hansestädten mit der Fachhochschule Münster bestand darin, aufgrund substanzieller Stärken-/Schwächen-Profile der beteiligen Standorte und Regionen Referenzen für wirtschaftliche Stimulationen aufzuzeigen, die nicht auf die alte Handelstradition fokussiert sind, sondern vornehmlich moderne Formen von Unternehmenskooperationen aufgreifen.

Im Projektverlauf hat sich gezeigt, dass die erstellten statistischen Analysen zum einen zu durchaus überraschenden Ergebnissen führten, zum anderen jedoch aus Sicht einzelner Städte auch mit Verständnisschwierigkeiten verbunden waren. Neben der Beschreibung des beteiligten Umfeldes und einem exemplarischen Überblick zu den in wirtschaftlicher Hinsicht interessanten Projektergebnissen soll im Folgenden hauptsächlich auf die Interpretation statistischer Resultate – ihre Optionen, aber auch ihre Grenzen – eingegangen werden.

2 Das Netzwerk im Hintergrund

2.1 Die Geschichte der Hanse

Die Anfänge der Hanse liegen im 12. Jahrhundert und sind zunächst auf den niederdeutschen Ostseehandel ausgerichtet. Als nordeuropäischer Verbund tritt die „hense van den dudeschen steden", auch „dudesche hense" genannt, erstmals im Jahr 1358 organisatorisch verfestigt in Erscheinung. Im Zenit ihrer Macht gehören über 200 Städte zur Hanse, ihre Ausdehnung reicht von Portugal bis Russland. Die Finanzkraft ihrer Kaufleute ist zeitweise so groß, dass sich selbst Königshäuser bei ihnen Geld leihen. Das lukrativ ausgebaute Handelsnetz in Nordeuropa prägt nahezu ein halbes Jahrtausend unsere Märkte des Mittelalters. Als seegestütztes Wirtschaftssystem mit besonderem Handelsrecht erzeugt es im Übrigen grenzübergreifend eine Haltung, die sich mit zuverlässig, flexibel, tolerant und ehrbar beschreiben lässt.

Im 15. Jahrhundert belasten politische und wirtschaftliche Krisen zahlreiche Hansestädte; nicht wenige von ihnen verlieren ihren Status als Mitglied der Hanse. So entziehen einige Herrscher fremden Hansestädten die bisherigen Privilegien und diverse Binnenstädte werden von großen Seestädten aus der Hanse vertrieben. Die Verbliebenen im Bündnis können nur noch restriktiv agieren. Das stabile Handelssystem löst sich allmählich auf, weil auch einige Ansätze zur Reorganisation der Hanse vergeblich unternommen werden. Zu Beginn des 17. Jahrhunderts unterbindet der mächtige Königshof in England Vorschläge zum Wiederaufbau der hansischen Privilegien; dadurch wird der Niedergang der Hanse manifestiert. In der Folgezeit spielt sie zwar noch im 1648 abgeschlossenen Westfälischen Frieden eine Rolle, dabei handelt es sich allerdings nur noch um ein kleines Abbild – mit Lübeck, Hamburg und Bremen an der Spitze – des ursprünglichen Handelsnetzwerkes. 1669 findet schließlich der letzte Hansetag in Lübeck statt[4], an dem nur noch sechs Städte teilnehmen. Der Zerfall der Hanse ist nun offenbar.

Der Begriff Hanse findet sich später in Bezeichnungen verschiedener, vorwiegend kultureller Aktivitäten in einzelnen Hansestädten wieder. Auch die Wissenschaft setzt sich mit den Eigenheiten der Hanse auseinander. Mitunter missbrauchen Politiker den äußerst positiv besetzten Geist der Hanse zur Meinungsmanipulation, so beispielsweise während der Nazizeit.

Abschließend bleibt festzuhalten, dass die Hanse in wirtschaftlicher, politischer und kultureller Hinsicht als ein Treiber für das Zusammenwachsen der Regionen und Völker Europas wahrlich Geschichte geschrieben hat.[5]

2.2 Die moderne Hanse

1980 wird, auf Initiative der Stadt Zwolle, die Hanse der Neuzeit gegründet. Sie nennt sich nun „Städtebund DIE HANSE" und umfasst derzeit schon 181 Städte in 15 europäischen Staaten.[6] Die ehemaligen Hansestädte verteilen sich, auf das heutige Europa bezogen, auf acht Nationen; dazu kommen weitere acht mit seinerzeitigen Handelsniederlassungen und zusätzlich neun mit besonderen Handelsbeziehungen. Ein Großteil dieser alten Hanse hat sich somit auch dem neuen Bund angeschlossen.

Die Idee der Hanse, freien Handel über Grenzen hinweg zuzulassen, wird des Öfteren auch als Vorbild der Europäischen Union gesehen. So sagt der Ministerpräsident von Estland, Andrus Ansip, anlässlich der Euro-Einführung am 1. Januar 2011: „Die EU ist die neue Hanse."(vgl. Graichen/Hammel-Kiesow, 2011, S. 6). Ökonomische Beziehungen zwischen Städten spielen heutzutage in der modernen Hanse praktisch keine Rolle; Internationalität im Sinne von Tourismus und Jugendaustausch sowie aufeinander bezogene kulturelle Aktivitäten stehen im Vordergrund.

Die mit dem Namen „Hanse" verbundene Reputation wird gerne auch bei wirtschaftsbezogenen Benennungen eingesetzt – Deutsche Lufthansa, Hansa-Automobil/Hansa-Lloyd-Werke, Hansa Maschinenbau, Hansa Metallwerke oder Hansa Bier, Hansa Touristik und Hansa Park sowie Hansa Rostock seien

---

[4] Der erste Hansetag fand 1356 ebenfalls in Lübeck statt. Hansetage dienten vorwiegend der Abstimmung in politischen Fragen und der Koordinierung von Handelsprivilegien; ihre Beschlüsse hatten durchweg verbindlichen Charakter. Hansetage fanden unregelmäßig, durchschnittlich jedes dritte Jahr, statt und dauerten im Mittel über 30 Tage.

[5] Die historischen Fakten wurden Graichen/Hammel-Kiesow (2011) entnommen.

[6] Städtebund – Die Hanse (2013): www.hanse.org/de/hansestaedte/ (21.08.2013): Die beteiligten Nationen sind Belgien (mit 1 Stadt), Deutschland (101), Estland (5), Finnland (2), Frankreich (1), Großbritannien (3), Island (2), Lettland (8), Litauen (1), Niederlande (15), Norwegen (1), Polen (22), Russland (13), Schweden (4) und Weißrussland (2).

nur als einige deutsche Beispiele genannt.[7] Hanse oder Hansa ist eben nach wie vor mit Zuverlässigkeit, Vertrauenswürdigkeit, Ehrbarkeit und Weltoffenheit verbunden – das möchte man nutzen.

2.3 Hanse business reloaded

Bei 30 Hansestädten aus sieben europäischen Ländern[8] kommt im Jahr 2010 das Begehren auf, die Wiedererweckung der Hanse auch auf den ökonomischen Bereich auszudehnen. Dabei soll allerdings der Handel nicht mehr die zentrale Rolle spielen, vielmehr will man auf moderne Formen unternehmensbezogener Zusammenarbeit und strategisch angelegter Kooperationen abheben, die vorwiegend international verankert sein sollen.

Große Hansestädte wie Hamburg, Bremen und Lübeck haben sich längst auf der internationalen Bühne etabliert und agieren im ökonomischen Umfeld Hanse-unabhängig. Für kleinere Städte ist es hingegen von Vorteil, ihre Mitgliedschaft im neuen Verbund auch mit wirtschaftsfördernden Aktivitäten zu kombinieren, um sich einen Standortvorteil zu verschaffen. Zum einen lehnt man sich damit an das gute Renommee der Hanse an – man gehört zur selben veritablen Familie – und zum anderen kann man auf eine Städtepartnerschaft zurückgreifen, die bereits auf verschiedenen Ebenen zusammenarbeitet. Bestehende Kontakte und Bindungen lassen sich beträchtlich leichter erweitern als neue Beziehungen aufbauen.

Deshalb ist es nicht verwunderlich, dass sich vorwiegend kleinere Hansestädte bereit erklärt haben, das auf zwei Jahre (Mai 2011 bis Juni 2013) angelegte Forschungsprojekt „Hanse business reloaded" gemeinsam mit der Fachhochschule Münster anzugehen. Das Spektrum der einbezogenen Hansestädte reicht von Bolsward und Anklam mit rund 10.000 bzw. 13.000 Einwohnern bis hin zu Nowgorod und zur Region La Rochelle, wo etwa 219.000 bzw. 231.000 Bürger beheimatet sind. Einige kleinere Orte haben sich für das Projekt nachbarschaftlich zusammengeschlossen, um auf diese Weise eine erträgliche Größe aufweisen zu können. Die Arbeitslosenquote gilt allgemein als ein Indikator der wirtschaftlichen Vitalität. Sie liegt – bei aller Vorsicht, die man bei nationalen Statistiken anlegen muss – bei den teilnehmenden Städten zwischen 2 Prozent (Nowgorod) und 3 Prozent (Visby) auf der einen Seite sowie 13 Prozent (Frankfurt/Oder) und 16 Prozent (Stralsund) auf der anderen Seite.

---

[7] In Deutschland wird bevorzugt die Anlehnung an den lateinischen Begriff Hansa Teutonica für dudesche hense, das heißt die Deutsche Hanse, gesucht.

[8] Es handelt sich um die Hansestädte Ahlen, Anklam, Bolsward and Stavoren (im Verbund), Brilon, Buxtehude, Deventer, Emmerich und Kalkar (im Verbund), Frankfurt (Oder), Groningen, Hattem and Harderwijk and Elburg (im Verbund), Herford, Kampen, Kings Lynn, La Rochelle, Lemgo, Lippstadt, Lüneburg, Neuss, Nowgorod, Pärnu, Stralsund, Uelzen, Unna, Valmiera, Visby sowie Zwolle. Durch die Verbünde gibt es 26 teilnehmende „Städte".

Als Projektergebnisse werden ein Stärken-/Schwächenprofil und eine Vorstellung davon vereinbart, wie sich über das neu aufkommende Hanse-Netzwerk wirtschaftliche Prosperität anbahnen lässt.

3 Zum wirtschaftlichen Potenzial der Hansestädte

Um das Potenzial der einzelnen Hansestädte ermitteln zu können, wurde eine Erhebung durchgeführt, die standortbezogene Größen zu wirtschaftsfördernden Aktivitäten, zum Stadtmarketing, zur Infrastruktur und Verbindungen zum Bildungs- und Wissenschaftsbereich genauso erfasst wie eine Klassifizierung des vorhandenen Beschäftigungssystems nach einem weltweiten Branchenkatalog[9].

Allein die deskriptive Aufbereitung der Daten offenbart schon eine gewisse Heterogenität unter den teilnehmenden Städten. Die nachfolgende analytische Statistik führt abschließend zu deren Charakterisierung.

3.1 Deskriptive Aspekte

Alle teilnehmenden Städte haben eine kommunale Wirtschaftsförderung eingerichtet. Damit verfolgen sie gleichwohl voneinander abweichende mittel- bis langfristige Ziele. Die unterschiedlichen Standortvoraussetzungen drücken sich beispielsweise durch eine verschiedenartige Anbindung an zuträgliche Kompetenzcluster und Technologiezentren sowie in EU-weiten Vorhaben aus. Hierzu zählt auch die ungleiche Bereitschaft, eine internationale Öffnung einleitend mittels mehrsprachigen digitalen und Papiermedien anzugehen. Mancherorts steht Stadtmarketing nicht einmal auf der Agenda.

Eine engere Zusammenarbeit im wirtschaftlichen Kontext kommt bisher nur unter Städten in unmittelbarer Nähe zueinander vor. Internationale Geschäftstätigkeiten finden unter den beteiligten Hansestädten nach Lage der Dinge nicht statt; sie werden jedoch mit zahlreichen anderen Partnern in Europa, Asien und Amerika praktiziert.

Da auch die Vorstellungen von Unternehmen bezüglich (internationaler) Kooperationen erfasst wurden, lassen sich deren Übereinstimmung mit den Aktivitäten der Wirtschaftsförderungen beurteilen. Hierbei ergibt sich als normierter Kontingenzkoeffizient 0,91 – eine fast perfekte Kongruenz.[10]

Infrastrukturell werden Anbindungen an das Straßen-, Flughafen- und Eisenbahnsystem sowie an die Binnen- und Seeschifffahrt berücksichtigt. Auch

---

[9] Gemeint ist die „International Standard Industrial Classification of All Economic Activities", siehe United Nations Department of Economic and Social Affairs (2008): unstats.un.org/unsd/publication/seriesM/seriesm_4rev4e.pdf (21.08.2013).
[10] Der Chi-Quadrat-Unabhängigkeitstest attestiert hierzu einen höchstsignifikanten Zusammenhang.

diesbezüglich unterscheiden sich die teilnehmenden Städte erheblich. So kann in diesem Bereich bestenfalls ein Wirkungsgrad von 56 Prozent erzielt werden (Groningen und Emmerich/Kalkar, die alle infrastrukturellen Aspekte mehr oder weniger vorhalten), im ungünstigsten Fall aber nur von 19 Prozent (Lemgo, eine Stadt mit unterdurchschnittlicher infrastruktureller Anbindung und ganz ohne Schifffahrtmöglichkeiten).

In 21 der 26 Städte (81 Prozent) können ansässige Hochschulen bzw. berufliche Bildungszentren in weitere Überlegungen einbezogen werden. Allerdings steht das Vorhandensein einer Hochschule in keinem direkten Zusammenhang mit einem überproportionalen Akademikeranteil bei den Beschäftigten vor Ort.[11] Damit ist zumindest für den Arbeitsmarkt die Abwesenheit einer Hochschule am Standort nicht als nachteilig anzusehen.

Die Bewertung der Branchenvielfalt als Zeichen der wirtschaftlichen Stärke und Stabilität, die auch Krisen zu trotzen vermag, führt wiederum zu diversen Ergebnissen. Als absolutes Maß zur Beurteilung der Branchenkonzentration dient der normierte Gini-Koeffizient, der Werte zwischen 0 (alle Branchen kommen mit gleichmächtigen Beschäftigungsanteilen vor) und 1 (alle Beschäftigten sind in einer einzigen Branche tätig) liefert. Die einbezogenen Städte erzielen hierbei Werte zwischen 0,589 (Visby) und 0,777 (Lippstadt), was zunächst nicht auf allzu große Unterschiede hinweist. Eine weitergehende Analyse, die einen relativen Bezug unter den teilnehmenden Städten herstellt, lässt jedoch erkennen, dass es Regionen gibt, in denen fast alle Branchen existent sind (Herford kann 83 Prozent der erfassten Branchen konstatieren), wohingegen es anderswo deutlich unausgewogener aussieht (in Kampen erscheinen allenfalls 46 Prozent der betrachteten Branchen).[12]

3.2 Analytische Aspekte

Die Qualifikation der Beschäftigten liegt grob klassifiziert vor: Es werden die Ungelernten, die beruflich Qualifizierten und die Akademiker(innen) unterschieden. Eine Korrelationsanalyse der Qualifikationsstruktur mit der Arbeitslosenquote führt zu folgenden Ergebnissen: Es besteht ein negativer, statistisch signifikanter Zusammenhang zwischen dem Anteil der Unqualifizierten und dem der Arbeitslosen.[13] Damit geht ein Zuwachs der Arbeitslosigkeit mit einer Abnahme der Ungelernten im Beschäftigungssystem einher. Der Zusammenhang mit der Arbeitslosigkeit ist positiv, wenn er auf die beruflich Qualifizierten bezogen wird, und wiederum negativ, wenn er in Beziehung zu den Akademikerinnen und Akademikern gesetzt wird – allerdings in beiden Fällen nicht signi-

---

[11] Der Chi-Quadrat-Unabhängigkeitstest führt auf eine empirische Signifikanz von 0,261.
[12] Absolute und relative Betrachtungsweise stehen in einem statistisch signifikanten Bezug zueinander.
[13] Der Pearsonsche Korrelationskoeffizient hat einen Wert von – 0,451.

fikant.¹⁴ Innerhalb der Qualifikationsstruktur ergibt sich sogar ein negativer, hochsignifikanter Zusammenhang zum einen zwischen den unteren beiden und zum anderen zwischen den oberen beiden Qualifikationsniveaus, wohingegen die Anteile der Unqualifizierten und der Akademiker(innen) unkorreliert sind. Dies hängt mit der Hierarchie in der Kategorisierung zusammen: Bleibt die Arbeitslosenquote außen vor, so ist eine Abnahme der Ungelernten eng mit einer Zunahme der beruflich Qualifizierten verbunden und nicht direkt mit einer Veränderung des Akademikeranteils; gleiches gilt für die Beziehung zwischen den Anteilen an beruflich Qualifizierten und an Akademikerinnen und Akademikern. Somit wirkt sich unter Missachtung einer Veränderung der Arbeitslosigkeit nur eine Modifikation des Anteils an beruflich Qualifizierten auf beide anderen Qualifikationsebenen aus: Nimmt deren Rate zu [ab], so werden die beiden anderen Qualifikationsanteile jeweils abnehmen [zunehmen].

Ein statistisch signifikanter Zusammenhang ergibt sich auch zwischen der Sektorkonzentration (beschrieben durch den Gini-Koeffizienten) und der infrastrukturellen Qualität. Sinkt letztere, so steigt der Konzentrationsgrad der vorhandenen Branchen – zwei unvorteilhafte Effekte bestärken sich gegenseitig.

Auf die im Projekt eingebundenen deutschen Städte bezogen lässt sich eine zusätzliche Analyse in Verbindung mit der kommunalen Gewerbesteuer (der zugehörige Hebesatz bewegt sich bei den Teilnehmerstädten zwischen 350 und 450 Prozent) durchführen – mit frappierenden Ergebnissen:

⇨ Eine Erhöhung der Gewerbesteuer geht in statistisch hochsignifikanter Weise mit einer Zunahme der Branchenkonzentration einher¹⁵ – zwei nachteilige Effekte, die sich gegenseitig bedingen.

⇨ Ein niedriger Gewerbesteuersatz hängt statistisch signifikant mit einer besseren Infrastruktur zusammen.¹⁶ Anders ausgedrückt kommt eine nachlassende infrastrukturelle Qualität mit einer höheren Gewerbesteuer zusammen – ebenfalls eine ungünstige Konstellation.

⇨ Eine Erhöhung der Gewerbesteuer korreliert statistisch signifikant sowohl mit einem wachsenden Anteil an Unqualifizierten¹⁷ als auch mit einem fallenden Anteil an Akademikern¹⁸ im Beschäftigungssystem; die leicht negative Korrelation mit dem Anteil an beruflich Qualifizierten ist statistisch nicht signifikant¹⁹. Auch hier fällt negativ auf, dass eine höhere Gewerbesteuer mit einer nachteiligen Struktur auf dem Arbeitsmarkt – größerer An-

---

14 Das empirische Signifikanzniveau zum Test auf Unkorreliertheit liegt bei 0,120 bzw. 0,165.
15 Der Spearmansche Korrelationskoeffizient beträgt 0,766.
16 Der Spearmansche Korrelationskoeffizient hat den Wert – 0,483.
17 Der Spearmansche Korrelationskoeffizient ist gegeben durch 0,628.
18 Der Pearsonsche Korrelationskoeffizient beträgt – 0,488.
19 Das empirische Signifikanzniveau zum Test auf Unkorreliertheit beträgt 0,138.

teil an Unqualifizierten, geringerer Anteil an Akademikern – zusammenhängt.

Die teilnehmenden Städte können ihre Position Einzelberichten entnehmen, die ihre jeweiligen Gegebenheiten in Relation zu den anderen Hansestädten wiedergeben und auf besonders starke Branchen vor Ort aufmerksam machen. Daneben sind die Städte einer Clusteranalyse unterworfen worden, die bzgl. bestimmter Parameter zu in sich homogenen Gruppierungen führt, die sich untereinander heterogen verhalten. Darüber sind zusätzliche Hinweise auf Ähnlichkeit bzw. Komplementarität unter den beteiligten Städten gegeben.

3.3 Zur Interpretation der statistischen Ergebnisse

Der Begriff der statistischen Signifikanz ist mit einer Hypothese, der sog. Nullhypothese H_0, verbunden, die eine bestimmte Gegebenheit der unbekannten Grundgesamtheit beschreibt. H_0 soll über eine Stichprobe aus dieser Grundgesamtheit überprüft werden. Diese Stichprobe muss dazu die zugrundeliegende statistische Masse repräsentativ widerspiegeln.[20] Es sollte sich also um ein verkleinertes Abbild der Grundgesamtheit handeln, zumindest bezogen auf die zu untersuchenden Parameter. Dies gelingt in der Regel durch eine rein zufällige Auswahl, also eine, bei der alle Objekte der Grundgesamtheit die gleiche Wahrscheinlichkeit besitzen, in der Stichprobe aufgenommen zu werden. Repräsentiert dann die Stichprobe eine Situation, die sich, falls die zu H_0 gehörende Gegebenheit zugrunde liegt, als äußerst unwahrscheinlich erweist – also nicht mehr dem Zufall zuzuordnen ist –, so wird der Hypothese H_0 widersprochen oder gleichbedeutend deren Alternative H_1 als zutreffend angesehen. Üblicherweise wird, wenn das Stichprobenresultat unter der Gültigkeit von H_0 mit einer „Unwahrscheinlichkeit" von höchstens 0,05 verbunden ist, von „statistischer Signifikanz" und bei einem Wert von bestenfalls 0,01 von einem „statistisch hochsignifikanten" Ergebnis gesprochen.[21] Anders ausgedrückt wird dann von der Gültigkeit der gegenteiligen Annahme zu H_0, also von H_1 für die Grundgesamtheit ausgegangen, wobei in dieser Betrachtung nur ein Irrtum zugelassen wird, der sehr unwahrscheinlich ist (dessen Wahrscheinlichkeit also je nach Signifikanzausprägung maximal bei einem der angegebenen marginalen Werte liegt).

Daraus resultiert zunächst, dass Klarheit bzgl. der Grundgesamtheit und der Stichprobe bestehen muss. Da die Aussagen auf das Hanse-Netzwerk zielen, sollte man folglich davon ausgehen, dass die partizipierenden 26 Hansestädte

---

[20] Sie sollte auch einen gewissen Umfang nicht unterschreiten, was, da es hier unkritisch ist, nicht weiter betrachtet wird.

[21] Ein Wert von maximal 0.001 wird sogar als eine höchstsignifikante Widerlegung von H_0 bezeichnet.

ein verkleinertes Abbild der modernen Hanse wiedergeben, obwohl ihre Auswahl nicht rein zufällig erfolgte.[22] Die Repräsentativität sollte sich zumindest auf diejenigen Aspekte beziehen, auf die man besonderen Wert legt (z.b. Länderverteilung, Städtegrößen, wirtschaftliche Stärke).[23]

Ein signifikantes bzw. hochsignifikantes Ergebnis heißt dann nicht, dass die sich über den Test ergebende, mit H_1 in Einklang stehende Aussage von 95 Prozent oder 99 Prozent aller Teilnehmerstädte erfüllt wird. Ein solcher Konfidenzwert oder die Differenz zu 100 Prozent, auch Irrtumswahrscheinlichkeit oder bei statischen Tests Signifikanzniveau genannt (5 Prozent bzw. 1 Prozent), bezieht sich wiederum auf die Grundgesamtheit.

Soll ein Zusammenhang zwischen zwei statistischen Größen überprüft werden, so wird in der Regel als H_0 „keine Korrelation" angenommen. Damit wäre H_1 „positive oder negative Korrelation" und man spricht in diesem Fall von einem zweiseitigen Test. Wäre H_0 „keine positive [negative] Korrelation", so steht H_1 für „positive [negative] Korrelation", was dann als einseitiger Test bezeichnet wird. Sollte sich eine Korrelation als zumindest signifikant erweisen, so wird dadurch ein Zusammenhang aufgezeigt.[24] Vertauscht man die Rollen der beteiligten Parameter, so ist das Ergebnis dasselbe.[25] Damit wird augenscheinlich, dass bei einem identifizierten Zusammenhang zwar die Beziehung an sich, nicht aber eine Aussage über Ursache und Wirkung festgestellt werden kann. Lässt man beiseite, dass sich auch Nonsens-Korrelationen ergeben können (bspw. zwischen den Quanten an Geburtenraten und an Störchen), so verbleiben im Wesentlichen zwei Konstellationen, die beide zu einer ausgeprägten Korrelation führen können: Zum einen, wenn zwischen den beiden betrachteten Größen ein unmittelbarer Zusammenhang besteht (bspw. zwischen Körpergröße und Körpergewicht zufällig ausgewählter Personen), und zum anderen, wenn die einbezogenen statistischen Größen nicht direkt zusammenhängen, sondern nur vordergründig und von einer dritten Größe im Hintergrund bestimmt werden (auch Gemeinschaftskorrelation genannt, bspw. der scheinbare deutliche Zusammenhang zwischen der Häufigkeit an Waldbränden und der Qualität des Weins in Südfrankreich, beides beeinflusst durch die Sonnenintensität im betrachteten Jahr). Ob eine festgestellte Wechselbeziehung letztlich von kausaler

---

[22] Ausschlaggebend für die Teilnahme war das Interesse, die eigene wirtschaftliche Kraft durch besondere Aktivitäten, die auf das Hanse-Netzwerk aufbauen, zu stärken. Dies mag nicht von allen Hanse-Städten in vergleichbarer Weise eingeschätzt werden, was eine rein zufällige Auswahl zumindest infrage stellen würde.

[23] Hierzu gab es im Projekt keine Anforderungen. Deshalb wäre als Grundgesamtheit potentiell eine Einschränkung auf ein Teilnetz der Hanse-Städte anzunehmen, für das die Stichprobe die Anforderung der Repräsentativität erfüllt.

[24] Bei der Korrelation nach Pearson handelt es sich um einen linearen, bei der nach Spearman um einen monotonen und beim Kontingenzkoeffizienten um einen funktionalen Zusammenhang.

[25] Formelmäßig heißt das z.B. für den Pearsonschen Korrelationskoeffizienten: $r_{xy} = r_{yx}$

Natur ist, muss über zusätzliche Informationen und fachspezifische Referenzen begründet werden – die Statistik allein kann dabei nicht weiterhelfen. Als Beispiel sollen die Analyseergebnisse im Zusammenhang mit der Gewerbesteuer dienen. Eine statistisch hochsignifikante Beziehung existiert zwischen der Zunahme der Branchenkonzentration und einer höheren Gewerbesteuer. Zu glauben, wenn der Gewerbesteuersatz gesenkt wird, dann verringert sich auch die Branchenkonzentration, ist nur hierauf gestützt völlig haltlos. Zum einen wird damit außer Acht gelassen, dass hier eine Gemeinschaftskorrelation vorliegen kann – eine dritte Größe im Hintergrund (wie ökonomische Struktur vor Ort oder Verschuldungsgrad der betreffenden Stadt) könnte diesen vordergründigen Zusammenhang steuern. Zum anderen wird damit auf eine zeitliche Wirkung spekuliert, die sich keinesfalls aus der zugrunde liegenden Momentaufnahme ableiten lässt.[26] Man sollte auf jeden Fall noch eine umfassendere Analyse anschließen, die zusätzliche Einflussgrößen mit einbezieht. Auch eine sich über mehrere Jahre erstreckende Zeitreihe zu infrage kommenden Parametern kann weiteren Aufschluss geben. In einem ebenso erweiterten Blickfeld sollte man auch die jeweils statistisch signifikanten Zusammenhänge der Gewerbesteuer mit der vorhandenen Infrastruktur oder mit der Qualifikationsstruktur des Beschäftigtensystems fundiert hinterfragen. Obwohl auch diese Relationen statistisch nicht von der Hand zu weisen sind, müssen sie keinesfalls in bestimmter Weise ursächlich miteinander verbunden sein.

4 Konsequenzen für ökonomisch innovative Kooperationen

Ein wesentliches Ziel des Projektes „Hanse business reloaded" war es, potenzielle ökonomische Beziehungen zwischen Unternehmen der Projektstädte aufzuzeigen.

4.1 Innovative Kooperationsmodelle

Die konkreten internationalen Kooperationsbeispiele basieren auf den folgenden neuartigen Kooperationsmodellen:

---

[26] Genauso wäre die Meldung, dass Nordrhein-Westfalen wegen einer Zunahme an Studierenden zum Wintersemester 2013/14 ein attraktiver Studienort ist, Baden-Württemberg wegen einer Abnahme hingegen nicht, gänzlich irreführend, da aufgrund der Umstellung von 9 auf 8 gymnasiale Schuljahre (G9 – G8) Baden-Württemberg im Jahr 2012 einen doppelten Abiturjahrgang hatte und Nordrhein-Westfalen im Jahr 2013.

Creative Coupling
Der Grundgedanke ist, bestehende Ressourcen – materieller als auch immaterieller Natur – zu kombinieren, sodass ein innovatives Produkt entsteht (siehe hierzu Eisenhardt/Martin, 2000). Ein gängiges Beispiel ist das Smartphone. Elemente wie der Touchscreen, die Kamera und das Handy selbst existierten bereits. Durch die kreative Kombination dieser bestehenden Elemente wurde das neue Produkt geschaffen.

Hybride Wertschöpfung
Ziel ist es, eine materielle und eine immaterielle Komponente miteinander zu verbinden (siehe hierzu Ernst, 2007). Dabei ist jedes Element für sich gesehen einzeln nicht unbedingt brauchbar. Erst die Kombination zu einem hybriden Leistungsbündel ermöglicht dem Kunden eine individuelle Problemlösung (siehe hierzu Spath/Demuß, 2006). Ein Beispiel für Hybride Wertschöpfung stellt das Handy (materielle Komponente) mit einem Handyvertrag (immaterielle Komponente) dar. Beide Elemente wären ohne einander mehr oder weniger nutzlos.

Science-to-Business
Dieses Modell baut auf einer Kooperation zwischen einer wissenschaftlichen Einrichtung oder Bildungsinstitution und einem Unternehmen auf (siehe hierzu Davey et al., 2011). Gemeinsame Forschungsstrategien und Qualifikationsaspekte spielen dabei eine zentrale Rolle.

4.2 Fallbeispiele

Die im Folgenden angegebenen Kooperationsbeispiele sind Ansätze, die von den einbezogenen Unternehmen aufgegriffen, aber im Projektzeitraum noch nicht abschließend umgesetzt werden konnten. Sie sollen als Fallbeispiele dienen und das Spektrum der innovativen Kooperationsoptionen aufzeigen.

Ein in La Rochelle ansässiges Unternehmen, spezialisiert auf die Herstellung von Bioprodukten in der Lebensmittel-, Kosmetik- und Nahrungsergänzungsmittelindustrie, und ein Unternehmen in Emmerich, tätig in der Lebensmittel- und Gesundheitsbranche, verdeutlichen das Creative Coupling-Modell. Der Grundgedanke ist, die Kompetenzen dieser Unternehmen miteinander so zu kombinieren, dass ein neues Produkt entsteht. Hierbei stellen das französische Partnerunternehmen seine Kenntnisse über die Produktion von Bio-Nahrungsmitteln zur Verfügung und der Kooperationspartner seine Fähigkeit, Geschmacks- und Duftstoffe für Gesundheitsprodukte herzustellen. Die Kombination beider Kompetenzen führt zu neuen, innovativen Bioprodukten, die mit bestimmten Geschmacks- bzw. Duftstoffen versehen sind.

Analysiert man die beteiligten Städte, so fällt auf, dass das herstellende Gewerbe in La Rochelle eher schwach und in Emmerich/Kalkar sehr stark ausgeprägt ist. Regionalpolitisch betrachtet liegen auch bzgl. der Qualifikationsstruktur der Beschäftigten unterschiedliche Gewichtungen vor: An einem Ort sind die unteren beiden Qualifikationsniveaus dominant und Akademiker(innen) kaum existent, der andere Ort präsentiert sich eher gegensätzlich dazu. Auf diese Weise ergänzen sich die Standortprofile der einbezogenen Städte und die vorgesehene Unternehmenskooperation baut auf der einen Seite Schwächen ab und bekräftigt auf der anderen Seite bereits vorhandene Stärken.

Das Modell für Hybride Wertschöpfung lässt sich durch die Kooperation eines Unternehmens in Elburg, das unter anderem botanische Pflegeprodukte herstellt, mit einem in der IT- und Kommunikationsbranche tätigen Unternehmen aus Lüneburg verdeutlichen. Das hybride Leistungsbündel beinhaltet als materielle Komponente die Pflegeprodukte des niederländischen Partners, die über eine App (immaterielle Komponente) auf individuelle Kundenbedürfnisse zusammengestellt werden können.

Diese Kooperation baut aus kommunalpolitischer Sicht auf die Komplementarität der Partnerstadtprofile auf, denn es kommt die in der betreffenden Branche starke Hansestadt Lüneburg, die außerdem durch eine vorteilhafte Branchenvielfalt und gute infrastrukturelle Voraussetzungen auffällt, darüber mit einer Ortschaft zusammen, deren Eigenschaften bzgl. mehrerer in die statistische Standortanalyse einbezogener Aspekte noch deutlich zu verbessern wäre.

Für das Science-to-Business-Kooperationsmodell fanden sich ein russisches Unternehmen in Nowgorod, spezialisiert auf erneuerbare Energien sowie die Erweiterung lokaler Ressourcen zur Erzeugung von Energie und von technischen Produkten, und das An-Institut INFA (Institut für Abfall, Abwasser und Infrastruktur-Management) der Fachhochschule Münster in Ahlen zusammen. Die Kooperation sieht eine intensive forschungsbezogene Zusammenarbeit vor, da sich die jeweiligen FuE-Kompetenzen sinnvoll ergänzen.

Was wirtschaftsfördernde Gesichtspunkte angeht, bringt sich der im herstellenden Gewerbe gut aufgestellte deutsche Standort in Nowgorod durch spezifische Forschungs- und Entwicklungsaktivitäten ein und stärkt damit einen Standort im herstellenden Gewerbe mit überdurchschnittlich guter wissenschaftlicher Expertise vor Ort.

Die oben genannten Kooperationen dienen als Beispiele, um das Potenzial ökonomischer Aktivitäten zwischen Hansestädten zu verdeutlichen. Insgesamt wurden 48 Kooperationsoptionen entwickelt, die auf internationaler Unternehmensbeteiligung basieren. Durch innovative Kooperationsmodelle profitieren sowohl Unternehmen als auch deren Standorte. Konsequenzen, die aus den Kooperationen geschlossen werden können, betreffen immer beide Kooperationspartner und sind durch Wissens- und Technologietransfer, Markterweiterung sowie Produktverbesserung geprägt.

5 Postskriptum

Statistische Analysen zur Erstellung eines Stärken-/Schwächen-Profils bedürfen einer fundierten Auslegung, damit sie zielgerichtet eingesetzt werden können. Dann sind sie beispielsweise hilfreich, um einen erfolgversprechenden Handlungskatalog zur wirtschaftlichen Profilentwicklung einer Stadt oder Region aufzustellen.

Verbindet man diese Einsicht mit Kooperationsbestrebungen auf Unternehmensebene, die für die Beteiligten neue ökonomische Vorteile versprechen, so können international ausgerichtete Wirtschaftsbeziehungen langfristig auf- bzw. ausgebaut werden, die nicht nur einem beteiligten Unternehmen dienen, sondern die wirtschaftliche Prosperität der umliegenden Region befördern. Das beschriebene Projekt auf der Basis des Hanse-Netzwerkes hat hierzu Prototypen entwickelt und den beteiligten Städten Instrumente zur Initiierung individueller Kooperationsmöglichkeiten zur Verfügung gestellt, die in erster Linie auf innovativen Modellen einer Zusammenarbeit fußen.

Quellenverzeichnis

Backhaus, K.; Erichson, B.; Plinke, W.; Weiber, R. (2010): Multivariate Analysemethoden. Eine anwendungsorientierte Einführung, 13., überarbeitete Auflage, Berlin und Heidelberg.

Bamberg, G.; Baur, F.; Krapp, M. (2012): Statistik, 17., überarbeite Auflage, München.

Davey, T.; Baaken, T.; Galán Muros, V.; Meerman, A. (2011): Study on the cooperation between Higher Education Institutions and Public and Private Organisations in Europe, European Commission, DG Education and Culture, Brüssel.

Ernst, G. (2007): Hybride Wertschöpfung: Ansätze zur Integration von Produkt und Dienstleistung im Forschungsprogramm "Innovationen mit Dienstleistungen", BMBF, Bonn

Eisenhardt, K. M.; Martin, J. A. (2000): Dynamic capabilities: What are they? In: Strategic Management Journal 21(10-11), S. 1105-1121.

Graichen, G.; Hammel-Kiesow, R. (2011): Die deutsche Hanse. Eine heimliche Supermacht, 1. Auflage, Reinbek bei Hamburg.

Städtebund – Die Hanse (2013): Die Hansestädte, am 21.08.2013 abgerufen unter www.hanse.org/de/hansestaedte/.

Hartung, J. (2002): Statistik. Lehr- und Übungsbuch der angewandten Statistik, 13. Auflage, München und Wien.

Spath, D.; Demuß, L. (2003): Entwicklung hybrider Produkte – Gestaltung materieller und immaterieller Leistungsbündel. In: Bullinger, H.-J.; Scheer, A.-W. (Hrsg.), Service Engineering. Entwicklung und Gestaltung innovativer Dienstleistungen, Berlin u.a., S. 467-506.

United Nations Department of Economic and Social Affairs (2008): International Standard Industrial Classification of All Economic Activities (ISIC), Rev. 4. Statistical papers, Series M, No. 4/Rev. 4. United Nations, New York, am 21.08.2013 abgerufen unter unstats.un.org/unsd/publication/seriesM/seriesm_4rev4e.pdf.

Short biographies of authors

Klaus Niederdrenk was appointed professor at the Münster University of Applied Sciences in 1993 after a long period of professional practice with a doctorate in mathematics (RWTH Aachen, 1980). From 1998 to 2008 he was rector of this university. Since then he has been a teacher and researcher in the Faculty of Economics in the field of mathematics and quantitative methods, including market research. Furthermore, he serves on several scientific and scientific-political committees and supervisory councils, in particular the German Science and Humanities Council (WR, 2007-2013) and the Board of Trustees of the German Academic Exchange Service (DAAD, 2004-2007).

Nisha Korff is currently a PhD Candidate at the Vrije Universiteit Amsterdam (The Netherlands) and a researcher assistant at the Science-to-Business Marketing Research Centre within Münster University of Applied Sciences (Germany). Her research fields are university-industry linkages and relationship marketing. Prior to taking up her current position Nisha finished her master's degree in international management with special focus on marketing, sales, and customer relationship management. In addition, she holds a bachelor of honors degree from the University of Brighton (United Kingdom) and is a graduate from the International University of Applied Sciences – Bad Honnef (Germany), studying tourism management.

Danksagung

Dieser Beitrag ist Thomas Baaken zu seinem sechzigsten Geburtstag gewidmet. Er hat bei diesem Projekt maßgeblich mitgewirkt und mit Kreativität, Tatkraft und Leidenschaft in überzeugender Weise den Erfolg dieses Vorhabens abgesteckt.

Ein ausgesprochener Dank gilt Andreas Steinhauer BA für die Durchführung der umfassenden statistischen Analysen mit IBM SPSS Version 20.

Lebensphasen von Communities of Practice – Eine Fallstudie

Alexander Brem und Maximilian Maier

Interdependencies between organizations are constantly increasing. Hence, more companies and employees are engaged in inter-organizational Communities of Practice (CoP). This paper focuses on the life cycle of such communities, using the case example of a German innovation network. For this reason, a literature review was undertaken to derive a conceptual life cycle model. Based on our research we found that the CoP life cycle model can be applied and extended with an additional phase identified in the case. Moreover, our results show that externally founded, interorganizational CoP can be successful as well, which is a fact that is mostly neglected in the literature on CoP. Further (especially quantitative) research is recommended to strengthen the theoretical background of CoP.

Im Zuge der zunehmenden Vernetzung von Unternehmen engagieren sich Organisationen und deren Mitarbeiter verstärkt in interorganisationalen Communities of Practice (CoP). Der vorliegende Beitrag untersucht, am Beispiel eines überregionalen Innovationsvereins, die Lebensphasen solcher Wissensnetzwerke. Basierend auf einem aus der Theorie abgeleiteten konzeptionellen Rahmen ergibt die Untersuchung, dass das Phasenmodell von CoPs adaptierbar und darüber hinaus noch um eine Phase erweiterbar ist. Außerdem zeigt der Erfolg der CoP, dass auch von außen gegründete interorganisationale CoPs erfolgreich sein können, was in der Literatur bis dato wenig Beachtung gefunden hat. Zu diesem Aspekt und zu weiteren Aspekten der CoP-Forschung bieten sich daher weiterführende – insbesondere quantitative – Untersuchungen an.

1 Einführung

Die Vernetzung von Unternehmen ist zu einem allgegenwärtigen Bild geworden – unabhängig von individuellen Unternehmensmerkmalen wie Branche oder Größe. Dieses Phänomen hat sich im Zuge der fortschreitenden Globalisierung sicherlich verschärft. Neu ist es indes nicht. Bereits im Jahre 1980 stellte Blois (1980, S. 61) fest: „Much more critical than a firm's size in terms of employees, sales revenues etc. is the number and nature of linkages with other organizations". Insofern stellt sich in der theoretischen und praktischen Diskussion nicht mehr die grundsätzliche Frage, ob die Einbindung von Unternehmen in Netzwerken sinnvoll ist, sondern in welcher Form dies umsetzbar erscheint. Hierzu hat insbesondere die Diskussion um die sogenannte Absorptive Capacitiy (hierzu Cohen/Levinthal, 1990; Adams/Lamont, 2003) beigetragen, welche die unternehmerische Aufnahmefähigkeit externen Wissens beschreibt und im Deutschen unter dem Begriff der organisationalen Ambidextrie (hierzu Raisch/Birkinshaw, 2008) geführt wird.

Unternehmen haben typischerweise ein Entscheidungsproblem, ob und wie intensiv man sich in Netzwerken engagieren kann und will. Umso wichtiger ist es, diese Auswahl vor dem Hintergrund limitierter personeller und finanzieller Ressourcen für einen länger gültigen Zeitraum zu treffen.

Eine wichtige Rolle spielt dabei der Austausch fachspezifischen Know-hows mit anderen Unternehmen. In diesem Zusammenhang hat sich in den vergangenen Jahren das Konzept der „Communitiy of Practice" (CoP) – sowohl in der Theorie als auch in der Praxis – als interessantes Konstrukt hervorgetan (Zboralski, 2007; Yang/Wei, 2010).

Bis dato gibt es insbesondere kaum empirische Untersuchungen zu den Entwicklungsphasen solcher CoPs. In der Literatur herrscht weitestgehend Einigkeit darüber, dass sich die CoP-Forschung noch in ihren Anfängen befindet. Vor diesem Hintergrund untersucht der vorliegende Beitrag, was erfolgreiche CoPs ausmacht und wie sich deren typischer Phasenverlauf gestaltet.

2 Theoretischer Hintergrund

2.1 Definition Communities of Practice

Zunächst soll geklärt werden, was unter einem Netzwerk grundsätzlich zu verstehen ist. Hierzu bietet Sydow (2005, S. 315) einen passenden Ausgangspunkt, indem er ein strategisches Netzwerk definiert als „(...) eine auf die Realisierung von Wettbewerbsvorteilen zielende, polyzentrische, gleichwohl von einer oder mehreren Unternehmen strategisch geführte Organisationsform ökonomischer Aktivitäten zwischen Markt und Hierarchie, die sich durch komplex-reziproke, eher kooperative denn kompetitive und relativ stabile Beziehungen zwischen rechtlich selbstständigen, wirtschaftlich jedoch zumeist abhängigen Unternehmungen auszeichnet." Ergänzt man zu diesem Netzwerkverständnis das Konstrukt einer Community of Practice, entsteht ein weiter gefasster Begriff vom Lernen in Netzwerken, welcher diesem Beitrag als Grundlage dient.

Obwohl es bis dato keine einheitliche CoP-Definition gibt, hat sich dieser Begriff bereits seit 1991 etabliert (hierzu Lave/Wenger, 1991). Für den Kontext dieses Beitrags soll folgende Begriffsfestlegung von Zboralski (2007, S. 30) verwendet werden: „Eine Community of Practice ist eine Gemeinschaft von Personen, die aufgrund eines gemeinsamen Interesses oder Aufgabengebiets über formale Organisationsgrenzen hinweg miteinander interagieren (virtuell und/oder „face-to-face") mit dem Ziel, Wissen in einem für das Unternehmen relevanten Themengebiet gemeinsam zu entwickeln, zu (ver-)teilen, anzuwenden und zu bewahren."[27] Ein elementarer Aspekt ist hierbei das Teilen von Know-how, welches in einer Community zu einer gemeinsamen „World View" zusammengeführt wird (vgl. Brown/Duguid, 1998, S. 96).

Diese gemeinsame Sicht auf die Gegebenheiten ist auch eines der zentralen Charakteristika einer CoP. Wenger (1999, S. 125f.) definiert zudem die folgenden weiteren konstituierenden Eigenschaften:

⇨ Eine anhaltende, gegenseitige Beziehung zwischen den Teilnehmern

⇨ Gemeinsame und verpflichtende Verhaltensregeln

⇨ Kontinuierlicher Informationsaustausch

⇨ Relativ schnelle und unkomplizierte Diskussion von Problemen

⇨ Kenntnisse über Fähigkeiten und Wissen der anderen Teilnehmer

⇨ Gemeinsame Werte, Werkzeuge und andere Artefakte

⇨ Spezifischer Jargon unter den Mitgliedern

CoPs entstehen immer dort, wo ein gemeinsames Interesse an einem Thema besteht. Wenger (1998, S. 2) beschreibt dies treffend wie folgt: „Communities of practice develop around things that matter to people." Die Gründung einer CoP kann also, wenn ein gemeinsames Interesse besteht, entweder „natürlich", also zufällig, oder über eine gezielte Initiierung – typischerweise in Form eines Wissensnetzwerks – erfolgen (vgl. Brown/Duguid, 1991, S. 49). Eine solche „Gründung von außen" scheint zunächst weniger erfolgversprechend zu sein, allerdings liegen hierzu noch kaum empirische Befunde vor (vgl. Zboralski, 2007, S. 36). Der Übergang zwischen einer CoP und sogenannten „Networks of Practice" (NoP) ist fließend, deshalb soll auf diese Form einer Community zusätzlich noch kurz eingegangen werden (vgl. van Baalen et al., 2005, S. 302f.). Vor allem die interorganisationale Ausrichtung von NoPs kann als Differenzierungsmerkmal zu CoPs herangezogen werden (vgl. Zboralski, 2007, S. 50). In NoPs haben die Teilnehmer gemeinsame Erfahrungen und Wissen, kennen sich in der Regel gegenseitig jedoch nicht und sind nur lose miteinander in Verbindung. Die Teilnehmer interagieren nicht miteinander, wie es z.B. bei Datenbanken oder Newslettern der Fall ist (vgl. van Baalen et al., 2005, S. 303). Deshalb wird für diese Arbeit der Begriff einer CoP insofern weiter gefasst, als dieser auch explizit nicht nur intraorganisationale, sondern – im Sinne eines sozialen Netzwerks – auch interorganisationale Teilnehmer umfasst (vgl. Simyard/West, 2008, S. 220).

---

[27] Weitere Definitionen finden sich u.a. bei Amin/Roberts (2008).

2.2 Verschiedene Ausprägungen von Communities of Practice

Auch wenn der Begriff „Communities of Practice" erst zu Beginn der 90er Jahre in der wissenschaftlichen Literatur eingeführt wurde, haben sich davor und auch später unterschiedlichste Bezeichnungen für CoP entwickelt, die im Kern die gleiche Bedeutung haben. Die wichtigsten Bezeichnungen sind: Knowledge Network, Best Practice Community, Tech Club und Knowledge Community.

Wie von Wenger (1998, S. 3) dargestellt, existieren drei Grundtypen von CoP. Die offensichtlichste und auch am besten erforschte Form repräsentieren CoPs, die sich (1) innerhalb einer Organisation bilden. Ebenfalls recht häufig betrachtet werden CoPs (2) zwischen verschiedenen Geschäfts- oder Konzernbereichen. Eher wenig Beachtung haben bisher jene CoPs gefunden, die sich zwischen Individuen verschiedener Organisation, also (3) über die Grenzen von Organisationen hinweg, bilden. Im später betrachteten Beispiel von „quer.kraft – dem Innovationsverein" handelt es sich um genau diesen weniger beachteten Fall.

3 Lebensphasen von Communities of Practice

Betrachtet man die typischen Entwicklungsphasen einer CoP, so lassen sich fünf grundlegende Phasen unterscheiden (vgl. Abb. 1). Neben diesem idealtypischen Ablauf können sich in der Praxis Phasen überschneiden oder ganz fehlen, je nach Art und Ausprägung der CoP. Insbesondere die adaptive Phase kann auch gezielt zur Hervorbringung radikaler Innovationen genutzt werden, indem sie Ideen zur Marktreife bringt, die ohne die unternehmensübergreifende Community nicht so weit verfolgt worden wären (vgl. Swan et al., 2002, S. 493).

Des Weiteren lässt sich eine CoP als soziale Gruppe (bzw. als das genannte soziale Netzwerk) beschreiben, da deren Mitglieder über eine gewisse Zeitdauer in Interaktion stehen, gemeinsame Werte, Normen und Ziele haben, deren Verbundenheit durch ein „Wir-Gefühl" ausgedrückt wird, und im Zeitverlauf gewisse Rollenbilder entstehen. Inwiefern grundsätzlich CoPs initiiert werden können ist ebenso strittig wie die Frage, ob und wie CoPs gemanagt werden können. Dies rührt insbesondere daher, dass CoPs einerseits per Definition selbststeuernd und -organisiert sein sollen, gleichzeitig jedoch auch gemanagt werden müssen, um ihr Potenzial ausschöpfen zu können (vgl. Zboralski, 2007, S. 45). Ein weiterer Aspekt ist die Frage, welche Möglichkeiten Individuen überhaupt haben, sich an einer CoP aktiv (im Sinne des teilnehmenden Unternehmens) zu engagieren (vgl. Roberts, 2006, S. 635).

Potentielle Phase: **Vernetzung**	Aufbauende Phase: **Aufbau von Erinnerung und Kontext**	Beschäftigte Phase: **Zugang zu Wissen und Lernen**	Aktive Phase: **Zusammenarbeit**	Adaptive Phase: **Innovation und Entwicklung**
Interessierte eines Themenbereichs finden sich.	Die Kernmitglieder lernen sich kennen und entwickeln ein geteiltes Normen- und Rollensystem.	Die Mitglieder entwickeln Vertrauen und Loyalität, werben neue Mitglieder. Intensivierung des Wissensaustausches.	Die Mitglieder kooperieren bei Lösung ihrer Primäraufgaben. CoP vernetzt sich mit anderen CoPs.	Die Mitglieder erweitern ihr Wissen. Die CoP beeinflusst ihre Umwelt durch die Entdeckung bzw. Entwicklung neuer Produkte, Märkte, Geschäfte.
Informale CoP oder durch die Organisation unterstützt.	Die Organisation registriert die CoP.	Die Organisation interagiert mit der CoP und registriert das Potential der CoP.	Die Organisation unterstützt die CoP und stützt sich auf deren Beiträge.	Die Organisation nutzt die CoP gezielt zur Entwicklung neuer Kompetenzen.

→ Zeit

Abb. 1: Typische Lebensphasen einer CoP
Quelle: Zboralski (2007), S. 38, in Anlehnung an Gongla/Rizzuto (2001), S. 845ff.

4 Fallbeispiel Innovationsverein

4.1 Methodik

Aufgrund fehlender Untersuchungen zu CoPs wurde eine Fallstudie durchgeführt. Hierbei wurde eine regionale Innovationsorganisation beleuchtet, bei der die Autoren auch aktiv beteiligt sind. Dieser Innovationsverein bietet sich besonders für eine Fallstudie an, da es sich hierbei um eine von außen gegründete CoP handelt. Diese CoP-Form wurde bis dato kaum untersucht (Stichwort „unique case") (Yin, 1994, S. 39). Die Fallstudie basiert auf sieben Interviews und der Auswertung von Dokumenten des Innovationsvereins. Ergänzend wurde in einem erweiterten Vorstandskreis ein Workshop zu den Zielen, der Mission und Vision sowie zu den Entwicklungsphasen des Innovationsvereins durchgeführt. Ziel des Forschungsvorhabens war es, einen tieferen Einblick in die Lebensphasen extern gegründeter CoPs zu erhalten. Erste Ergebnisse hieraus werden in diesem Beitrag dargestellt.

4.2 Beschreibung des Untersuchungsobjekts

Ausgangspunkt des Innovationsvereins war ein Treffen von zwei Unternehmen verschiedener Branchen (Schreibwaren und Unternehmenssoftware) mit Vertretern der Friedrich-Alexander-Universität Erlangen-Nürnberg (FAU) im Jahr 2006, vor dem Hintergrund, das Thema Ideen- und Innovationsmanagement im Rahmen eines Dissertationsprojekts interaktiv zu diskutieren. Durch die parallele Ansprache diverser Unternehmen entwickelten sich daraus mehrere Treffen, welche den Austausch von Best Practices im Innovationsmanagement zum Gegenstand hatten. Den bereits teilnehmenden Unternehmen ist der Aspekt des Ausschlusses von Wettbewerbern enorm wichtig, um in den Treffen mitgeteilte vertrauliche Informationen nicht nach außen dringen zu lassen, woraus sich eine ungeschriebene Regel eines gegenseitigen Vetorechts bei der Aufnahme neuer Mitglieder entwickelt hat. Nach diesem Prinzip fanden bis Mitte 2013 insgesamt 22 Treffen statt. Hierbei laden immer wieder neu dazu kommende Unternehmen die anderen Teilnehmer – durchwegs Mitarbeiter aus den Bereichen Innovationsmanagement, Business Development oder Unternehmensstrategie – in ihre Räumlichkeiten ein, um neben der fachlichen Diskussion auch eine Plattform zum Netzwerken zu bieten. Dazu haben sich seit 2008 zudem acht Arbeitskreise gebildet, die sich parallel zu den beschriebenen, sog. Best-Practice-Treffen zusammenfinden und jeweils einen fachlichen Schwerpunkt vertiefen.

Die Best-Practice-Treffen laufen immer nach einem ähnlichen Schema ab: Das einladende Unternehmen stellt nach einer Vorstellungsrunde sich und sein Innovationsmanagement vor, welches daraufhin interaktiv diskutiert wird. Danach schließt sich ein Unternehmensrundgang oder eine Werksführung an. Im zweiten Themenblock spricht ein geladener Referent über ein Thema aus dem Kontext des Innovationsmanagements. Zum Ende der Treffen berichten die einzelnen Arbeitskreise über ihre Ergebnisse und Fortschritte. Die Treffen werden mit einer Feedbackrunde abgeschlossen.

Für Unternehmen, welche sich über die Best-Practice-Treffen hinaus intensiver engagieren und austauschen möchten, bietet der Innovationsverein die Möglichkeit sich in Arbeitskreise einzubringen. Diese treffen sich in kürzeren Abständen und arbeiten gemeinsam in Workshops an einem je Arbeitskreis spezifischen Thema. Aktuell existieren Arbeitskreise zu den folgenden Themen:

⇨ TRIZ-Kreativitätstechnik

⇨ Betriebliches Vorschlagswesen/Kontinuierliche Verbesserung

⇨ Trendradar

⇨ Lead-User

⇨ Cross-Industry-Innovation

⇨ Back-End Innovation

⇨ Soziale Medien

⇨ Innovationskultur

Im Arbeitskreis Cross-Industry-Innovation geht die Zusammenarbeit der beteiligten Unternehmen am weitesten. Sie haben das Ziel, gemeinsam ein Produkt zu entwickeln. Aber auch im Arbeitskreis TRIZ ist die Zusammenarbeit der teilnehmenden Unternehmen sehr intensiv. In der Vergangenheit konnten die beteiligten Unternehmen, mit Hilfe der Ergebnisse aus dem Arbeitskreis, bereits mehrere Patente anmelden.

Ergänzend zu den vereinsinternen Veranstaltungen, den Best-Practice-Treffen und Arbeitskreisen, findet einmal pro Jahr eine Jahrestagung statt. Diese hat das Ziel, alle Mitglieder an einem Ort zu versammeln, sich über allgemeine Themen des Innovationsmanagements auszutauschen und den Verein einer breiten Öffentlichkeit zugänglich zu machen. Die Jahrestagung ist immer kostenfrei und dient auch dazu, Interessenten den Verein und seine Arbeitsweise vorzustellen. Auch Studenten sind immer herzlich zu der Veranstaltung und den darin enthaltenen Vorträgen zum Ideen- & Innovationsmanagement eingeladen. So kann die schon gute Kooperation zwischen Studenten und den Mitgliedern durch die Vergabe von Abschlussarbeiten weiter intensiviert werden. Die Aktivitäten des Vereins sind in Abbildung 2 zusammenfassend dargestellt.

Abb. 2: Überblick der Aktivitäten des Innovationsvereins
Quelle: Eigene Darstellung.

Der akademische Hintergrund der betreffenden Personen liegt bei zwei Dritteln in der ingenieur- und naturwissenschaftlichen und bei einem Drittel in der kaufmännischen Disziplin. Die Anzahl der teilnehmenden und interessierten Unternehmen nahm im Laufe der Zeit kontinuierlich zu. Daher wurden die Aktivitäten im Jahr 2008 in einem Verein institutionalisiert. Die heute 33 Unternehmensmitglieder kommen zum größten Teil aus der Metropolregion Nürnberg. Nach wie vor darf pro Branche nur ein Unternehmen im Verein Mitglied sein. Dies fördert das Vertrauen unter den Mitgliedern und schafft eine offene Atmosphäre.

4.3 Erste Analyseergebnisse und Interpretation

Vor dem theoretischen Hintergrund der Evolution einer CoP lässt sich die Entwicklung des in der Fallstudie betrachteten Innovationsvereins untersuchen. Hierzu soll insbesondere der vorgestellte idealtypische Lebenszyklus herangezogen werden, welcher in Abbildung 1 aufgeführt wurde. Analysiert man dessen Phasenverlauf mit der Entwicklung des Vereins, zeigt sich eine teilweise analoge Entwicklung, welche in Abbildung 3 veranschaulicht wird.

Potentielle Phase: *Vernetzung*	**Aufbauende Phase:** *Aufbau von Erinnerung und Kontext*	**Beschäftigte Phase:** *Zugang zu Wissen und Lernen*	**Aktive Phase:** *Zusammenarbeit*	**Adaptive Phase:** *Innovation und Entwicklung*
Interessierte werden durch das Dissertationsvorhaben zusammengebracht.	Nach erstem Treffen finden weitere statt, Mitglieder stoßen durch Empfehlung dazu. Dadurch Bildung eines Normen- und Rollensystems.	Ein Kernteam bildet sich heraus, das die Intensivierung des Wissensaustausches vorantreibt. Der Verein wird gegründet.	Durch Gründung der Arbeitskreise vertieft sich die Zusammenarbeit, immer mehr Mitglieder stoßen dazu.	Die Mitglieder wollen die Aktivitäten weiter vertiefen. Die CoP versucht sich in gemeinsamer Produktentwicklung.
Bildung einer informalen CoP	Die CoP wird durch die Organisationen identifiziert.	Die Organisationen interagierten mit der CoP und registrieren das Potential.	Vernetzungsversuche der CoP durch Anpassung der Vereinsstrukturen.	Die Organisation nutzt die CoP gezielt zur Entwicklung neuer Kompetenzen.
2006	2007	2008	2008-2010	2011-2012

Zeit

Abb. 3: Entwicklung des Innovationsvereins anhand der idealtypischen Lebensphasen
Quelle: Eigene Darstellung nach Gongla/Rizzuto (2001), S. 845ff. und Zboralski (2007), S. 38.

Die Initiierung der CoP kann auf das Forschungsvorhaben eines Doktoranden zurückgeführt werden, weshalb es sich um eine erfolgreiche „künstliche" Gründung einer CoP handelt. Dies steht in gewissem Widerspruch zu den Ergebnissen anderer Autoren. Durch die Vernetzung der ersten Mitglieder kommen weitere Treffen zu Stande, welche in den Organisationen erstmalig registriert und entsprechend forciert werden. Im Jahr 2008 erreicht die CoP einen kritischen Punkt: Die Organisationsstrukturen der ersten Treffen reichen nicht mehr aus. Die Gruppe entscheidet sich zur Gründung eines Vereins, welcher mit neun Unternehmen startet. Darauf basierend intensiviert sich die Zusammenarbeit zunehmend. Es gründen sich Arbeitskreise, die die in den Veranstaltungen angesprochenen Themen entsprechend vertiefen. Ab 2011 werden die Aktivitäten immer intensiver. Als letztes Projekt gründet sich eine Gruppe von zwölf Unternehmen, die zusammen ein Produkt entwickeln möchten.

Da sich der Innovationsverein als CoP aktuell in der Adaptionsphase befindet, kann festgestellt werden, dass die von Zboralski (2007, S. 38) eingeführte Lebenszyklusbetrachtung an diesem Fallbeispiel gut nachzuvollziehen ist. Allerdings erscheint es notwendig, an die adaptive Phase eine weitere Verlaufsphase anzuschließen, um die Evolution der CoP entsprechend abbilden zu können. Auch in der Literatur gibt es Stimmen, die eine stärkere Betrachtung der späten Phasen fordern: "We believe that too many authors focus exclusively on the creating and sustaining of CoP without sufficient concern for the other end of the life cycle. We would argue that without a "warts and all" understanding of the reason for having, and not having, CoP their full potential will never be realised." (Kimble/Hildreth 2004, S. 6). Vor diesem Hintergrund soll das von Zboralski adaptierte Modell von Gongla/Rizzuto (2001, S. 845ff.) um eine weiterführende Phase erweitert werden. Hierzu wird auf eine Betrachtung von Wenger (1998, S. 3) zurückgegriffen, welcher in einem sozialwissenschaftlichen Kontext einen evolutionsorientierten Verlauf von CoP analog zum Produktlebenszyklus vorschlägt. Dieser ist überblicksartig in Abbildung 4 dargestellt.

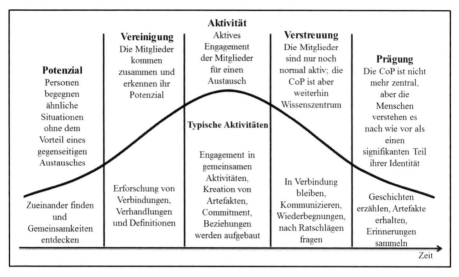

Abb. 4: Entwicklungsmodell nach Wenger (1998)
Quelle: Darstellung nach Wenger (1998), S. 3 ((übersetzt aus dem Englischen).

Die ersten drei Phasen und deren Aktivitäten (siehe Abb. 4) lassen sich relativ einfach dem Ablauf in Abbildung 1 zuordnen. Die letzten beiden Phasen sind bis dato noch nicht enthalten, welche deswegen zusammengeführt und ergänzt werden. Abbildung 5 stellt das um die degenerative Phase erweiterte Modell dar. Die Kernelemente dieser Phase sind Aussteuerung und Erinnerung, also das langsame Abnehmen der Intensität des Austausches und der Treffen. Jedoch gewinnt die CoP auch neue Dynamik, da durch die Größe der CoP wieder weitere Teilnehmer für die CoP angelockt werden können. Diese Phase ist nach Wenger (1998, S. 3) durch einen Rückgang der Aktivitäten und des Engagements der einzelnen Teilnehmer gekennzeichnet, was sich an folgenden typischen Merkmalen identifizieren lässt: Wiederbegegnungstreffen werden veranstaltet, Geschichten werden erzählt, Erinnerungen gesammelt und Artefakte geschaffen. Darüber hinaus lebt die Kommunikation innerhalb der CoP weiter. Auch sehen die Mitglieder die CoP immer noch als wesentlichen Teil ihrer Identität, aber die CoP steht nicht mehr so im Mittelpunkt wie zuvor. Insofern lehnt sich die so dargestellte Entwicklung einer CoP an einen typischen Produktlebenszyklus an, welcher in den letzten Phasen einen ähnlichen Verlauf nimmt.

Die im ersten Abschnitt dieses Beitrags eingeleitete Perspektive des Teilens von Know-how, welches in einer Community zu einer gemeinsamen „World View" zusammengeführt wird, kann so auch in dem Fallbeispiel identifiziert werden. So nannte ein Teilnehmer – der nach der Motivation für die Teilnahme gefragt wurde – den Begriff „Selbsthilfegruppe" als Antwort. Dies passt gut zu dem Argument einer gemeinsamen Weltsicht, die sich durch solche Ausdrücke widerspiegelt.

Potentielle Phase: *Vernetzung*	Aufbauende Phase: *Aufbau von Erinnerung und Kontext*	Beschäftigte Phase: *Zugang zu Wissen und Lernen*	Aktive Phase: *Zusammenarbeit*	Adaptive Phase: *Innovation und Entwicklung*	Degenerative Phase: *Aussteuerung und Erinnerung*
Interessierte eines Themenbereichs finden sich.	Die Kernmitglieder lernen sich kennen und entwickeln ein geteiltes Normen- und Rollensystem.	Es entwickelt sich Vertrauen und Loyalität, neue Mitglieder werden geworben. Intensivierung des Wissensaustausches.	Die Teilnehmer kooperieren bei Lösung ihrer Primäraufgaben. Die CoP vernetzt sich mit anderen CoPs.	Die Mitglieder erweitern ihr Wissen. Die CoP beeinflusst ihre Umwelt durch die Entdeckung bzw. Entwicklung neuer Produkte, Märkte, Geschäfte.	Die Gruppe hat eine gewisse Größe erreicht, die Intensität des Austausches lässt nach. Die CoP bündelt das Wissen und die Speicherung dessen.
Informale CoP oder durch die Organisation unterstützt.	Die Organisation registriert die CoP.	Die Organisation interagiert mit der CoP und registriert das Potential der CoP	Die Organisation unterstützt die CoP und stützt sich auf deren Beiträge.	Die Organisation nutzt die CoP gezielt zur Entwicklung neuer Kompetenzen.	Die Organisation bleibt in der CoP um sein Netzwerk zu pflegen und zu kommunizieren.

Zeit →

Abb. 5: Erweiterung des Lebensphasenmodells um eine degenerative Phase
Quelle: Eigene Darstellung in Anlehnung an Zboralski (2007), S. 38, Gongla/Rizzuto (2001), S. 845ff. und Wenger (1998), S. 3.

5 Schlussfolgerung

Anhand des praktischen Beispiels einer interorganisationalen und von außen gegründeten Community of Practice konnte im vorliegenden Beitrag das von Zboralski (2007) entwickelte Lebenszyklusmodell validiert werden. Zudem erscheint die Erweiterung des Modells durch eine degenerative Phase im Sinne von Wenger (1998, S. 3) sinnvoll. Eine weitere Beobachtung des Phasenverlaufs anhand des genannten Fallbeispiels in der Zukunft wird zeigen, inwiefern sich solch eine Phase verstetigt oder wieder in eine andere übergeht. Auch zu den Erfolgsfaktoren einer von außen gegründeten CoP bieten sich weitere Untersuchungen an. Natürlich können die Ergebnisse von nur einer Fallstudie nicht verallgemeinert werden. Allerdings stellt der Erfolg des Innovationsvereins die Vermutung in Frage, dass von außen gegründete interorganisationale CoPs nicht erfolgversprechend seien. In diesem Zusammenhang wäre beispielsweise eine Untersuchung der Motivationsfaktoren innerhalb solcher CoPs denkbar.

Insgesamt zeigt sich in diesem Beitrag auch, dass die CoP-Forschung, insbesondere jene zu extern gegründeten CoPs, noch am Anfang steht und weiterer, intensiverer, insbesondere quantitativer, Forschungsbedarf besteht.

Quellenverzeichnis

Adams, G. L.; Lamont, B. T. (2003): Knowlege management systems and developing sustainable competitive advantage. In: Journal of Knowledge Management, 7(2), S. 142-154.

Blois, K. J. (1980): Quasi-Integration as a Mechanism for Controlling External Dependencies. In: Management Decision, 18(1), S. 55-63.

Brown, J. S.; Duguid, P. (1991): Organizational Learning and Communities of Practice: Toward a unified view of working, learning, and innovating. In: Organization Science, 2(1), S. 40-57.

Brown, J. S.; Duguid, P. (1998): Organizing Knowledge. In: California Management Review, 40(3), S. 90-111.

Cohen, W. M.; Levinthal, D. A. (1990): Absorptive Capacity: A New Perspective on Learning and Innovation. In: Administrative Science Quarterly, 35(1), S. 128-152.

Gongla, P.; Rizzuto, C. R. (2001): Evolving communities of practice: IBM global services experience. In: IBM Syst. J., 40(4), S. 842-862.

Kimble, C.; Hildreth, P. M. (2004): Communities of Practice: Going One Step Too Far? In: SSRN Journal, Onlineausgabe, Working Paper Series, am 18.09.2013 abgerufen unter dx.doi.org/10.2139/ssrn.634642.

Lave, J.; Wenger, E. (1991): Situated learning. Legitimate peripheral participation, Cambridge.

Raisch, S.; Birkinshaw, J. (2008): Organizational Ambidexterity: Antecedents, Outcomes, and Moderators. In: Journal of Management, 34(3), S. 375-409.

Roberts, J. (2006): Limits to Communities of Practice. In: Journal of Management Studies, 43(3), S. 623-639.

Simyard, C.; West, J. (2008): Knowledge Networks and Geographic Locus of Control. In: Chesbrough, H.; Vanhaverbeke, W.; West, J. (Hrsg.): Open Innovation. Researching a New Paradigm, Oxford, S. 220-241.

Swan, J. A.; Scarbrough, H.; Robertson, M. (2002): The Construction of 'Communities of Practice' in the Management of Innovation. In: Management Learning, 33(4), S. 477-496.

Sydow, J. (2005): Strategische Netzwerke. Evolution und Organisation, 6. Aufl., Wiesbaden.

van Baalen, P.; Bloemhof-Ruwaard, J.; van Heck, E. (2005): Knowledge Sharing in an Emerging Network of Practice: The Role of a Knowledge Portal. In: European Management Journal, 23(3), S. 300-314.

Wenger, E. (1998): Communities of Practice: Learning as a Social System. In: Systems Thinker, 9(5), S. 1-11.

Wenger, E. (1999): Communities of practice. Learning, meaning, and identity. 1. Aufl. Cambridge, U.K, New York: Cambridge University Press.

Yang, C.-L.; Wei, S.-T. (2010): Modelling the performance of CoP in knowledge management. In: Total Quality Management & Business Excellence, 21(10), S. 1033-1045.

Yin, R. K. (1994): Case study research. Design and methods, 2. Aufl., Thousand Oaks.

Zboralski, K. (2007): Wissensmanagement durch Communities of Practice. Eine empirische Untersuchung von Wissensnetzwerken, Wiesbaden, zugleich Dissertation an der Technischen Universität Berlin 2006.

Short biographies of authors

Alexander Brem is a professor of idea and innovation management at the School of Business and Economics at the Friedrich-Alexander-Universität Erlangen-Nürnberg (FAU). The particular focus of this position is on the management of ideas, innovation and technology. He has written several articles that have been published in international periodicals, e.g. in "Technovation". Moreover, he is Editor-in-Chief of the "International Journal of Technology Marketing", along with Eric Viardot. He is also a member of numerous editorial boards e.g. the "International Journal of Innovation Management". Furthermore, he is an ad-hoc-reviewer of different refereed journals, such as the Journal of Business Venturing. Books by Alexander Brem are published by, for example, Imperial College Press, Palgrave MacMillan as well as Springer. He is a member of the scientific panel of the International Society of Professional Innovation Management (ISPIM), and is involved in numerous other academic and professional organizations. In June 2013, he received the ISPIM Scientific Panel Contribution Award for his outstanding scientific input. Since March 2013, he has been Visiting Professor/ Adjunct Faculty at the EADA Business School in Barcelona (Spain).

Maximilian Maier is a research and teaching assistant at the professorship of idea and innovation management at the School of Business and Economics at the Friedrich-Alexander-Universität Erlangen-Nürnberg (FAU). He gained a bachelor of engineering from Baden-Württemberg Cooperative State University and a master of science with a focus on the management of industrial enterprises and innovation Management from FAU. His research focus is on Communities of Practice (CoPs), especially motivational aspects within external CoPs.

Kapitel 3
Management, Strukturen, Prozesse und Perspektiven im OM

Chapter 3
Management, Structures, Processes and Perspectives in OM

Hochschulführung und die dritte Mission: Herausforderungen an akademische Führungskräfte in der unternehmerischen Hochschule

Rosalba Badillo Vega und Georg Krücken

Concepts such as the "third mission" or the "entrepreneurial university" increasingly shape academic research and practice. At the same time such concepts pose new challenges to higher education leadership. However, research on higher education leadership is primarily focused on the inner side of the higher education organizations, and the increasing importance of external relations is largely neglected. Against this background, we try to bring together both strands of research, i.e., research on "third mission activities" in the "entrepreneurial university" and research on leadership in higher education. In our article, we employ both psychological leadership concepts and insights from organizational sociology.

Konzepte wie die „dritte Mission" oder die „unternehmerische Hochschule" prägen Wissenschaft und Praxis zunehmend. Sie stellen zugleich neue Herausforderungen an die Hochschulführung dar. Interessanterweise ist die Forschung zum Thema „Hochschulführung" jedoch vor allem auf die Innenseite der Hochschule bezogen. Die zunehmend wichtigen Außenbeziehungen, die auch in den zuvor genannten Konzepten von zentraler Bedeutung sind, werden hingegen kaum beachtet. Vor diesem Hintergrund versuchen wir in diesem Beitrag, beide Forschungsstränge aufeinander zu beziehen. Dabei spielen sowohl psychologische Führungskonzepte als auch organisationssoziologische Überlegungen eine wichtige Rolle.

1 Einleitung

Hochschulen sind Organisationen, die stets im Wandel begriffen sind. Für die gesellschaftliche Entwicklung nimmt die Hochschule eine immer wichtigere Rolle und Funktion ein. Die moderne Gesellschaft stellt Anforderungen an die Hochschule, die über Forschung und Lehre hinausgehen. Diese beiden traditionellen Missionen bezeichnen die Kernarbeitsprozesse, die innerhalb der Organisation stattfinden. Der Bezug zur gesellschaftlichen Umwelt ist hier eher indirekt. Neben den beiden genannten Missionen betrachtet man deshalb heute vor allem die sog. „dritte Mission" als eine ebenso bedeutsame Aufgabe von Hochschulen, die einen direkten Beitrag zur Entwicklung der Gesellschaft und insbesondere der Wirtschaft, in die sie eingebettet sind, leisten sollen. Auf der Grundlage dieser veränderten gesellschaftlichen Erwartungen sind Transferstellen, Wissens- und Technologieparks, regionale Cluster aus Hochschulen und Industrieunternehmen sowie zahlreiche Beratungsaktivitäten im politischen Raum, gemeinnützige Arbeiten und sogar Stipendien entstanden (vgl. Yokoyama, 2006; Krücken, 2012). Um diese neuen Aufgaben und Funktionen der Hochschule zu koordinieren, hat sich u.a. deren Steuerungsstruktur verändert, die Führungsebene wurde gestärkt und die Hochschule ist selbst zu einem organisationalen Akteur geworden: Sie ist also unternehmerisch geworden. Die einzelnen Mitglieder sind in einer Expertenorganisation wie der Hochschule von besonders hoher Relevanz. Dennoch spielen Hochschulführungskräfte, insbesondere Präsident(inn)en, für die neu gewachsenen Beziehungen zwischen Hochschulen und Gesellschaft eine besondere Rolle: Sie fungieren als Bindeglieder oder auch als Grenzstelle zur Gesellschaft. Sie führen somit nicht nur innerhalb der Organisation, sondern stellen auch Beziehungen nach außen her. Insofern prägt das Konzept von Leadership, also der jeweilige Führungsstil, nicht nur Interaktionen innerhalb, sondern auch Handeln und Beziehungen außerhalb der Organisation – und somit zu allen externen Akteuren, die für die Weiterentwicklung der Hochschule relevant sind.

Obwohl verschiedene Studien die Beziehungen der Hochschulen zur Wirtschaft als eine Hauptfunktion der hochrangigen Hochschul-Führungskräfte – Präsident(inn)en, Kanzler(innen) und Vizepräsident(inn)en – berücksichtigen, liegen bislang keine ausreichenden Ergebnisse über die besondere bzw. neue Rolle der Hochschulpräsident(inn)en angesichts dieser Beziehungen vor. Der Beitrag setzt Konzepte der Leadership-Forschung in Bezug zu den neu geformten Rollen, die Hochschulpräsident(inn)en angesichts der veränderten Wissenschafts-Wirtschafts-Beziehungen ausfüllen müssen. Um diesen Bezug theoretisch und konzeptionell zu erfassen, werden aktuelle Erkenntnisse der Hochschulorganisationsforschung und der Psychologie zusammengeführt. Dabei stellt sich die Frage, welche Fähigkeiten und Fertigkeiten auf der Handlungsebene gegenwärtig von der Hochschulführungskraft gefordert werden, um die neuen Aufgaben als Grenzstelle zwischen Hochschule und Gesellschaft, insbesondere der Wirtschaft, erfolgreich zu erfüllen.

Um diese Frage beantworten zu können, muss sich der Blick zunächst auf den strukturellen Wandel der Hochschule, insbesondere ihrer Steuerung, richten. Dieser Wandel wirkt sich auf die Leadership der Hochschulen und, daraus abgeleitet, auf die Aufgaben ihrer hochrangigen Führungskräfte aus. Entsprechend werden auf der Handlungsebene von diesen Führungskräften, vor allem von den Hochschulpräsident(inn)en, spezifische Fähigkeiten und Fertigkeiten verlangt.

2 Struktur und Steuerung der Hochschule – die dritte Mission

Die Leitideen der deutschen Universität, für die vor allem die klassische Auffassung von Humboldts von der Universität als Ort des Lernens, Lehrens und Forschens „in Einsamkeit und Freiheit" steht, haben sich im Laufe der Jahre erheblich verändert. Hochschulen sind heutzutage hohen Anforderungen der Gesellschaft ausgesetzt und von diesen oftmals überfordert. Folglich hat sich die Welt der Hochschulen in vielerlei Hinsicht verändert. In Bezug auf ihre Steuerung ist das traditionelle Governance-Regime der Hochschulen erheblich komplexer geworden, der Begriff bzw. das Berufsfeld des Wissenschaftsmanagements hat sich herausgebildet und die Hochschulleitung muss u.a. bei der Erweiterung der Ressourcenbasis eine aktive Rolle spielen. Des Weiteren haben sich die Grenzen der Hochschule durch ihre zunehmenden unternehmerischen Aktivitäten und die Einbettung der Wissenschaftsproduktion zu einem umfassenden Innovationsprozesses ausgedehnt. Es wurden z.B. zahlreiche Programme zur Förderung von Spin-offs entwickelt, die Vernetzung mit anderen Akteuren wurde intensiviert und Hochschulen und Professoren werden zunehmend als wirtschaftliche Akteure verstanden (vgl. Krücken et al., 2007). Diese neuen und innovativen Funktionen wurden, neben Forschung und Lehre, zur sog. „dritten Mission" von Hochschulen erklärt und haben in den letzten Jahren kontinuierlich an Bedeutung gewonnen. Die Hochschule wandelt sich offenbar zu einer unternehmerischen Hochschule. Die ursprüngliche Idee der unternehmerischen Hochschule geht hauptsächlich auf Burton Clark (1998, S. 5) zurück. Dabei geht es Clark keineswegs um eine ökonomisch verengte Vorstellung von einer unternehmerischen Hochschule. Vielmehr wird, ganz im Sinne des Begründers der Innovationsforschung, Joseph A. Schumpeter, unter unternehmerischem Handeln die Durchsetzung neuer Kombinationen verstanden, bei Clark sowohl nach innen als auch nach außen. Clark identifiziert fünf grundsätzliche Elemente, die die unternehmerische Transformation der Hochschule, die aktive Umgestaltung bestehender Praktiken, kennzeichnen: die Stärkung des steuernden Kerns, eine erweiterte Entwicklungs-Peripherie, eine breite Finanzierungsbasis, die Stimulierung des akademischen Kernlands (,academic heartland') und eine integrierte unternehmerische Kultur. Dadurch wird die neue Kombination aus Elementen eines sowohl zunehmend ausgeprägten Managerialismus als auch einer traditionellen akademischen Kultur ermöglicht. Clark definiert die unternehmerischen Aktivitäten der Hochschule sowohl als institutionellen Prozess als auch als Antwort auf die Anforderungen der Gesellschaft. Viele strukturelle Veränderungen der Hochschulen in den letzten Jahren lassen sich anhand dieser Aspekte erklären. Ebenso wie Clark (1998) verbindet Yokoyama (2006) die unternehmerischen Aktivitäten von Hochschulen mit der Betonung ihrer Rechenschaftspflicht gegenüber der gesamten Gesellschaft. Die Autorin identifiziert zwei institutionelle Reaktionen der Hochschulen, sowohl auf die externen als auch auf die internen Anforderungen, nämlich: „1) commercial and business activities including the establishment of corporations and the promotion of partnership with the private sector; and (2) change in academic organisation" (Yokoyama, 2006, S. 527). So sollten die dritte Mission der Hochschule und der Wandel ihres Führungsmodus dazu dienen, einen direkten Beitrag zur gesellschaftlichen und insbesondere wirtschaftlichen Entwicklung zu leisten.

Zunächst wurde die „dritte Mission" größtenteils durch die Schaffung von Technologietransferstellen in Hochschulen verwirklicht, als ein Versuch, die Anforderungen der Gesellschaft auf institutionalisierte Weise und nicht nur über Individuen zu erfüllen. Allerdings waren die Aktivitäten dieser Stellen nicht immer von Erfolg gekrönt. Verschiedene Studien (Schmoch et al., 2000; Kloke/Krücken, 2010) zeigen, dass der Technologie- und Wissenstransfer mit der Wirtschaft vor allem über persönliche Beziehungen erfolgt. Daher ergibt sich die Herausforderung, diese persönlichen oder fachbezogenen Kontakte auf der Organisationsebene zunächst anzuerkennen und zu unterstützen. Darüber hinaus besteht jedoch die Aufgabe, die Hochschule als Organisation insgesamt ihrer Umwelt (anderen Hochschulen, Unternehmen, staatlichen Behörden etc.) gegenüber besser zu positionieren. Hier ist die aktive Rolle der Hochschulleitung von Bedeutung, indem sie über die Einzelprojekte ihrer Mitglieder hinaus sowohl eine strategische Planung der – im weiteren Sinne verstandenen – unternehmerischen Aktivitäten als auch eine gemeinsame Vision entwickelt und beides effektiv kommuniziert. Gerade wenn man ein breites Innovationsverständnis zugrunde legt und postuliert, dass es einen Zusammenhang gibt zwischen der Fähigkeit von Hochschulen, nach außen zu technischen und gesellschaftlichen Innovationen beizutragen und der Fähigkeit, organisationsintern neue Kombinationen durchzusetzen, wird man der Hochschulleitung eine zunehmend wichtigere Rolle zusprechen müssen.

Die engeren Beziehungen zwischen Hochschulen und Wirtschaft werfen darüber hinaus eine zentrale Frage auf: Wie kann die „dritte Mission" an Bedeutung gewinnen, ohne dabei die klassischen Missionen Forschung und Lehre zu korrumpieren? Dieses Spannungsverhältnis stellt eine Herausforderung auf allen Steuerungsebenen der Organisation und insbesondere für ihre hochrangigen Führungskräfte dar.

3 Die neue Rolle von Leadership in Hochschulen

Nach Krücken und Meier (2006) bringt die Entstehung neuer Steuerungsinstanzen und die Transformation der Hochschule zu einem einheitlich handlungs-, entscheidungs-, strategiefähigen und organisationalen Akteur einen Wandel auf der Handlungsebene der Hochschule mit sich. Gleichzeitig ist das hiermit verbundene Konzept der Leadership eines, das den besonderen Bedingungen einer nicht „top down" zu steuernden Experten-organisation Rechnung tragen muss.

Die Definition von Leadership ist in vielerlei Hinsicht umstritten. Im Kontext verschiedener theoretischer Entwicklungen, hauptsächlich der Psychologie und der Betriebswirtschaft, wurden zahlreiche Ansätze entwickelt, um die unterschiedlichen Theorien von Leadership zusammenzufassen und zu klassifizieren. In diesem Beitrag wird Leadership sowohl als relationales Konzept (vgl. Meindl, 1995) als auch als zielbezogene Einflussnahme (vgl. Spendlove, 2007; Rosenstiel, 2009) zur Erreichung bestimmter (Organisations-)Ziele verstanden. Insbesondere wird hier die Definition von House et al. (2004) als Grundlage herangezogen. Die Autoren definieren Leadership als „(…) the ability to influence, motivate, and enable others to contribute to the effectiveness and success of the organizations of which they are members" (House et al., 2004, S. 19). Leadership entsteht durch menschliche Beziehungen, die sich innerhalb und außerhalb der Hochschule entwickeln und stellt eine neue Art von Koordination, „Sensemaking" und Einfluss dar. Die soziologische Systemtheorie betrachtet Leadership als Grenzstelle, wobei die Grenzstelleninhaber die Funktion haben, „(…) Umweltkontakte der Gesamtorganisation zu kanalisieren und der Umwelt besondere Ansprechpartner innerhalb der Organisation (…) zu verschaffen" (Tacke, 1997, S. 10). Auch wenn sich in Hochschulen die Umweltkontakte nur begrenzt kanalisieren lassen und eine zu starke Kanalisierung zudem nicht wünschenswert ist, so betrachten wir die hochrangigen Führungskräfte der Hochschulen doch als wesentliche Bindeglieder – sowohl zwischen den Organisationen und der Umwelt, in die sie eingebettet sind, als auch zwischen den verschiedenen internen Organisationsgrenzen bzw. Subsystemen.

Die Beziehungen zwischen verschiedenen Systemen bzw. Akteuren beruhen hauptsächlich auf vier verschiedenen Aspekten: Macht, Einfluss, Vertrauen und Verständigung (vgl. Zündorf, 1986). Die Rolle des Vertrauens in fremde Personen und Systeme ist in Bezug auf die Wissenschafts-Wirtschafts-Beziehungen von Belang. Vertrauen wird von Luhmann (1973, S. 21) als eine „riskante Vorleistung" definiert. Des Weiteren argumentiert er, dass Vertrauen die Ungewissheiten reduziert, die in den Beziehungen mit fremden Akteuren oder Systemen entstehen. Vertrauen wird nicht leichtfertig erbracht und ist äußerst zerbrechlich. Die Bedeutung von Vertrauen bei der Kommunikation zwischen unterschiedlichen Systemen wurde von Krücken (2009, S. 54) analysiert, indem er drei Leistungskriterien für die Herstellung einer Vertrauensbeziehung identifiziert: Fairness, Kompetenz und Transparenz.

Übertragen wir dies auf die Beziehungen, die hochrangige Hochschulführungskräfte innerhalb und außerhalb der Organisation pflegen, so ergeben sich Auswirkungen auf die Ausübung von Leadership. Durch ihre persönlichen, fachlichen und kommunikativen Fähigkeiten könnten Hochschulführungskräfte das Vertrauen verschiedener Akteure in Politik, Wirtschaft etc. wecken. Darüber hinaus könnte das Vertrauen als notwendige Voraussetzung in beiden Arten ihrer Beziehungen betrachtet werden: a) außerhalb der Hochschule setzen die Beziehungen zur Wirtschaft ein hohes Maß an Vertrauen zwischen den beteiligten Partnern voraus, da es unter anderen um den Austausch sensibler Informationen geht, b) innerhalb der Hochschule sind hier zwei Aspekte hervorzuheben, die sehr ernst zu nehmen sind: Erstens das professionelle Profil der Fakultät, das häufig die Hochschulleitung daran hindert, sie zu koordinieren bzw. sie für die Kooperation mit der Wirtschaft, der häufig Misstrauen entgegen gebracht wird, zu gewinnen. Hierbei sind vor allem Aspekte wie z.B. der Widerstand gegen die Ökonomisierung der Wissenschaft oder die Aufrechthaltung der akademischen Werte zu nennen. Zweitens die Bedeutung von Networking und der „invisible colleges" innerhalb der wissenschaftlichen Fachgemeinschaft, da die Professoren sich stärker mit ihren Fachkollegen und -gesellschaften als mit der Hochschule als Organisation identifizieren. Diese Aspekte verwandeln sich in wichtige Herausforderungen für die Hochschulführungskräfte, insbesondere für Präsident(inn)en, und haben ihre Rolle und Aufgaben drastisch geprägt.

3.1 Die neuen Funktionen der Führungskräfte

Leadership hat verschiedene Funktionen in Organisationen. Bei der Analyse müssen die Rahmenbedingungen berücksichtigt werden, in denen diese Leadership ausgeübt wird. Washington et al. (2010, S. 721f.) zufolge haben Führungskräfte als institutionelle Leaders wesentliche Funktionen, u.a. die Verwaltung der inneren Konsistenz der Institution und die Entwicklung externer unterstützender Mechanismen, um die Legitimation der Organisation zu fördern.

In Bezug auf die Beziehungen zwischen Wirtschaft und Hochschule haben Kloke/Krücken (2010) in ihrer Untersuchung zu leitenden Mitarbeitern in Einrichtungen des Technologietransfers und der wissenschaftlichen Weiterbildung deren verschiedene Aufgaben an der Grenzstelle zu gesellschaftlichen Umwelten analysiert. Die Ergebnisse dieser Analyse können auf die hochrangigen Führungskräfte der Hochschule, insbesondere ihre Präsident(inn)en, übertragen werden. Sie beschreiben fünf wesentliche Rollen, die wir folgendermaßen zusammenfassen können: Führungskräfte können als Vermittler, Vorposten, Schützer, Übersetzer und Gleichgewichtspunkt betrachtet werden. Als Vermittler übertragen sie die systemeigenen Erwartungen in die Umwelt. Als Vorposten absorbieren sie die Verhaltenserwartungen, die die Umwelt an ihre Organisation stellt. Als Schützer nehmen sie ihre Organisation vor dem unmittelbaren Wirksamwerden externer Anforderungen und vor Druck in Schutz (hierzu Adams, 1976). Als Übersetzer interpretieren sie die Umwelt für ihre Organisation und „(…) müssen Umweltinformationen sichten und sieben und sie in eine Sprache bringen, die im System verstanden und akzeptiert wird" (Luhmann, 1964, S. 224). Als Gleichgewichtspunkt handhaben sie „(…) die widerspruchsvollen Erwartungen, die aus der Organisation einerseits und der Umwelt andererseits herangetragen werden" (Kloke/Krücken, 2010, S. 38).

Die Aufgaben der Hochschulpräsident(inn)en sind vielfältig, variieren von einem Land zum anderen und von einer Institution zur anderen und haben sich in den letzten Jahren stark verändert (vgl. Green/Eckel, 2010), was von den Akteuren u.a. ein hohes Maß an Flexibilität verlangt. Obwohl die Literatur die besonderen Aufgaben in Bezug auf die Beziehung zur Wirtschaft nicht grundsätzlich beschreibt, berücksichtigen verschiedene Studien diese Beziehung als eine Hauptfunktion der hochrangigen Führungskräfte. Im Folgenden werden einige Studien dargestellt, die diese Funktion betrachten.

Zunächst definieren Pilbeam/Jamieson (2010) die Rolle von hochrangigen Hochschulführungskräfte als „Boundary-Spanners" und identifizieren zwei Hauptfunktionen von diesen: Informationen zu sammeln und die Organisation extern zu repräsentieren. Darüber hinaus ordnen sie den hochrangigen Führungskräften vier Merkmale zu: Erstens müssen sie effektiv und überzeugend mit den unterschiedlichen Stakeholdern innerhalb und außerhalb der Organisation kommunizieren können. Zweitens müssen sie sich vernetzen können, d.h. produktive Kontakte knüpfen, entwickeln und behalten. Drittens müssen sie über attraktive Ressourcen verfügen. Hier wird vor allem an präzise Information gedacht, die nur die hochrangigen Führungskräfte aufgrund ihrer Rolle an den Grenzen der Systeme erhalten bzw. vermitteln können. Viertens müssen sie sich an Spannungen bzw. an die Isolation anpassen, welche für die Vermittlung zwischen verschiedenen Systemen charakteristisch sind.

Gibb et al. (2013, S. 17) identifizieren u.a. folgende Herausforderungen, denen sich die Führungskräfte einer unternehmerischen Hochschule stellen müssen: Sie müssen a) individuelle Autonomie und Eigeninitiativen maximieren, b) den Mitarbeitern den Aufbau externer Beziehungen ermöglichen, c) Verantwortung delegieren, um Dinge umzusetzen, d) Schnittmengen und informelle Verflechtungen sowohl innerhalb als auch außerhalb der Organisation zulassen, e) das ‚learning by doing' und das Lernen von Stakeholdern fördern und belohnen, f) flexibles strategisches Denken im Gegensatz zu sehr formeller Planung zulassen, g) Möglichkeiten für ein ganzheitliches Projektmanagement schaffen, h) Anreize geben, aus Fehlern zu lernen und ihr Innovationspotenzial zu nutzen und i) Zusammenhalt schaffen durch gemeinsame Werte bzw. eine gemeinsame Vision und nicht durch detaillierte Steuersysteme. Vor diesen Herausforderungen stehen sämtliche Führungskräfte in Hochschulen, insbesondere aber die Vertreter der obersten Leitungsebene.

Middlehurst et al. (2010, S. 239ff.) analysieren die interne Rolle britischer Prorektoren nach dem Analyseschema von Bargh et al. (2000): Zunächst haben Prorektoren gleichsam klassische Leadership-Verantwortung, die darin besteht, die Mission und eine Strategie zu entwickeln, strategisch zu planen, Strukturen zu schaffen, um die Strategie umzusetzen, und Kontinuität und Wandel unter

Berücksichtigung der organisationalen Werte auszugleichen. Sodann fungieren sie als Bindeglieder zwischen Präsidium und Wissenschaftler(inn)en, indem sie Steuerungskompetenzen mit akademischer und symbolischer Leadership kombinieren. Und zuletzt berücksichtigt die soziale Rolle der Leadership Sprache und Metaphern der komplexen politischen Systeme.

In konkreten Bezug auf Hochschulpräsident(inn)en ordnet Kleimann (2013, S. 13f.) die Rollen der deutschen Universitätspräsident(inn)en nach drei Kategorien: externe Repräsentation, interne Innovation und kollegiale Integration. Die externe Repräsentation ist eng mit den unternehmerischen Aktivitäten der Hochschule verbunden und wird nicht nur als eine symbolische Vertretung verstanden, sondern als die effektive Wahrnehmung der Interessen der Hochschule in verschiedenen Verhandlungskontexten, z.B. in den Wissenschafts-Wirtschafts-Beziehungen. Dabei betont Kleimann die Rolle der effektiven kommunikativen Leitungspraktiken. Die interne Innovation wird durch Transferpraktiken bedingt, da sie die Umsetzung von neuen Strukturen und Reformen innerhalb der Hochschule fördert, um den unternehmerischen Aktivitäten gerecht zu werden. Unter kollegialer Integration versteht man ebenfalls die argumentative und/oder persuasive Überzeugung der Organisationsmitglieder und den Aufbau von Netzwerken. Diese Aufgaben erfordern offensichtlich bestimmte kommunikative und soziale Fähigkeiten von den Hochschulpräsident(inn)en.

Engwall et al. (1999, S. 82) haben sechs Aufgaben schwedischer Hochschulpräsident(inn)en untersucht: Personalmanagement; Vertretung, „Lobbying" und zeremonielle Aktivitäten; Steuerungssysteme; „Entrepreneurship" und Wettbewerbsvorteile; Strategische Planung sowie Management des kulturellen Wandels. Unter Vertretung, „Lobbying" und zeremoniellen Aktivitäten wird einerseits verstanden, sowohl dass die Institution in ihrer regionalen, nationalen und internationalen Gemeinschaft öffentlich vertreten und von dieser Gemeinschaft respektiert wird, und andererseits das „Lobbying" im Namen der Hochschulinteressen. „Entrepreneurship" und Wettbewerbsvorteile beziehen sich auf die Positionierung der Institution innerhalb des Hochschulsektors und ihre erfolgreiche Aufstellung im Wettbewerbsumfeld gegenüber anderen Organisationen/Einrichtungen.

Sowohl Pilbeam/Jamieson (2010, S. 773) als auch Kleimann (2013, S. 14) betonen die Rolle der hochrangigen Hochschulführungskräfte als Inhaber wichtiger und nicht redundanter Organisationsinformation. Durch diese Ressourcen sind sie in der Lage, Einfluss auszuüben und z.B. interne und externe Netzwerke aufzubauen. Die Hochschulpräsident(inn)en in ihrer Rolle als Grenzstellen erhalten diese Informationen durch den direkten Kontakt zu unterschiedlichen internen und vor allem externen Akteuren und können als strategische Informationsquellen betrachtet werden. Die Distribution dieser Informationen kann ihr Einflusspotenzial in vielerlei Hinsicht bestimmen.

Dieser Wandel der Funktionen und Aufgaben von Hochschulpräsident(inn)en in Bezug auf die enge Beziehung zur Wirtschaft erfordert auf der Handlungsebene neue Fähigkeiten und Fertigkeiten. Daher stellt sich die Frage nach dem geeigneten Führungsstil von Präsident(inn)en in Hochschulen: Welcher Führungsstil würde am besten zu den gegenwärtigen Herausforderungen einer Hochschule passen, die wir in diesem Beitrag vor allem in Bezug auf die zunehmend wichtigen Außenkontakte im Rahmen der sog. „dritten Mission" diskutieren?

4   Erforderliche Fähigkeiten und Fertigkeiten von Führungskräften

Eine Theorie, die zum Verständnis dieses Phänomens beitragen kann, ist die „Transformational Leadership Theory", die eine in der Forschung sehr anerkannte Theorie der Führungsstilanalyse darstellt. Allerdings ist zu bedenken, dass sich der aktuelle Forschungsstand in Bezug auf transformationale Leadership überwiegend der Rolle von Präsident(inn)en innerhalb der Hochschule widmet. Hier versuchen wir, diese Theorie auf die neuen Anforderungen von Hochschulpräsident(inn)en hinsichtlich der Interaktion der Hochschulen mit der Wirtschaft zu beziehen.

Der Begriff „Transformational Leadership" wurde erstmals in den Studien von Burns (1978) verwendet und von Bernhard Bass in den Achtzigerjahren entwickelt, der später „The Full Range of Leadership" (Bass/Bass, 2008) postuliert hat. Die „Full Range of Leadership" besteht aus drei Elementen: Laissez-Faire-Leadership, transaktionale Leadership und transformationale Leadership. Diese repräsentieren sowohl die grundlegende Art und Weise, wie Führungskräfte ihre Arbeit angehen als auch ihre sehr unterschiedlichen Ansätze, Menschen zum Wandel zu motivieren (vgl. Kezar/Eckel, 2008, S. 381).

Der transaktionalen Leadership ordnet Bass (1997) drei Dimensionen zu: a) Kontingente Belohnung – sie basiert auf festgelegten Austauschbeziehungen zwischen Führungskräften und Mitarbeitern, b) „Management by Exception" (aktiv) – die Führungskräfte konzentrieren sich lediglich auf die Abweichungen von Standards sowie auf Fehler und korrigieren das Verhalten der Mitarbeiter und c) „Management by Exception" (passiv) – die Führungskräfte warten, bis Abweichungen von Standards eingetreten sind. Des Weiteren wird die transaktionale Leadership als Voraussetzung der transformationalen Leadership betrachtet.

Im Unterschied dazu beruht die transformationale Leadership auf folgenden vier Komponenten: 1) Idealisierter Einfluss – die Mitarbeiter vertrauen den Führungskräften, identifizieren sich mit ihnen und versuchen ihnen nachzueifern; 2) Inspirierende Motivation – die Führungskräfte vermitteln hohe Erwartungen an ihre Mitarbeiter, wobei sie oft Symbole (Metaphern, Visionen) und emotionale Appelle verwenden; 3) Intellektuelle Stimulation – die Mitarbeiter werden dazu ermutigt, kreativ und innovativ zu sein und so die Zukunft mitzugestalten; 4) Individuelle Wertschätzung – die Führungskräfte demonstrieren einen hohen Grad an persönlichem Interesse für die Bedürfnisse der Mitarbeiter.

Transformational Leadership wird in vielfältigen Kontexten als leistungsförderliche Einstellung herausgestellt (vgl. Judge/Piccolo, 2004; Felfe, 2006) und stellt einen umfassenden Ansatz zur Beschreibung moderner Leadership in Organisationen dar. Das Konzept schließt auch neue Führungskompetenzen wie Wissensmanagement (Sensemaking) und die Fähigkeit, zu delegieren, zu kooperieren und zu thematisieren ein, und wird deshalb als einer der effektivsten Führungsstile unter neuen Führungskonzepten angesehen (z.B. Spendlove, 2007; Kezar/Eckel, 2008). Des Weiteren wird argumentiert, die transformationale Leadership sei in Bezug auf die modernen Anforderungen an Organisationen, die sich weg von stabilen hin zu flexiblen Verhältnissen entwickeln müssen, besonders angemessen (vgl. Köhn, 2010, S. 12).

Auf der einen Seite sind sich viele Studien darüber einig, dass der am besten für die Bedürfnisse der Hochschulen geeignete und in den gegebenen Rahmenbedingungen effektivste Führungsstil die transformationale Leadership sei, da sie Kollegialität, Autonomie und Partizipation bei Entscheidungen begünstige und fördere (Muijs et al., 2006; Spendlove, 2007; Noorshahi/Dozi Sarkhabi, 2008; Bikmoradi et al., 2009). Darüber hinaus hat die Zusammenfassung der Aufgaben der unternehmerischen Hochschulführungskräfte von Gibb et al. (2013, S. 30) viele Gemeinsamkeiten mit der transformationalen Leadership. Die Autoren argumentieren, dass intellektuelle und visionäre Leadership erforderlich sei, um eine unternehmerische Kultur im speziellen Kontext von Hochschulen und ihrer bestehenden Kultur, Mission und Strategie umzusetzen.

Auf der anderen Seite zeigen verschiedene Befunde der Forschung in anderen Bereichen (Bass/Avolio, 1994) in Anlehnung an die Situationstheorien zur Leadership (vgl. Fiedler, 1967; House, 1977; Vroom/Yelton, 1973), dass eine Kombination von sowohl transformationalen als auch transaktionalen Leadership-Praktiken am effektivsten ist. Die Studien von Pounder (2001), Kezar und Eckel (2008) und Basham (2010) in Hochschulen untermauern diese Idee, da hochrangige Führungskräfte gemäß den Studien pragmatisch sind und ihren Führungsstil an verschiedenen situativen Merkmalen – organisationaler Kultur, Aufgabe, Mitarbeitertyp etc. – ausrichten. Dies wird besonders deutlich an der Rolle der Hochschulpräsident(inn)en in Bezug auf ihre Beziehungen zur Wirtschaft. Sie müssen hier mit unterschiedlichen Rationalitäten umgehen und dementsprechend pragmatisch handeln. Bensimon (1993, S. 7ff.) argumentiert wiederum, dass transformationale Leadership Zufriedenheit bei den Mitarbeitern der Fakultät hervorruft, was eine wichtige Rolle für den Aufbau von Kooperation mit der Wirtschaft spielen könnte. Des Weiteren kann die transaktionale Leadership beim Aufbau der Infrastruktur der Organisation, ihrer Kapazitäten und ihrer Ressourcen helfen, um die Hochschule gegenüber anderen externen Akteuren besser zu positionieren.

Allerdings bezieht sich die Literatur zur transformationalen und transaktionalen Leadership in erster Linie auf Aufgaben und Funktionen der Hochschulpräsident(inn)en innerhalb der Hochschulen, etwa auf ihre Beziehungen zu den Hochschulräten und anderen Gremien, ihre Rolle bei der Förderung der Diversität, ihre symbolische Rolle als Chief Executive Officer (CEO) der Hochschulen oder ihr Verhältnis zu den Fakultäten. Kezar/Eckel (2008, S. 388ff.) ordnen der transformationalen und transaktionalen Leadership verschiedene Handlungen oder Funktionen von Präsident(inn)en innerhalb der Hochschule zu. In Anlehnung an diese Zuordnung wollen wir in diesem Beitrag versuchen, die Aufgaben von Präsident(inn)en als Grenzstellen im Rahmen der Wissenschafts-Wirtschafts-Beziehungen zu beschreiben. Bei der Betrachtung der neuartigen Funktionen von Hochschulpräsident(inn)en in Bezug auf diese Beziehungen stellt sich heraus, dass sie sowohl interne als auch bedeutende externe Aufgaben erfüllen müssen: Als Grenzstellen sind sie etwa verpflichtet, zwischen den unterschiedlichen Systemen und Akteuren zu vermitteln und zu verhandeln. Dafür brauchen sie einerseits transaktionale Fähigkeiten, wie z.B. strategische Planung, Verhandlung oder Mediation. Allerdings können diese Vermittlungen nur dann erfolgreich sein, wenn die Hochschulpräsident(inn)en in der Lage sind, das Vertrauen der verschiedenen Akteure zu wecken. Deshalb brauchen sie andererseits auch transformationale Fähigkeiten oder Strategien. Darunter fallen z.B. das Einhalten konsistenter ethischer Positionen, das Führen inspirierender Gespräche oder die Beteiligung interner Akteure (z.B. aus der Fakultät) an strategischen Entscheidungen oder am Aufbau einer gemeinsamen Vision. Darüber hinaus haben Hochschulpräsident(inn)en gemäß der Studie von Engwall et al. (1999, S. 90) die wichtige Aufgabe, ein Klima an der Hochschule zu schaffen, das Innovation stimuliert. Die Ermutigung von Mitarbeitern, innovativ und kreativ zu sein, wird als wichtige Komponente der transformationalen Leadership – intellektuelle Stimulierung – festgestellt.

Des Weiteren wären nach Krücken (2009) und Kleimann (2013) u.a. effektive Kommunikationspraktiken erforderlich, um Beziehungen mit anderen Akteuren oder Systemen erfolgreich zu entwickeln. Hierbei müssen die Hochschulpräsident(inn)en in der Lage sein, sowohl weitgehend sachliche, transparente und zuverlässige Informationen für die notwendigen Verhandlungen einzuholen – durch transaktionale Leadership – als auch diese Informationen vertrauenswürdig und geschickt zu übermitteln, indem sie die Bedürfnisse, Erwartungen und Hemmungen der Kommunikationspartner aufspüren und ihre akademische und die wirtschaftliche Rationalitäten durch transformationale Leadership miteinbeziehen. Wir können dabei zunächst annehmen, dass bei den Beziehungen zur Wirtschaft sowohl der transaktionale als auch der transformationale Führungsstil von Hochschulpräsident(inn)en notwendig ist.

5 Diskussion und Fazit

In unserem Beitrag haben wir drei wesentliche Herausforderungen identifiziert, vor denen unseres Erachtens Hochschulpräsident(inn)en in Bezug auf Wirtschaftsbeziehungen stehen; diese Herausforderungen haben ihre Aufgaben und Rollen verändert. Eine neue Aufgabe im Rahmen der „dritten Mission" besteht erstens in der Unterstützung und strategischen Vernetzung der persönlichen Kontakte zwischen Fakultäten und Wirtschaft sowie im Management der unterschiedlichen und vielfältigen unternehmerischen Aktivitäten einer Hochschule. Diese Aufgabe muss im Rahmen einer Hochschulorganisation allerdings in der ihr spezifischen Art und Weise bewältigt werden, da die Organisationsstruktur sehr viel dezentraler als in anderen Organisationen ist und die relevanten Außenkontakte ihrer Mitglieder vielfältig sind und zumeist durch Eigeninitiative zustande kommen. Dennoch kann die Hochschulleitung, z.B. durch strategische Planung, das Verfolgen einer gemeinsamen Vision sowie durch effektive Kommunikation hier tätig werden. Zweitens muss die Interaktion mit fremden Akteuren und Systemen außerhalb, insbesondere mit Wirtschaft und Politik, aber auch der Umgang mit Organisationsmitgliedern innerhalb der Hochschule geleistet werden. Dabei müssen Hochschulpräsident(inn)en in der Lage sein, das Vertrauen der verschiedenen Akteure durch ihre persönlichen und sachlichen Fähigkeiten zu wecken und die in der Regel nicht deckungsgleichen Erwartungen aufeinander abzustimmen. Drittens ist es eine von hoher Ambivalenz geprägte Aufgabe, einerseits Identität und Werte der Hochschule vor den wirtschaftlichen Anforderungen zu schützen und sie andererseits gegenüber anderen Hochschulen, Unternehmen, staatlichen Behörden etc. erfolgreich zu positionieren. Dabei könnten die regionale bzw. internationale Vernetzung der Hochschule und die Schaffung einer effektiven Wahrnehmung der Interessen der Hochschule in verschiedenen Verhandlungskontexten (vgl. Kleimann, 2013) eine hilfreiche Rolle spielen.

Hier wollen wir argumentieren, dass Hochschulpräsident(inn)en angesichts des zunehmenden engen Kontakts der Hochschulen zur Wirtschaft als Grenzstellen fungieren. Als Grenzstelle sind sie aber nur unter den spezifischen Bedingungen einer dezentral organisierten Expertenorganisation zu verstehen. Sie sind dabei sowohl innerhalb als auch außerhalb der Hochschulorganisation auf unterschiedliche Rationalitäten, nämlich vor allem auf akademische und wirtschaftliche, bezogen. Der Umgang mit unterschiedlichen Rationalitäten erfordert nicht nur, dass sie ihre Handlungen jeweils pragmatisch anpassen, sondern auch, dass sie ihre Führungsrolle und -aufgaben neu gestalten müssen. Um diese Rolle auszufüllen und diese Aufgaben zu erfüllen, glauben wir, dass Hochschulpräsident(inn)en einen Führungsstil benötigen, der sowohl transaktionale als auch transformationale Komponenten beinhaltet.

Die Transformation der Leadership von unternehmerischen Hochschulen als entscheidendes Element, um gesellschaftlichen Anforderungen effektiv gerecht zu werden (vgl. Clark, 1998; Yokoyama, 2006), hat in verschiedenen Hochschulen bzw. Hochschulsystemen teilweise schon stattgefunden. Gleichwohl widmet sich der aktuelle Forschungsstand zum Verhältnis von transformationaler und transaktionaler Leadership überwiegend der Rolle von Präsident(inn)en innerhalb der Hochschule. Es liegen also kaum ausreichende Erkenntnisse über die besondere bzw. neue Führungsrolle der Präsident(inn)en unternehmerischer, stark nach außen gerichteten Hochschulen vor. Allerdings können die hier theoretisch entwickelten Thesen über die erforderlichen Handlungsfähigkeiten von Hochschulpräsident(inn)en in Bezug auf die Beziehung zur Wirtschaft als Ausgangspunkte für eine empirische und multidisziplinäre Forschung zu Hochschulleitungen verstanden werden. Zunächst muss ein Modell zur Erklärung des Phänomens der Leadership von Hochschulpräsident(inn)en entwickelt werden, das die veränderte Funktion der Präsident(inn)en berücksichtigt und die besonderen Merkmale der Hochschulen in den Blick nimmt. Dazu gehören z.B. die Ambiguität ihrer Ziele, die neben den häufig konfligierenden Ziele der Forschung und der Lehre nun auch die dritte akademische Mission umfasst, die dezentrale Organisationsstruktur, das professionelle Profil ihrer Mitglieder sowie besondere Herausforderungen der Außenbeziehungen, insbesondere in Hinsicht auf die Wirtschaft. Business-Modelle könnten dabei von Nutzen, müssen aber nicht ausreichend sein. Wie Hochschulen aber angesichts ihrer immer stärkeren gesellschaftlichen Einbettung geführt werden müssen, darüber können empirische Studien über das Handeln und die Veränderungen der Rolle von Hochschulpräsident(inn)en weiterführende Erkenntnisse bringen. Dies gilt auch oder gerade im Hinblick auf die Rolle der Hochschulpräsident(inn)en außerhalb der Organisation, im regionalen und nationalen Kontext, in der Wirtschaft und in der Politik: So etwa gehören Präsident(inn)en, ebenso wie Industriemanager(innen) und Leiter(innen) von Regierungsbehörden, unterschiedlichen wissenschaftlichen, technologischen, unternehmerischen und Public-Policy-Ausschüssen und Räten an (vgl. Youtie/Shapira, 2008, S. 1151).

Diese neuen Herausforderungen, Aufgaben und Rollen auf individueller und organisationaler Ebene bleiben, beim gegenwärtigen Stand der Forschung, ein wichtiges Desiderat.

Quellenverzeichnis

Adams, J. S. (1976): The Structure and Dynamics of Behavior in Organizational Boundary Roles. In: Dunnette, M. D. (Hrsg.): Handbook of Industrial and Organizational Psychology, New York, S. 1175-1199.

Bargh, C.; Bocock, J.; Scott, P.; Smith, D. (2000): University Leadership: The Role of the Chief Executive, Buckingham und Philadelphia.

Basham, L. (2010): Transformational and Transactional Leaders in Higher Education. In: International Review of Business Research Papers, 6(6), S. 141-152.

Bass, B. M. (1997): Does the Transactional-Transformational Leadership Paradigm Transcend Organizational and National Boundaries? In: American Psychologist, 52(2), S. 130-139.

Bass, B. M.; Avolio, B. J. (1994): Improving Organizational Effectiveness Through Transformational Leadership (1st ed.), Thousand Oaks.

Bass, B. M.; Bass, R. (2008): The Bass Handbook of Leadership: Theory, Research, and Managerial Applications (4th ed.), New York.

Bensimon, E. M. (1993): New Presidents' Initial Actions: Transactional and Transformational Leadership. In: Journal for Higher Education Management, 8(2), S. 5-17.

Bikmoradi, A.; Brommels, M.; Shoghli, A.; Khorasani Zavareh, D.; Masiello, I. (2009): Organizational Culture, Values, and Routines in Iranian Medical Schools. In: Higher Education, 57(4), S. 417-427.

Burns, J. M. (1978): Leadership (1st ed.), New York.

Clark, B. R. (1998): Creating Entrepreneurial Universities: Organizational Pathways of Transformation. Issues in higher education (3rd ed.), Oxford.

Engwall, L.; Levay, C.; Lidman, R. (1999): The Roles of University and College Rectors. In: Higher Education Management, 11(2), S. 75-93.

Felfe, J. (2006): Transformationale und charismatische Führung – Stand der Forschung und aktuelle Entwicklungen. In: Zeitschrift für Personalpsychologie, 5(4), S. 163-176.

Fiedler, F. E. (1967): A Theory of Leadership Effectiveness. McGraw-Hill Series in Management, New York.

Gibb, A.; Haskins, G.; Robertson, I. (2013): Leading the Entrepreneurial University: Meeting the Entrepreneurial Development Needs of Higher Education Institutions. In: Altmann, A; Ebersberger, B. (Hrsg.): Universities in Change, New York, S. 9-45.

Green, M. F.; Eckel, P. D. (2010): The Changing Role of University Presidents, Vice-Chancellors and Rectors. In: Peterson, P.; Baker, E.; McGaw, B. (Hrsg.): International Encyclopedia of Education (3rd ed.), Oxford, S. 264-272.

House, R. J. (1977): A 1976 Theory of Charismatic Leadership. Working Paper Series no. 76-06 – Faculty of Management Studies, University of Toronto, Toronto, S. 77-10.

House, R. J.; Hanges, P. J.; Mansour, J.; Dorfman, P. W.; Gupta, V. (2004): Culture, Leadership, and Organizations: The GLOBE Study of 62 Societies, Thousand Oaks.

Judge, T. A.; Piccolo, R. F. (2004): Transformational and Transactional Leadership: A Meta-Analytic Test of their Relative Validity. In: Journal of Applied Psychology, 89(5), S. 755-768.

Kezar, A.; Eckel, P. (2008): Advancing Diversity Agendas on Campus: Examining Transactional and Transformational Presidential Leadership Styles. In: International Journal of Leadership in Education, 11(4), S. 379-405.

Kleimann, B. (2013): Rollenverständnis und Leitungspraktiken deutscher Universitätspräsidenten. In: HIS: Magazin, 3 2013, S. 13-14.

Kloke, K.; Krücken, G. (2010): Grenzstellenmanager zwischen Wissenschaft und Wirtschaft? Eine Studie zu Mitarbeiterinnen und Mitarbeitern in Einrichtungen des Technologietransfers und der wissenschaftlichen Weiterbildung. In: Beiträge zur Hochschulforschung, 32. Jg., 3/2010, S. 32-52.

Köhn, A. (2010): Der Zusammenhang von transformationaler Führung auf der Ebene der Geschäftsführung, Innovationstypen und Unternehmenserfolg. Eine empirische Analyse in der Medizintechnikbranche, Greifswald.

Krücken, G. (2009): Kommunikation im Wissenschaftssystem - was wissen wir, was können wir? In: Hochschulmanagement, 4(2), S. 5056.

Krücken, G. (erscheint 2013): Die Universität – ein rationaler Mythos? In: Beiträge zur Hochschulforschung.

Krücken, G.; Meier, F. (2006): Turning the University into an Organizational Actor. In: Drori, G. S.; Hwang, H.; Meyer, J. W. (Hrsg.): Globalization and Organization. World Society and Organizational Change, Oxford, S. 241-257.

Krücken, G.; Meier, F.; Müller, A. (2007): Information, Cooperation, and the Blurring of Boundaries - Technology Transfer in German and American Discourses. In: Higher Education, 53(6), S. 675-696.

Luhmann, N. (1964): Funktionen und Folgen formaler Organisation. Schriftenreihe der Hochschule Speyer: Vol. 20, Berlin.

Luhmann, N. (1973): Vertrauen: Ein Mechanismus der Reduktion sozialer Komplexität, 2. Aufl., Stuttgart.

Meindl, J. R. (1995): The Romance of Leadership as a Follower-centric Theory: A Social Constructionist Approach. In: The Leadership Quarterly, 6(3), S. 329-341.

Middlehurst, R.; Kennie, T.; Woodfield, S. (2010): Leading and Managing the University – Presidents and their Senior Management Team. In: Peterson, P.; Baker, E.; McGaw, B. (Hrsg.): International Encyclopedia of Education (3rd ed.), Oxford, S. 238-244.

Muijs, D.; Harris, A.; Lumby, J.; Morrison, M.; Sood, K. (2006): Leadership and Leadership Development in Highly Effective Further Education Providers. Is there a Relationship? In: Journal of Further and Higher Education, 30(1), S. 87-106.

Noorshahi, N.; Dozi Sarkhabi, M. Y. (2008): A Study of Relationship between Consequences of Leadership and Transformational Leadership Style of the Presidents of Iranian Universities and Institutions of Higher Education. In: Academic Leadership, 6(2), o.S.

Pilbeam, C.; Jamieson, I. (2010): Beyond Leadership and Management: The Boundary-spanning Role of the Pro-Vice Chancellor. In: Educational Management Administration & Leadership, 38(6), S. 758-776.

Pounder, J. S. (2001): "New Leadership" and University Organisational Effectiveness: Exploring the Relationship. In: Leadership & Organization Development Journal, 22(6), S. 281-290.

Schmoch, U.; Licht, G.; Reinhardt, M. (2000): Wissens- und Technologietransfer in Deutschland, Stuttgart.

Spendlove, M. (2007): Competencies for Effective Leadership in Higher Education. In: International Journal of Educational Management, 21(5), S. 407-417.

Tacke, V. (1997): Systemrationalisierung an ihren Grenzen: Organisationsgrenzen und Funktionen von Grenzstellen in Wirtschaftsorganisationen. In: Schreyögg, G.; Sydow, J. (Hrsg.): Managementforschung: Vol. 7. Gestaltung von Organisationsgrenzen, Berlin, S. 1-44.

von Rosenstiel, L. (2009): Grundlagen der Führung. In: von Rosenstiel, L.; Regnet, E.; Domsch; M. E. (Hrsg.): Führung von Mitarbeitern. Handbuch für erfolgreiches Personalmanagement, 6. Aufl., Stuttgart, S. 3-27.

Vroom, V. H.; Yetton, P.W. (1973): Leadership and Decision-making, Pittsburgh.

Washington, M.; Boal, K. B.; Davis, J. N. (2010): Institutional Leadership: Past, Present and Future. In: Greenwood, R.; Oliver, C.; Sahlin, K; Suddaby, R. (Hrsg.): The SAGE Handbook of Organizational Institutionalism, Los Angeles, S. 719-734.

Yokoyama, K. (2006): Entrepreneurialism in Japanese and UK Universities: Governance, Management, Leadership, and Funding. In: Higher Education, 52(3), S. 523-555.

Youtie, J.; Shapira, P. (2008): Building an Innovation Hub: A Case Study of the Transformation of University Roles in Regional Technological and Economic Development. In: Research Policy, 37(8), S. 1188-1204.

Zündorf, L. (1986): Macht, Einfluss, Vertrauen und Verständigung. Zum Problem der Handlungskoordinierung in Arbeitsorganisationen. In: Seltz, R. (Hrsg.): Organisation als soziales System. Kontrolle und Kommunikationstechnologie in Arbeitsorganisationen, Berlin, S. 33-56.

Short biographies of authors

Rosalba Badillo Vega, M.A., is a PhD researcher in sociology at the International Centre for Higher Education Research in Kassel, and an adjunct scientific researcher at Münster University of Applied Sciences at the Science-to-Business Marketing Research Centre, coordinating the Uni-Transfer Executive Programme.

Ms Badillo Vega studied psychology at the Universidad Iberoamericana in Mexico and at the University of Heidelberg in Germany. She has been a lecturer at various universities and on international programs in Europe and Latin America. She also has experience in secondary and higher education management as well as in international cooperation.

Her primary research interests include higher education leadership and management, organizational development, and the transfer of knowledge and technology between higher education institutions and their environments.

Professor Georg Krücken is director of the International Centre for Higher Education Research Kassel, and professor of sociology and higher education research at the University of Kassel.

After undergraduate and graduate studies in sociology, philosophy, and political sciences at Bielefeld University and the University of Bologna, Krücken received his PhD. in sociology from Bielefeld University in 1996, where he worked as an associate professor until 2006. From 1999 to 2001 he was a visiting scholar at the Department of Sociology at Stanford University. He taught as a guest professor at the Institute for Science Studies, University of Vienna, and at the Centre de Sociologie des Organisations, Sciences Po, Paris. Before coming to Kassel he held the endowed chair for science organization, higher education and science management at the University of Speyer.

His research interests include science studies, organizational studies, the management of higher education, and neo-institutional theory.

University-Business Cooperation: A Tale of Two Logics

Peter van der Sijde, Firmansyah David, Hans Frederik, M. Redondo Carretero

Universities and businesses have different "institutional logics". These two contradictive logics will "collide" when such organizations begin a cooperation with each other. Nevertheless, a bridge can be built between them. In this study, we present four short cases to illustrate how academics make sense of the logics of the business world. Also, we formulate three basic attitudes with regard to business logic: acknowledgement, benefits, and compliance (ABC). Systematic and more extensive research is needed; however, the non-random selection and presentation of these examples gives future research a (new) direction.

1 Introduction

In 1859 Charles Dickens wrote his famous book about the French revolution, A Tale of Two Cities. This contribution of this study is not about a "revolution", but about cooperation that is regarded as desirable and turns out to be hard to realize. A cooperation between the world of universities and the world of business, are two worlds governed by different "institutional logics". Institutional logics have been defined by Thornton and Ocasio (1999, p. 804) as "the socially constructed, historic patterns of cultural symbols and material practices, including assumptions, values, beliefs, by which individuals and organizations provide meaning to their daily activities, organize time and space, and reproduce their lives and experiences". It has also been said that institutional logics shape rational, mindful behavior, and individual and organizational actors have some hand in shaping and changing institutional logics (Thornton, 2004). In the world of business and industry the denizens differ from those in academia. Although both groups of denizens received their education and training in a similar world, afterwards they started "living" in different worlds, each world with its own logic. This contribution is a "tale" about the two logics.

Universities are increasingly considered as part of the innovation ecosystem and as important actors in creating and preparing knowledge to be commercialized in various forms and shapes. Over the last 25 years, universities have gradually adapted to perform this "new" role (e.g. Etzkowitz, 2002; Wissema, 2009). Nevertheless, this "new" role is still a bit "strange" in the university and the tasks ("third mission") connected with this role are known under a variety of names ranging from "technology transfer", "outreach", "science marketing" to "commercialization" and "valorization". Many authors have built models to describe this new role in the context of the university and its environment. For example, Chatterton and Goddard (2000) emphasized that the "new task" or "third mission" should be performed in conjunction with the traditional university tasks: research and education; moreover it should provide added value to those tasks (van der Sijde et al., 2002). Etzkowitz (1998; Leydesdorff & Etzkowitz, 1996) introduced the Triple Helix: university (or more generally: knowledge institutes), government and industry (business) should cooperate and develop together to enhance wealth and prosperity for all. Notwithstanding the benefits for all involved, it appears that there are many hurdles to take and governments all over the world design policies and incentives to encourage cooperation between university and business, indicating that university business cooperation is not a "natural" strategy for either of them.

Academics play an important role in the process of university and business cooperation. At the individual level, an academic can act as an "agent" and start a relationship between a university and a business that is in the two parties' mutual interest. This is rather a challenging task, since by acting as agents, academics should extend their orientation beyond teaching and research. Academics should be able to bring together features from the two different worlds into a mutually beneficial "framework" that incorporates university and business interests. Also, at the organizational level, fostering a relationship between two different institutions is not an easy task; it requires effort to prepare both types of organization for cooperation. Third parties, such as government agencies or funding organizations can have their own interests in bringing universities and business together. All policies and strategies imposed on or created by an organization are considered as influencing the "logics" of an institution.

In this contribution, by considering four short cases of university-business cooperation, we focus primarily on the academic and his/her role in the process of cooperation with the business world. We present four examples that describe how academics in four different situations of a university and business cooperation are dealing with institutional logics. These situations provide insights into the process of university-business cooperation.

2 Academics and the business world

Why and how the academics run their collaborations with the world of business is an interesting research question and has been studied by many scholars over time (Gallart et al., 2002; Perkmann et al., 2013). No matter what the context is, a main reason for an academic to be involved is that the activity creates benefits in some form (status, contacts, financial revenues or academic acknowledgement). Boyer (1996) argues that an academic will get benefits if he/she is able to build up a relationship with person(s) outside academia. The person or persons outside academia refers to individual and groups in the society, particularly organizations that can bring profit for academics. Such a relationship needs to be a mutually beneficial one: academics provide knowledge, and professionals "outside academia" use the knowledge; the collaboration arising from such relationships is widely known as University-Business Cooperation (UBC) and it can directly impact the innovation eco-system.

Although such benefits and the mutual relationship between academics and professionals would create a bright future for the implementation of the "third mission" of a university, there are major barriers, one of which is the difference in "institutional logics". An academic would be exposed to university logic or "academic logic". This "academic logic" (Merton, 1973; Perkmann et al., 2012) requires individual academics to dedicate valuable time to two activities: teaching and research. For the third mission sometimes there is not enough time or no prioritization for academics to explore and carry out this mission. The university gives (groups of) academics the "privilege" of managing their research independently for a given period of time. Basically, academics are "appraised" on evaluations from students (teaching) and publications (and H-indices) in peer review journals (research). Unlike the university, business has its own "logic" or "commercial logic" (Merton, 1973; Perkmann et al., 2012). The business expects (high) profits in the shortest period and it has to deal with market conditions that change frequently (Cyert/Goodman, 1997; Elmuti et al., 2013). Academics in universities are working in a sustained and more predictable situation, although science (research) can be unpredictable.

University policy can increase academic participation in University-Business Cooperation and stimulate academics to engage with the world of work. The university can collect benefits in its different forms (e.g. practitioners' publications and reputation) with such activities and this also strengthens the universities' role in enhancing innovation in a certain region or cluster. However, when this policy meets practice, logics collide: academics become exposed to two different logics. On one side, academics must fulfill their basic requirements in teaching and research to meet the university demands. On the other hand, academics must understand the logics of the business world.

While institutional scholars recognize that institutional logics spur isomorphic behaviours at the field level, they also acknowledge that some fields are exposed to multiple and potentially competing logics (Friedland/Alford, 1991), imposing competing demands on organizations and their members, and forcing them to devise responses that may deviate from plain compliance (Pache/Santos, 2010; Greenwood et al., 2011). Depending on the degree of availability, accessibility, and activation of a given logic, individuals may relate to logics in three different ways (Pache/Santos, 2013). In increasing order of adherence, they may be a *novice* with a given logic, they may be *familiar*, or they may be *identified* with a given logic. An individual who is a novice with respect to a given logic has no (or very little) knowledge or information available about this logic. Such a situation may occur when an individual has not been exposed to the logic and its associated demands, nor has interacted with others exposed to them. An individual who is familiar with a given logic retains available knowledge about it. Such knowledge is made available through direct or mediated social interactions. An individual who is identified with a given logic is one for whom the logic is available and highly accessible. The logic defines for that individual not only what to do but also who he/she is, as well as how he/she relates to the rest of the world (Pache/Santos, 2013).

3 Four examples of dealing with academic as well as business logics

3.1 Dealing with competing logics: the IT-graduate

Academics can face competing logics, but what about graduates? The graduate is a special actor in the field of the "two logics". As a freshman at university the student is a real novice in the university logics – over time the student becomes familiar with the "academic logic". It all starts during the first weeks of the first year with "hazing". Academic logics are communicated through direct and indirect social interactions. Individuals may be influenced by institutional logics through different channels (e.g. the elder at the student corpora). Formal education is a powerful tool through which academic and professional norms are produced, legitimized, and diffused (DiMaggio/Powell, 1983). It influences the behavior of the students by providing them with ready-to-use templates about how to behave. After three or four years of hardship (study), the student is *familiar* with the academic logics and becomes a university graduate, but what does this graduate know of the logics in the world in which he/she is expected to find a job?

More and more universities are taking a responsibility in this. In different programs they prepare the student for the switch from graduate to young professional, and introduce the graduate to the logics of the business world. Also companies play a part in this transition process and create special introductory programs for beginning young professionals to acquaint them with the business logics. Educationally, the question is: can a university prepare the graduate for his/her first step into the professional world? And what role does the business logic play? For example the University of Groningen offers a course with the aim of making students more aware of the requirements of the business world and prepare them for a future job (and, via the course, for a different type of logic). Another example comes from the economics domain: Utrecht University of Applied Sciences (HU) has, at the request of some major accountancy firms, started post-graduate programs, who, until then organized these programs themselves. Because the HU wants to play a role in the field of lifelong learning, it agreed to organize these extracurricular courses with an emphasis on the specific requirements and practices within the accountancy world (logics of the business world). At Victoria University in Australia, the students are supposed to be job-ready and in demand when they graduate. Many of the courses have industry accreditation and are based on workplace needs. Through internships and placements the students gain practical work experience (and get acquainted with the logic of the "other" world).

All university computer science graduates are exposed to an intensive training program when they enter a company like Capgemini, Accenture, Software AG, SAP, Centric or Unit4. All training programs start with an introductory phase of a few months in the company's head office. The introduction focuses on the company and the business logics. The young professional has to cope with competing logics: the academic logic of the last few years, and the professional logic during the coming months and years. The young professional makes the transition if he/she wants to be successful. The staffing company Randstad identified a demand for employees with IT knowledge in the markets of, for example, Java and Scrum. Companies are struggling to find suitable university graduates. Randstad therefore started the project Cool IT. The project provides IT professionals who are looking for a job with the opportunity to participate in a five-month course in which they are introduced, amongst others, to the logics of the business world and then it finds them employment in a company. During the course the candidates acquire work experience in reputable companies. In the promotion of this program, Randstad explicitly expressed its purpose: building a bridge between university and business logics. Another example, in which the transition to the business world is made, is the RABO Bank Young Professional Program. This gives IT graduates a chance to enter a six-month program to develop into a fully-fledged RABO IT-professional. In the first two weeks of the program a participant gets acquainted with RABO bank as an organization, the IT training program, and the personal development program. After this introduction the participant gets to work in a function, either in "IT and Engineering" or in "IT and Organization". As in the Randstad example, the participant in the Young Professional program is required to "adapt" to the organization's logic, which is different from the logics he/she was formally educated with as a student. IT companies tend to work along the same lines: training new employees in professional logics. University graduated IT professionals have the opportunity to take extra accredited courses and training; courses with elements of social behaviour and procedures ("business logics").

3.2   Preparing for business logics: Pre-incubation

Universities have tried to encourage the cooperation between themselves and the business world through different mechanisms, such as incubation and pre-incubation. In fact, the first business incubators were developed to transform ideas that were born within universities into businesses. But, do such mechanisms for cooperation also imply building bridges between academic logics and business logics?

Research has shown that business incubators are an effective means of stimulating the creation of new businesses by providing them with access to a diversity of facilities (Allen/McCluskey, 1990) and giving support through professional advice (Hannon/Chaplin, 2000). Universities pursuing the third mission via technology transfer, encouraging entrepreneurship and commercialization of cutting-edge research (Lockett/Wright, 2005; Nouira et al., 2005) have created University Business Incubators (UBIs) as tools of the academic world, but with an emphasis on business and business logics instead of academic tools and academic logics, since the latter, at best, can only offer a theoretical approach to business logic.

The incubation process in higher education is seen as necessary to fill the gap between universities and UBIs, and a pre-phase for incubators was introduced as a solution. Pre-incubation implies the assessment and development of the business idea in a protected environment. In pre-incubation, potential entrepreneurs are given assistance to investigate the marketability of their potential products or services prior to the founding of their companies. Two features of pre-incubation are important: (a) testing a business idea and getting business experience without having one's own company, and (b) starting to learn and understand how business (logics) works. Pre-incubation allows combining real business experiences with the values and beliefs of university logic. It is necessary to merge these two logics in order to increase the probability of success in this process and it has proved successful: since the first European pre-incubator was established in 1997 at the University of Bielefeld (USINE, 2005), pre-incubation programs have increased their number in universities and the extent of their activities.

The target group for university pre-incubation includes students, scientific staff and, especially, graduates. Graduates, as entrepreneurs, are novices trying to take their first steps. So, although in the university logic their level is "familiar", in the business logics, their level is "novice" because they have no previous experience. Pre-incubation is a "probationary period" (Dickson, 2004), during which graduates have the opportunity for extensive interaction with the industry, which prepares them for becoming entrepreneurs as well as enterprise managers. Also it is a "probationary period" for learning and experiencing the business logics. Graduates as pre-incubatees have to carry out their business tasks according to the business logics and "unlearn" their academic logic in the pre- incubation period.

Universities that implement a pre-incubation strategy create an environment that is favorable for pushing an idea forward to the market, to combine, for the first time academic and business logics. The way of combining both logics in pre-incubation depends on the university. For example, the model of Jyväskylä

Polytechnic in Finland is based on the fact that entrepreneurs carry out real projects through collaboration with companies. On the other hand, the Polytechnic University of Valencia in Spain offers entrepreneurs tools to write a business plan and create an international network, and is in continuous contact with companies (USINE, 2005). In view of these cases, we can derive that collaboration between universities and businesses in pre-incubation allows a transition from the one logic to the other.

3.3 Conflicting logics: Indonesian Universities dealing with business cooperation

The third mission of the university has been known to universities all over the world for many decades (Etzkowitz, 1998). The third mission of universities in Indonesia is described in the Law on Higher Education and has been institutionalized as "community service" and it is commonly organized via a central office (LPPM, the Indonesian version of the Technology Transfer Office) in each university. To facilitate this task, the government has developed and offered various funding schemes over the years, and extended the budget substantially in 2010. During the period 1992-2008, these funding schemes had just attracted a few universities and it was dominated by public universities. A big leap happened in 2010 because of cutting down bureaucracy and changing policies (see Figure 1; DGHE, 1997 - 2013). However, this percentage still does not reach the goals of academic involvement set by the Indonesian government: by 2020 at least 20% of academic staff should be involved in the UBC programs (DGHE, 2012).For comparison: Davey et al., (2011) found in their European sample an involvement of about 30%.

Davey et al. (2011) also state that funding and bureaucracy are both the drivers and barriers of UBC, but are not the only factors reducing or increasing the number of UBC programs. Institutional logic might throw some light on this. In the "academic logics", the academic in an Indonesian university has to fulfill three tasks during his/her "academic career": teaching and research are the two major tasks, for which "career credits" can be earned. They will get at least 75% of credits from doing these activities while the other 25% can be earned via other obligations, such as community service (Ministry, 2009). This "career credit" system should motivate academics to engage in UBC, but the government numbers tell a different story. Academics have different cultures, targets, and time orientation compared to their counterparts in government and the business society (Cyert/Goodman, 1997). Amalia et al. (2011) argued that differences in language cause difficulties implementing research results from Indonesian universities in business. Moreover, they added that government, university and business have different languages in which they communicate with each other. Government has its "bureaucratic language" which is difficult to comprehend by universities and businesses in the UBC program. Moeliodiharjo et al. (2012) state that a lack of mutual trust and understanding has become the main factor in UBC failure in Indonesia.

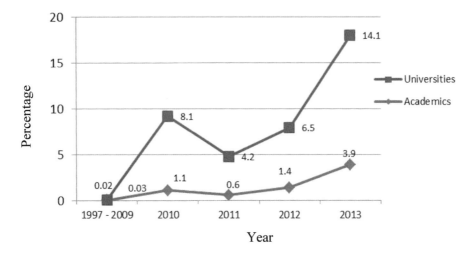

Fig. 1: The percentage of universities and academics engaged in UBC programs.
Source: DGHE documents of Community Service Program.

Since 2012, the government has gradually cut down its bureaucracy and now "trusts" universities to manage their government funding. Indeed, this will bring advantages, e.g. it saves time and reduces the number of "bureaucratic errors". Bringing universities into the innovation ecosystem, as a governmental objective, would mean a merging of logics.

3.4 Different logics in a healthcare project

The cooperation between universities and business can take many forms. The following presents an example of a program on "knowledge circulation". The latter term is particularly used in the context of Dutch universities for applied sciences (e.g. van der Sijde, 2006) and describes the process of "increasing knowledge" by sharing it. In this project (van der Sijde, 2007) lecturers in universities (of applied sciences), and companies in the domain of healthcare with students, cooperated in nine different new product development projects. Each of the projects had to realize a predetermined objective such as developing a (new or improved) product or service for the company. The students acted as the "linking pin" between the university (the lecturers) and the company and did most of the development work. At the end of the project all involved indicated that the project had been successful and had reached its objectives; an excellent result one might think, but it appeared that although the objectives had been met, hardly any knowledge was exchanged between the actors in these projects.

Tab. 1: Exchange of knowledge between university and company

Domains of knowledge	Exchange between university and company
Theoretical	University and company try to exchange knowledge, but both indicate that it was not successful
Research	Some basic exchange of knowledge between the university and the company
Design	University tries to transfer knowledge to the company
New product ideas	Company tries to transfer knowledge to the university
Experiments and testing	No exchange of knowledge
Market	No exchange of knowledge
Socio-economic	No exchange of knowledge
Government & politics	No exchange of knowledge
Production processes	Company tries to transfer knowledge to the university
Support processes	No exchange of knowledge

Source: Own illustration.

Table 1 shows, that the initiative to exchange of knowledge was not (very) successful. In the domain of "research" knowledge, university and company exchange some knowledge with the goal of learning from each other. Concerning the domain of "production process" and "new product ideas" there was no exchange between university and company, although the company undertook (some) efforts while the university undertook efforts to no avail with regard to "design". Other areas seem of no interest to either party to exchange knowledge, except for the domain of "theoretical knowledge": both parties indicated there had been efforts to exchange knowledge and both acknowledged that these had been unsuccessful.

The (non-)exchanges between university and companies might originate from differences in institutional logics. In a University of Applied Sciences (UAS) the dominant logic of lecturers is the extension of the body of knowledge in order to enrich teaching. As a result of this logic, UAS lecturers focus on those domains of knowledge that contribute to that objective: theoretical knowledge and knowledge of research and design. The dominant logic in companies is to increase turnover and sustainability. Knowledge in the domains of theoretical knowledge, new product ideas and production processes is of prime interest. Only in the domain of "theoretical knowledge" do they find common ground, but differences in logics prevent exchange and learning. Although this project was designed to cope in one project with both types of institutional logic, neither of the actors was able to deal with the other actor's logic. In other words, the actors in the project – the lecturers and the business representatives – did not create a "project logic" as a synthesis and a common denominator for working together. There was cooperation, but this cooperation could not serve as the basis for a sustainable partnership.

4 Discussion

The four examples each describe different ways of coping with the conflicting logics of academia and the business world. The first two examples, the (IT) internships of graduates and the entrepreneurial activities in the pre-incubator, describe how universities can prepare their students or graduates for the world of work. Universities have realized that the institutional logic with which its students are trained differ from the logic of the business world. Therefore, via internships students are prepared for the world of work and get acquainted with a different logic: the business logic. Another "bridge" between the two logics can be built by the business world, as described in the IT examples. Something similar happens with students who want to start a company after graduation: in the pre-incubator the university provides an environment in which business logic is dominant, and if students are successful in making the transition from the academic logic to the business logic, they can graduate from the pre-incubator to the "real" world of business. Failing to make this transition provides the student-entrepreneurs with a valuable experience, and can help them later to make a decision on whether to try it on their own or not.

In each of the examples the graduates of the university are considered to have become "familiar" with the academic logic, and in the programs either within or outside the university context they either reach the novice or the familiar level of business logic – the level depends on the extent and intensity of the experience.

The other two examples describe how academics cope with the institutional logics. In the case of Indonesia, academics employed by universities (university logic level of "identified") have to cope with the demands put on them by the government. To be promoted to a higher status function in the university, an academic has to collect "career" credits. One way of collecting them is via projects with businesses. Different ways of coping with the business logics may occur: from workshops and training programs for business, to joint projects. Analysis from government statistics shows that only a small percentage of academics are involved in this type of activity. This could mean that presently the majority of academics prefer not to be involved with business in order to avoid a conflict between their academic logic and the logic of the business world. The ones who get involved can do so to different degrees: from being a "novice" as regards the business logic (and involvement via workshops, seminars, and training) to "identified" (involvement via joint projects with joint objectives). The health care project shows that the involvement can be different for different topics. In some areas the academics and representatives from business try not to get involved with each other, while in other domains they do get involved or try to get involved, but fail.

4.1 The ABC of coping with the business logic

All examples show the struggle academics have with business logics. In each of them some way of coping is shown. Those concerning graduates illustrate how many of them can make the transition from university to business. The IT and pre-incubation examples describe successful partnerships of the university with the world of work. When taking a closer look it becomes evident, that hardly any of these partnerships cause the academics in the university to change their academic logics or to incorporate business logics. What does happen is that business logics are *acknowledged*. The health care project exemplifies that the differences in logics are acknowledged and that there is an investment in bridging the logics. However, although both the university and the company see the added value of their cooperation, neither is able to reap the *benefits* beyond the agreed objective. The Indonesian community programs show that academic logic is persistent and even in situations where the cooperation with the business world is to be complied and stimulated with subsidies (*compliance*), it still has not reached the level the government has set.

In addition to the mechanisms formulated by Pache and Santos (2013) we formulate three more basic attitudes with regard to business logics: acknowledgement, benefits, and compliance (ABC). The ABC attitudes show how academics make sense of business logics and use strategies as formulated by Pache and Santos to cope:

⇨ *Acknowledgement* indicates that academics know that in the world of work different logics rule, but prefer not to have them interfere too much with academic logics.

⇨ *Benefits* indicate that academics bridge the two logics when there is a benefit; preferably a benefit that counts in the academic world.

⇨ *Compliance* means that academics cooperate with the business world, because they have to.

5 Conclusion

This study presents examples from our own experience to illustrate how academics make sense of the logics of the business world. And although systematic and more extensive research is needed, the examples illustrate the difficulties in dealing with the topics of the "other world". Indeed, Dickens' tale of two cities applies to these two logics: they are different, but can or should be bridged; traffic between the two "cities" is possible. Based on the work of Pache and Santos (2013), we identified mechanisms behind the different forms of coping with the different logics: acknowledgement, benefits and compliance. The three mechanisms we describe are how we travel between the two worlds; Pache and Santos (2013) describe how we behave in the "other world". It is our opinion that the "two worlds" metaphor combined with institutional logics will provide new avenues for researching University-Business Cooperation.

References

Allen, D. N.; McCluskey, R. (1990): Structure, policy, services and performances on the business incubator industry. In: Entrepreneurship Theory and Practice, 15(2), pp. 61-77.

Amalia, M.; Pawennei, I. A.; Anggara, R.; Tanaya, J.; Nugroho, Y. (2011): Interaksi Peneliti dan Industri dalam Rangka Implementasi Hasil Riset, Dewan Riset Nasional BPPT: Jakarta.

Boyer, E. (1996): The Scholarship of Engagement, Bulletin of the American Academy of Arts and Sciences, American Academy of Arts and Sciences.

Chatterton, P.; Goddard, J. (2000): The response of higher education institutions to regional needs. In: European Journal of Education, 35(4), pp. 475-496.

Cyert, R .M.; Goodman, P. S. (1997): Creating Effective University-Industry Alliances: An Organizational Learning Perspective, Tepper School of Business, Paper 821.

Davey, T.; Baaken, T.; Galán Muros, V..; Meerman, A. (2011): The State of European University-Business Cooperation Final Report – Study on the cooperation between Higher Education Institutions and public and private organization in Europe, Science-to-Business Marketing Research Centre Germany: Muenster.

DGHE (2009): Pedoman Operasional Penilaian Angka Kredit Kenaikan Jabatan Fungsional Dosen ke Lektor Kepala dan Guru Besar, Website of DIKTI, accessed on September 25 2013, at pak.dikti.go.id/portal/wp-content/plugins/downloads-manager/upload/PEDOMAN%20OPERASIONAL%20AK%202009.pdf.

Dickson, A. (2004): Pre-incubation and the New Zealand Business Incubation Industry, New Zealand Centre for SME Research, Massey University: Wellington.

DiMaggio, P.J.; Powell, W. (1983): The Iron Cage Revisited: Institutional Isomorphism and Collective Rationality in Organizational Fields. In: American Sociological Review, 48(2), pp. 147-160.

Elmuti, D.; Abebe, M.; Nicolosi, M. (2005): An overview of strategic alliances between universities and corporations. In: The Journal of Workplace Learning, 17(1-2), pp. 115 - 129.

Etzkowitz, H. (1998): The norms of entrepreneurial science: cognitive effects of the new university-industry linkages. In: Research Policy, 27(8), pp. 823-833.

Etzkowitz, H. (2002): Networks of Innovation: Science, Technology and Development in the Triple Helix Era. In: International Journal of Technology Management and Sustainable Development, 1(1), pp. 7-20.

Friedland, R.; Alford, R. (1991): Bringing Society Back in: Symbols, Practices and Institutional Contradictions. In: Powell, W. W.; DiMaggio, P. (Eds.): The new institutionalism in Organizational Analysis, The University of Chicago Press: Chicago, pp. 232-266.

Gallart, M.; Salter, A.; Patel, P.; Scott, A.; Duran, X. (2002): Measuring third stream activities, Final Report to the Russell Group of Universities, SPRU.

Greenwood, R.; Raynard, M.; Kodeih, F.; Micelotta, E.R.; Lounsbury, M. (2011): Institutional Complexity and Organizational Responses. In: The Academy of Management Annals, 5(1), pp. 317-371.

Hannon, P. D.; Chaplin, P. (2000): The UK incubation impact assessment study 1999/2000, phase one – key literature executive summary, UK Business Incubation: Birmingham.

Leydesdorff, L.; Etzkowitz, H. (1996): Emergence of a Triple Helix of university-industry-government relations. In: Science and Public Policy, 23(5), pp. 279-286.

Lockett, A.; Wright, M. (2005): Resources, capabilities, risk capital and the creation of university spin-out companies. In: Research Policy, 34(7), pp.1043-1057.

Merton, R. (1973): The sociology of science: Theoretical and Empirical Investigations, University of Chicago Press: Chicago.

Moeliodiharjo, B. Y.; Soemardi, B. W.; Brodjonegoro, S. S.; Hatakenaka, S. (2012): University, Industry, and Government Partnership; its present and future challenges in Indonesia. In: Procedia – Social and Behavioral Sciences 52(2012), pp. 307 -316.

Nouira, S.; Klofsten, M.; Dahlstrand, A. (2005): The logic of the entrepreneur: implications of the entrepreneur's perception of early stage financing. In: International Journal of Entrepreneurship and Innovation, 6(2), pp.85-96.

Pache, A. C.; Santos, F. (2010): When Worlds Collide: the Internal Dynamics of Organizational Responses to Conflicting Institutional Demands. In: Academy of Management Review, 35(3), pp. 455-476.

Pache, A. C.; Santos, F. (2013): Embedded in Hybrid Contexts: How individuals in Organizations Respond to Competing Institutional Logics. In: Research in the Sociology of Organizations, 39B, pp. 3-35.

Perkmann, M.; Salter, A. (2012): How to Create Productive Partnerships with Universities. In: MIT Sloan Management Review, 53(4), pp. 79-105.

Perkmann, M.; Tartari, V.; McKelvey, M.; Autio, E.; Broström, A.; D'Este, P.; Fini, R.; Geuna, A.; Grimaldi, R.; Hughes, A.; Krabel, S.; Kitson, M.; Llerena, P.; Lissoni, F.; Salter, A.; Sobrero, M. (2013): Academic engagement and commercialisation: A review of the literature on university-industry relations. In: Research Policy, 42(2), pp. 423-442.

Thornton, P. (2004): Markets from culture: Institutional Logics and Organizational Decisions in Higher Education, Stanford University Press: Stanford.

Thornton, P.; Ocasio, W. (1999): Institutional Logics and the Historical Contingency of Power in Organizations: Executive Succession in the Higher Education Publishing Industry, 1958–1990. In: American Journal of Sociology, 105(3), pp. 801–843.

USINE (2005): University Start-up of International Entrepreneurs, accessed on 15 September 2013 at www.usine.uni-bonn.de/the-concept-of-preincubation.

van der Sijde, P. C. (2006): Kenniscirculatie en onderwijs: Kennisontwikkeling in interactie met het bedrijfsleven. In: H. van Hout, G. ten Dam, M. Mirande, C. Terlouw & J. Willems, Vernieuwing in het Hoger Onderwijs. Assen: Van Gorcum (ISBN 90-232-4235-1).

van der Sijde, P. C. (2007): Kenniscirculatie in het RAAK-Trinnovatie project [Knowledge circulation in the RAAK-Trinnoatie project], Saxion (internal report): Enschede.

van der Sijde, P .C.; Kekale, J.; Goddard, J. (2002): University – region interaction: managing the interface. In: Industry & Higher Education, 16(2), pp. 73-76.

Wissema, J. G. (2009): Towards the Third Generation University: Managing the University in Transition. In: Higher Education Quarterly, 64(2), pp. 216-225.

Short biographies of authors

Peter van der Sijde is an associate professor working in the Department of Organization Sciences of the Faculty of Social Sciences at the VU University Amsterdam (NL). He received his PhD. from the University of Twente where he co-founded in 2001 the Dutch Institute for Knowledge Intensive Entrepreneurship, NIKOS. His research interests are (high-technology) entrepreneurship and university-business cooperation. He serves on the editorial boards of a number of international journals.

Firmansyah David is a researcher at the Dept. of Organization Sciences at the VU University, Amsterdam. He also works as on the academic staff at the faculty of industrial technology Padang Institute of Technology, Padang Indonesia. He holds a degree in electrical engineering from Andalas University, Indonesia, and a master's degree in technical management from HS Emden Leer, Germany. Mr Firmansyah has more than four years of teaching experience in the field of applied IT and management for undergraduate and vocational students. His primary research area is a university-business cooperation, knowledge valorisation, and technology transfer.

Hans Frederik is a researcher for University Business Interaction at VU University Amsterdam, Department for Organization Sciences. Mr Frederik has many years of teaching experience, and he now works as a certified auditor for higher education at Hobéon, one of the main accreditation agencies in the Netherlands. He holds a master's degree (LLM) from the University of Utrecht, the Netherlands and is a certified management consultant (CMC) and a registered informatics professional (RI). His primary research areas are university programs in IT and interaction with the professional field.

María Redondo Carretero is an assistant professor of marketing at the University of Valladolid (Spain). She teaches courses in marketing management, logistics and international trade. She is a doctoral student and her current research focuses on relationship marketing, entrepreneurship and incubation. She has participated in different congresses. She has professional experience in business incubators, marketing plans and advising entrepreneurs.

University-Business Cooperation Outcomes and Impacts – A European Perspective

Todd Davey, Carolin Plewa and Victoria Galán Muros

University-Business Cooperation (UBC) is gaining importance within European HEIs, and increasing amounts of resources are invested in it, by the HEIs themselves and governments at different levels. In the face of rising scrutiny of their contribution to society, universities, and the governments funding them, are increasingly challenged to justify the organisational and societal outcomes and impacts of UBC. However, until now, methods for evaluating UBC have failed to capture its full value and complexity. This paper explores the topic and history of UBC outcome and impact evaluation, highlights some often overlooked factors that require further consideration, and suggests a preliminary framework for standardised evaluation of UBC outcomes and impacts.

1 Introduction

Across the world, societies are continually being challenged to stay relevant in ever more dynamic international markets. The flattening of the world's economic playing field has meant that societies are being faced with challenges that were unimaginable fifty years ago, resulting from a greater accessibility to, and coordination with, world markets (Friedman, 2005). Policymakers in industrial countries, especially Europe, are being tested more than ever as they struggle with the bilateral forces resulting from tight economic conditions, with emerging nations further challenging their traditional economic power (European Commission, 2007; Govindarajan and Ramamurt, 2011). Particularly since the turn of the new century, there has been an increasing focus on developing industrial powers into knowledge societies (European Commission, 2007).

Just as energy replaced human resources in the transition to the industrial age, the knowledge society sees knowledge replacing energy as the primary resource of society, with key elements being education, information and communication technology (ICT), science and technology (Scott, 1997). The review of Lord Dearing's National Committee of Inquiry into Higher Education outlined the perspective for higher education in "a learning society" with a focus on four elements: (i) enabling individuals to reach a level of self-actualisation in terms of their capabilities, (ii) increasing knowledge and understanding, (iii) serving the community, (iv) shaping a free, civilised and democratic society

(Laurillard, 2002). In a knowledge society, universities are expected to deliver value through teaching, research and knowledge transfer.

In addition to the universities' role in developing a knowledge society, their status as public institutions and substantial beneficiaries of public funds has brought about expectations for them to justify a return on the investment they have received (Benneworth and Jongbloed, 2010). That means a greater focus is now placed on the need to contribute to society in a meaningful way through knowledge and technology creation and exchange (Etzkowitz, 2000; Chatterton and Goddard, 2000). Unlike businesses that reinvest their profits back into the company, like all social enterprises, universities are expected to reinvest their "dividends" back into producing improved benefits for society stakeholders (SEC, 2003). In a practical sense, this responsibility has created a need for increasing, and closer, collaboration with industry (Benneworth and Jongbloed, 2010).

Facing these challenges, the last few decades have brought about a tangible change in the focus of policymakers and university management towards the higher education institutions' (HEI) so-called "third mission" of knowledge transfer, in addition to their traditional "missions" of teaching and research (Laukkanen, 2003). These missions are tightly connected with the concept of the regional innovation system (Caniëls and van den Bosch, 2011), and the potential impact of universities on the economic welfare of a region, stimulating economic growth, providing governance, creating jobs and increasing living standards (Etzkowitz and Leydesdorf, 2000; Xu, 2010; Davey et al., 2011; van der Sijde, 2012). More directly, universities can provide substantial benefits to regional stakeholders including by providing local businesses with access to research breakthroughs and helping them with problem-solving, by increasing the employability of students, by supporting business employees with training programmes suited to local needs as well as being a source of new ventures (Gunasekara, 2006).

Nevertheless, an understanding of the benefits that University-Business Cooperation (UBC) can provide to the involved parties and their stakeholders remains elusive. Various approaches and measures of success are used in the literature, with both subjective and objective variables used (Barnes et al., 2002; Thune, 2011). These approaches commonly focus on easily quantifiable measures, such as patents, patent registrations or journal publications (e.g. Barbolla and Corredera, 2009; Petruzzelli, 2011) or remain limited to a few single measures rather than the comprehensive portfolio of benefits that could be delivered through UBC. Hence, this paper contributes to the literature dealing with universities and UBCs by offering insight into the different conceptualizations of UBC benefits in the literature and their intersection with benefits provided by the universities themselves, proposing a conceptual framework for evaluating such benefits by means of the Logic Model, and thus providing a solid foundation for future work in this area.

The structure of this article is as follows. The paper begins with a literature review of approaches evaluating benefits resulting from HEIs and UBCs. Relevant influencing factors, such as the inclusion of tacit and explicit knowledge, the tangibility of outcomes, and the time lag between UBC and its resultant benefits are discussed. This leads to the development of a framework for determining outputs, outcomes and impacts of UBC based on the Logic Model. The paper concludes with an outline of future research directions.

2   Background

2.1   Evaluations of benefits resulting from HEIs

For nearly half a century, UBC benefits have been implicitly evaluated in studies dealing with the benefits of HEIs themselves. Hence, to establish a solid foundation for the understanding and evaluation of UBC benefits, it is necessary to first consider those benefits that are created by the HEI rather than the cooperation. As recognised originally by Salter and Martin (2001) and expanded upon by Drucker and Goldstein (2007), a number of primarily quantitative methods have been developed to assist in explaining and evaluating the benefits of universities, categorised as follows:

(a) *Single-HEI studies* focus on the direct (and some indirect) benefits of HEI spending, investment and employment in a region. Until now, this has been the most common form of assessment. For example, the "multiplier-based estimates" of an HEI's impact approach (Ambargis et al., 2011) is based on the *input-output approach* that was popularised by Felsenstein (1996). This approach reviews both inputs and outputs of universities whilst also attempting to differentiate between direct and indirect value creation. Another approach is the "counterfactual" approach outlined by Siegfried et al. (2007), which measures "how much better off area residents are with the institution there than they would be in its absence". Criticism of the *impact studies* approach include that it has a high reliance on spending and that it captures it captures a too narrow form of HEI impact as it is generally restricted to financially measureable data (Drucker and Goldstein, 2007).

(b) *Quantitative surveys* are a less-used form of benefit assessment that "analyses the extent to which government funded research constitutes a source of innovative ideas for firms" (Salter and Martin, 2001, p. 513). The most common application of the survey method is to ask firms to evaluate the contribution of regional universities to a number of areas, as well as overall productivity. A criticism of this model is that it is too reliant upon subjective data (Drucker and Goldstein, 2007) and internal bias (Salter and Martin, 2001).

(c) *Knowledge-production functions* entail an economic-modelling approach that seeks to measure the economic impact of knowledge and information creation on the production of industry by making use of knowledge-production functions. A major criticism of this approach, founded in the work of Solow (1957), is that it evaluates primarily economic data and measures a narrow, and measurable, subset of UBC outcomes (Drucker and Goldstein, 2007).

(d) *Cross-sectional and quasi-experimental designs* analyse the empirical relationships between variables, most often using regression-based statistical models. Generally speaking, in all of these approaches the unit of analysis focuses on firms or universities (Link and Scott, 2003).

The *Higher Education Impact Model* by Library House (2006) is perhaps the most progressive approach addressing some of the problems with UBC outcome and impact measurement. It combines economic impact analysis with output metrics and attempts to measure the implicit (tacit) value of universities. With a focus on universities and the benefits they provide, the model uses direct and indirect measurements of economic impact, expenditure and employment as well as societal impact. Additionally, the types of mechanisms for transferring knowledge are broader than most economic impact analyses, taking into account areas such as "commercialisation of Cambridge's knowledge and inventions", "stimulating entrepreneurship", "educating a skilled workforce" and "beyond the economic impacts" in addition to outcomes and impacts resulting from HEI research.

For further information relating to different approaches in evaluating the impact of universities, please refer to Drucker and Goldstein (2007).

It is important to note the overlapping nature of studies dealing with the benefits arising from universities themselves and those resulting from the universities' cooperation with business. Universities and their staff interact and engage with a wide variety of stakeholders, with business one of them (PACEC/CBR, 2009) whilst also including other universities and research institutes, governments, other public and society-based groups (Abreu et al., 2009) and many more. In contrast to the more commercial forms of collaboration associated with UBC, these other collaborations tend to be "important reflective interactions" which are fostered in collaboration within a broad range of "people-based and problem-solving activities" (Hughes 2011, p. 412).

Nevertheless, there is a high degree of cross-over between HEI and UBC benefits, as UBC is often used as a proxy for measuring an HEI's contribution to society and as a central component in measuring impacts of universities. Hence, the following section outlines approaches to evaluating UBC benefits.

2.2 Evaluations of benefits resulting from UBC

A number of classifications of UBC benefits have been established, including those by Caloghirou et al. (2001), D'Este and Perkmann (2011), Katz (2000), Kruss et al. (2001) and van der Sijde (2012). In addition to the academic literature, a number of managerial studies evaluating UBC benefits have been undertaken. Traditional evaluations in this context have focussed on objective data (D'Este and Perkmann, 2011, Benneworth and Jongbloed, 2010). A common thread that appears in the classification structures is the bilateral differentiation between (i) "intellectual or knowledge" outcomes including new discoveries, skilled graduates and entrepreneurial inspiration, and (ii) "economic or property-related" outcomes including patents/licenses, funding or profitable products. Further commonalities are the less tangible or direct outcomes and impacts such as improvements to firms' image/reputation and enhancing academic researchers' reputation and careers (Bozeman et al., 2012).

To avoid a narrow focus just on those elements that are easily measured (e.g. patents, licences, spin-outs), evaluations now tend to include economic and social-impact metrics (e.g. number of jobs and benefits to society for technology transfer and UBC). Furthermore, it has even been argued in the literature that an over-focus on transactional mechanics (e.g. licenses and patents) may distract from the development of personal intimacy and trust (Dooley and Kirk, 2007), both key drivers of UBC.

Classifications of benefits arising from UBC also relate to "type" of collaboration (Bekkers et al., 2006). Collaboration types such as academic mobility and entrepreneurship, are also referred to in literature as mechanisms, linkages, forms, transactions, activities and channels. While van der Sijde (2012) used "capital" as the basis of his classification, which relates to the type of knowledge that is flowing, and includes cultural, strategic, network and economic forms of capital (van der Sijde, 2012), Bercovitz and Feldmann (2006) took a broad approach to classifying UBC benefits, identifying five "mechanisms" of transfer including sponsored research, licenses, hiring of students, spin-off firms and serendipity which they then classified based upon the "formality" of these exchanges. Such discussion in the literature hints at the need to consider the complexity of UBC when evaluating the benefits that such cooperation generates.

2.3 Influencing factors

A number of factors are likely to impact assessments of UBCs, such as the inclusion of tacit or explicit knowledge, the tangibility of outcomes, and the time-lag between UBC and its resultant benefits. Only frameworks that are able to take into account the complexity of UBC which arise due to these factors are likely to be valuable for UBC evaluations.

First, tacit knowledge has different transfer properties compared to explicit knowledge. Non-verbalised, intuitive knowledge, known as tacit knowledge, is difficult and sometimes impossible to diffuse on a mass scale; however it has been found to add significant value to the transfer organisations (Liyanage et al., 2009). Tacit forms of knowledge transfer occur for example in mobility and in close working relationships between universities and business. Explicit knowledge, on the other hand, can be articulated and transferred more easily through, for example, through licences. A comprehensive UBC evaluation system would ideally measure both tacit and explicit knowledge transfer.

Second, both tangible and intangible outcomes and impacts should be considered in order to create an inclusive and accurate framework for conceptualising UBC benefits. For example, the approach of Perkmann et al. (2011) proposes the use of a success map to balance the use of tangible and intangible impacts. The tangibility of benefits might depend on the type of UBC, with long-term relationships likely to deliver a greater amount of intangible benefits coming from more diversified forms of cooperation (Davey et al., 2011).

Finally, a time-lag in returns from UBC was recognised by Polt et al. (2001), and similarly noted by Perkmann et al. (2011), who stated that, ideally, present as well as potential future UBC benefits should be considered (Perkmann et al., 2011). Some of these effects are only evident in the medium or long term. While one-off actions of cooperation usually deliver tangible outputs (i.e. patents, licenses etc.), on-going long term relationships are assessed differently as they often deliver a greater amount of intangible benefits from more diversified types of cooperation (Davey et al., 2011).

3 Establishing a framework for evaluating UBC based on the Logic Model

3.1 The Logic Model

The Logic Model (refer to Figure 1), detailed by Frechtling (2007), is a practical method for systematically evaluating the effectiveness of an intervention, programme or policy used by managers and evaluators of programmes. Established in the social sciences, its development has been led by the Kellogg Foundation as a tool for "planning, design, implementation, analysis, and knowledge generation" where it is defined as "a picture of how your organization does its work; the theory and assumptions underlying the programme" (W.K. Kellogg Foundation, 2004, p. 111). This method, which starts by defining the desired outcomes or objectives, allows the managers not only to determine the desired benefits but also to decide whether the programmes and social campaign have worked as expected (Medeiros et al., 2005).

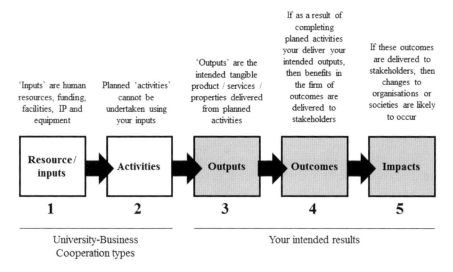

Fig. 1: A visualisation of the Logic Model
Source: W.K. Kellogg Foundation (2004).

Five major components that are common to Logic Models according to the Kellogg Foundation (2004) include inputs, activities, outputs, outcomes and impact: (i) "inputs" are explained as the resources that are made available for projects / programmes. Input examples are human resources, funding, facilities, intellectual property (IP) and equipment; (ii) "activities" are the interventions, events or actions undertaken to bring about the intended outcomes; (iii) "outputs" are the direct products or properties that are delivered as a result of the activities, and may include goods and services delivered; (iv) "outcomes" are the results, changes or benefits that flow from the outputs, and may include knowledge, awareness, skills, attitudes, opinions, aspirations, motivation, behaviour, practice, decision-making, policies, social action, condition, or status, and can be positive or negative in nature; and (v) impacts are the social, economic, civic and/or environmental consequences or changes of the activities, and can be evident in a short or long term timeframe and may be intended or unintended.

A further feature of the Logic Model is the "linking" of its different phases, whereby one stage of the model is the precedent to the next, setting up a causal pathway to impacts. The model has been adopted widely by community service providers as a practical way of summarising outcomes, collecting data for impact measurement, and establishing an "impact pathway" that tracks the intended relationships between investments, activities and results (Frechtling, 2007).

Whilst the Logic Model shows a "linear" process, this is not to be confused with the linear knowledge flow, which describes a one-directional flow of information from HEI to business. It should also be noted that when using the model, it is at the "outcome" phase that the planning process starts. Here the outcomes or objectives need to be clearly defined before working backwards to the outputs, activities and then inputs. Those measures focused on outcomes are the most reliable because they directly reflect the intended outcome of a process (Smith 1976). Similar in structure to the Logic Model approach, PIPA is "a practical approach to planning, monitoring and evaluation, developed for use with complex research-for-development projects" (Alvarez et al., 2010, p. 946). Whilst commonly used for establishing a project's impact, its special feature is its strong emphasis on a "pathway" for impact, thereby establishing a "chain" of factors. Starting with a problem definition and clarification of project outputs leading to impact assessment, provides a useful secondary feature for evaluating outcomes and impacts coming from UBC.

Several examples of the practical implementation of a Logic Model approach to impact evaluation exist. For example, as detailed in Table 1, a version of a Logic Model was used by the European Commission (2004) in their evaluation of EU activities, by the National Treasury of the Republic of South Africa (2007) in their Framework for Managing Programme Performance Information, and by the Local Better Regulation Office Europe (1999) in their Impacts and Outcomes Toolkit.

Table 1: Examples - Logic Model implemented in social sciences settings

Focus of the study	Study details
Evaluating European Commission Services and Activities	A detailed version of the Logic Model was used to evaluate EU activities. After defining inputs, the focus on the "chain of results" entails the (i) activity, (ii) outputs, (iii) outcomes, (iv) specific impacts, (v) intermediate impacts and (vi) global impacts. It is recognized that outputs create certain outcomes, which in turn create certain impacts in a logical sequential process. *European Commission (2004)*
A Framework for Managing Programme Performance Information	A framework was created in this report that includes the levels of inputs, activities, outputs, outcomes and impacts aimed at measuring the activities and performances of South African government institutions. Assembled in a pyramid, the pathway of inputs (base) to impacts (apex) is clearly defined with a set of indicators created to determine programme effectiveness. *National Treasury of the Republic of South Africa (2007)*

Focus of the study	Study details
The Local Better Regulation Office Europe	A pathway approach was created to demonstrate the value of work for local authority regulatory services made specifically for the East Cambridgeshire District Council. The pathway, which forms part of a report titled "Impacts and Outcomes of Local Authority Regulatory Services", uses the steps: inputs, activities, partners, outputs, outcomes and impacts. *The Local Better Regulation Office Europe (1999)*

Source: Own illustration.

3.2 UBC outcomes and impacts

On account of its clear and logical structure, facilitating use in practical situations, and its suitability for the social sciences, the Logic Model is deemed to provide a suitable foundation for a framework supporting the evaluation of outcomes and impacts from UBC, as discussed next. Whilst the Logic Model provides invaluable insights into system and performance management as well as impact, it is the outcomes and impacts of UBC that provide a "bottom-line" assessment to determining the effectiveness of UBC (Beder, 1999) and also determines if the system goals have been met. Hence, while the basic framework (process approach) of the Logic Model method is utilised, for the purpose of this article the focus will be on what occurs after the activity; that is UBC outputs-outcomes-impacts. The model, however, needs to be adapted for the HEI context and, in particular, for evaluating the effectiveness of UBC, as discussed below.

Outputs are produced or delivered by an activity (National Treasury of the Republic of South Africa, 2007). Typically measurable, such as the number of patents registered or created, the number of exchanges between employees or students, or the number of spin-offs generated, outputs are often tangible (Local Better Regulation Office Europe, 1999). While the attainment of outputs from UBC may depend on environmental forces, partners engaged in UBC, and in particular the HEI as a knowledge provider, have a significant level of control over the output that can be achieved (Kelly and McNicoll, 2009).

Outcomes entail those benefits that are experienced by individuals or institutions involved in UBC, and result from outputs. In comparison to outputs, many of which are tangible, outcomes may include a diverse range of tangible and intangible benefits, such as improved teaching and increased income, commonly deemed medium-term benefits. The time-lag between UBC and resultant benefits may also help with the differentiation between outcomes and impacts

(Medeiros et al., 2005) as outcomes are generally experienced in a shorter timeframe than impacts (Kruss et al., 2001).

Impacts in this context are not only considered longer-term but also as potentially having an effect on individuals and groups outside of UBC, influencing the broader community or environment, regionally, locally, nationally or internationally; for example, increasing economic development and social cohesion. Hence, impacts are experienced by third parties and thus only affected by the UBC and its benefits in an indirect manner (Salter, 2012).

It should be noted that a comprehensive evaluation of outputs, outcomes and impacts in line with the definitions provided here requires consideration of the different types of UBC, as resultant outputs, outcomes and impacts may differ. For example, the outputs, outcomes and impacts of UBC in regard to the mobility of students will probably differ. Furthermore, it is important to differentiate between various direct and indirect stakeholders, all of which are likely to experience different outputs, outcomes and/or impacts.

4 Conclusions

Many attempts have been made to measure the benefits from universities and UBC; however, these attempts have failed to capture the full extent of the benefits for a number of reasons. Most of them have tried to measure the economic value using tangible and directly measurable indicators, but have ignored the intangible aspects, which are the majority of the benefits achieved in knowledge transfer.

In this paper, the Logic Model is presented as a practical tool to evaluate the benefits of UBC as it provides a structured framework that conceptualises essential differentiations among outputs, outcomes and impacts. Moreover, the discussion has elaborated on three influencing factors that need to be considered when implementing the framework, as a comprehensive evaluation can only be achieved when tangible and intangible, tacit and explicit, short-term, medium-term and long-term benefits are included. While the importance of integrating different UBC types and stakeholder groups into a comprehensive framework has been noted here, only one non-exhaustive example was included. Hence, future research should extend our work by offering a detailed list of outputs, outcomes and impacts that may be gained by each stakeholder group. This is critical since these diverse benefits are likely to influence the decision of individuals or groups to engage in, or support UBC. Furthermore, outputs, outcomes and impacts relating to various types of UBC should be identified, as the differences, for example between collaboration in relation to R&D and collaboration relating to curriculum development, are reflected in the benefits that may be achieved.

References

Ambargis, Z. O.; McComb, T.; Robbins, C.A. (2011): Estimating the local economic impacts of university activity using a bill of goods approach. BEA Working Papers 0074, Bureau of Economic Analysis.

Abreu, M.; Grinevich, V.; Hughes, A.; Kitson, M. (2009): Knowledge Exchange between Academics and Business, Public and the Third Sector, UK Innovation Research Centre: Cambridge, UK.

Alvarez, S.; Douthwaite, B.; Thiele, G.; Mackay, R.; Córdoba, D.; Tehelen, K. (2010): Participatory impact pathways analysis: a practical method for project planning and evaluation. In: Development in Practice, 20(8), pp. 946-958.

Barnes, T.; Pashby, I.; Gibbons, A. (2002): Effective University–Industry Interaction: A Multi-case Evaluation of Collaborative R&D Projects. In: European Management Journal, 20(3), pp. 272-285.

Beder, H. (1999): The outcomes and impacts of adult literacy education in the United States, National Center for the Study of Adult Learning and Literacy, Harvard Graduate School of Education: Massachusetts, USA.

Bekkers, R.; Gilsing, V.; van der Steen, M. (2006): Determining Factors of the Effectiveness of IP-based Spin-offs: Comparing the Netherlands and the US. In: The Journal of Technology Transfer, 31(5), pp. 545-546.

Benneworth, P.; Jongbloed, B. W. (2010): Who matters to universities? A stakeholder perspective on humanities, arts and social sciences valorisation. In: Higher Education, 59(5), pp. 567-588.

Bercovitz, J.; Feldman, M. (2006): Entrepreneurial universities and technology transfer: A conceptual framework for understanding knowledge-based economic development. In: The Journal of Technology Transfer, 31(1), pp. 175-188.

Bozeman, B.; Youtie, J.; Slade, C. P.; Gaughan, M. (2012): The "dark side" of academic research collaborations: Case studies in exploitation, bullying and unethical behavior. In: Annual meeting of the Society for Social Studies of Science (4S) October, pp. 17-20.

Barbolla, A. M. B.; Corredera, J. C. (2009): Critical factors for success in university-industry research projects. In: Technology Analysis & Strategic Management, 21(5), pp. 599-616.

Caloghirou, Y.; Tsakanikas, A.; Vonortas, N. S. (2001): University-industry cooperation in the context of the European Framework Programmes. In: The Journal of Technology Transfer, 26(1-2), pp. 153-161.

Caniëls, M. C.; van den Bosch, H. (2011): The role of higher education institutions in building regional innovation systems. In: Papers in Regional Science, 90(2), pp. 271-286.

Chatterton, P.; Goddard, J. (2000): The Response of Higher Education Institutions to Regional Needs. In: European Journal of Education, 35(4), pp. 475-496.

D'Este, P.; Perkmann, M. (2011): Why do academics engage with industry? The entrepreneurial university and individual motivations. In: The Journal of Technology Transfer, 36(3), pp. 316-339.

Davey, T.; Baaken, T.; Deery, M.; Galán-Muros, V. (2011): 30 Best Practice Case Studies in University-Business Cooperation, European Commission, DG Education and Culture: Brussels, Belgium.

Davey, T., Baaken, T., Galán-Muros, V., Meerman, A. (2011): Study on the cooperation between Higher Education Institutions and Public and Private Organisations in Europe, European Commission, DG Education and Culture: Brussels, Belgium.

Davey, T.; Plewa, C.; Struwig, M. (2011): Entrepreneurship perceptions and career intentions of international students. In: Education and Training, 53(5), pp. 335-352.

Dooley, L.; Kirk, D. (2007): University-industry collaboration: grafting the entrepreneurial paradigm onto academic structures. In: European Journal of Innovation Management, 10(3), pp. 316-332.

Drucker, J.; Goldstein, H. (2007): Assessing the regional economic development impacts of universities: a review of current approaches. In: International regional science review, 30(1), pp. 20-46.

Etzkowitz, H.; Leydesdorff, L. (2000): The dynamics of innovation: from National Systems and "Mode 2" to a Triple Helix of university–industry–government relations. In: Research Policy, 29(2), pp. 109-123.

European Commission, (2004): Evaluating EU Activities: A Practical Guide for the Commission Services, accessed on 13 August 2013 at ec.europa.eu/dgs/secretariat_general/evaluation/docs/eval_activities_en.pdf.

Felsenstein, D. (1996): The university in the metropolitan arena: impacts and public policy implications. In: Urban Studies, 33(9), pp. 1565-1580.

Friedman, T. L. (2005): The world is flat: A brief history of the twenty-first century, Farrar, Straus and Giroux: New York.

Frechtling, J. A. (2007): Logic Modelling methods in program evaluation, Jossey-Bass: San Francisco.

Govindarajan, V.; Ramamurti, R. (2011): Reverse innovation, emerging markets, and global strategy. In: Global Strategy Journal, 1(3-4), pp. 191-205.

Gunasekara, C. (2006): The generative and developmental roles of universities in regional innovation systems. In: Science and Public Policy, 33(2), pp. 137-150.

Hughes, A. (2011): Open innovation, the Haldane principle and the new production of knowledge: science policy and university–industry links in the UK after the financial crisis. In: Prometheus, 29(4), pp. 411-442.

Kellogg Foundation (2004), W.K. Kellogg Foundation Logic Model Development Guide, accessed on 22 August 2013 at www.epa.gov/evaluate/pdf/eval-guides/logic-model-development-guide.pdf.

Kelly U.; McNicoll, I. (2009): Outputs and Outcomes: Quantifying the impact of higher education institutions, presentation at the University-Business Interactions Workshop at the University of Cambridge, 4-5 June 2009.

Laukkanen, M. (2003): Exploring academic entrepreneurship: drivers and tensions of university-based business. In: Journal of Small Business and Enterprise Development, 10(4), pp. 372-382.

Laurillard, D. (2002): Rethinking teaching for the knowledge society. In: EDUCAUSE review, 37(1), pp. 16-24.

Library House (2006): The Impact of the University of Cambridge on the UK Economy and Society, accessed on 3 October 2013 at www.aoc.co.uk/download.cfm?docid=74CA8A77-75B4-48D3-96885467D6FE7131.

Link, A. N.; Scott, J. T. (2003): US science parks: the diffusion of an innovation and its effects on the academic missions of universities. In: International Journal of Industrial Organization, 21(9), pp. 1323-1356.

Liyanage, C.; Elhag, T.; Ballal, T.; Li, Q. (2009): Knowledge communication and translation–a knowledge transfer model. In: Journal of Knowledge management, 13(3), pp. 118-131.

Local Better Regulation Office Europe (1999): Impacts and Outcomes Toolkit, accessed on 13 August 2013 at www.lbro.org.uk/docs/impacts-and-outcomes-toolkit.pdf.

Medeiros, L.; Nicholson Butkus, S.; Chipman, H.; Cox, R.; Jones, L.; Little, D. (2005): Logic Model Framework for Community Nutrition Education, accessed on 15 August 2013 at www.csrees.usda.gov/nea/food/fsne/pdfs/cne_logic_model_2002.pdf.

National Treasury of the Republic of South Africa (2007): Framework for Managing Programme Performance Information, accessed on 13 August 2013 at www.thepresidency.gov.za/learning/reference/framework/part1.pdf.

PACEC/Centre for Business Research (CBR) (2009): Evaluation of the Effectiveness and Role of HEFCE/OSI Third Stream Funding, accessed on 12 March 2010 at www.hefce.ac.uk/Pubs/hefce/2009/09_15/09_15.pdf.

Perkmann, M.; King, Z.; Pavelin, S. (2011): Engaging excellence? Effects of faculty quality on university engagement with industry. In: Research Policy, 40(4), pp. 539-552.

Perkmann, M.; Neely, A.; Walsh, K. (2011): How should firms evaluate success in university–industry alliances? A performance measurement system. In: R&D Management, 41(2), pp. 202-216.

Petruzzelli, A.M. (2011): The impact of technological relatedness, prior ties, and geographical distance on university–industry collaborations: A joint-patent analysis. In: Technovation, 31(7), pp. 309-319.

Salter, A. J.; Martin, B. R. (2001): The economic benefits of publicly funded basic research: a critical review. In: Research Policy, 30(3), pp. 509-532.

Scott, P. (1997): The changing role of the university in the production of new knowledge. In: Tertiary Education & Management, 3(1), pp. 5-14.

Siegfried, J. J.; Sanderson, A. R.; McHenry, P. (2007): The economic impact of colleges and universities. In: Economics of Education Review, 26(5), pp. 546-558.

Smith, P. C. (1976): Behavior, results, and organizational effectiveness: the problem of criteria. In: Dunette, M. D. (Ed.): Handbook of Industrial and Organizational Psychology, Rand McNally: Chicago, pp. 745–775.

Solow, R. M. (1957): Technical Change and the Aggregate Production Function. In: The Review of Economics and Statistics, 39(3), pp. 312-320.

Thune, T. (2011): Success factors in higher education-industry collaboration: a case study of collaboration in the engineering field. In: Tertiary Education and Management, 17(1), pp. 31-50.

van der Sijde, P. (2012): Profiting from knowledge circulation: the gains from university-industry interaction. In: Industry & Higher Education, 26(1), pp. 15-19.

Short biographies of authors

Todd Davey is a European expert on the topics of university-business cooperation (UBC) and entrepreneurship, regularly presenting and publishing on these topics. Formerly a senior manager with Deloitte Australia's Technology Commercialisation Group, and strategy and business development manager for one of Australia's fastest growing start-ups, Todd has "switched sides" to work at the Science-to-Business Marketing Research Centre. He lectures at the Münster University of Applied Sciences in Germany and is a visiting researcher and lecturer at Vrije University (VU) in the Netherlands as well as at the Nelson Mandela Metropolitan University in South Africa. Todd divides his time between being a PhD student at the VU Amsterdam and his roles of managing director of the start-up apprimo and creator of the University-Business Cooperation Information Portal.

Dr Carolin Plewa is a senior lecturer in marketing at the University of Adelaide, Australia. After receiving a Diplom Betriebswirt from the Münster University of Applied Sciences, Germany, she completed her PhD at the University of Adelaide. In addition to her academic role, Dr Plewa has held a number of industry positions, such as manager for marketing and strategy at Flinders Partners Pty Ltd, the commercial arm of Flinders University.

Dr Plewa received an inaugural Barbara Kidman Women's Fellowship in 2013 and Australian Research Council Grants in 2009 and 2011. She was also awarded the Scott Henderson Award for Excellence in Learning and Teaching in 2007. Dr Plewa's primary research interests lie in the areas of university-industry engagement, relationship and services marketing, as well as corporate social responsibility. Her research has been published in leading journals, such as R&D Management, Education & Training, the Journal of Engineering and Technology Management, Psychology & Marketing, as well as Marketing Theory.

Victoria Galán Muros is a professional in the area of collaboration between higher education institutions and external organisations from six different perspectives: research, teaching, consultancy, network, training and project management. Victoria has two undergraduate degrees from the Universidad de Granada (Spain) in business management and also market research and marketing. She holds a master's degree in social research methods (MSc) from the London School of Economics (United Kingdom) and she is currently finishing her PhD on university-business cooperation in the Vrije Universiteit Amsterdam (The Netherlands).

Previously a lecturer and researcher at the University of Granada (Spain), Victoria is currently lecturer in marketing at the Fachhochschule Münster (Germany), coordinator of international research projects with Latin America at the Science-to-Business Marketing Research Centre, and has given numerous speeches in the most important international forums. Victoria has teaching and research experience in eight universities and six different countries, and also has experience in the private sector, presently being communication and marketing director of the University Industry Innovation Network (UIIN) and managing editor of University-Industry Innovation Magazine (UIIM).

Direkte und weiterführende Nutzenpotenziale eines marktorientierten Hochschul-Wissens- und Technologietransfers

Tobias Kesting und Wolfgang Gerstlberger

Literature in the context of (university) knowledge and technology transfer (KTT) often neglects benefit-related matters. The following article counteracts this circumstance by highlighting direct and additional, indirect benefit potentials. Hence the focus of this article does not solely lie on science-to-business marketing in the narrow sense, but indirect benefit potentials resulting from transfer activities are also examined. It is shown that on the basis of market-oriented transfers, numerous and occasionally intertwined benefit potentials can be achieved that go far beyond the transfer as a direct market activity.

Nutzenaspekte im Kontext des (Hochschul-)Wissens- und Technologietransfers (WTT) finden in der Literatur zumeist zu wenig Beachtung. Der vorliegende Beitrag wirkt diesem Umstand entgegen, indem direkte und weiterführende, indirekte Nutzenpotenziale beleuchtet werden. Dabei richtet sich der Fokus nicht nur auf das Science-to-Business-Marketing im engeren Sinne, sondern es werden auch mittelbare, aus Transferaktivitäten resultierende Nutzenpotenziale betrachtet. Es wird hierbei gezeigt, dass auf der Basis eines marktorientierten Transfers zahlreiche, mitunter verknüpfte Nutzenpotenziale erschlossen werden können, die weit über den Transfer als direkte Marktaktivität hinausgehen.

1 Einleitung, Ziele und Vorgehen

Ein Blick in die deutschen Hochschulgesetze verdeutlicht, dass der Wissens- und Technologietransfer inzwischen in nahezu allen Bundesländern als explizite Hochschulaufgabe aufgeführt ist (siehe hierzu Ständige Konferenz der Kultusminister der Länder in der Bundesrepublik Deutschland, 2013). Auf der EU-Ebene sowie im Kontext weiterer transnationaler Aktivitäten wird dem (Hochschul-)Wissens- und Technologietransfer (WTT) ebenfalls eine steigende Bedeutung beigemessen (vgl. z.B. Hülsbeck, 2011, S. 95; European Commission, 2012, S. 2). Insgesamt gesehen hat sich WTT in der öffentlichen Wahrnehmung neben Forschung und Lehre mehr und mehr zu einer dritten Hochschul-Kernaufgabe entwickelt (vgl. BMBF, 2007, S. 97). WTT kann hierbei sowohl informell(er) als auch sehr strukturiert erfolgen, d.h. beispielsweise in Form inter-organisationaler (Forschungs-)Kooperationen zwischen Hochschulen und regionaler Wirtschaft (vgl. z.B. Cantner et al., 2010, S. 497f.).

Die hohe Relevanz von Transfer aus den Hochschulen wird ferner durch den Triple-Helix-Ansatz von Etzkowitz (2008) verdeutlicht. In seiner zentralen These hierzu äußert der Autor, dass die Hochschule als solche das in der Zukunft vorherrschende organisationale Konzept einer wissensbasierten Gesellschaft darstelle (vgl. Etzkowitz, 2008, S. 147). Daran anknüpfend kann eine tragende Rolle von Hochschulen darin gesehen werden, dass diese als Motor der regionalen – auch oder gerade innovationsbezogenen – Vernetzung (vgl. z.B. von Wissel, 2010, S. 459) und Unterstützung von Unternehmen im Hochschul-Einzugsgebiet fungieren bzw. fungieren sollen. Ein solches Rollenverständnis kann gleichsam als Bestandteil des gemeinwirtschaftlichen Auftrags von Hochschulen (vgl. hierzu z.B. Hansen, 1999, S. 371; van der Sijde/Schutte, 2000, S. 7) aufgefasst werden, steht aber marktorientiertem WTT keineswegs zwangsläufig entgegen.

Der vorliegende Beitrag zielt auf eine Integration von Transfer als Marktaktivität und der gesellschaftlichen Verantwortung von und Erwartungen gegenüber Hochschulen ab. Die Ausführungen legen dar, inwiefern auf Basis einer Marktorientierung im Transfer dennoch bzw. explizit auch der Legitimations- und Informationserwartung an Hochschulen Rechnung getragen werden kann. Hierbei wird zudem verdeutlicht, dass marktorientierter WTT nicht im Widerspruch zum gemeinwirtschaftlichen Auftrag und zur Wissenschaftsfreiheit stehen muss. Vielmehr bietet er erhebliches Synergiepotenzial mit Blick auf die gesellschaftlichen Erwartungen an Hochschulforschung und -lehre und kann eine substanzielle Basis zur Wahrnehmung gerade dieses gemeinwirtschaftlichen Auftrags gewährleisten.

Die folgenden Betrachtungen konzentrieren sich dabei explizit auf Nutzenaspekte aus einer marktorientierten Transferperspektive im Sinne des Science-to-Business (S-to-B)-Marketing als Ausprägung des organisationalen Marketing. Dieser Fokus ist insofern neuartiger Natur, als der Transfer von Wissen und Technologien aus Hochschulen lange Zeit nicht aus dem Blickwinkel einer Adressaten- bzw. Empfängerorientierung verstanden wurde und vor allem die Nutzenbetrachtung bislang kaum thematisiert wird.

Der Beitrag legt zunächst die Grundlagen eines nutzen- und marktorientierten Transfers dar. Darauf aufbauend werden die direkten und anschließend die mittelbaren, weiterführenden Nutzenpotenziale zentraler Akteure im Transfergeschehen aufgezeigt. Die Ausführungen schließen mit einer Zusammenfassung und einem Fazit.

2 Nutzen- und Marktorientierung im Hochschul-WTT

Bevor die Marktorientierung im Transfer näher beleuchtet wird, richtet sich der Blick zunächst auf den Nutzengedanken. Transfer soll bzw. kann sowohl als Bestandteil des gemeinwirtschaftlichen Auftrags als auch als marktorientierte Aktivität nutzenstiftend sein. Als argumentative Unterstützung hierfür dient der Netzwerkansatz. Gemäß dessen Grundidee streben in Netzwerken tätige Akteure nach einer Nutzenziehung bzw. -optimierung (vgl. Schmoch, 2003, S. 115).

Eine weitere wichtige Basis für die folgenden Ausführungen bildet das Anspruchsgruppenkonzept. Im Zuge von Transferaktivitäten aus Hochschulen ist es notwendig, die Interessen und Bedürfnisse interner und externer transferbezogener Anspruchsgruppen (Stakeholder) zu kennen und zu berücksichtigen (vgl. Kesting, 2013, S. 9). Unter Bezugnahme auf Freeman (1984) wird unter einer Anspruchsgruppe/-person jede Gruppe bzw. jedes Individuum verstanden, die/das einen potenziellen Einfluss auf die Realisierung der Organisationsziele hat oder selbst von der jeweiligen Zielerreichung betroffen ist (vgl. Freeman, 1984, S. 46). Eine klassische Differenzierung zwischen internen und externen Anspruchsgruppen erweist sich im vorliegenden Bezugszusammenhang nicht als zielführend. Daher wird im Folgenden eine Unterscheidung zwischen „Anspruchsgruppen im direkten Umfeld der Hochschule" und „Anspruchsgruppen im indirekten Umfeld der Hochschule" vorgenommen (vgl. Hansen et al., 2000, S. 27; Langer/Beckmann, 2010, S. 11f.; Kesting, 2013, S. 44f.). Ersteren sind u.a. Professoren und weitere Wissenschaftler (z.B. wissenschaftliche Mitarbeiter), nicht-wissenschaftliche Mitarbeiter und Studierende zuzurechnen. Zu Stakeholdern im indirekten Hochschulumfeld zählen zum Beispiel Unternehmen, die Politik und die Öffentlichkeit (vgl. Zinkl/Binet, 1997, S. 13; Hansen et al., 2000, S. 27; Langer/Beckmann, 2010, S. 11f.; Kesting, 2013, S. 44f.).

Einige der genannten Stakeholder können explizit als kundengleiche, Hochschulleistungen nachfragende Anspruchsgruppen aufgefasst werden (vgl. Kesting, 2013, S. 45f.). Hierzu zählen Studierende (als potenzielle Kunden bezüglich einer (akademischen) Aus- oder Weiterbildung; vgl. z.B. auch Kotler, 1972, S. 47) und externe Praxispartner, d.h. Wirtschaftsunternehmen, Organisationen der öffentlichen Verwaltung und Non-Profit Organisationen (NPO). Diese Praxispartner-Typen kommen als organisationale Nachfrager nach Forschungsleistungen und fachlicher Unterstützung infrage (vgl. Kesting 2013, S. 23, S. 45f.).

Der Ansatz einer marktorientierten Vorgehensweise im Hochschul-Wissens- und Technologietransfer fußt auf dem sogenannten „Generic Concept of Marketing" nach Kotler (1972). Gemäß diesem Konzept findet Marketing für jede soziale Einheit Anwendung, die wertbezogene Transaktionen mit anderen sozialen Einheiten umsetzt (vgl. Kotler, 1972, S. 53). Ausgehend von dieser Prämisse kann der WTT-Kontext somit als eine Marktumgebung für Forschungsleistungen begriffen werden. Diesen Markt prägen zwei organisationale Hauptakteure: Hochschulen und externe Praxispartner. Hierbei wird vorausgesetzt, dass an Hochschulen (anbieterseitig) Forschungskompetenzen, -kapazitäten und -ergebnisse verfügbar sind (vgl. z.B. Baaken/Kesting, 2009, S. 182) und (nachfragerseitig) aus Sicht externer Praxispartner entsprechender Bedarf an unmittelbar und mittelbar forschungsbezogenen Unterstützungsleistungen (z.B. Auftragsforschung, forschungsbasierte Analysen und Projekte etc.) vorhanden ist. Es kann ferner angenommen werden, dass (potenzielle) Nachfrager, im Sinne des Netzwerkgedankens, eine Gegenleistungsbereitschaft für die Inanspruchnahme aufweisen, und so Austauschprozesse (z.B. Forschungsleistungen gegen Geld) vollzogen werden (vgl. Schmoch, 2003, S. 115; Baaken, 2007b, S. 62). Unter diesen Voraussetzungen ist marktorientierter Hochschul-WTT als zentrale Aktivität im Kontext des S-to-B-Marketing zu begreifen.[28]

Nicht selten wird argumentiert, dass eine solche marketingbezogene Sichtweise auf den Transfer die Wissenschaftsfreiheit gefährde, eine Abhängigkeit von der Wirtschaft schaffe und zudem dem gemeinschaftlichen Auftrag von Hochschulen entgegenstehe (vgl. z.B. Grimm, 2007, S. 7ff.). Bezugnehmend auf letzteren Aspekt wird von Hochschulen u.a. gefordert, dass sie zur Befriedigung externer Erwartungen (z.B. der Öffentlichkeit, der Politik und der Kommune) und zur Übernahme sozialer Verantwortung mitunter substanzielle Beiträge zum gesellschaftlichen Fortkommen leisten, indem sie Wissen als öffentliches Gut generieren und zur Verfügung stellen (vgl. Lee, 1996, S. 854; Marcure, 2004, S. 8; Kesting, 2013, S. 137f.).

Marktorientierter Transfer ist keineswegs als zwangsläufig antagonistisch zum gemeinwirtschaftlichen Hochschulauftrag und zur Wissenschaftsfreiheit anzusehen. Durch WTT können an Hochschulen Drittmittel eingeworben werden, die u.a. zur Finanzierung von Laboreinrichtungen, Mitarbeitern und Projektinfrastrukturen eingesetzt werden. Diese Ressourcen ermöglichen wiederum die Umsetzung des gemeinwirtschaftlichen Auftrags der Hochschulen in Forschung, Lehre und letztlich auch im (nicht direkt marktorientierten) Transfer (ähnlich hierzu Ylijoki, 2003, S. 326ff.; Baaken, 2007a, S. 55ff.). Erfolgt marktorientierter Transfer auf Basis einer freiwilligen und bewussten Entscheidung des Forschenden, dann ist die Wissenschaftsfreiheit nicht gefährdet. Die nicht anwendungsbezogene, kulturell und gesellschaftlich erforderliche Grundlagenforschung ist davon nicht tangiert, zumal auch nicht alle Forschungsinhalte Transferpotenzial aufweisen und Forschungsaktivitäten nicht exklusiv dem Transfer dienen sollen (vgl. Clark, 2001, S. 20; Bok, 2003, S. 29; Kesting,

---

[28] „Business" wird im vorliegenden Beitrag als umfassender Terminus für die Gesamtheit externer Praxispartner verstanden und umfasst demnach sowohl Wirtschaftsunternehmen als auch Organisationen der öffentlichen Verwaltung und NPO.

2013, S. 9, S. 345). Marktorientiertes Vorgehen kann und soll daher in Bezug auf Grundlagenforschung nicht greifen (vgl. hierzu auch Kesting, 2013, S. 345).

Aspekte der Marktorientierung in Bezug auf WTT finden in der Literatur nach wie vor wenig Berücksichtigung. Von mangelnder bzw. nicht vorhandener Marktorientierung zeugen zahlreiche klassische wissenschaftliche Transferansätze, wie etwa das generische Innovationsprozess-Modell (vgl. Abb. 1).

Abb. 1: *Das erweiterte generische Innovationsprozessmodell*
Quelle: *Erweiterte Darstellung der Abbildung aus Schmoch (2000), S. 5.*

Dieses mittlerweile weitgehend als obsolet angesehene Prozedere verkörpert ein Technology-Push-Vorgehen (vgl. Schmoch, 2000, S. 6; Dransch, 2009, S. 167; Kesting, 2013, S. 15). Hierbei wird ein eindimensionaler, linear verlaufender Prozess unterstellt. Eine solche Denkweise steht konträr zu einem marktorientierten Transferverständnis, das sich durch einen konsequenten Kunden- und Dienstleistungsfokus mit frühzeitigem und regelmäßigem kommunikativen Austausch im Sinne eines konsequenten S-to-B-Marketing auszeichnet.

Ein weiterer Kritikpunkt ist in der impliziten und expliziten Schwerpunktsetzung klassischer Transferphilosophien auf technologische Aspekte zu sehen. Eine solche Perspektive erweist sich für eine umfassende Betrachtung des Hochschul-WTT als zu eng, zumal neben klassischen transferaffinen Wissenschaftskategorien (in erster Linie Ingenieur- und Naturwissenschaften) auch oder gerade die Sozial- und Geisteswissenschaften mitunter erhebliche Transferpotenziale bergen (vgl. z.B. Ylijoki, 2003, S. 327; Pasternack et al., 2010, S. 341). Dies gilt vor allem mit Blick auf die Hochschul-WTT-bezogene Zusammenarbeit mit nicht der Wirtschaft zuordenbaren Praxispartnern sowie mit Blick auf interdisziplinär ausgerichtete Kooperationen. Diesem umfassenderen Transferverständnis wird im Rahmen dieses Beitrags durch die Verwendung des sich immer mehr im Wissenschafts- und Praxiskontext etablierenden Begriffes des „Wissens- und Technologietransfers" auch in der Wortwahl Rechnung getragen.

Als dritte kontextbezogene Limitation in Bezug auf die Transferliteratur ist festzustellen, dass Nutzen in Studien und konzeptionellen Beiträgen zum (Hochschul-)WTT bislang eher vereinzelt beleuchtet (z.B. Lee, 2000; Fritsch et al., 2008; Kesting, 2013) wird, zumal sich viele Publikationen vorrangig mit Hemmnis- und Motiv-/Anreizaspekten im Transfergeschehen auseinandersetzen. Bei den diesbezüglich betrachteten Motiven bzw. Anreizen handelt es sich jedoch lediglich um Nutzenerwartungen im Sinne von Vorstufen tatsächlicher

Nutzenempfindungen, vgl. hierzu Arvanitis et al., 2008, S. 1875; Kesting, 2013, S. 192).

Auf Basis der bisherigen Ausführungen werden nun in den folgenden Abschnitten direkte und weiterführende Nutzenpotenziale eines marktorientierten Hochschul-WTT dargelegt.

3 Direkte Nutzenpotenziale durch Hochschul-WTT

Die Hauptakteure im Hochschul-WTT können als „Transferpartner" bezeichnet werden (siehe z.B. Reinhard/Schmalholz, 1996, S. 16; Walter, 2003, S. 17; Kesting, 2013, S. 102). Mit Hilfe des bereits in Abschnitt 2 angeführten Netzwerkansatzes lässt sich hier die Brücke zum (organisationalen) Marketing auch dahingehend schlagen, dass Marketing den Aufbau nutzenbehafteter Austauschbeziehungen umfasst (vgl. Kotler. et al., 2011, S. 39).

Damit Transferaktivitäten im direkten und mittelbaren Marktkontext intensiviert und langfristig fortgeführt werden, ist es erforderlich, dass sie sich – im Sinne eines Engagements in Netzwerken – als nutzenstiftend für die Beteiligten erweisen. Entscheidend hierbei ist in Bezug auf Hochschul-Transferaktivitäten, dass Nutzen nicht ausschließlich monetär zu sehen ist. So können (staatliche) Hochschulen, auch und gerade infolge ihrer gesellschaftlichen Relevanz, nicht ausschließlich auf Gewinnorientierung abstellen. Aus Wissenschaftlersicht ist die Miteinbeziehung ideeller, nicht-monetärer Nutzenaspekte ebenfalls unabdingbar (vgl. Thursby et al., 2001, S. 59; Kesting/Baaken, 2009, S. 189). Dieses, im Folgenden relevante umfassendere Verständnis des Nutzenbegriffs korrespondiert sowohl mit dem Konzept des generischen Marketing als auch mit dem Netzwerkansatz.

Zuzüglich zur Berücksichtigung nicht (direkt) monetärer und ideeller Nutzenaspekte ist bei den Transferaktivitäten aus Hochschulen einer weiteren Besonderheit Rechnung zu tragen: Nicht die Hochschulen als solche betreiben den eigentlichen Transfer, sondern Personen, d.h. vorrangig die Wissenschaftler als Individuen, unterstützt durch Institute und (ggf.) zentrale Einheiten (vgl. Lee, 2000, S. 113; Reinhard, 2007, S. 89). Somit herrscht eine anbieterseitig stark individualisierte Prägung der Akteure vor: Hochschul-WTT ist in erheblichem Maße personengetrieben. Die Entscheidung darüber, ob sie Transfer betreiben oder nicht, obliegt damit letzten Endes den Forschenden selbst (vgl. z.B. Lee, 2000, S. 113; Azagra-Caro, 2007, S. 705; Kesting, 2013, S. 21). Somit wird deutlich: Anbieterseitig ist zunächst (überwiegend) die Individualperspektive zu betrachten, wenngleich im weiteren Sinne die Hochschule als organisationaler Anbieter der Leistung fungiert.[29]

---

[29] Dies gilt nur dann, wenn die Transferaktivitäten der Wissenschaftler im Zuge der hauptamtlichen Tätigkeit an der Hochschule (z.B. im Rahmen der Professur) durchgeführt werden und

Direkte Nutzenpotenziale beziehen sich auf diejenigen Nutzenaspekte, die die Transferpartner aus den Transferaktivitäten ziehen können. Tabelle 1 zeigt beispielhaft zentrale Nutzenpotenziale aus Sicht von Wissenschaftlern (insbesondere Professoren) auf. Analog hierzu fasst Tabelle 2 Nutzenpotenziale aus der Praxispartnerperspektive zusammen.

Tab. 1: Nutzenpotenziale aus Sicht von Wissenschaftlern (insb. Professoren)

Nutzenpotenziale aus Sicht von Wissenschaftlern (insb. Professoren)	
Außenwirkungs-Nutzen	z.B. Reputationssteigerung in Fachkreisen; Erhöhung des Bekanntheitsgrades bei (potenziellen) Praxispartnern; Entwicklung von Partnerschaften und Netzwerken
Lehr- und forschungsbezogener Nutzen	z.B. Nutzung der Ergebnisse und Erkenntnisse zur Bereicherung und Verbesserung der Lehre im Sinne einer verstärkten Integration von Lehr- und Forschungsinhalten; Direkteinstieg qualifizierter eigener Absolventen/Doktoranden bei externen Praxispartnern; Qualitativ hochwertigere Projekt-/Arbeitsergebnisse, z.B. in Abschlussarbeiten; Gewinnung neuen Wissens und neuer Erkenntnisse mit Praxisrelevanz (u.a. zur Weiterverwertung im Rahmen wissenschaftlicher Publikationen)
Monetärer Nutzen	z.B. Erhöhung der finanziellen Flexibilität im beruflichen Wirkungskreis durch die Einwerbung von Drittmitteln

Quelle: Eigene Darstellung in Anlehnung an Kesting (2013), S. 310.

---

nicht etwa als Nebentätigkeit außerhalb der Hochschule erbracht werden. Der Hochschultätigkeitsbezug der Transferaktivitäten wird somit für die weiteren Ausführungen vorausgesetzt.

Tab. 2: Nutzenpotenziale aus Sicht externer Praxispartner

Nutzenpotenziale aus Sicht externer Praxispartner	
Wissens- und Erkenntnisgewinn	z.B. neues Wissen und neue Technologien; Produkt-, Service- und Prozessoptimierung; besseres Marktverständnis
Zugang zu sozialem Kapital	z.B. Rekrutierung qualifizierter Hochschulabsolventen/Doktoranden; Entwicklung weiterer Partnerschaften und Netzwerke
Organisationsfunktionsbezogene Nutzenaspekte	z.B. Reduktion der Forschungskosten und des Forschungsrisikos

Quelle: Eigene Darstellung in Anlehnung an Kesting (2013), S. 145.

4 Weiterführende Nutzenpotenziale durch Hochschul-WTT

Während im vorangegangenen Abschnitt das „Transfer-Marktumfeld" als solches betrachtet wurde, sollen im Folgenden über die „Marktaktivität Transfer" hinausgehende Nutzenpotenziale im Vordergrund stehen. Zu diesem Zweck richtet sich der Blickwinkel auf Hochschulen als Gesamtorganisationen sowie deren Fakultäten, auf Studierende, die Kommune/Region und die Gesellschaft im Allgemeinen.

Hinsichtlich der zu beleuchtenden Nutzenaspekte aus den Perspektiven der unmittelbar und mittelbar am WTT beteiligten Akteure sind durchaus Überschneidungen zu erkennen, die – im Sinne von Synergieeffekten – für den Transfer als förderlich anzusehen sind. Bereits weiter oben wurde aufgezeigt, dass die Vermittlung bzw. Rekrutierung qualifizierter Absolventen sowohl für Wissenschaftler als auch für Praxispartner einen wichtigen potenziellen Nutzen darstellt. Gleichzeitig liegt darin für die betreffenden angehenden bzw. neuen Akademiker ein erhebliches Nutzenpotenzial. Insofern bietet die aktive Beteiligung von Studierenden (bzw. auch Doktoranden) am Transfergeschehen ebenfalls in hohem Maße nutzenstiftendes Potenzial.

Als hierfür in Frage kommende Transferformen sind vor allem studentische Praxis- oder Echtzeitprojekte (Bearbeitung realer Problemstellungen in Kooperation mit/für Praxispartner/n) sowie jeweils praxisbezogene Seminararbeiten, Abschlussarbeiten und Dissertationen zu nennen. All diese Hochschul-WTT-Formen lassen sich vielfach auch gut mit klassischer Auftragsforschung und/oder Analysen und Konzepten für Praxispartner kombinieren (vgl. Kesting,

2013, S. 125ff.). Hierbei werden gezielt diejenigen Kompetenzen[30] der Studierenden gefördert, die sich für die spätere Berufspraxis als sehr bedeutsam erweisen. Neben Fachkompetenzen lassen sich im Zuge studentischer Transferformen zahlreiche weitere Kompetenzen ausbauen. Über die Kompetenzentwicklung hinaus sind in der Förderung von Gründungsvorhaben sowie in der Netzwerkbildung zusätzliche konkrete Nutzenpotenziale aus Sicht von Studierenden als aktiv Transferbeteiligte zu sehen (vgl. hierzu Tab. 3).

Tab. 3: Nutzenpotenziale aus Sicht von Studierenden

Nutzenpotenziale aus Sicht von Studierenden	
Förderung individueller Kompetenzen	Personale Kompetenzen; aktivitäts- und umsetzungsbezogene Kompetenzen; fachlich-methodische Kompetenzen; sozial-kommunikative Kompetenzen
Impulse für eigene Innovationen und Unternehmensgründungen	Inspirationen, Ideen und Inventionsansätze durch die Realisierung studentischer Transferformen
Entwicklung von Netzwerken und Partnerschaften durch externe Kontakte	z.B. Einstiegsmöglichkeiten bei Praxispartnern; Kontaktknüpfung zu (potenziellen) Arbeitgebern; weitere Kontakte über Kammern, Verbände etc.

Quelle: Eigene Darstellung in Anlehnung an Münch (2005), S. 113f., Erpenbeck/Heyse (2007), S. 159ff., Walter (2008), S. 46f. und Kesting (2013), S. 147.

Eine umfassende Potenzialausschöpfung erfordert Nachhaltigkeit sowie organisatorische und personelle Kontinuität. Nachhaltiger Transfer zeichnet sich durch langfristige Austauschbeziehungen zwischen den Transferpartnern aus. Langfristigkeit und Beständigkeit erfordern insbesondere ein beidseitig hohes Nutzenempfinden (im Sinne des Netzwerkgedankens) als Basis für eine Weiterführung und ggf. Intensivierung von Kooperationen. Gerade durch eine solche langfristige Ausrichtungsplanung können auch die Hochschulen bzw. deren Fakultäten in hohem Maße Nutzen aus den Transferaktivitäten ziehen. Ein Blick auf die organisationalen Ebenen von Hochschulen zeigt bedeutsame Nutzenpotenziale auf (siehe Tab. 4).

---

[30] Gemäß Erpenbeck/Heyse (2007, S. 159) kennzeichnen „**Kompetenzen** (...) **Selbstorganisationsdispositionen des Individuums**".

Tab. 4: Nutzenpotenziale aus Sicht von Hochschulen/Fakultäten

Nutzenpotenziale aus Sicht von Hochschulen/Fakultäten	
Marketingbezogene Nutzenaspekte	Erhöhte Sichtbarkeit und Wahrnehmung der Aktivitäten bzw. Einrichtungen in der Öffentlichkeit; Reputationsgewinn und Imagezuwachs durch erfolgreiche Transferaktivitäten und Beiträge zur Erfüllung der Legitimationserwartung/ des gemeinwirtschaftlichen Auftrags
Förderung organisationaler Kompetenzen	Organisationales Verknüpfungs-Know-how; organisationales Kooperationsvermögen; organisationales Interpretationsvermögen
Entwicklung strategischer Partnerschaften und Aufbau/Ausbau von Netzwerken	z.B. stufenweiser Aufbau strategischer Partnerschaften durch die graduelle Verlagerung der Hochschul-WTT-Aktivitäten auf übergeordnete organisationale Ebenen

Quelle: *Eigene Darstellung in Anlehnung an Coursey/Bozeman (1992), S. 348f., Schreyögg/Kliesch (2003), S. 39f., Baaken (2009), S. 46, Barthel/Zawacki-Richter (2010), S. 181 und Dottore et al. (2010), S. 210.*

Hochschulen bzw. deren Fakultäten können in hohem Maße von erfolgreichen Transferaktivitäten der Wissenschaftler profitieren. Neben Aspekten aus dem übergeordneten Kontext des Hochschulmarketing (z.B. Reputations- und Imagegewinn gegenüber potenziellen Praxispartnern sowie insbesondere auch der Öffentlichkeit) und der Partnerschafts- und Netzwerkentwicklung können vor allem die organisationalen Kompetenzen gefördert werden. Über die Förderung organisationaler Kompetenzen sowie die marketing-bezogenen Nutzenpotenziale hinaus ergeben sich weitere Chancen, wie z.B. neue Kooperationsmöglichkeiten mit Praxispartnern oder – mittelbar – auch mehr Studierende für die Hochschule.

Durch die Verknüpfung der Studieninhalte mit Elementen der beruflichen Praxis über inter-organisationale Partnerschaften (z.B. mit der regionalen Wirtschaft) können Theorie- und Praxiselemente in der akademischen Ausbildung zielgerichtet aufeinander abgestimmt werden (vgl. Pasternack et al., 2010, S. 337f.). Der Aufbau und die Pflege dieser Kontakte stellen eine bedeutsame Grundlage für den Beitrag von Hochschulen zur Regionalentwicklung dar. Mit Blick auf die Wahrnehmung des gemeinwirtschaftlichen Auftrags im WTT-Kontext richtet sich der Fokus im Folgenden somit auf Maßnahmen zur Regionalentwicklung durch regionalen WTT. Letzterer erfordert eine enge Verzahnung mit bzw. räumliche Nähe zu den Zielgruppen (hierzu ähnlich auch Seeger,

1997, S. 151). Ein zentraler Ansatzpunkt für die Regionalentwicklung ist in sog. Wissensnetzwerken zu sehen, die direkte Kommunikation und persönliche Kontakte zwischen den Beteiligten zum Zwecke eines effektiven Wissensaustausches erfordern. Unter entsprechend positiven Bedingungen können sich hieraus längerfristige Innovationsnetzwerke entwickeln (vgl. Sternberg, 2000, S. 393f.).

Dem WTT zwischen Hochschulen und Unternehmen (aber darüber hinaus auch mit Blick auf öffentliche Verwaltungen, Vereine, Verbände, Gewerkschaften und Bürgerinitiativen) kommt seit geraumer Zeit eine wachsende Relevanz in der Regionalentwicklung zu (vgl. z.B. Blume/Fromm, 2000, S. 109f.; Lambert, 2003, S. 5; siehe ausführlich z.B. auch Gerstlberger, 2004a und Gerstlberger, 2004b). Dies liegt zum einen daran, dass die Bedeutung von Hochschulen als „regionaler Wirtschaftsfaktor" von den zuständigen öffentlichen und privaten Entscheidern seit den 1990er Jahren verstärkt erkannt und sich auch in den Ergebnissen mehrerer empirischen Untersuchungen widerspiegelt (siehe z.B. Lee, 1996 und Blume/Fromm, 2000). Hierbei zeigt sich vielfach ein mit der Anwendungsorientierung der Forschung zunehmender regional-ökonomischer Nutzen (vgl. von Wissel, 2010, S. 493).

Zum anderen haben zahlreiche Regionen in Deutschland in den letzten beiden Jahrzehnten ein rein öffentliches oder öffentlich-privates „Regionalmanagement" bzw. „Cluster-Management" aufgebaut (z.B. als GmbH, e.V. oder auch als Verwaltungs-Verbund), in das i.d.R. auch die regionalen Hochschulen institutionell eingebunden sind.

Auf Basis dieser verstärkten institutionellen Zusammenarbeit zwischen Hochschulen und weiteren privaten und öffentlichen Akteuren in den jeweiligen Regionen haben auch einzelne Unternehmen, Hochschulvertreter und Studierende in den vergangenen Jahren vielfältige neue Impulse für individuelle WTT-Initiativen erhalten. Tabelle 5 zeigt einige ausgewählte Beispiele für derartige Initiativen im Zusammenhang mit der Ebene der Regionalentwicklung und illustriert gleichzeitig, einhergehend mit der zentralen Triple-Helix-These, die erheblichen Nutzenpotenziale von Hochschulen als Motor und Schaltstelle für regionale Entwicklungsmaßnahmen.

Tab. 5:   Nutzenpotenziale mit Blick auf die Regionalentwicklung

Nutzenpotenziale mit Blick auf die Regionalentwicklung	
Hochschul-WTT-Netzwerke als Motor für Regionalentwicklung	Förderung von Hochschul-WTT im Rahmen eines institutionalisierten „Regionalmanagements" und über „regionales Clustermanagement"; Hochschulen als übergeordnete Koordinatoren und Schaltstellen für Innovationsnetzwerke
Beitrag von Gründungsvorhaben bzw. erfolgenden/erfolgten Ausgründungen/ zur Regionalentwicklung	Synergieeffekte durch regionale Innovations- und Gründerzentren, die oftmals auch spezielle Angebote für (post-)studentische Unternehmensgründungen vorhalten, sowie regionale Existenzgründer-Wettbewerbe und „Gründerstudien";
	Hervorbringung innovativer Unternehmen für die Region durch Hochschul-Gründungsförderungseinrichtungen und Spin Off-Gründungen mit direkten Hochschul-WTT-Kontakten;
	Unmittelbare Verwertung von Hochschul-Wissen/-Technologien durch Spin Offs; Programme und Maßnahmen zur Förderung und Unterstützung von (studentischen) Gründeraktivitäten
WTT als Instrument regionaler Technologie- und Arbeitsmarkt-Politik	Erhebliche Beiträge zur Qualifikation des regionalen Erwerbspersonenpotenzials durch die Studierenden- und Doktorandenausbildung;
	Synergien aufgrund der Verknüpfung regionaler Initiativen für die Förderung von Existenzgründungen und „vorbeugender", langfristig ausgerichteter Innovations- und Technologie-Beratung für KMU
Einbindung von WTT in Initiativen für „nachhaltige" Regionalentwicklung (auch in ökologischer und sozialer Hinsicht)	Transfer – ergänzenden – ökologischen und sozial orientierten Know-hows aus Hochschulen in Unternehmen einer Region sowie weitere regionale Organisationen und Initiativen

Nutzenpotenziale mit Blick auf die Regionalentwicklung	
Inter-regionale WTT-Zusammenarbeit	Nutzung bereits vorhandener Kompetenzen aus anderen deutschen und/oder ausländischen Regionen (z.B. auch im Rahmen von anwendungsorientierten EU-Projekten; Nutzbarmachung regionsexternen Wissens für regionale Innovationssysteme)

Quelle: Eigene Darstellung in Anlehnung an Blume/Fromm (2000), S. 121, Fritsch et al. (2007), S. 198, S. 202, S. 214, Growe et al. (2007), S. 47ff., Hagen (2007), S. 79, Fritsch/Schwirten (2008), S. 254 und Pasternack et al. (2010), S. 339.

Es wird aufgrund der bisherigen Argumentation insgesamt deutlich, dass über die „Marktaktivität Transfer" weitere umfassende Nutzenaspekte mit Blick auf die Regionalentwicklung realisiert werden könnten (z.B. Wohlstand, neue Arbeitsplätze und Problemlösungen für die Gesellschaft; vgl. Carlsson/Fridh, 2002, S. 202), sodass Hochschulen hierdurch ihren gemeinwirtschaftlichen Auftrag sehr gut umsetzen können. Damit dies gelingt, bedarf es einer kontinuierlichen Abstimmung zwischen den Beteiligten und mit Blick auf deren jeweilige strategische Zielsetzungen. Hierbei wird auch die hohe Relevanz eines konsequenten und nachhaltigen Anspruchsgruppenmanagements seitens der Hochschule deutlich.

Über die Regionalentwicklung hinaus vermag marktorientierter Hochschul-WTT demnach auch einen gesellschaftlichen Nutzen zu leisten, indem er über die vielfältigen potenziellen positiven Konsequenzen letztlich zum gesellschaftlichen Fortschritt im übergeordneten Sinne beiträgt. Dieser gesellschaftliche Nutzen erfolgt zusätzlich bzw. in Kombination mit klassischen Maßnahmen zur Erfüllung des gemeinwirtschaftlichen Auftrags (z.B. öffentlich zugängliche Hochschulpublikationen, Vorträge und Seminare; vgl. Zinkl/Binet, 1997, S. 18) und der traditionellen Generierung öffentlichen Wissens durch Grundlagenforschung.

5 Zusammenfassung und Fazit

Insgesamt betrachtet ist festzustellen, dass der Nutzenfokus als Ausdruck eines sich zunehmend entwickelnden Marktverständnisses im Hochschul-Wissens- und Technologietransfer aufgefasst werden kann. Mit Blick auf Übertragungspotenziale im organisationalen Marketing können im Rahmen des S-to-B-Marketing Aspekte der Vermarktung komplexer Business-to-Business (B-to-B)-Dienstleistungen künftig verstärkt zum Tragen kommen. Anbieterseitig bedarf es, unter Beachtung individueller Nutzenwahrnehmungen der Protagonisten, auch extern-systembezogener Anreize (wie z.B. einer erhöhten Reputationswirksamkeit von WTT als wissenschaftliches Leistungskriterium). Eine jeweils hohe Nutzenwahrnehmung der Transferpartner führt vielfach zu einer Fortführung bzw. Intensivierung der WTT-Aktivitäten. In diesen Situationen bieten sich durch marktorientierten Transfer jenseits der Transferpartnerbetrachtung zusätzliche Nutzenpotenziale für weitere Anspruchsgruppen im Transfergeschehen – auch oder gerade durch die gezielte Nutzung von Synergien. Über die Marktsituation hinaus ergeben sich somit weiterführende, mittelbar transferbezogene Nutzenpotenziale, insbesondere für Studierende, Region und Gesellschaft.

Wenn die Erwartungen der Beteiligten aufeinander abgestimmt werden, unterschiedliche Perspektiven berücksichtigt werden und gezielte Synergieeffekte im Fokus stehen, kann auf Basis eines marktorientierten Transfers eine vielfältige Nutzenstiftung realisiert werden. Unter dieser Maßgabe kann der Spagat zwischen der Marktbetrachtung einerseits und dem gemeinwirtschaftlichen Auftrag sowie der Wissenschaftsfreiheit andererseits gelingen und integratives, synergetisches Nutzenpotenzial erschlossen werden. Entscheidende Ansatzpunkte hierfür bilden das gesamte Nutzenpotenzial hinsichtlich des Aufbaus von Partnerschaften und Netzwerken sowie eine inhaltlich breit gefächerte Nutzenbetrachtung, die in erheblichem Maße auch nicht-monetäre bzw. nicht direkt monetäre Nutzenaspekte berücksichtigt.

Es wurde in diesem Beitrag besonders darauf abgestellt, dass sich hochschulseitig eine wichtige Besonderheit zeigt. Hier ist der Fokus zunächst auf den individuellen Nutzen der Professoren (bzw. weiteren Wissenschaftler) als Hauptakteure des Hochschul-WTT zu legen. Dieser umfasst dann, vor allem mit der schrittweisen Intensivierung der Transferaktivitäten, zunehmend auch die organisationale Marketingebene. Anhand dieser Besonderheit wird deutlich, dass es „anbieterseitig-individuell" entsprechender Anreize und Nutzenpotenziale für den Ausbau der WTT-Aktivitäten und für deren Verlagerung bzw. Erweiterung auf die organisationale Ebene der Hochschulen bedarf. Das ist auch in Deutschland vielerorts aktuell bereits der Fall, besonders an Hochschulen mit dezentralisierter Ressourcenverantwortung und einer starken Orientierung an leistungsorientierten Vergütungsgrundsätzen.

Für eine bessere Ausschöpfung der direkten WTT-Nutzenpotenziale sind darüber hinaus anbieter- und nachfragerseitig auch entsprechende nichtmonetäre Anreize sowie adäquate Kommunikation hilfreich. Dabei kann es sich beispielsweise um zusätzliche Forschungs- bzw. „Transfer"-Semester für Professoren und andere Wissenschaftler oder auch kontinuierliche Entlastung von Lehraufgaben in aufeinanderfolgenden Semestern handeln. Zudem könnte auch eine stärkere „hochschulöffentliche" und öffentliche Anerkennung (z.B. regelmäßige Berichte in Hochschulzeitschriften oder lokalen bzw. regionalen Medien) zukünftig stärker als bis dato dazu beitragen, die direkten WTT-Nutzenpotenziale einzelner Wissenschaftler auszuschöpfen. Schließlich sollten zukünftig Lehr-, Forschungs-, Transfer- und Marketingaufgaben von Professoren bzw. Wissenschaftlern sowie der Hochschulen in ihrer Gesamtheit organisatorisch sehr viel stärker miteinander verzahnt werden als dies bisher an vielen Einrichtungen der Fall ist. Es ist beispielsweise durchaus vorstellbar, dass Studierende deren Mitwirkung an WTT-Transferprojekten teilweise als Studienleistungen angerechnet bekommen und geeignete „WTT-Fallbeispiele" stärker als bisher als Lehrmaterialien in geeigneten Seminaren und Übungen für Studierende verwendet werden.

Quellenverzeichnis

Arvanitis, S.; Kubli, U.; Woerter, M. (2008): University-industry knowledge and technology transfer in Switzerland: What university scientists think about co-operation with private enterprises. In: Research Policy, 37(10), S. 1865-1883.

Azagra-Caro, J. M. (2007): What type of faculty member interacts with what type of firm? Some reasons for the delocalisation of university-industry interaction. In: Technovation, 27(11), S. 704-715.

Baaken, T. (2007a): Forschung und Innovation – Science-to-Business Marketing als neuer Ansatz im künftigen Wissenstransfer. In: Franceschini, R.; Mathà, G.; Nutt, W. (Hrsg.): Die Rolle der Universität in Forschung und Innovation – Il ruolo dell'università nella ricera e nell'innovazione. Tagung der Freien Universität Bozen – Convegno della Libera Università di Bolzano 23.02.2007, Bozen, S. 54-67.

Baaken, T. (2007b): Science Marketing – ein innovativer Ansatz zur Weiterentwicklung des Technologietransfers und zur erfolgreichen Drittmitteleinwerbung. In: TechnologieTransfer-Netzwerk Hessen (Hrsg.): Zukunftsszenarien des Wissens- und Technologietransfers zwischen Hochschule und Wirtschaft. Erfolgsmodelle, Anforderungen und Bewertungsmaßstäbe, Bonn, S. 60-74.

Baaken, T. (2009): Science-to-Business Marketing und Partnering als konsequente Weiterentwicklung des Technologietransfers. In: Merten, W. (Hrsg.): Wissenschaftsmarketing. Dialoge gestalten, Bonn, S. 41-54.

Baaken, T.; Kesting, T. (2009): Wertkettenkonzepte im Science-to-Business Marketing. In: Voss, R. (Hrsg.): Hochschulmarketing, 2., völlig überarbeitete Auflage, Lohmar und Köln, S. 181-200.

Barthel, E.; Zawacki-Richter, O. (2010): Innovationen ermöglichen durch individuelle und organisationale Kompetenz. In: Heyse, V.; Erpenbeck, J.; Ortmann, S. (Hrsg.): Grundstrukturen menschlicher Kompetenzen. Praxiserprobte Konzepte und Instrumente, Münster, S. 175-186.

Blume, L.; Fromm, O. (2000): Wissenstransfer zwischen Universitäten und regionaler Wirtschaft: Eine empirische Untersuchung am Beispiel der Universität Gesamthochschule Kassel. In: Vierteljahrshefte zur Wirtschaftsforschung, 69. Jahrgang, Heft 1/2000, S. 109-123.

Bok, D. (2003): Universities in the Marketplace. The Commerzialization of Higher Education, Princeton und Oxford.

Bundesministerium für Bildung und Forschung (BMBF) (2007): Bericht zur technologischen Leistungsfähigkeit Deutschlands 2007, Bonn und Berlin.

Cantner, U.; Meder, A.; ter Wal, A. L. J. (2010): Innovator networks and regional knowledge base. In: Technovation, 30(9-10), S. 496-507.

Carlsson, B.; Fridh, A.-C. (2002): Technology transfer in United States universities. A survey and statistical analysis. In: Journal of Evolutionary Economics, 12(1-2), S. 199-232.

Clark, B. R. (2001): The Entrepreneurial University: New Foundations for Collegiality, Autonomy, and Achievement. In: Higher Education Management, 13(2), S. 9-24.

Coursey, D.; Bozeman, B. (1992): Technology Transfer in U.S. Government and University Laboratories: Advantages and Disadvantages for Participating Laboratories. In: IEEE Transactions on Engineering Management, 39(4), S. 347-351.

Dottore, A. G.; Baaken, T.; Corkindale, D. (2010): A partnering business model for technology transfer: the case of the Muenster University of Applied Sciences. In: International Journal of Entrepreneurship and Innovation Management, 12(2), S. 190-216.

Dransch, W. (2009): Mehrwertpotenziale durch die Implementierung eines Key Account Managements an Forschungs- und Entwicklungseinrichtungen. In: Merten, W. (Hrsg.): Wissenschaftsmarketing. Dialoge gestalten, Bonn, S. 166-177.

Erpenbeck, J.; Heyse, V. (2007): Die Kompetenzbiographie. Wege der Kompetenzentwicklung, 2., aktualisierte und überarbeitete Auflage, Münster.

Etzkowitz, H. (2008): The Triple Helix. University-Industry-Government Innovation in Action, New York.

European Commission (2012): Public consultation on the European Research Area Framework. Preliminary Report, Brüssel.

Freeman, R. E. (1984): Strategic Management. A Stakeholder Approach, Boston.

Fritsch, M.; Henning, T.; Slavtchev, V.; Steigenberger, N. (2007): Hochschulen, Innovation, Region. Wissenstransfer im räumlichen Kontext, Berlin.

Fritsch, M.; Henning, T.; Slavtchev, V.; Steigenberger, N. (2008): Hochschulen als regionaler Innovationsmotor? Innovationstransfer aus Hochschulen und seine Bedeutung für die regionale Entwicklung, Arbeitspapier 158, Hans-Böckler-Stiftung, Düsseldorf.

Fritsch, M.; Schwirten, C. (1998): Öffentliche Forschungseinrichtungen im regionalen Innovationssystem. Ergebnisse einer Untersuchung in drei deutschen Regionen. In: Raumforschung und Raumordnung, 56(4), S. 253-263.

Gerstlberger, W. (2004a): Regionale Innovationssysteme aus betriebswirtschaftlicher Perspektive: Gestaltungskonzepte zur Förderung einer nachhaltigen Unternehmensentwicklung, Wiesbaden.

Gerstlberger, W. (2004b): Regional innovation systems and sustainability – selected examples of international discussion. In: Technovation, 24(9), S. 749-758.

Grimm, D. (2007): Wissenschaftsfreiheit vor neuen Grenzen?, Göttingen.

Growe, A.; von Löwis, S.; Torns, F. (2007): Wissensstädte und -regionen – Eine Einführung. In: Bieker, S.; Frommer, B.; Othengrafen, F.; Wilske, S. (Hrsg.): Räumliche Planung im Wandel – Welche Instrumente haben Zukunft?, 9. Junges Forum der ARL, 17. bis 19. Mai 2006 in Darmstadt, Arbeitsmaterial der ARL, Nr. 338, Hannover, S. 42-54.

Hagen, M. (2007): Universitärer Wissenstransfer als Instrument der Regionalentwicklung. In: Bieker, S.; Frommer, B.; Othengrafen, F.; Wilske, S. (Hrsg.): Räumliche Planung im Wandel – Welche Instrumente haben Zukunft?, 9. Junges Forum der ARL, 17. bis 19. Mai 2006 in Darmstadt, Arbeitsmaterial der ARL, Nr. 338, Hannover, S. 78-88.

Hansen, U. (1999): Die Universität als Dienstleister: Thesen für ein leistungsfähigeres Management von Hochschulen. In: Stauss, B.; Balderjahn, I.; Wimmer, F. (Hrsg.): Dienstleistungsorientierung in der universitären Ausbildung – Mehr Qualität im betriebswirtschaftlichen Studium, Stuttgart, S. 369-383.

Hansen, U.; Hennig-Thurau, T.; Langer, M. F. (2000): Qualitätsmanagement von Hochschulen. FACULTY-Q als Erweiterung von TEACH-Q. In: Die Betriebswirtschaft, 60(1), S. 23-38.

Hülsbeck, M. (2011): Wissenstransfer deutscher Universitäten. Eine empirische Analyse von Universitätspatenten, Wiesbaden, zugleich Dissertation an der Universität Augsburg 2009.

Kesting, T. (2013): Wissens- und Technologietransfer durch Hochschulen aus einer marktorientierten Perspektive. Ansatzpunkte zur Gestaltung erfolgreicher Transferprozesse an Universitäten und Fachhochschulen, Wiesbaden, zugleich Dissertation am Internationalen Hochschulinstitut (IHI) Zittau 2012.

Kotler, P. (1972): A Generic Concept of Marketing. In: Journal of Marketing (36/1972), S. 46-54.

Kotler, P.; Armstrong, G.; Wong, V.; Saunders, J. (2011): Grundlagen des Marketing, 5., aktualisierte Auflage, München.

Lambert, R. (2003): Lambert Review of Business-University Collaboration, HMSO, London.

Langer, M. F.; Beckmann, J. (2010): Relationship-Marketing von Hochschulen – ein Paradigmenwechsel. In: Ulrich, G.; Voss, R. (Hrsg.): Hochschul Relationship Marketing, Lohmar und Köln, S. 1-44.

Lee, Y. S. (1996): 'Technology transfer' and the research university: a search for the boundaries of university-industry collaboration. In: Research Policy, 25(6), S. 843-863.

Lee, Y. S. (2000): The Sustainability of University-Industry Research Collaboration: An Empirical Assessment. In: Journal of Technology Transfer, 25(2), S. 111-133.

Marcure, J. (2004): Marketing Scientific Results & Services. A Toolkit, Sydney u.a.

Münch, H. (2005): Erschließung von Leistungspotenzialen für Hochschule und Wirtschaft durch angewandte, bedarfsorientierte Forschung. In: Hochschulrektorenkonferenz (Hrsg.): Forschung, Entwicklung und Technologietransfer an Fachhochschulen, Dokumentation der 34. Jahrestagung des Bad Wiesseer Kreises vom 20. Mai - 23. Mai 2004, Beiträge zur Hochschulpolitik 4/2005, Bonn, S. 107-115.

Pasternack, P.; Bloch, R.; Hechler, D.; Schulze, H. (2010): Lehre und Studium im Kontakt zur beruflichen Praxis. Hochschule-Praxis-Kooperationen an mitteldeutschen Hochschulen. In: Pasternack, P. (Hrsg.): Relativ prosperierend. Sachsen, Sachsen-Anhalt und Thüringen: Die mitteldeutsche Region und ihre Hochschulen, Leipzig, S. 335-366.

Reinhard, M. (2007): Wie kann der Erfolg von Transfereinheiten an Hochschulen bestimmt werden? In: TechnologieTransfer-Netzwerk Hessen (Hrsg.): Zukunftsszenarien des Wissens- und Technologietransfers zwischen Hochschule und Wirtschaft. Erfolgsmodelle, Anforderungen und Bewertungsmaßstäbe, Bonn, S. 88-92.

Reinhard, M.; Schmalholz, H. (1996): Technologietransfer in Deutschland. Stand und Reformbedarf, Schriftenreihe des ifo Instituts für Wirtschaftsforschung Nr. 140, Berlin und München.

Schmoch, U. (2003): Hochschulforschung und Industrieforschung. Perspektiven der Interaktion, Frankfurt/Main.

Schmoch, U.; Licht, G.; Reinhard, M. (2000): Das Wichtigste in Kürze. In: Schmoch, U.; Licht, G.; Reinhard, M. (Hrsg.): Wissens- und Technologietransfer in Deutschland, Stuttgart, S. XV-XXVIII.

Schreyögg, G.; Kliesch, M. (2003): Rahmenbedingungen für die Entwicklung Organisationaler Kompetenz, QUEM-Materialien 48, Berlin.

Seeger, H. (1997): Ex-Post-Bewertung der Technologie- und Gründerzentren durch die erfolgreich ausgezogenen Unternehmen und Analyse der einzel- und regionalwirtschaftlichen Effekte, Hannoversche Geographische Arbeiten Band 53, Münster.

Ständige Konferenz der Kultusminister der Länder in der Bundesrepublik Deutschland (2013): Grundlegende rechtliche Regelungen zu Hochschulen und anderen Einrichtungen des Tertiären Bereichs in der Bundesrepublik Deutschland, am 29.07.2013 abgerufen unter www.kmk.org/dokumentation/rechtsvorschriften-und-lehrplaene-der-laender/uebersicht-hochschulgesetze.html.

Sternberg, R. (2000): Innovation Networks and Regional Development – Evidence from the European Regional Survey (ERIS): Theoretical Concepts, Methodological Approach, Empirical Basis and Introduction to the Theme Issue. In: European Planning Studies, 8(4), S. 389-407.

Thursby, J. G.; Jensen, R.; Thursby, M. C. (2001): Objectives, Characteristics and Outcomes of University Licensing: A Survey of Major U.S. Universities. In: Journal of Technology Transfer, 26(1-2), S. 59-72.

van der Sijde, P. C.; Schutte, F. (2000): The University and its Region – An Introduction. In: Schutte, Frits; van der Sijde, P. C. (Hrsg.): The university and its region. Examples of regional development from the European Consortium of Innovative Universities, Enschede, S. 5-14.

von Wissel, C. (2010): Die Hochschulen in regionalen Innovationsstrukturen. In: Pasternack, P. (Hrsg.): Relativ prosperierend. Sachsen, Sachsen-Anhalt und Thüringen: Die mitteldeutsche Region und ihre Hochschulen, Leipzig, S. 459-505.

Walter, A. (2003): Technologietransfer zwischen Wissenschaft und Wirtschaft. Voraussetzungen für den Erfolg, Wiesbaden.

Walter, S. G. (2008): Gründungsintention von Akademikern. Eine empirische Mehr-ebenenanalyse personen- und fachbereichsbezogener Einflüsse, Wiesbaden, zugleich Dissertation an der Universität Kiel 2008.

Ylijoki, O.-H. (2003): Entangled in academic capitalism? A case-study on changing ideals and practices of university research. In: Higher Education, 45(3), S. 307-335.

Zinkl, W.; Binet, O. (1997): Wissensverbund Wissens- und Technologietransfer: Grundlagen für eine Strategie von Hochschulen, FER 178/1997, Bern.

Short biographies of authors

Tobias Kesting is a consultant (specialising in organisational marketing/management process issues) and works as a lecturer in marketing, innovation management and key competencies at Münster University of Applied Sciences, University of Münster (WWU) and other universities. With many years of teaching experience, he actively engages in university-didactic further education programmes and implements novel teaching strategies in his lectures.

Furthermore, Mr Kesting is involved in research and teaching activities at the Science-to-Business Marketing Research Centre (S2BMRC) in Münster. He holds a doctoral degree (Dr. rer. pol.) from the International Graduate School Zittau (now part of TU Dresden). From ESB Business School Reutlingen, he holds a diploma in business administration and an MBA in international business development.

His primary research areas are knowledge and technology transfer, innovation management, research communication and commercialisation, as well as service marketing. Mr Kesting is an author and editor of books about market segmentation, marketing for innovations, business-to-business communication as well as knowledge and technology transfer, and has published numerous articles in marketing journals and books.

Wolfgang Gerstlberger works as associate professor for innovation management at the University of Southern Denmark (campus Odense, Department of Marketing & Management, Integrative Innovation Management group). He gained his habilitation for general management science as well as his doctoral degree (Dr. rer. pol.) in social sciences from Kassel University (Germany). Before he came to Denmark he held an endowed chair for "Innovation Management and Small Business Research" at the International Graduate School Zittau (now part of Technical University, Dresden).

Professor Gerstlberger is engaged in various international research networks and teaching exchange programmes on the under- and postgraduate level. Some of his most important network partners include the Science-to-Business Marketing Research Centre (S2BMRC) in Münster (Germany), the Faculty of Economics of Wroclaw University (Poland), the Fraunhofer ISI research institute in Karlsruhe (Germany), and the Austrian Institute of Technology (AIT) in Vienna (Austria).

Prof. Gerstlberger's primary research areas are knowledge and technology transfer, innovation management, regional and national innovation systems, entrepreneurship and sustainable innovation.

He is the author of a large number of journal articles, books and book chapters about regional innovation systems, innovation networks, public-private partnership, eco-innovation, entrepreneurship of students, service innovation, and knowledge and technology transfer.

Organisatorische Verankerung der Supportprozesse des Wissens- und Technologietransfers an deutschen Hochschulen

Norbert Bach und Christoph Friedrich

Successful university knowledge and technology transfer (KTT) requires both research output by scientists, administrative support processes, and organizational units. This paper analytically derives alternative organizational configurations for KTT support processes and presents empirical data from 45 German universities. As a result of our contingency analysis, typical fit-constellations between context and configuration are presented and discussed. Dominant drivers in organizational design decisions for KTT support are the KTT transfer volume and the regional proximity of the participating universities.

Für erfolgreichen Wissens- und Technologietransfer (WTT) benötigen die Hochschulen neben originärer Forschungsleistung ihrer Wissenschaftler auch administrative Supportprozesse und Organisationseinheiten. Der Beitrag leitet analytisch mögliche Formen der Arbeitsteilung und Spezialisierung der Supportprozesse des WTT ab und stellt empirische Befunde zu 45 deutschen Hochschulen vor. Typische Konstellationen von (Hochschul-)Kontext und Konfiguration werden identifiziert und diskutiert. Dominierende Einflussfaktoren der Wahl einer Organisationslösung sind zum einen das zu bewältigende Transfervolumen, zum anderen die räumliche Nähe der die Supportprozesse nutzenden Hochschulen.

1 Problemstellung und Forschungsfragen

Bereits Schumpeter (1911) sah in der „schöpferischen Zerstörung" bestehender Marktgleichgewichte durch Innovationen die Ursache für die wirtschaftliche Entwicklung von Gesellschaften. Diese Denkweise fortsetzend arbeiteten Etzkowitz/Leydesdorff (2000) in ihrem Triple-Helix-Modell die Rolle der Hochschulen im Zusammenspiel mit den beiden komplementären Sphären der Politik und der Wirtschaft heraus. Hochschulen werden in diesem Modell als Innovationstreiber und Erfinder betrachtet, während die Vermarktung der Inventionen und deren Umsetzung in marktfähige Produkte den Unternehmen zugeschrieben wird. Der Staat hat in dieser Dreierkonstellation die Aufgabe, innovationsfördernde Rahmenbedingungen zu schaffen, die insbesondere den Transfer neu geschaffenen Wissens aus der Sphäre der Hochschule in die Sphäre des wirtschaftlichen Handelns unterstützen.

Zu Aufgaben, Akteuren und Strukturen im WTT liegen in der Literatur einige Übersichtsbeiträge vor (vgl. Bozeman, 2000; Schmoch, 2000; Walter, 2003; Rothaermel et al. , 2007; Schmelter, 2008; Friedrich, 2013). Grundsätzlich finden sich empirische Belege für die im Triple-Helix-Modell beschriebene Aufgabenteilung. Darüber hinaus zeigen zahlreiche Studien, dass auch innerhalb der Hochschulen Arbeitsteilung und Spezialisierung die effektivste Form der Organisation des WTT sind. Demnach sollte die Hochschulleitung die generelle WTT-Strategie der Hochschule festlegen (Steuerungsaufgabe). Die Wissenschaftler konzentrieren sich auf ihre originären Aufgaben der Forschung und der fachlichen Vernetzung (operative Aufgabe), wohingegen alle Supportprozesse des WTT von hierauf spezialisierten Einheiten, häufig in Form eines Technology-Transfer-Office (TTO), übernommen werden sollten.

Der vorliegende Beitrag fokussiert auf die organisatorische Verankerung der Supportprozesse des WTT und mögliche Vorteile durch die Einrichtung spezialisierter Aufgabenträger, wie z.B. einem TTO oder Patentverwertungsagenturen. Zu dieser Fragestellung liegen bisher nur wenige Untersuchungen in Form von Fallstudien vor. Sowohl Bercovitz et al. (2001) als auch Markman et al. (2005) untersuchen Strukturen an US-amerikanischen Universitäten. Zur KU Leuven in Belgien liegt eine Fallstudie von Debackere/Veugelers (2005) vor, die Forschergruppe um Thomas Baaken (Kliewe/Baaken/Kesting, 2012) präsentiert den Fall der Fachhochschule Münster. Nachfolgend wird die Organisation der Supportprozesse des WTT zunächst konzeptionell analysiert. Anschließend werden mit Hilfe einer Kontingenzanalyse zu den Strukturen von insgesamt 45 deutschen Hochschulen folgende Forschungsfragen beantwortet:

1. Welche Formen der Arbeitsteilung zwischen welchen Aufgabenträgern, auch Konfigurationsmuster genannt, sind analytisch möglich?

2. Welche Kontextfaktoren könnten theoretisch die Entscheidung für ein Konfigurationsmuster beeinflussen?

3. Welche Kontext-Konfigurations-Konstellationen lassen sich empirisch an deutschen Hochschulen finden?

4. Wie sind typische Konstellationen zu erklären und zu interpretieren?

5. Welche Implikationen und Gestaltungsempfehlungen lassen sich aus dem Ergebnis der Kontingenzanalyse ableiten?

2 Konzeptionelle Analyse der Spezialisierungsmöglichkeiten im WTT

2.1 Spezialisierung als zentrales Gestaltungsprinzip

In der hier vertretenen Sichtweise des Gestaltungsorientierten Ansatzes der Organisation (vgl. Bach et al., 2012, S. 62ff.) dienen organisatorische Regelungen der effizienten Erfüllung von Aufgaben zur Erreichung von Zielen. Hierzu wird die Gesamtaufgabe in verteilungsfähige kleinere Aufgabenpakete zerlegt (Aufgabenanalyse), die anschließend in der Aufgabensynthese zu zielwirksamen Einheiten und Strukturen gebündelt werden. Gestaltungsmittel zur Zielerreichung sind Arbeitsteilung und Koordination, wobei lediglich durch Arbeitsteilung in Form von Spezialisierung Effizienzvorteile entstehen. Diese bei ausreichend großem Mengengerüst möglichen Effizienzgewinne resultieren aus Lerneffekten der ausführenden Personen, dem Wegfall von Umrüstzeiten und der durch häufigere Ausführung der Einzelverrichtung leichter möglichen technologischen Weiterentwicklung der Funktionserfüllung (vgl. Smith, 1905).

Bei der hier vorliegenden Frage nach der Arbeitsteilung in Bezug auf den WTT ist somit zu klären, ob durch die Einrichtung spezialisierter Stellen und Organisationseinheiten Effizienzvorteile grundsätzlich möglich sind. Eine erste Form der Spezialisierung wurde bereits in der Problemstellung erläutert: die Arbeitsteilung zwischen Hochschulleitung (Steuerungsprozesse), Wissenschaftlern (operative Forschungsprozesse) und den administrativen Einheiten (Supportprozesse). Im Zentrum der nachfolgenden Überlegungen steht die Frage, ob durch eine weitere Spezialisierung zwischen den für die Supportprozesse zuständigen Organisationseinheiten zusätzliche Effizienzgewinne möglich sind.

2.2 Aufgabenanalyse der Supportaufgaben des WTT

Ausgangspunkt der nachfolgenden Überlegungen sind die Ergebnisse der Fallstudienanalyse an der KU Leuven von Debackere/Veugelers (2005, S. 324ff.). Demnach lassen sich hinsichtlich der Supportprozesse des WTT drei Prozesskategorien unterscheiden:

⇨ Vertragsbasierte Zusammenarbeit (**VZ**): administrative Abwicklung der Forschungszusammenarbeit mit Industriepartnern.

⇨ Management geistigen Eigentums (**MGE**): Sicherstellung und verwertungsorientiertes Management der geistigen Eigentumsrechte.

⇨ Unterstützung von Hochschul-Spin-Offs (**HSO**): Förderung und Unterstützung der Ausgründung von Spin-Off-Unternehmen.

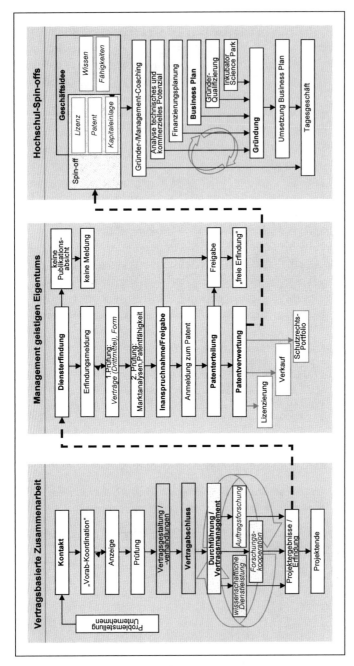

Abb. 1:   Supportprozesse des WTT in Phasendarstellung
Quelle: Friedrich (2013), S. 142.

Die drei Supportprozesse des WTT folgen dabei einer Phasenlogik, die zwar einerseits vollständig durchlaufen werden kann, es andererseits aber erlaubt, im Einzelfall auch jede Phase für sich genommen als eigene Form des WTT zu betrachten (vgl. Abb. 1).

2.3 Alternative Möglichkeiten der Spezialisierung in der Aufgabensynthese

In Bezug auf die organisatorische Gestaltung ist zu klären, inwiefern durch die Einrichtung von auf einzelne Teilprozesse spezialisierte Organisationseinheiten Effizienzvorteile entstehen. Sachlich-analytisch können dabei fünf verschiedene Möglichkeiten der Aufgabensynthese, nachfolgend Konfigurationsmuster genannt, unterschieden werden (vgl. Friedrich, 2013, S. 138).

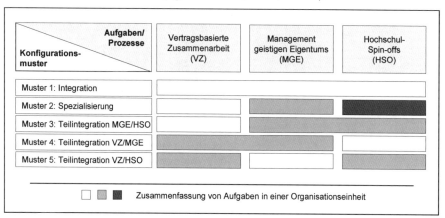

Abb. 2: *Alternative Konfigurationsmuster der Supportprozesse des WTT*
Quelle: *Friedrich (2013), S. 138.*

Die in Abbildung 2 als Konfigurationsmuster 1 (*Integration*) dargestellte Variante der Aufgabenbündelung sieht vor, dass alle Supportprozesse des WTT in einer einzigen dafür zuständigen Organisationseinheit ausgeführt werden; alle handelnden Personen sind in einer Organisationseinheit integriert. Diese Organisationslösung findet sich z.B. an der KU Leuven (vgl. Debackere/Veugelers, 2005) und an der Fachhochschule Münster (vgl. Kliewe et al., 2012) in Form eines TTO. Der grundsätzlichen Spezialisierung auf Supportprozesse wird somit organisatorisch Rechnung getragen, auf eine weitere Spezialisierung innerhalb der Supportprozesse wird jedoch zu Gunsten einer besseren Abstimmung zwischen den Teilaufgaben verzichtet.

Den sachlogisch kleinstteiligen Fall der Spezialisierung stellt das Muster 2 *Spezialisierung* dar. Hier werden die drei Supportprozesse des WTT von jeweils eigens auf diese Prozesse spezialisierten Organisationseinheiten übernommen, so z.B. von einer eigenen Patentverwertungsstelle für den MGE-Prozess. Die beiden Extrema Integration und Spezialisierung ergänzend sind darüber hinaus drei Fälle möglicher *Teilintegrationen* unterscheidbar, bei denen jeweils für einen der drei Supportprozesse des WTT eine eigene Organisationseinheit existiert und die verbleibenden zwei Supportprozesse einer für diese beiden Prozesse verantwortlichen Einheit übertragen werden (Muster 3 bis 5 in Abbildung 2). Welches der hier analytisch entwickelten Konfigurationsmuster die effizienteste Gestaltungslösung ist, hängt im Verständnis des situativen Ansatzes der Organisation (vgl. Bach et al. 2012, S. 57ff.) von der im Einzelfall vorliegenden Situation ab. In Abhängigkeit von je nach Bundesland unterschiedlichen gesetzlichen Rahmenbedingungen und des zu verarbeitenden Forschungsoutputs nach Art und Menge könnte hierbei auch der Hochschultyp eine Rolle spielen.

3 Empirische Studie zur Organisation des WTT an deutschen Hochschulen

3.1 Methodisches Vorgehen

In methodischer Hinsicht ist die Frage einer kontextbezogenen organisatorischen Verankerung der Supportprozesse des WTT nach der Einordnung von *Yin* (vgl. 2009, S. 8f.) den Fragen nach dem WIE und dem WARUM zuzuordnen. WIE lassen sich aus Sicht der Hochschulleitung die Gestaltungsaufgaben lösen und WARUM werden bestimmte Gestaltungsalternativen resp. Konfigurationsmuster gewählt? In Anbetracht des bisherigen Stands der Forschung wurde eine qualitative Analyse in einem *Multiple-Case Design* durchgeführt. Zu gewährleisten war dabei eine hinreichende Varianz der Hochschulauswahl bezogen auf mögliche Kontextfaktoren, wie z.B. die je nach Bundesland unterschiedlichen Rahmenbedingungen (Fläche, Einwohnerzahl, Landespolitik), die Hochschulart (Universität, Technische Universität, Fachhochschule), die Rechtsform (öffentlich-rechtliche Körperschaft oder Stiftungsuniversität) oder die Größe (gemessen an der Anzahl der Mitarbeiter). Anhand des Datenzugangs wurden in einem Convenience Sample je Bundesland zwei bis drei Hochschulen ausgewählt. Insgesamt wurden Daten zu 45 Hochschulen erhoben.

In einem ersten Analyseschritt wurden analog zu dem Vorgehen bei Markman et al. (2005, S. 247) die Internetseiten der betrachteten Hochschulen ausgewertet. Anhand eines Analyserasters wurden die dargestellten Sachverhalte erhoben und mit Hilfe eines Kodierschemas transparent und einheitlich dokumentiert. Darüber hinaus wurden ergänzend auch quantitative Daten des Statistischen Bundesamts für die Auswertung herangezogen. So wurde für jede der betrachteten Hochschulen ein Datenblatt erstellt (vgl. Friedrich, 2013, S. 198).

Für den zweiten Analyseschritt, der Untersuchung von Kontext-Konfigurationszusammenhängen, wurde anschließend eine Auswahl von Hochschulen aus fünf Bundesländern getroffen, die jeweils stellvertretend für eines der Konfigurationsmuster stehen: Hamburg, Bayern, Hessen, Niedersachsen und Sachsen. Hamburg als Stadtstaat nimmt einen besonderen Status hinsichtlich der räumlichen Nähe der Hochschulen ein, im Gegenzug wurden für Bayern bewusst Daten zu drei über die Landesfläche verstreuten Universitäten erhoben. Die Auswahl der hessischen Hochschulen erfolgte hingegen regional fokussiert auf Mittelhessen. Für Niedersachsen als Flächenland wurden zwei Universitäten, davon eine Stiftungsuniversität, und eine Technische Universität untersucht. In Sachsen, als Stellvertreter der Neuen Bundesländer, wurden drei Technische Universitäten näher analysiert. Aus den Datenblättern der Hochschulen und den landesbezogenen Kontextfaktoren wurden Gemeinsamkeiten und Unterschiede herausgearbeitet. Anschließend wurden für eindeutig identifizierbare Konstellationen Wirkungszusammenhänge im Hinblick auf die organisatorische Effizienz (vgl. von Werder, 1999, S. 412ff.) dieser Konstellationen hergeleitet.

Als Limitation des gewählten qualitativ explorativen Vorgehens ist insbesondere die mangelnde Verallgemeinerbarkeit der Ergebnisse zu nennen. Dies bezieht sich sowohl auf die Häufigkeiten im ersten Analyseschritt wie auch die Identifikation von Kontextfaktoren und Wirkungszusammenhängen im zweiten Analyseschritt. Vor dem Hintergrund des aktuellen Stands der Forschung ist die Herleitung eines Bezugsrahmens (vgl. Abb. 4) dennoch als wertvoller Beitrag zum Erkenntnisfortschritt bezüglich der Organisation des WTT zu werten.

3.2 Deskriptive Befunde

Als Ergebnis des ersten Analyseschritts der organisatorischen Verankerung der Supportprozesse des WTT an den 45 Hochschulen unterschiedlicher Bundesländer zeigt Tabelle 1 die Häufigkeitsverteilung der Konfigurationsmuster.

Tabelle 1: Häufigkeitsverteilung der Konfigurationsmuster

Konfigurations-muster	1 Integration	2 Spezialisierung	3 Teil-integration MGE/HSO	4 Teil-integration VZ/MGE	5 Teil-integration VZ/HSO
N (von 45)	4	21	3	4	13
Anteil	9 %	47 %	7 %	9 %	29 %

Quelle: Eigene Darstellung.

Fast die Hälfte der untersuchten Hochschulen versucht, durch eine Spezialisierung innerhalb der Supportprozesse des WTT Effizienzvorteile zu erzielen. Demgegenüber ist nur bei vier Hochschulen das Konfigurationsmuster der vollständigen Integration anzutreffen. Auffällig ist ebenfalls, dass Konfigurationsmuster 5 deutlich häufiger gewählt wurde als die beiden anderen Varianten der Teilintegration. Dennoch ist festzuhalten, dass alle fünf analytisch möglichen Konfigurationsmuster in der empirischen Erhebung vertreten sind und keines der Muster als Einzelfall interpretiert werden kann. Ein rationales Verhalten der Entscheider voraussetzend erfolgt die Wahl eines Konfigurationsmusters mit dem Ziel der Effizienz. Daher ist zu vermuten, dass die Entscheidung für ein Konfigurationsmuster von Kontextfaktoren beeinflusst wird.

3.3 Kontingenzanalyse

Stellvertretend zeigt Abbildung 3 die für den zweiten Analyseschritt vorgenommene Verdichtung der Konfigurationsmuster zu landestypischen Kontext-Konfigurations-Konstellationen am Beispiel bayerischer Hochschulen.

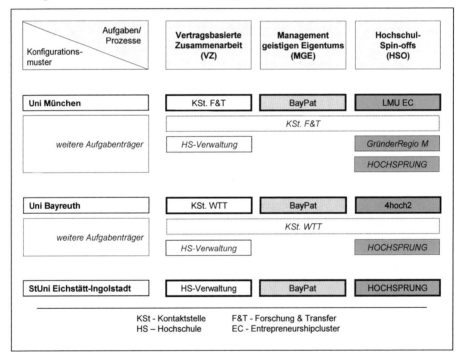

Abb. 3: *Konfigurationsmuster Spezialisierung am Beispiel Bayern*
Quelle: *Friedrich (2013), S. 223.*

In seiner Dissertationsschrift untersucht Friedrich (vgl. 2013, S. 231ff.) für alle fünf Kontext-Konfigurations-Konstellationen den Einfluss verschiedener Kontextfaktoren wie z.B. Art der Hochschule (Universität, Technische Universität,

Fachhochschule), Forschungsschwerpunkt (Geisteswissenschaften, Technische Wissenschaften, Medizin), Größe (wissenschaftliches Personal, finanzielles Budget) oder Rechtsform. Im Ergebnis bestätigt die Kontingenzanalyse, dass immer dann spezialisierte Organisationseinheiten gewählt werden, wenn ein hinreichend großes Volumen transferfähigen Forschungsoutputs vorliegt. Als dieses Volumen beeinflussende Kontextfaktoren erweisen sich dabei neben der Größe einer Hochschule insbesondere die Art der Hochschule sowie die damit verknüpften Faktoren der (Transfer-)Kultur und des Forschungsschwerpunkts. In Abhängigkeit von diesen Kontextfaktoren variiert das Volumen des zu bewältigenden Inputs der drei Supportprozesse des WTT (vgl. Abb. 4). Dementsprechend erklärt der Einflussfaktor „verwertungsfähige Forschungsleistung" je Supportprozess des WTT, warum an deutschen Hochschulen neben dem Konfigurationsmuster der Spezialisierung auch alle Formen der (Teil-) Integration anzutreffen sind.

Ein weiterer Befund der Kontingenzanalyse zeigt, dass die zum effizienten Betrieb einer spezialisierten Einheit benötigte kritische Masse an Forschungsoutput auch durch eine hochschulübergreifende Volumenbündelung erzielt werden kann. Diese Form der kooperativen Aufgabenerfüllung zeigt sich insbesondere bei der Bildung von Organisationseinheiten für die Supportprozesse des MGE und des HSO. Diese Einheiten werden in der Mehrzahl aller Fälle einer gemeinsam betriebenen Organisationseinheit übertragen, deren Dienste mehreren Hochschulen zur Verfügung stehen.

Als weiteres Ergebnis der Kontingenzanalyse zeigt sich, dass die Bündelung von Forschungsoutput zum effizienten Betrieb spezialisierter Supporteinheiten des WTT oftmals anhand der geografischen Nähe der beteiligten Hochschulen erfolgt. Innerhalb eines regional abgesteckten Umfelds ähneln sich die gewählten Konfigurationsmuster. Der geografische Einzugsbereich der eingerichteten Supporteinheiten erstreckt sich immer auf ein klar abgegrenztes räumliches Gebiet (in den häufigsten Fällen die Grenzen der jeweiligen Bundesländer). So ist das Konfigurationsmuster 1 (*Integration*) nur in sehr kleinen Bundesländern vorzufinden (Hamburg, Saarland). Aufgrund des insgesamt geringeren Forschungsoutputs in diesen Bundesländern wird das für einen effizienten Betrieb spezialisierter Organisationseinheiten benötigte Mindestvolumen nicht erreicht. Der Betrieb einer eigenen Organisationseinheit für jeden der Supportprozesse des WTT ist nur beim Konfigurationsmuster der Integration zu gewährleisten.

Der empirische Befund, dass spezialisierte Organisationseinheiten häufig Dienste für mehrere Hochschulen eines Landes erbringen, lässt sich aber auch in einer anderen Wirkungsrichtung interpretieren. So wird am Beispiel des Freistaats Thüringen deutlich, dass dieses in Bezug auf die Bevölkerung und die Fläche kleine Bundesland sich, anders als z.B. das Saarland, bewusst für eine kleinteilige Hochschullandschaft mit vielen Hochschulen (eine Technische Universität, drei Universitäten, vier Fachhochschulen, eine Musikhochschule, zwei Berufsakademien) entschieden hat. Die Gesamtzahl aller Studierenden an Thüringer Universitäten beträgt aktuell ca. 37.500 Studierende, während z.B. alleine an der Universität zu Köln im WS 2012/2013 nach eigenen Angaben 44.000 Studierende immatrikuliert waren. Es liegt daher auf der Hand, dass die Thüringer Hochschulen je für sich genommen kaum das für das Konfigurationsmuster der Spezialisierung notwendige Mindestvolumen transferfähigen Forschungsoutputs generieren können. Um dennoch Spezialisierungsvorteile zu erreichen wurde daher z.b. für den Supportprozess des MGE mit der Landespatentagentur PATON eine landesweite Organisationseinheit geschaffen. Die Wahl eines Konfigurationsmusters sollte daher auch nicht völlig unabhängig von der Hochschullandschaft des jeweiligen Bundeslandes betrachtet werden.

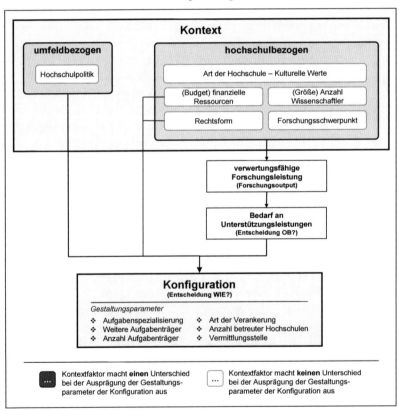

Abb. 4: In der Kontingenzanalyse identifizierte Wirkungszusammenhänge
Quelle: In Anlehnung an Friedrich (2013), S. 249.

4 Diskussion

4.1 Thesen zur Organisation des WTT

Die Ergebnisse der zweistufigen Analyse zusammenfassend lassen sich für die Konfiguration der Supportprozesse des WTT (MGE – Management geistigen Eigentums, VZ – Vertragsbasierte Zusammenarbeit, HSO – Unterstützung von Hochschul-Spin-Offs) in Bezug auf die Fragen aus der Problemstellung folgende Thesen formulieren:

1. Analytisch lässt sich zeigen, dass sich – ein entsprechendes Mengengerüst voraussetzend – durch eine Spezialisierung der Aufgabenträger Effizienzvorteile des WTT erzielen lassen. Neben dem Konfigurationsmuster der Spezialisierung sind analytisch ebenso eine integrierte Konfiguration sowie unterschiedliche Varianten der Teilintegration möglich.

2. Die Auswertung der Daten zu 45 deutschen Hochschulen zeigt, dass alle analytisch möglichen Konfigurationen auch in der Realität anzutreffen sind. Das Konfigurationsmuster der Spezialisierung macht fast die Hälfte aller Hochschulen der Stichprobe aus, ein knappes Drittel wählt die Teilintegration VZ/HSO, die übrigen Konfigurationsmuster sind alle in etwa gleich häufig vertreten. Daher ist die Wahl eines Konfigurationsmusters der Supportprozesse des WTT vermutlich von Kontextfaktoren abhängig.

3. Bereits eine erste Analyse zeigt, dass in vielen Bundesländern die Hochschulen eines Landes gleiche Konfigurationsmuster bezüglich des WTT wählen. Empirisch ist daher zunächst ein Landeseinfluss zu vermuten. Andererseits zeigt sich bei näherer Betrachtung, dass die Unterschiede in den Kontextfaktoren insbesondere der Größe einer Hochschule, der Art der Hochschule und eng daran geknüpft deren Forschungsschwerpunkte und Transferkultur der Hochschule geschuldet sind.

4. Eine Wirkungsanalyse der identifizierten Kontext-Konfigurations-Konstellationen ergibt, dass alle Kontextfaktoren, in denen Unterschiede bestehen, sich mittelbar oder unmittelbar auf das Volumen des verwertbaren Forschungsoutputs einer Hochschule auswirken. Das Ergebnis der empirischen Analyse lautet, dass die Wahl eines Konfigurationsmusters – übereinstimmend mit den theoretischen Überlegungen – primär über einen Mengenfaktor determiniert wird.

5. Die Ergebnisse der hier vorgestellten Studie legen nahe, die Wahl eines Konfigurationsmusters primär am Volumen des Forschungsoutputs auszurichten. Wie einige der hier diskutierten Fälle zeigen, kann das Mindestvolumen für die Einrichtung spezialisierter Einheiten je Supportprozess des WTT auch dadurch erreicht werden, dass regional benachbarte Hochschu-

len einen gemeinsamen Aufgabenträger einrichten und betreiben können. Dieses für den Supportprozess „Management geistigen Eigentums" in Form von Landespatentagenturen bereits übliche Vorgehen sollte auch für die anderen beiden Supportprozesse des WTT geprüft werden.

4.2 Limitationen und Ausblick

Die hier vorgestellten Konfigurationsmuster, Kontextfaktoren und Wirkungszusammenhänge sind wissenschaftstheoretisch dem Entdeckungszusammenhang zuzuordnen. Im Ergebnis sind mit dem Bezugsrahmen in Abb. 4 und den Thesen in Abschnitt 4.1 interpretierend-deskriptive und hypothetisch-spekulative Aussagen entstanden, deren Wahrheitsgehalt und Anspruch auf Verallgemeinerbarkeit im nächsten Schritt, der Untersuchung des Begründungszusammenhangs, zu prüfen ist.

Im Sinne der von Grochla (1980, Sp. 1809f.) als „methodische Integration" bezeichneten sukzessiven Erweiterung der Aussagenniveaus und Vervollständigung der Forschungsziele könnte im nächsten Schritt dabei auch eine Erweiterung des Untersuchungsdesigns um Erfolgsgrößen erfolgen. Hierzu wären für jeden der drei Supportprozesse des WTT spezifische Erfolgskennzahlen zu definieren, z.B. Zahl der Patente oder Einnahmen aus Lizenzverträgen für MGE. Anschließend könnte bei Vorliegen einer geeigneten Datenbasis auch die Effizienz der hier angestellten Überlegungen zu Wirkungszusammenhängen untersucht werden.

Eine über die hier betrachtete Konfiguration der Supportprozesse des WTT hinausgehende Forschung könnte nach Friedrich (2013, S. 250ff.) schließlich die hier zugrunde gelegte Annahme analysieren, dass Hochschulen eigene Kapazitäten für die Supportprozesse des WTT vorhalten und hierzu effiziente Konfigurationen wählen sollten. Diesbezüglich wäre zum einen aus Sicht der Transaktionskostentheorie die Spezifität der benötigten Ressourcen zu hinterfragen. Ist die Spezifität nicht gegeben, so könnte auch ein Bezug der Supportleistungen des WTT vom Markt eine effiziente Organisationslösung sein. Zum anderen legen die je Bundesland doch weitgehend einheitlichen Konfigurationsmuster es nahe, zu hinterfragen, ob die Einrichtung von Supporteinheiten an den Hochschulen nicht lediglich den Erwartungen der Gesellschaft entspricht und somit die Einrichtung von Supporteinheiten des WTT an den Hochschulen als Folge des Strebens nach Legitimität zu interpretieren ist.

Quellenverzeichnis

Bach, N.; Brehm, C.; Buchholz, W.; Petry, T. (2012): Wertschöpfungsorientierte Organisation. Architekturen – Prozesse – Strukturen, Wiesbaden.

Bercovitz, J.; Feldmann, M.; Feller, I.; Burton, R. (2001): Organizational structure as a determinant of academic patent and licensing behaviour - an exploratory study of Duke, Johns Hopkins, and Pennsylvania State Universities. In: Journal of Technology Transfer, 26(1-2), S. 21-35.

Bozeman, B. (2000): Technology transfer and public policy – a review of research and theory. In: Research Policy, 29(4-5), S. 627-655.

Debackere, K.; Veugelers, R. (2005): The role of academic technology transfer organizations in improving industry science links. In: Research Policy, 34(3), S. 321-342.

Etzkowitz, H.; Leydesdorff, L. (2000): The dynamics of innovation – from national systems and "mode 2" to a triple helix of university-industry-government relations. In: Research Policy, 29(2), S. 109-123.

Friedrich, C. (2013): Konfiguration des hochschulseitigen Wissens- und Technologietransfers in Deutschland. Eine situative Analyse. Bisher unveröffentlichte Dissertationsschrift, Ilmenau, 2013.

Grochla, E. (1980): Organisationstheorie. In: Grochla, E. (Hrsg.): Handwörterbuch der Organisation, 2. Aufl., Bd. 2, Stuttgart, Sp. 1795-1814.

Kliewe, T.; Baaken, T.; Kesting, T. (2012): Introducing a Science-to-Business Marketing Unit to University Knowledge and Technology Transfer Structures: Activities, Benefits, Success Factors. In: Szopa, A.; Karwowski, W.; Ordóñez de Pablos, P. (Hrsg.): Academic Entrepreneurship and Technological Innovation: A Business Management Perspective, Hershey, S. 53-74.

Markman, G. D.; Phan, P. H.; Balkin, D. B.; Gianiodis, P. T. (2005): Entrepreneurship and university-based technology transfer. In: Journal of Business Venturing, 20(2), S. 241-263.

Rothaermel, F. T.; Agung, S. D.; Jiang, L. (2007): University entrepreneurship – a taxonomy of the literature. In: Industrial Corporate Change, 16(4), S. 691-791.

Schmelter, E. (2008): Strukturen des universitären Technologietransfers – ein Literaturüberblick in Theorie und Praxis, Saarbrücken.

Schmoch, Ulrich (2000): Konzepte des Technologietransfers. In: Schmoch, Ulrich; Licht, Georg; Reinhard, Michael (Hrsg.): Wissens- und Technologietransfer in Deutschland, Stuttgart, S. 3-14.

Schumpeter, J.A. (1911/1952): Theorie der wirtschaftlichen Entwicklung, 5. Aufl., Berlin.

Smith, A. (1776/1905): Untersuchung über das Wesen und die Ursachen des Volkswohlstandes, Berlin.

von Werder, A. (1999): Effizienzbewertung organisatorischer Strukturen. In: Wirtschaftswissenschaftliches Studium (28), S. 412-417.

Walter, A. (2003): Technologietransfer zwischen Wissenschaft und Wirtschaft. Voraussetzungen für den Erfolg, Wiesbaden.

Yin, R. K. (2009): Case study research – design and methods. Applied social research methods series, 4. Aufl., Bd. 5, Los Angeles u.a.

Short biographies of authors

Since 2008, **Norbert Bach** has been a full professor of management, organization, and leadership at Technische Universität Ilmenau and an Adjunct Professor at the Curtin University Graduate School of Business, Perth/Western Australia. Before taking office in Ilmenau, he worked for eleven years at Justus-Liebig-Universität Gießen. Besides his PhD. and habilitation (both at Justus-Liebig-Universität, Gießen) Norbert Bach holds academic degrees from Technische Universität, Darmstadt (Dipl.-Wirtsch.-Ing.) and Trinity College, Dublin (M.Sc. School of Mathematics).

Before embarking on his academic career, Norbert Bach worked as a management consultant for Computer Science Corporation (CSC Germany, Wiesbaden) and later co-founded the management consulting firm excellence-in-change GmbH & Co KG, Gießen, where he has held a management position since 2001. Norbert Bach has published five books, made over 30 peer-reviewed contributions, and published 31 edited book chapters or journal articles. His current research interests are in organizational architecture and leadership.

Christoph Friedrich holds a degree in economics and business administration from Justus-Liebig-Universität, Gießen (2006). After obtaining his degree, he worked as a research fellow at the chair of organisation and management, Gießen. As of 2010 Christoph Friedrich started working with Deutsche Bahn Group as a process manager in rail-based container logistics. In the summer of 2013 he finished his PhD. thesis on the configuration of KTT-support processes of German universities at Technische Universität, Ilmenau. His research interests are in the fields of organizational design and change management.

Entwicklung eines Modells zum Wissenstransfer zwischen Unternehmen unter besonderer Berücksichtigung relevanter Einflussfaktoren

Arne Arnold, Dorothée Zerwas und Harald von Kortzfleisch

Based on the model of knowledge transfer between science and industry developed by Polt et al. (2001), this article outlines the development of a model for knowledge transfer between companies. Key drivers for this type of knowledge transfer were identified by means of a literature review. The results of this review are compared with the features of the model of Polt et al. (2001). This model was modified to suit the company context. At the end of the article follows an analysis for the context "large corporations vs. small and medium-sized enterprises (SME)". The discussion of whether the relevance of drivers differs across various company contexts forms part of the paper.

Basierend auf dem Modell zum Wissenstransfer zwischen Unternehmen und Wissenschaft von Polt et al. (2001) wird ein Modell zum Wissenstransfer zwischen Unternehmen entwickelt. Hierzu werden mittels einer Literaturanalyse Einflussfaktoren für diese Form von Wissenstransfer identifiziert. Anhand der Ergebnisse dieser Analyse wird das Modell von Polt et al. (2001) für den Wissenstransfer ausschließlich zwischen Unternehmen modifiziert. Abschließend erfolgt eine Analyse für den Kontext Großunternehmen gegenüber kleinen und mittleren Unternehmen (KMU). Hierbei erfolgt eine Diskussion darüber, ob Einflussfaktoren eine unterschiedliche Relevanz für je einen unterschiedlichen Unternehmenskontext haben.

1 Einleitung

Wissen gilt in der heutigen Zeit als ein wichtiges Wettbewerbsmerkmal, um sich als Unternehmen gegenüber der Konkurrenz zu behaupten. Aufgrund dessen führt Grant (1996) Wissen als wichtigste strategische Ressource an und stellt diese in den Mittelpunkt bei der Betrachtung eines Unternehmens, was durch den „Knowledge-Based View of a Firm" beschrieben wird. Unternehmen, die bestehendes Wissen besser als Konkurrenten nutzen, sind in der Regel innovativer, effizienter und effektiver, wodurch ihre Performance beeinflusst wird (vgl. Argote/Ingram, 2000, S. 150f.; Levin/Cross, 2004, S. 1477). Deshalb hat Wissenstransfer als ein strategisch wichtiger Prozess an Bedeutung gewonnen (vgl. Becker/Knudsen, 2006, S. 1). Der Wissenstransfer stellt eine Möglichkeit zum Erwerb von Wissen dar und wird damit übergreifend dem Bereich Wissensmanagement zugeordnet (vgl. Lathi/Beyerlein, 2000, S. 66f.).

Der Wissenstransfer kann intern in einem Unternehmen, z.B. zwischen Abteilungen, oder extern erfolgen. Im Zusammenhang mit dem externen Wissenstransfer können u.a. Kooperationen mit wissenschaftlichen Einrichtungen oder anderen Unternehmen eingegangen werden. Für den Wissenstransfer zwischen Unternehmen und Wissenschaft wurde von Polt et al. (2001) ein Modell entwickelt, das die wesentlichen Faktoren zusammenfasst, die den Wissenstransfer zwischen Unternehmen und Wissenschaft beeinflussen (vgl. Polt et al., 2001, S. 249). Im Gegensatz dazu existiert für den Wissenstransfer rein zwischen Unternehmen kein entsprechendes Modell. Mehrere Autoren, wie beispielsweise Inkpen/Tsang (2005), Cohen/Levinthal (1990) und Mowery et al. (1996), haben einzelne Facetten des Wissenstransfers zwischen Unternehmen beleuchtet. Darüber hinaus kategorisieren Khamseh/Jolly (2008) die Erkenntnisse vorangegangener Studien zum Wissenstransfer in vier Kategorien: (1) die Eigenschaften des benötigten oder transferierten Wissens, (2) die Absorptive Capacity der Kooperationspartner, (3) das gegenseitige Verhalten der Partner und (4) die Art der Allianzaktivität (vgl. Khamseh/Jolly, 2008, S. 39f.). Jedoch existiert hierzu kein übergreifendes Modell, das diese Aspekte zusammenführt. Deshalb ist es das Ziel dieses Beitrags, ein solches Modell zum Wissenstransfer für Unternehmen zu erarbeiten, welches die relevanten Einflussfaktoren für den Wissenstransfer zwischen Unternehmen beinhaltet. Die Struktur des Beitrags ist dabei, dass zuerst das bestehende Modell zum Wissenstransfer zwischen Unternehmen und Wissenschaft betrachtet wird, welches als Grundlage dient. Darauf folgend werden die Ergebnisse einer Literaturanalyse zum Wissenstransfer zwischen Unternehmen genannt und das vorherige Modell zum Wissenstransfer zwischen Unternehmen und Wissenschaft entsprechend dem Kontext rein zwischen Unternehmen modifiziert. Abschließend wird ein Fazit gezogen, bei dem die beiden Modelle verglichen werden und das Modell zum Wissenstransfer zwischen Unternehmen für den Kontext Großunternehmen gegenüber KMU analysiert wird.

2 Modell zum Wissenstransfer zwischen Unternehmen und Wissenschaft

Im Rahmen eines Benchmarkings haben Polt et al. (2001) ein Modell zum externen Wissenstransfer zwischen Unternehmen und Wissenschaft entwickelt, in dem relevante Einflussfaktoren angeführt werden (vgl. Abb. 1).

Dieses Modell zum Wissenstransfer konzeptualisiert den Wissensmarkt und dessen Eigenschaften, der durch die ökonomischen Charakteristiken der Ressource Wissen, wie hohe Transaktionskosten, gekennzeichnet ist und zu Marktentscheidungen der Akteure führt (vgl. Polt et al., 2001, S. 248). Die Akteure sind Unternehmen und wissenschaftliche Einrichtungen, die gegenseitig Wissen anbieten und nachfragen. Polt et al. (2001) berücksichtigen drei übergreifende Aspekte des Wissenstransfers. Diese sind (1) die Kooperationspartnercharakteristika, (2) die Rahmenbedingungen und (3) die Interaktionsform (vgl. Polt et al., 2001, S. 248). Die Kooperationspartnercharakteristika umfassen die Eigenschaften der Akteure, aus denen sich Angebot und Nachfrage derer ableiten. Damit ein Wissenstransfer geschieht, ist eine Kohärenz von Angebot und Nachfrage notwendig, wodurch eine mögliche Beziehung zwischen den Akteuren entsteht. Die Beziehung während des Wissenstransfers wird ebenfalls den Kooperationspartnercharakteristika zugeordnet. Neben den Kooperationspartnercharakteristika existieren Rahmenbedingungen, wie beispielsweise Förderprogramme oder Gesetze und Regulierungen, die beim Wissenstransfer Beachtung finden. Des Weiteren betrachtet das Modell den Wissenstransfer nach Interaktionsform, worunter die Art, wie Unternehmen und Wissenschaft interagieren, zu verstehen ist. Zusätzlich zu den drei übergreifenden Aspekten gibt es Anreize und Hemmnisse für den Wissenstransfer, welche sich aus den Kooperationspartnercharakteristika und den Rahmenbedingungen ableiten lassen (vgl. Polt et al, 2001, S. 248ff.; Polt et al., 2009, S. 91ff.).

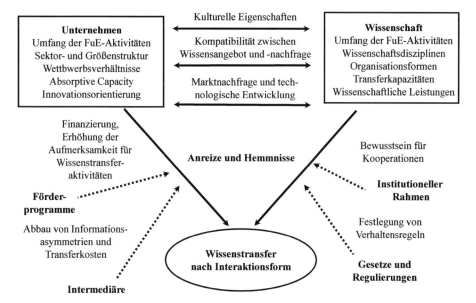

Abb. 1:   Eigene Darstellung zum Wissenstransfer zwischen Unternehmen und Wissenschaft
Quelle: In Anlehnung an Polt et al. (2001), S. 249.

3 Einflussfaktoren des Wissenstransfers zwischen Unternehmen

Im Anschluss an die Betrachtung des bestehenden Modells zum Wissenstransfer zwischen Unternehmen und Wissenschaft, das eine Basis für die weitere Modellentwicklung zum Wissenstransfer zwischen Unternehmen darstellt, sollen nun für diese Art von Transfer Einflussfaktoren identifiziert werden. Für die Identifikation von Einflussfaktoren wird in der Literatur zum Wissenstransfer zwischen Unternehmen nach einer Bestätigung der von Polt et al. (2001) genannten Faktoren gesucht. Ferner werden weitere Einflussfaktoren angeführt, die in der untersuchten Literatur untersucht wurden und nicht im Modell von Polt et al. (2001) genannt sind. Zur Gliederung wird die Unterteilung der Einflussfaktoren in Kooperationspartnercharakteristika, Rahmenbedingungen und Wissenstransfer nach Interaktionsform von Polt et al. (2001) übernommen.

3.1 Einflussfaktoren der Kooperationspartnercharakteristika

Im Rahmen der Literaturanalyse wurden die folgenden Einflussfaktoren von Polt et al. (2001) für den Wissenstransfer zwischen Unternehmen in Kooperationspartnercharakteristika bestätigt:

Forschungs- und Entwicklungsaktivitäten: Durch Forschungs- und Entwicklungsaktivitäten wird Wissen geschaffen und die Fähigkeit, neues Wissen aufzunehmen verbessert. Dadurch wird eine Voraussetzung für Absorptive Capacity geschaffen (vgl. Cohen/Levinthal, 1989, S. 569; Cohen/Levinthal, 1990, S. 128f.). Ebenfalls wirken die Forschungs- und Entwicklungsfähigkeiten auf das Angebot und die Nachfrage von Wissen ein (vgl. Polt et al., 2001, S. 249).

Sektor- und Größenstruktur: Simonin (2004) betrachtet die Unternehmensgröße als einen Einflussfaktor (vgl. Simonin, 2004, S. 414). Hierbei kann zwischen Großunternehmen und KMU unterschieden werden (vgl. Polt et al., 2001, S. 249). Großunternehmen verfügen über mehr Ressourcen als KMU. Dadurch können KMU zum einen weniger finanzielle und personelle Mittel für Forschungs- und Entwicklungstätigkeiten bereitstellen, wodurch ein Zusammenhang zu dem Umfang der Forschungs- und Entwicklungsaktivitäten eines Unternehmens besteht. Zum anderen sind weniger Mittel für Kooperationen vorhanden (vgl. Wong/Aspinwall, 2004, S. 56). Neben der Unternehmensgröße ist auch der Unternehmenssektor relevant. Die Anzahl an Kooperationen hängt zudem positiv mit der Forschungsintensität in einem Unternehmenssektor zusammen (vgl. Powell et al., 1996, S. 116).

Wettbewerbsverhältnisse: Der Wettbewerbsgrad beeinflusst die Nachfrage nach Wissen (vgl. Polt et al., 2001, S. 249f.). Unternehmen bevorzugen Kooperationen mit schwächeren oder differenzierteren Wettbewerbern, die das eigene Unternehmen weniger bedrohen (vgl. McEvily et al., 2000, S. 302). Der Wissenstransfer nimmt grundsätzlich ab, wenn Wettbewerbsängste oder Marktbedrohungen bestehen (vgl. Faems et al., 2007, S. 1720).

Absorptive Capacity: Absorptive Capacity stellt eine Grundlage für den Erwerb externen Wissens dar, das für eine darauf aufbauende Forschung oder die Schaffung neuen Wissens genutzt werden kann (vgl. Cohen/Levinthal, 1989, S. 569f.). Durch Absorptive Capacity kann Wissen besser aufgenommen werden, wovon die Effektivität des Transfers abhängig ist (vgl. Grant, 1996, S. 111; Lyles/Salk, 1996, S. 896). Zusätzlich senkt Absorptive Capacity die Transaktionskosten beim Wissenstransfer, da die Imitationskosten geringer sind (vgl. Cohen/Levinthal, 1989, S. 570).

Innovationsorientierung: Es ist wichtig, dass ein Unternehmen offen für Innovationen ist und neues Wissen akzeptiert (vgl. Simonin, 2004, S. 414, S. 423). Andernfalls kann es zu einer Einstellung kommen, bei der ein Unternehmen Neues abweist und nicht fähig ist, Neues zu lernen (vgl. Simonin, 2004, S. 414). Katz/Allen (1982) beschreiben das Abweisen externen Wissens als "Not-Invented-Here"-Syndrom (vgl. Katz/Allen, 1982, S. 7). Des Weiteren ist es für den Wissenstransfer relevant, dass Unternehmen bereit sind, Ressourcen für den Transfer bereitzustellen. Hierbei fördert eine hohe Lernbereitschaft, die sich auch durch die Unterstützung des Managements ausdrückt, dass Ressourcen verfügbar sind (vgl. Khamseh/Jolly, 2008, S. 44).

Kulturelle Eigenschaften: Kulturelle Unterschiede stellen ein Hindernis für internationale Kooperationen dar und können Konflikte erzeugen (vgl. Lin/Germain, 1999, S. 15; Kale et al., 2000, S. 218). Dadurch kann der Wissenstransfer erschwert werden (vgl. Lane et al., 2001, S. 1143f.; Bhagat et al., 2002, S. 216f.). Nach Bhagat et al. (2002) ist der Wissenstransfer grundsätzlich bei einem gleichen kulturellen Kontext effektiver als bei einem abweichendem (vgl. Bhagat et al, 2002, S. 208). Bei Letzterem können z.B. sprachliche Differenzen negative Auswirkungen auf den Transfer haben, wenn darunter die Kommunikation leidet (vgl. Hamel, 1991, S. 94).

Kompatibilität von Wissensangebot und -nachfrage: Die Kompatibilität von Wissensangebot und -nachfrage beeinflusst das Zustandekommen eines Wissenstransfers mittels einer Kooperation. Unternehmen bevorzugen Kooperationspartner mit einer größeren Interdependenz (vgl. Hitt et al., 2000, S. 450). Hierbei wird versucht, kompatible Ressourcen zu finden, die die eigenen ergänzen, wodurch Synergieeffekte entstehen. Deshalb findet ein Wissenstransfer häufiger statt, wenn Wissen kompatibel ist und sich überschneidet, wodurch der Transfer auch effektiver ist (vgl. Dussauge et al., 2000, S. 120; Hitt et al., 2000, S. 462f.; Khamseh/Jolly, 2008, S. 42).

Marktnachfrage und technologische Entwicklung: In Kooperationen können unterschiedliche Machtverhältnisse bestehen, die sich in der Marktnachfrage und der technologischen Entwicklung eines Unternehmens ausdrücken (vgl. Muthusamy/White, 2005, S. 423). Ist ein Machtverhältnis nicht ausbalanciert, kann es zu Abhängigkeiten kommen, bei denen ein nachfragendes Unternehmen abhängig vom Wissen des Kooperationspartners ist. Hierbei besteht die Gefahr, dass sich aus dieser Abhängigkeit negative Einflüsse für den Wissenstransfer entwickeln können, die die Beziehung destabilisieren (vgl. Muthusamy/White, 2005, S. 423ff.).

Im Rahmen der Literaturanalyse wurden des Weiteren die folgenden Einflussfaktoren in Kooperationspartnercharakteristika identifiziert, die nicht Bestandteil des Modells von Polt et al. (2001) sind:

Wissenstransferkultur und -tradition: Albino et al. (1999) geben drei Faktoren an, die die am Wissenstransfer teilnehmenden Unternehmen charakterisieren. Diese Faktoren sind Offenheit, Vertrauen und vorherige Erfahrung, die der Wissenstransferkultur und -tradition eines Unternehmens zugeordnet werden können und Auswirkungen auf Angebot und Nachfrage haben (vgl. Albino et al., 1999, S. 55f.). (1) Offenheit beschreibt die Bereitschaft, Wissen zu teilen (vgl. Albino et al., 1999, S. 55). Hierzu zählen die Dialogbereitschaft der Unternehmen, der Grad an dem Unternehmen zusammen an einer Aufgabe arbeiten und der empfundene Grad, inwiefern ein anderes Unternehmen sein Wissen zurückhält, bzw. wie transparent ein Unternehmen ist. Je offener Unternehmen beim Wissenstransfer sind, desto effektiver ist der Wissenstransfer (vgl. Albino et al., 1999, S. 55; Kale et al., 2000, S. 221). (2) Vertrauen steht in Beziehung zur Offenheit eines Unternehmens, da Vertrauen diese wiederum fördert (vgl. Albino et al., 1999, S. 55; Inkpen/Tsang, 2005, S. 154). Sowohl für den Wissenstransfer als auch für eine Kooperation ist Vertrauen ein grundlegender Erfolgsfaktor (vgl. Albino et al., 1999, S. 55; Faems et al., 2007, S. 1716ff.). Dies gilt insbesondere, wenn Unternehmen gleichzeitig Wettbewerber und Kooperationspartner sind, wodurch opportunistisches Verhalten befürchtet wird (vgl. Dodgson, 1993, S. 92; Inkpen/Tsang, 2005, S. 154). Somit werden die Zusammenarbeit und das Lernen innerhalb einer Kooperation durch Vertrauen gefördert. Des Weiteren wird die Effektivität des Wissenstransfers gesteigert (vgl. Dodgson, 1993, S. 82; Kale et al., 2000, S. 218ff.). (3) Vorherige Erfahrungen eines Unternehmens beeinflussen künftigen Wissenstransfer. Die gesammelten Erfahrungen fördern das Konfliktmanagement innerhalb von Kooperationen, was die Zusammenarbeit stärkt (vgl. Kale et al., 2000, S. 223ff.; Kale et al., 2002, S. 749). Des Weiteren können durch vorherige Kooperationen Routinen zur Koordination der Kooperationspartner bestehen, die sich ebenfalls positiv auswirken (vgl. Kale et al., 2002, S. 749). Ferner sind Unternehmen, die eine hohe Kooperationserfahrung aufweisen können, effektiver im Transfer impliziten Wissens (vgl. Cavusgil et al., 2003, S. 14).

Beziehungsstärke zwischen Unternehmen: Die Beziehungsstärke hat einen positiven Einfluss auf das Lernen in einer Kooperation, weshalb es förderlich ist, eine starke Beziehung zu entwickeln. Kooperierende Unternehmen, die eine starke Beziehung zueinander aufweisen, transferieren effektiver implizites Wissen[31] (vgl. Cavusgil et al., 2003, S. 13f.). Zudem nimmt auch die Bereitschaft zu, Wissen zu teilen (vgl. Dyer/Nobeoka, 2000, S. 361ff.; Cavusgil et al., 2003, S. 15; Inkpen/Tsang, 2005, S. 155f.).

3.2 Einflussfaktoren der Rahmenbedingungen

Es existieren mehrere Einflussfaktoren, die die Rahmenbedingungen beim Wissenstransfer zwischen Unternehmen betreffen. Dazu zählen Förderprogramme, Intermediäre und Gesetze und Regulierungen, die sich auch alle bei Polt et al. (2001) wiederfinden (vgl. Polt et al., 2001, S. 250).

Förderprogramme: Trotz des Einbringens gemeinsamer Ressourcen kann ein hohes finanzielles Risiko für die Kooperationspartner bestehen. Hier kann die Politik finanzielle Anreize durch Förderprogramme bieten und Risiken absichern, sodass letztere keine Barriere für eine Kooperation darstellen (vgl. Schibany et al., 2000, S. 23f.; Bey, 2005, S. 72).

Intermediäre: Die Politik und wirtschaftsnahe Verbände können als Intermediäre zum Wissenstransfer beitragen, indem sie Unternehmen bei der Suche nach Kooperationspartnern unterstützen. Sie helfen, Kontakte zu knüpfen und unterstützen den Aufbau und die Entwicklung von Beziehungen (vgl. Schibany et al., 2000, S. 21ff.). Darüber hinaus kann der Kooperationserfolg durch Intermediäre gesteigert werden. Es können Beratungsdienstleistungen angeboten werden. Hierdurch können Hemmnisse im Bereich der Vertragsgestaltung und des Projektmanagements reduziert werden (vgl. Schibany et al., 2000, S. 23, Bey, 2005, S. 72f.).

Gesetze und Regulierungen: Durch Gesetze und Regulierungen wird ein rechtlicher Rahmen vorgegeben, der Kooperationen betrifft. Hierzu zählen insbesondere gewerbliche Schutzrechte (wie z.B. Patente), die Schutz vor dem Diebstahl geistigen Eigentums gewährleisten sollen (vgl. Teece, 1986, S. 297ff.).

3.3 Einflussfaktoren nach Interaktionsform

Den Einflussfaktoren des Wissenstransfers nach Interaktionsform werden die Wissenstaxonomien, bestehend aus implizitem und explizitem sowie simplem und komplexem Wissen, zugeordnet. Zusätzlich werden unter der Interaktionsform die Kooperationsform der am Wissenstransfer teilnehmenden Unternehmen und die Transferkanäle und -medien betrachtet. Im Vergleich zu Polt et al. (2001, S. 249) ist simples und komplexes Wissen als neuer Faktor identifiziert worden.

---

[31] Nach Reagans/McEvily (2003) fördern starke Beziehungen auch den Transfer expliziten Wissens, wobei der Effekt für implizites Wissen stärker ist (vgl. Reagans/McEvily, 2003, S. 261f.).

Implizites und explizites Wissen: Explizites Wissen ist für den externen Wissenstransfer zwischen Unternehmen förderlich, da der Grad der Kodifizierung ausgeprägter ist als bei implizitem Wissen (vgl. Kogut/Zander, 1993, S. 635; Cohendet/Meyer-Krahmer, 2001, S. 1564). Dahingegen erhöht implizites Wissen die Transferkosten und reduziert gleichzeitig die Transfergeschwindigkeit (vgl. Kogut/Zander, 1993, S. 637).

Simples und komplexes Wissen: Wissen ist schwerer zu transferieren, wenn es in mehreren Elementen, z.B. Organisation, Mitarbeiter oder Prozesse, enthalten ist. Dadurch wird die Komplexität erhöht. Zudem stellt Simonin (1999) taxonomien-übergreifend fest, dass implizites als auch komplexes Wissen die Mehrdeutigkeit von Wissen erhöht, wodurch der Wissenstransfer erschwert wird (vgl. Simonin, 1999, S. 597ff.).

Transfermodus nach Kooperationsform: Ausgehend von der Unterscheidung in die Kategorien uni- und bilaterale Vertragsabkommen sowie anteilsbasierte Kooperationsformen sind die nachfolgenden Aspekte beim Wissenstransfer zu beachten (vgl. Oxley, 1997, S. 391f.). Lizenzen besitzen Nachteile in Bezug auf den Transfer von implizitem Wissen. Dieses Wissen ist schwer per Lizenzen zu transferieren (vgl. Mowery et al., 1996, S. 79). Am geeignetsten für den Transfer von implizitem Wissen sind anteilsbasierte Joint Ventures (vgl. Mowery et al., 1996, S. 79). Deshalb haben übergreifend anteilsbasierte Joint Ventures einen stärkeren positiven Einfluss als vertragsbasierte Allianzen, wobei bilaterale wiederum besser als unilaterale Vertragsformen sind (vgl. Mowery et al., 1996, S. 87f.). Aufgrund dessen sind aus Wissenstransfersicht die Kooperationen erfolgreicher, die dem Hierarchieende des „Markt-Hierarchie-Kontinuums" näher sind (vgl. Mowery et al, 1996, S. 88f.).

Transferkanäle und -medien: Die Transfermedien stellen eine Verbindung zwischen den Wissenstransferteilnehmern her, über die Wissen ausgetauscht werden kann. Dabei hängt die Effektivität und Effizienz von der Kapazität und dem Reichtum der Medien ab (vgl. Albino et al., 1999, S. 57; Szulanski, 2000, S. 11f.). Durch die Kapazität kann Unsicherheit und durch Reichtum Mehrdeutigkeit reduziert werden (vgl. Albino et al., 1999, S. 56ff.).

4 Modell zum Wissenstransfer zwischen Unternehmen

Die folgende Abbildung 2 zeigt das Modell zum Wissenstransfer zwischen Unternehmen, das auf Basis der zuvor identifizierten Einflussfaktoren der Kooperationscharakteristika und nach Interaktionsformen entwickelt wurde.

Entwicklung eines Modells zum Wissenstransfer zwischen Unternehmen 223

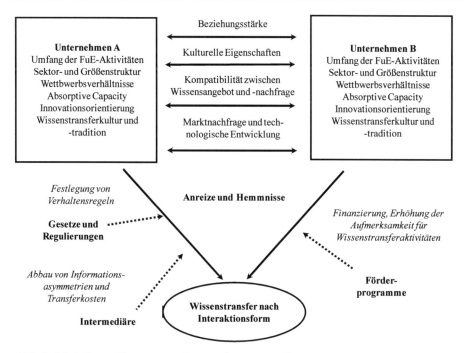

Abb. 2: Modell zum Wissenstransfer zwischen Unternehmen
Quelle: Eigene Darstellung.

In Anlehnung an das Modell zum Wissenstransfer zwischen Unternehmen und Wissenschaft von Polt et al. (2001) setzt sich das entwickelte Modell zum Wissenstransfer zwischen Unternehmen ebenfalls aus drei übergreifenden Aspekten zusammen: (1) Kooperationspartnercharakteristika, (2) Rahmen-bedingungen und (3) Wissenstransfer nach Interaktionsform. Zusätzlich bestehen Anreize und Hemmnisse, die sich aus den drei Aspekten und deren Einflussfaktoren ergeben (vgl. Polt et al., 2001, S. 249).

Kooperationspartnercharakteristika: Es wird zwischen Charakteristika unterschieden, die Eigenschaften eines Unternehmens und Eigenschaften der Beziehung zwischen den Unternehmen kennzeichnen. Zudem sind diese Eigenschaften mit Anreizen und Hemmnissen verbunden. Die Eigenschaften eines Unternehmens umfassen den Umfang an Forschungs- und Entwicklungsaktivitäten, die Sektor- und Größenstruktur, die Wettbewerbsverhältnisse, Absorptive Capacity, die Innovationsorientierung und die Wissenstransferkultur, die in einem Unternehmen besteht. Die Beziehung zwischen kooperierenden Unternehmen ist durch die Beziehungsstärke zwischen den Unternehmen, die sich durch die Nationalität ergebenden kulturellen Eigenschaften, der Kompatibilität zwischen Wissensangebot und -nachfrage und der Marktnachfrage und technologischen Entwicklung geprägt.

Rahmenbedingungen: Die Rahmenbedingungen beim Wissenstransfer zwischen Unternehmen sind durch drei Aspekte gekennzeichnet: Es können Förderprogramme bestehen, die einen finanziellen Anreiz bieten. Zusätzlich können Intermediäre wie Transferstellen helfen, Kooperationen zu initiieren. Des Weiteren geben Gesetze und Regulierungen, insbesondere der Schutz des geistigen Eigentums, einen Rahmen für den Wissenstransfer vor, der eingehalten werden muss.

Wissenstransfer nach Interaktionsform: Der Punkt Wissenstransfer nach Interaktionsform betrachtet mit der Formalisierung der Interaktion, dem Transfer impliziten Wissens und dem persönlichen Kontakt drei Dimensionen. Die verschiedenen Kooperationsformen stellen die Formalisierung der Interaktion dar, wobei zwischen uni- und bilateralen Vertragsabkommen sowie anteilsbasierten Kooperationen unterschieden wird. Des Weiteren sind die bestehenden Wissenstaxonomien relevant. Die Dimension persönlicher Kontakt bei Polt et al. (2001) kann mit dem Transferkanal verglichen werden (vgl. Polt et al., 2001, S. 249). Es bestehen mehrere Transferkanäle, die in Abhängigkeit von dem zu transferierendem Wissen gewählt werden können. Dadurch können Kanäle, die persönlichen Kontakt bieten, genutzt oder auf Kanäle ohne persönlichen Kontakt zurückgegriffen werden.

Anreize und Hemmnisse: Auf Basis der Einflussfaktoren lassen sich Anreize und Hemmnisse ableiten, die beim Wissenstransfer zwischen Unternehmen bestehen. Diese gelten grundsätzlich für beide Unternehmen, können aber je nach Unternehmenseigenschaften stärker oder schwächer ausgeprägt sein. Anreize sind der Zugriff auf neues Wissen und auf komplementäre Forschungs- und Entwicklungsressourcen, wenn sich die Ressourcen der Kooperationspartner ergänzen (Contractor/Lorange, 2002, S. 488ff.). Dadurch können in Verbindung mit den bisher genannten Anreizen zum einen Entwicklungsrisiken zwischen Kooperationspartner aufgeteilt werden und zum anderen interne Forschungs- und Entwicklungskosten reduziert werden, da neues Wissen nicht selbst generiert werden muss (Contractor/Lorange, 2002, S. 488ff.). Ein weiterer Anreiz besteht in der Möglichkeit, neue Unternehmensfelder zu entdecken. Durch den Transfer von Wissen können neue unternehmerische Möglichkeiten entstehen, die es erlauben, weitere Produkte, Kunden oder Märkte zu erschließen. Ferner ist die Innovationsorientierung ein Faktor, der ein Antrieb für den Wissenstransfer sein kann. Innovationen fördernde Unternehmen sind stärker daran interessiert, Wissen durch einen Transfer zu erhalten. In Verbindung mit einer Unternehmensstrategie, die Wissenstransfer als Ziel und ein geeignetes Anreizsystem beinhaltet, wird somit ein Stimulus für den Wissenstransfer geschaffen.

Neben den Anreizen existieren auch Hemmnisse, die negativ auf die Bereitschaft zu einem Wissenstransfer wirken. Hierzu zählt ein Mangel an Absorptive Capacity. Einhergehend damit kann ein Defizit an qualifiziertem Personal ein weiteres Hemmnis sein (vgl. Polt et al., 2001, S. 250). Außerdem kann ein Unternehmen (und dessen Mitarbeiter) zurückhaltend gegenüber der Nutzung externen Wissens sein. In Verbindung mit dem „Not-Invented-Here"-Syndrom kann ein Unternehmen keine oder nur eine geringe Bereitschaft haben, externes Wissen zu akzeptieren und zu integrieren. Zudem kann der Wissenstransfer Risiken beinhalten, wenn Investitionen getätigt werden. Möchten Unternehmen mit dem Wissenstransfer verbundene Risiken nicht eingehen, stellt ein risikoaverses Verhalten ein Hemmnis für den Wissenstransfer dar.

Es erfolgt eine kurzfristige Orientierung der Unternehmensstrategie, bei der mögliche Chancen ausgeblendet werden (vgl. Polt et al., 2001, S. 250). Darüber hinaus können Unternehmen befürchten, vertrauliches Wissen im Rahmen einer Kooperation zu verlieren. Diese Befürchtung kann einerseits verstärkt werden, wenn ein geringes Vertrauen gegenüber dem Kooperationspartner existiert und von opportunistischem Verhalten ausgegangen wird, wodurch die Bereitschaft zu einer Kooperation abnimmt. Andererseits können schwache geistige Eigentumsrechte Besorgnis erregen und ein Kooperationshemmnis sein, wenn geistiges Eigentum rechtlich nicht ausreichend geschützt ist (vgl. Contractor/Lorange, 2002, S. 488ff.). Zusätzlich besteht die Möglichkeit, dass die Wettbewerbssituation ein Hemmnis darstellt, wenn Unternehmen in Konkurrenz stehen oder durch geringe Markteintrittsbarrieren in Konkurrenz treten können. Ferner betrifft ein zusätzliches Hemmnis die Möglichkeit, dass ein Unternehmen beim Wissenstransfer stärker von einem anderen Unternehmen abhängig ist als umgekehrt. Hierdurch können Vorbehalte beim abhängigen Unternehmen entstehen, die sich in der Befürchtung äußern, dass Wissen zurückgehalten wird und andere Unternehmen ihre vorteilhafte Situation ausnutzen.

5 Diskussion

Es bestehen Unterschiede zwischen den Modellen zum Wissenstransfer zwischen Unternehmen und Modellen zum Wissenstransfer zwischen Unternehmen und Wissenschaft. Zum einen sind Einflussfaktoren beim Wissenstransfer zwischen Unternehmen beim Wissenstransfer zwischen Unternehmen und Wissenschaft nicht vorhanden. Dies ist auch umgekehrt der Fall. Zum anderen können Einflussfaktoren eine andere inhaltliche Bedeutung haben, wenn der Wissenstransferkontext unterschiedlich ist. Hierzu werden Unterschiede zwischen den Einflussfaktoren der beiden Modelle angeführt und Unterschiede für das entwickelte Modell zum Wissenstransfer zwischen Unternehmen herausgearbeitet. Die Unterschiede ergeben sich, wenn die Einflussfaktoren für den Wissenstransfer zwischen Unternehmen unter dem Kontext Großunternehmen gegenüber KMU betrachtet werden.

Kooperationspartnercharakteristika: Grundsätzlich fragen beim Wissenstransfer zwischen Unternehmen die Unternehmen nicht ausschließlich Wissen nach, sondern sie bieten – je nach Kooperationsform – auch Wissen an. Die Rolle des Wissensanbieters hat zuvor ausschließlich die Wissenschaft eingenommen. Zudem umfasst das entwickelte Modell im Vergleich zu dem Modell zum Wissenstransfer zwischen Unternehmen und Wissenschaft zusätzliche Einflussfaktoren. Beim Modell für den Wissenstransfer zwischen Unternehmen ist als weiterer Einflussfaktor innerhalb der Unternehmenseigenschaften die Wissenstransferkultur und -tradition eines Unternehmens hinzugekommen. Des Weiteren existiert mit der Beziehungsstärke ein weiterer Einflussfaktor bei der Beziehung zwischen den Kooperationspartnern. Darüber hinaus ist die inhaltliche Bedeutung bei den Einflussfaktoren kulturelle Eigenschaften und Marktnachfrage und technologische Entwicklung zwischen den Modellen stark voneinander abweichend. Bei Polt et al. (2001) wird unter den kulturellen Eigenschaften die gesellschaftliche Bedeutung von Wissenstransfer zwischen Unternehmen und Wissenschaft verstanden und damit dessen Rolle in der Gesellschaft betrachtet (vgl. Polt et al., 2001, S. 250). Dahingegen werden in der Literatur zum Wissenstransfer zwischen Unternehmen grundlegende kulturelle Unterschiede zwischen Unternehmen und deren Mitarbeitern charakterisiert, die sich bei internationalen Kooperationen und damit unterschiedlichen Kulturen ergeben. Im Zusammenhang mit der Marktnachfrage und technologischen Entwicklung wird bei Polt et al. (2001) die Phase des Innovationszyklus als Aspekt innerhalb des Faktors hervorgehoben (vgl. Polt et al., 2001, S. 250). Demgegenüber wird beim Wissenstransfer zwischen Unternehmen die technologische Abhängigkeit zwischen den Unternehmen primär betrachtet.

Rahmenbedingungen: Im Gegensatz zum Modell von Polt et al. (2001) ist die Betrachtung des institutionellen Rahmens beim Wissenstransfer zwischen Unternehmen nicht relevant (vgl. Polt et al., 2001, S. 250). Der institutionelle Rahmen ist ausschließlich im Kontext von wissenschaftlichen Einrichtungen wichtig und kann damit bei Unternehmen vernachlässigt werden. Die weiteren Einflussfaktoren innerhalb der Rahmenbedingungen sind identisch. Auch beim Wissenstransfer zwischen Unternehmen können Förderprogramme bestehen, die finanzielle Anreize bieten. Ebenso existieren Intermediäre, die zwischen Unternehmen vermitteln und diese zusammenführen können. Abschließend finden Gesetze und Regulierungen Anwendungen, die einen Rahmen für eine Kooperation geben.

Wissenstransfer nach Interaktionsform: Der Aspekt Wissenstransfer nach Interaktionsform unterscheidet sich beim Wissenstransfer zwischen Unternehmen in zwei Punkten vom Wissenstransfer zwischen Unternehmen und Wissenschaft. Einerseits existieren unterschiedliche Kooperationsformen, die sich aufgrund des unterschiedlichen Kontexts ergeben. Andererseits wird beim Wissenstransfer zwischen Unternehmen zusätzlich die Wissenstaxonomie simples und komplexes Wissen betrachtet, da diese von mehreren Autoren in der Literatur zum Wissenstransfer zwischen Unternehmen angeführt wird (Hansen, 1999, S. 83ff.; Simonin, 1999, S. 600).

Anreize und Hemmnisse: Es bestehen unterschiedliche Anreize und Hemmnisse. Im Kontext des Wissenstransfers zwischen Unternehmen sind die Anreize und Hemmnisse für die Wissenschaft irrelevant. Neben diesem grundsätzlichen Unterschied unterscheiden sich auch die Anreize und Hemmnisse aus Unternehmenssicht. Im Vergleich zum Wissenstransfer zwischen Unternehmen und Wissenschaft sind beim Wissenstransfer zwischen Unternehmen mit der Aufteilung der Entwicklungskosten zwischen den Kooperationspartnern, der Innovationsorientierung, dem Bestehen von ausgeprägten Beziehungen und mit Anreizsystemen durch die Unternehmensstrategie vier zusätzliche Anreize vorhanden. Dahingegen fallen mit dem Zugriff auf wissenschaftliche Innovationsnetzwerke und -cluster und der Rekrutierung von Forschungsmitarbeitern zwei Anreize beim Wissenstransfer zwischen Unternehmen aus der Betrachtung, die jedoch beim Wissenstransfer zwischen Unternehmen und Wissenschaft relevant sind. Darüber hinaus lassen sich unterschiedliche Hemmnisse identifizieren. Beim Wissenstransfer zwischen Unternehmen sind als zusätzliche Hemmnisse ein geringes Vertrauen zwischen den Kooperationspartnern, ein geringer Schutz geistigen Eigentums und eine Abhängigkeit vom Kooperationspartner zu betrachten.

Ferner sollen die Einflussfaktoren für den Kontext Großunternehmen gegenüber KMU betrachtet werden. Basierend auf deren Charakteristika[32] wird analysiert, welche Einflussfaktoren einen stärkeren positiven Einfluss auf das Zustandekommen eines Wissenstransfers für eine Unternehmensgruppe haben. Das Ergebnis dieser Analyse sind Hypothesen, die eine erhöhte oder identische Relevanz für das Zustandekommen eines Wissenstransfers für eine Unternehmensgruppe angeben.

Die Forschungs- und Entwicklungsaktivitäten sind bei Großunternehmen aufgrund ihrer Größenstruktur stärker ausgeprägt. Dadurch sind mehr Ressourcen für Wissenstransfers verfügbar. Für die Wettbewerbssituation wird abgeleitet, dass Großunternehmen tendenziell eine stärkere Marktposition haben, weshalb potenzielle Kooperationspartner eine geringere Bedrohung als bei KMU darstellen. In Verbindung mit den stärkeren Forschungs- und Entwicklungsakti-

---

[32] KMU sind tendenziell in ihren Ressourcen limitiert, wodurch sie u.a. ein geringes Forschungsaufkommen aufweisen (vgl. Wong/Aspinwall, 2004, S. 47ff.; Bey, 2005, S. 53). Hierdurch besteht wiederum eine tendenziell größere Motivation von KMU, Wissen extern durch Transfers zu erwerben (vgl. Lim/Klobas, 2000, S. 424; Yli-Renko et al., 2001, S. 588).

vitäten verfügen Großunternehmen deshalb auch über ein höheres Maß an Absorptive Capacity. Im Rahmen der Innovationsorientierung wird angenommen, dass die Lernbereitschaft bei KMU ausgeprägter ist, weil diese stärker auf externes Wissen angewiesen sind. Einhergehend mit dem Bedarf an externem Wissen wird für die Wissenstransferkultur und -tradition für KMU abgeleitet, dass diese eine höhere Offenheit aufweisen: KMU sind tendenziell stärker bereit, Wissen zu teilen. Dahingegen wird Vertrauen für Großunternehmen und KMU als gleichbedeutend betrachtet, da Vertrauen vom Kooperationspartner und nicht von der Unternehmensgröße abhängig ist. Vorherige Erfahrungen sind tendenziell bei Großunternehmen stärker ausgeprägt, da diese Unternehmen mehr Kooperationen eingehen können. Die Beziehungsstärke und kulturelle Eigenschaften werden als unabhängig von der Unternehmensgröße gewertet. Im Rahmen der Kompatibilität von Wissensangebot und -nachfrage wird angenommen, dass der Einflussfaktor aufgrund des Ressourcennachteils stärker hemmend für KMU ist. Dies hängt mit der begrenzten Anzahl möglicher Kooperationen zusammen, wodurch die Wahl eines geeigneten Kooperationspartners sehr wichtig ist, um die eingeschränkten Ressourcen sinnvoll zu nutzen. Im Kontext der Marktnachfrage und technologischen Entwicklung sind Großunternehmen tendenziell weniger abhängig vom Wissen des Kooperationspartners, sodass ihre Position in einer Kooperation weniger oder nicht geschwächt ist und daher im geringeren Maße Bedenken bestehen, ausgenutzt zu werden. In Zusammenhang mit den Rahmenbedingungen haben Förderprogramme sowie Intermediäre für KMU eine höhere Bedeutung als für Großunternehmen, da hierdurch Ressourcennachteile kompensiert werden können. Dahingegen sind Gesetze und Regulierungen rahmengebend für beide Unternehmensgruppen und treffen für beide gleichermaßen zu. Für die Einflussfaktoren des Wissenstransfers nach Interaktionsform – implizites und explizites sowie simples und komplexes Wissen, Transfermodus nach Kooperationsform und Transferkanäle und -medien – wird übergreifend kein Unterschied zwischen den Gruppen abgeleitet, da deren Vor- und Nachteile unternehmensgrößenunabhängig sind. Die folgende Tabelle 1 fasst die Aussagen als Hypothesen, für welche Unternehmensgruppe eine höhere Relevanz bei einem Einflussfaktor besteht, zusammen. Dabei wird eine höhere Relevanz für einen Einflussfaktor als ein stärkeres positives Einwirken auf das Zustandekommen einer Kooperation definiert. Die gleichzeitige Angabe von Großunternehmen und KMU impliziert jeweils, dass keine erhöhte Relevanz für eine Unternehmensgruppe abgeleitet werden konnte.

Tab. 1: Übersicht der Relevanz der Einflussfaktoren im Kontext von Großunternehmen gegenüber KMU

Einflussfaktor	Höhere Relevanz für
Forschungs- und Entwicklungsaktivitäten	Großunternehmen
Sektor- und Größenstruktur	Großunternehmen
Wettbewerbssituation	Großunternehmen
Absorptive Capacity	Großunternehmen
Innovationsorientierung	KMU
Wissenstransferkultur und -tradition: Offenheit	KMU
Wissenstransferkultur und -tradition: Vertrauen	Großunternehmen und KMU
Wissenstransferkultur und -tradition: Vorherige Erfahrungen	Großunternehmen
Beziehungsstärke zwischen den Unternehmen	Großunternehmen und KMU
Kulturelle Eigenschaften	Großunternehmen und KMU
Kompatibilität von Wissensangebot und -nachfrage	Großunternehmen
Marktnachfrage und technologische Entwicklung	Großunternehmen
Förderprogramme	KMU
Intermediäre	KMU
Gesetze und Regulierungen	Großunternehmen und KMU
Implizites und explizites Wissen	Großunternehmen und KMU
Simples und komplexes Wissen	Großunternehmen und KMU
Transfermodus nach Kooperationsform	Großunternehmen und KMU
Transferkanäle & -medien	Großunternehmen und KMU

Quelle: Eigene Darstellung.

6 Fazit

Der Beitrag hat das Thema Wissenstransfer zwischen Unternehmen behandelt und ein Modell unter Berücksichtigung relevanter Einflussfaktoren aufgezeigt. Hierbei soll das entwickelte Modell eine Grundlage für weitere Untersuchungen der Wissenschaft zu dem Bereich Wissenstransfer zwischen Unternehmen darstellen. Zugleich kann es von der Wirtschaft genutzt werden, um Einflussfaktoren des Wissenstransfers zu identifizieren. Dadurch können Unternehmen sensibilisiert werden und den Einflussfaktoren mehr Beachtung bei eigenen Wissenstransfers zuteil werden lassen. Ein besseres Verständnis der Einflussfaktoren des Wissenstransfers kann helfen, ihn effektiver zu gestalten und erfolgreich abzuschließen. Insbesondere durch die steigende Bedeutung der Ressource Wissen ist es wichtig, die Einflussfaktoren des Wissenstransfers und deren Auswirkungen zu kennen.

Zur Entwicklung des Modells wurden die wesentlichen Einflussfaktoren der Literatur untersucht und benannt. Dadurch wird kein Anspruch auf uneingeschränkte Vollständigkeit aller Aspekte erhoben, die beim Wissenstransfer zwischen Unternehmen Einfluss nehmen, was eine Limitation darstellt. Ferner erfolgte keine empirische Untersuchung der Ergebnisse. Dies bezieht sich sowohl auf das Modell als auch die abgeleiteten Thesen zum Kontext Großunternehmen gegenüber KMU. Hierin ist ein Anknüpfungspunkt für zukünftige Forschungen zu sehen. Darüber hinaus kann untersucht werden, ob eine Rangordnung bei den Einflussfaktoren besteht, wodurch eine Bewertung der Einflussfaktoren nach ihrer Wichtigkeit erfolgen kann. Zudem ist das Modell auf den Wissenstransfer zwischen Unternehmen durch Kooperationen beschränkt. Hierbei kann es für weitere Arten des Wissenstransfers zwischen Unternehmen, z.B. Spillovers, untersucht werden. Zusätzlich könnten weitere Unternehmenskontexte und deren Auswirkungen näher analysiert werden.

Quellenverzeichnis

Albino, V.; Garavelli, A. C.; Schiuma, G. (1999): Knowledge transfer and interfirm relationships in industrial districts: The role of the leader firm. In: Technovation, 19(1), S. 53-63.

Argote, L.; Ingram, P. (2000): Knowledge transfer: A basis for cometitive advantage in firms. In: Organizational Behavior and Human Decision Processes, 82(1), S. 150-169.

Becker, M. C.; Knudsen, M. P. (2006): Intra- and inter-organizational knowledge transfer processes: Identifying the missing links. Druid Working Paper 06-32. Kopenhagen: Copenhagen Business School.

Bey, E. (2005): Bedarfe kleiner und mittlerer Unternehmen an Wissens- und Technologietransfer. In: Transferstelle dialog der Carl von Ossietzky Universität Oldenburg; Technologietransferstelle der Fachhochschule Oldenburg/Ostfriesland/Wilhelmshaven; Gemeinsame Technologiekontaktstelle der Fachhochschule der Universität Osnabrück (Hrsg.): Wissens- und Technologietransfer. Analysen, Konzepte, Instrumente, Oldenburg, S. 51-80.

Bhagat, R. S.; Kedia, B. L.; Harveston, P. D.; Triandis, H. C. (2002): Cultural variations in the cross-border transfer of organizational knowledge: An integrative framework. In: The Academy of Management Review, 27(2), S. 204-221.

Cavusgil, S. T.; Calantone, R. J.; Zhao, Y. (2003): Tacit knowledge transfer and firm innovation capability. In: Journal of Business & Industrial Marketing, 18(1), S. 6-21.

Cohen, W. M.; Levinthal, D. A. (1989): Innovation and learning: The two faces of R&D. In: The Economic Journal, 99(397), S. 569-596.

Cohen, W. M./Levinthal, D. A. (1990): Absorptive capacity: A new perspective on learning and innovation. In: Administrative Science Quarterly, 35(1), S. 128-152.

Cohendet, P.; Meyer-Krahmer, F. (2001): The theoretical and policy implications of knowledge codification. In: Research Policy, 30(9), S. 1563-1591.

Contractor, F. J.; Lorange, P. (2002): The growth of alliances in the knowledge-based economy. In: International Business Review, 11(4), S. 485-502.

Dodgson, M. (1993): Learning, trust and technological collaboration. In: Human Relations, 46(1), S. 77-95.

Dussauge, P.; Garrette, B.; Mitchell, W. (2000): Learning from competing partners: Outcomes and durations of scale and link alliances in Europe, North America and Asia. In: Strategic Management Journal, 21(2), S. 99-126.

Dyer, J. H.; Nobeoka, K. (2000): Creating and managing a high-performance knowledge-sharing network: The Toyota case. In: Strategic Management Journal, 21(3), S. 345-367.

Faems, D.; Janssens, M.; van Looy, B. (2007): The initiation and evolution of interfirm knowledge transfer in R&D relationships. In: Organization Studies, 28(11), S. 1699-1728.

Grant, R. M. (1996): Toward a knowledge-based theory of the firm. In: Strategic Management Journal, 17(7), S. 109-122.

Hansen, M. T. (1999): The search-transfer problem: The role of weak ties in sharing knowledge across organization subunits. In: Administrative Science Quarterly, 44(1), S. 82-111.

Hitt, A. M.; Dacin, M. T.; Levitas, E.; Arregle, J.-L.; Borza, A. (2000): Partner selection in emerging and developed market contexts: Resource-based and organizational learning perspectives. In: The Academy of Management Journal, 43(3), S. 449-467.

Inkpen, A. C.; Tsang, E. W. (2005): Social capital, networks and knowledge transfer. In: The Academy of Management Review, 30(1), S. 146-165.

Kale, P.; Singh, H.; Perlmutter, H. (2000): Learning and protection of proprietary assets in strategic alliances: Building relational capital. In: Strategic Management Journal, 21(3), S. 217-237.

Kale, P.; Dyer, J. H.; Singh, H. (2002): Alliance capability, stock market response, and long-term alliance success: The role of the alliance function. In: Strategic Management Journal, 23(8), S. 747-767.

Katz, A.; Allen, T. J. (1982): Investigating the Not Invented Here syndrome: A look at the performance, tenure and communication patterns of 50 R&D project groups. In: R&D Management, 12(1), S. 7-19.

Khamseh, H. M.; Jolly, D. R. (2008): Knowledge transfer in alliances: determinant factors. In: Journal of Knowledge Management, 12(1), S. 37-50.

Kogut, B.; Zander, U. (1993): Knowledge of the firm and the evolutionary theory of the multinational corporation. In: Journal of International Business Studies, 24(4), S. 625-645.

Lane, P. J.; Salk, J. E.; Lyles, M. A. (2001): Absorptive capacity, learning, and performance in international joint ventures. In: Strategic Management Journal, 22(11), S. 1139-1161.

Lathi, R. K.; Beyerlein, M. M. (2000): Knowledge transfer and management consulting: A look at „the firm". In: Business Horizons, 43(1), S. 65-74.

Levin, D. Z.; Cross, R. (2004): The strength of weak ties you can trust: The mediating role of trust in effective knowledge transfer. In: Management Science, 50(11), S. 1477-1490.

Lim, D.; Klobas, J. (2000): Knowledge management in small enterprises. In: The Electronic Library, 18(6), S. 420-432.

Lin, X.; Germain, R. (1999): Predicting international joint venture interaction frequency in U.S.-Chinese ventures. In: Journal of International Marketing, 7(2), S. 5-23.

Lyles, M. A.; Salk, J. E. (1996): Knowledge acquisition from foreign parents in international joint ventures: An empirical examination in the Hungarian context. In: Journal of International Business Studies, 27(5), S. 877-903.

McEvily, S. K.; Das, S.; McCabe, K. (2000): Avoiding competence substitution through knowledge sharing. In: The Academy of Management Review, 25(2), S. 294-311.

Mowery, D. C.; Oxley, J. E.; Silverman, B. S. (1996): Strategic alliances and interfirm knowledge transfer. In: Strategic Management Journal, 17(Winter 1996), S. 77-91.

Muthusamy, S. K.; White, M. A. (2005): Learning and knowledge transfer in strategic alliances: A social exchange view. In: Organization Studies, 26(3), S. 415-441.

Oxley, J. E. (1997): Appropriability hazards and governance in strategic alliances: A transaction cost approach. In: The Journal of Law, Economics & Organization, 13(12), S. 387-409.

Polt, W.; Rammer, C.; Schartinger, D.; Gassler, H.; Schibany, A. (2001): Benchmarking industry-science relations in Europe – the role of framework conditions. In: Science and Public Policy, 28(4), S. 247-258.

Polt, W., Berger; M., Boekholt, P.; Cremers, K.; Egeln, J.; Gassler, H.; Hofer, R.; Rammer, C. (2009): Das deutsche Forschungs- und Innovationssystem. Ein internationaler Systemvergleich zur Rolle von Wissenschaft, Interaktionen und Governance für die technologische Leistungsfähigkeit, Studien zum deutschen Innovationssystem Nr. 11-2010, Wien, Brighton/Amsterdam, Mannheim.

Powell, W. W.; Koput, K. W.; Smith-Doerr, L. (1996): Interorganizational collaboration and the locus of innovation: Networks of learning in biotechnology. In: Administrative Science Quarterly, 41(1), S. 116-145.

Schibany, A.; Hamalainen, T.; Schienstock, G. (2000): Interfirm co-operation and networking: concepts, evidence and policy. Paper for OECD project on National Systems of Innovation.

Simonin, B. L. (1999): Ambiguity and the process of knowledge transfer in strategic alliances. In: Strategic Management Journal, 20(7), S. 595-623.

Simonin, B. L. (2004): An empircal investigation of the process of knowledge transfer in international strategic alliances. In: Journal of International Business Studies, 35(5), S. 407-427.

Szulanski, G. (2000): The process of knowledge transfer: A diachronic analysis of stickiness. In: Organizational Behavior and Human Decision Processes, 82(1), S. 9-27.

Teece, D. J. (1986): Profiting from technological innovation: Implications for integration, collaboration, licensing and public policy. In: Research Policy, 15(6), S. 285-305.

Wong, K. Y.; Aspinwall, E. (2004): Characterizing knowledge management in the small business environment. In: Journal of Knowledge Management, 8(3), S. 44-61.

Yli-Renko, H.; Autio, E.; Sapienza, H. J. (2001): Social capital, knowledge acquisition and knowledge exploitation in young technology-based firms. In: Strategic Management Journal, 22(6-7), S. 587-613.

Short biographies of authors

Arne Arnold is a consultant for business intelligence at Infomotion GmbH. He studied information management (M.Sc.) at the University of Koblenz-Landau. His master's thesis dealt with the topic of knowledge transfer between companies. Arne Arnold holds a B.Sc. in information systems from the Baden-Wuerttemberg Cooperative State University, Mannheim, and spent a semester abroad at the University of California, Santa Barbara and at the Copenhagen Business School. He also has practical experience in knowledge management from his internships at Atos Worldline GmbH.

Dorothée Zerwas is a research assistant and doctoral candidate at the Institute of Management of the University of Koblenz-Landau. She has experience in a research and practical context in the areas of information management, open innovation, scientific entrepreneurship, design thinking, knowledge transfer and knowledge management. Her primary research areas are knowledge transfer and entrepreneurship. Furthermore, Dorothée Zerwas has several years of teaching experience.

She holds a M.Sc. in information management from the University of Koblenz-Landau and spent a semester abroad at the Copenhagen Business School. She is a 3EP (The European Entrepreneurship Educators) FELLOW.

Harald von Kortzfleisch is a senior tenured professor and director of the Institute of Management at Koblenz Landau University, president and founder of the School of Entrepreneurial Design Thinking, as well as founder and director of the Central Institute for Scientific Entrepreneurship & International Transfer (CIfET) at the University of Koblenz-Landau.

Professor von Kortzfleisch holds a diploma in business administration and a doctoral degree (Dr. rer. pol.) from the University of Cologne, and a habilitation degree (Dr. habil.) from the University of Kassel. He has held visiting positions at the Massachusetts Institute of Technology, the Japan Advanced Institute for Knowledge Science, and New York University.

His primary research areas are information and innovation management, entrepreneurship, and organization design. Furthermore, he publishes about topics such as knowledge transfer, open service innovation, customization, leadership, business-to-business interaction, and network management.

Kapitel 4
Integration und Bindung von Kunden und Partnern im OM

Chapter 4
Customer and Partner Integration and Retention in OM

Grundlagen und Handlungsfelder für exzellentes Customer Relationship Management

Frank Lasogga

The following article offers a holistic approach which demonstrates how to implement the requirements and directions of customer relationship management in practice. For this purpose, fields of action are introduced on both strategic and operational levels.

Im vorliegenden Beitrag wird ein ganzheitlicher Ansatz präsentiert, der aufzeigt, wie sich Anspruch und Ausrichtung des Customer Relationship Management in der Praxis exzellent umsetzen lassen. Es werden hierzu auf strategischer und operativer Ebene die relevanten Handlungsfelder vorgestellt.

1 Anspruch und Ausrichtung des Customer Relationship Management

1.1 Aufbau langfristiger Partnerschaften mit Kunden

Die durch den Wandel vom Verkäufer- zum Käufermarkt verbesserte Position der Kunden, der zunehmende Verdrängungswettbewerb durch den Eintritt weiterer Mitbewerber sowie der Verlust langfristiger Kundentreue durch mangelhafte Kundennähe erfordern weitergehende Anstrengungen, um die Kundenzufriedenheit zu erhöhen und damit die Kunden an das Unternehmen zu binden.

Customer Relationship Management-Ansätze (CRM) bieten hier eine thematische Grundlage für das Management, sich mit der Entwicklung und Verbesserung bestehender Kundenbeziehungen auseinanderzusetzen. Übergeordnete Zielsetzung des CRM ist es, langfristige Kundenbindungen zum Unternehmen und seinen Mitarbeitern aufzubauen, indem die verschiedenen spezifischen Lebenssituationen und -phasen der Kunden (sogenannter Customer-Life-Cycle-Ansatz) adäquat berücksichtigt werden.

Im Vergleich zum Key Account Management, das ausschließlich auf umsatzstarke A-Kunden ausgerichtet ist, erfahren beim CRM alle Kunden eine (mehr oder weniger) individuelle Ansprache und bedürfnisorientierte Leistungserbringung. Je nach Art des Geschäftsmodells kann die sich hieraus ergebende Kundenbindung im Idealfall „von der Wiege bis zur Bahre" reichen.

CRM stellt somit in Bezug auf die Kundenmärkte eine radikale Abkehr vom klassischen Marketingkonzept dar, das im Sinne eines effizienten Verkaufsmanagements einen sehr stark instrumentellen Charakter um die Dominanz von Produkt und Kommunikation aufweist. Damit verbunden findet auch eine Abkehr von der Gestaltung der Transaktionsebene hin zur Gestaltung der Beziehungsebene statt. Gefragt sind nunmehr Konzepte, die sich – losgelöst von kurzfristigen Umsatzsteigerungen – konsequent an der Befriedigung individueller Kundenbedürfnisse und -wünsche ausrichten. An die Stelle des Leitbilds „Kunde ist König" tritt das Leitbild „Kunde ist Partner". Wie Tabelle 1 zeigt, sind die Auswirkungen dieser auf den ersten Blick nur nominalen Veränderung des Leitbildes enorm.

Tab. 1: Kundenbezogene Unterschiede zwischen klassischem Marketing und CRM

Klassisches Marketing	CRM
Produktlebenszyklus, Schwerpunkt Produkteigenschaften	Kundenlebenszyklus, Schwerpunkt Kundenwerte
Kunde ist – zumindest bis zum Kaufabschluss – König	Kunde ist von Anfang an Partner
Fokus: Neukundengewinnung	Fokus: Erhalt bestehender Kunden
Alle Kunden bekommen annähernd das Gleiche	Selektive Kundenbetreuung nach Wertigkeit
Unregelmäßiger, geringer Kundenkontakt	Häufiger, kontinuierlicher Kundenkontakt
Kommunikation auf der Sachebene	Kommunikation auf der Beziehungsebene
Monolog/„nach dem Munde reden"	Offener, konstruktiv-kritischer Dialog
Austausch von Informationen	Austausch von Erfahrungswerten
Zur Verfügung stellen von „fertigen" Produkten	Einbeziehung in die Wertschöpfungskette
Qualität als Anliegen der Produktion	Qualität als Anliegen aller Beteiligten

Quelle: Eigene Darstellung in Anlehnung an Höhler (1998); Payne/Rapp (2003), S. 6f.

Aufgrund der Tatsache, dass viele Produkte und Dienstleistungen zunehmend austauschbarer werden, muss über das originäre Leistungsbündel hinaus ein Mehrwert angeboten werden, der einen dauerhaften Wettbewerbsvorteil bietet. Da Beziehungen von Individuen aufgebaut und aufrechterhalten werden, nehmen das Verhalten, die Motivation und der Erhalt von Mitarbeitern eine gewichtige Rolle für die persönliche Gestaltung der Beziehungsebene zum Kunden ein. Dabei weisen die Kontakte mit Kunden sowohl im Pre-Sales-Bereich als auch im After-Sales-Bereich nicht nur eine sachliche Komponente (Produktinformationen, Auftragsvergabe, Abwicklung, Status-Abfragen etc.) auf; sie können auch ein positives emotionales Erlebnis für den Kunden darstellen.

So sind die Mitarbeiter in der Lage, einen emotionalen Mehrwert zu vermitteln, der über die eigentliche Kernleistung hinaus ein hohes Kundenbindungspotenzial aufweist. Hierzu zählen neben Kompetenz, Freundlichkeit und Kommunikationsfähigkeit vor allem Zuverlässigkeit, Flexibilität und Lösungsorientierung, die im Kundenkontakt entlang der Wertschöpfungskette gleichermaßen wichtig sind (vgl. Parasuraman et al., 1985, S. 41ff.).

In Anbetracht zunehmender Wahlmöglichkeiten stellt jeder Kundenkontakt im Rahmen der Leistungserbringung und -unterbreitung gleichermaßen Chance und Risiko für die Beibehaltung der Kundenbeziehung dar. Dabei werden die Kundenbeziehungen – dies gilt grundsätzlich für alle Formen von Geschäftsbeziehungen – nebst flexibler Leistungserbringung maßgeblich von der Art und Weise einer individuellen Kundenansprache sowie vom Kommunikations- und Service-Mix beeinflusst.

1.2 Ausrichtung an profitablen Kundenbeziehungen

Die Anforderung, kundenspezifische Aspekte bei der Gestaltung der Beziehungsebene konsequent aufzugreifen, steht nicht erst am Ende der Wertschöpfungskette, sondern durchsetzt diese vom ersten bis zum letzten Glied. Entsprechend kennzeichnen Kundenbeziehungen den Unternehmensalltag. Die Wertschöpfung des Unternehmens ist im Rahmen einer Customer-Life-Cycle-Ausrichtung fortwährend auf den Erhalt der Kundenbeziehungen auszurichten (vgl. Abbildung 1).

Im Mittelpunkt steht eine Wertesteuerung aller Unternehmensaktivitäten (vgl. Cornelsen, 2000, S. 38; Jirjis/Winkelmann, 2005; Pepels, 2011, S. 1475f.; Winkelmann, 2012, S. 333). So sind zum einen die möglichen Werte (sog. Customer Equity) zu ermitteln, die Kunden für das Unternehmen erbringen. Es sind sowohl ökonomische Werte (Umsätze, Deckungsbeiträge etc.) als auch qualitative Werte (Image, Marktmacht etc.) gleichermaßen zu erfassen. Zum anderen ist festzulegen, welche Kunden es „wert" sind, Werteangebote in Form von One-to-One-Solutions und Added Values zu erhalten (sog. Customer Value). Es gilt, in die richtigen Kunden zu investieren, um eine profitable Beziehung aufzubauen bzw. fortzuführen. Customer Equity und Customer Value sind folglich stets abzugleichen.

Über den gesamten Kundenlebenszyklus betrachtet muss der Saldo zwischen gesamtem Zahlungsstrom eines Kunden während der Dauer einer Kundenbeziehung und allen Kosten des Unternehmens für den Aufbau und den Erhalt einer Kundenbeziehung während dieses Zeitraums positiv sein. Wie Abbildung 1 zeigt, sind Effizienz und Effektivität des Kundenbeziehungsmanagements immer auch im Kontext der prozessbeteiligten Personengruppen zu sehen, die einen – positiven wie auch negativen – Einfluss auf das CRM ausüben.

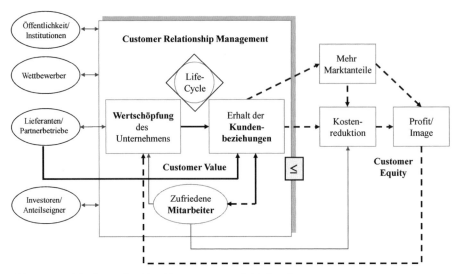

Abb. 1:   Erfolgskritische CRM-Parameter und -Zielgrößen
Quelle: Eigene Darstellung.

Neben den Mitarbeitern nehmen insbesondere Lieferanten und Partnerbetriebe eine exponierte Rolle bei der Umsetzung des CRM ein. Sie stellen zum einen auf der Beschaffungsseite ein wichtiges Bindeglied im Rahmen der Wertschöpfungskette dar. Zum anderen leisten sie – analog zu den Mitarbeitern im Unternehmen – auf der Absatzseite mit ihren Produkt-, Dienstleistungs- und Kommunikationsqualitäten einen unmittelbaren Beitrag zum Erhalt von Kundenbeziehungen.

Vor dem Hintergrund, dass Beziehungen von Individuen aufgebaut und aufrechterhalten werden und dass Kunden häufig dem Mitarbeiter, der sie betreut, eine größere Loyalität entgegenbringen als dem Unternehmen, werden die Motivation und der Erhalt von Mitarbeitern zum wichtigen Bestandteil des CRM-Ansatzes. Unternehmen müssen folglich verschiedene Regeln beachten, um auf der Beziehungsebene eine hohe Mitarbeiterbindung zu erreichen (vgl. Höhler, 1998, S. 60ff.):

1. Der Führungsgrundsatz „viel Kontrolle gleich wenig Verantwortung" gegenüber Mitarbeitern ist abzulösen durch den Grundsatz „wenig Kontrolle, dafür viel Verantwortung".

2. Die Mitarbeiter sind in die internen Entscheidungsprozesse einzubeziehen, denn nur sie haben das erforderliche Wissen und die entsprechende Erfahrung, um Kundenbeziehungen effizient managen zu können.

3. Es sind marktgerechte Arbeitsbedingungen für die Mitarbeiter zu schaffen, da nur diese eine nachhaltige Auswirkung auf die Arbeitszufriedenheit ausüben.

4. Um den (externen) Kunden kennenzulernen und zu verstehen, sind die Mitarbeiter als interne Kunden anzusehen.

5. Mitarbeiter und Führung verlassen sich nicht mehr auf das Produkt mit seinem Qualitätsversprechen, sondern auf die dauernde Optimierung ihres Bündnisses mit dem Kunden.

Die langfristige Ausrichtung des CRM-Ansatzes erfordert es, dass sich die Unternehmen als kommunikative Bündnispartner sehen, die nicht nur auf Kundenbelange reagieren, sondern sich auch aktiv in eine Partnerschaft einbringen. Dabei ist zu berücksichtigen, dass die Beziehungsqualität als Anliegen aller beteiligten Mitarbeiter entlang der Wertschöpfungskette in die Strategieplanung mit einfließt.

In jedem Fall ist ein häufiger und kontinuierlicher Kundenkontakt zu pflegen, dem ein offener, konstruktiv-kritischer Dialog zugrunde liegt. Nur so lässt sich eine aufkommende Kundenunzufriedenheit im Zusammenhang mit der Leistungserbringung und -nutzung zeitnah aufgreifen. Für die Aufrechterhaltung einer langfristigen Geschäftsbeziehung sollte das Verhalten eine Win-Win-Zielsetzung verfolgen, damit beide Partner von der Beziehung profitieren.

Die Gewinnung neuer Kunden und der Erhalt bestehender Kundenbeziehungen müssen in einem angemessenen Verhältnis zueinander stehen. Denn nur aus der verstärkten Kundenbasis heraus, insbesondere auf Märkten mit hoher Wettbewerbsintensität, ist eine systematische Kundenakquisition zur Erreichung der anvisierten Wachstumsziele erst zielführend.

Der hier beschriebene Paradigmenwechsel bedeutet somit nicht, dass CRM das Marketing ersetzt. Vielmehr sollten im Marketing nachfolgende Bedingungen vorliegen bzw. erfüllt sein:

⇨ Die Anwendung eines ganzheitlichen Marketing-Verständnisses im Unternehmen, das bereichsübergreifende Prozesse initiiert und koordiniert – im Gegensatz zu Aktivitäten, die nur in einem Organisationsbereich konzipiert und umgesetzt werden;

⇨ eine Verschiebung der Marketingaktivitäten, die auf die Kundenakquisition ausgerichtet sind, hin zu Marketingaktivitäten, die sich mit dem Erhalt bestehender Kunden beschäftigen;

⇨ einen Marketing-Ansatz zu praktizieren, der sich auf mehrere „Märkte" resp. Zielgruppen (Kunden, Mitarbeiter, Absatzmittler, Lieferanten,

Meinungsbildner) bezieht, anstatt den Fokus allein auf den traditionellen (End-)Kundenmarkt zu legen (vgl. Payne/Rapp, 2003, S. 4f.).

Bei allen infrage kommenden Beziehungsgeflechten stehen die Kundenmärkte mit ihren unterschiedlichen Kundengruppen immer im Mittelpunkt. Der Markterfolg stellt sich aber nur ein, wenn das Marketing nicht allein auf (Neu-) Kunden ausgerichtet ist, sondern durch Einbeziehung aller Teilaspekte der angeführten „Märkte" einen ganzheitlichen Ansatz verfolgt.

Interne und externe Partnerschaften sind gleichermaßen aufzubauen und zu pflegen. Dies erfordert eine systematische Integration von Absatzmarketing (inklusive Channel Marketing), Public Relations, internem Marketing in Bezug auf Mitarbeiter und Arbeitnehmervertretung sowie Beschaffungsmarketing. Hierfür sind detaillierte Marketingpläne zu erarbeiten, die neben Absatzmärkten auch die Entwicklung von Marketingstrategien für Referenzmärkte, interne Märkte, Personalbeschaffungsmärkte und Lieferantenmärkte in Betracht ziehen. Die ergriffenen Maßnahmen sind auf ihren Beitrag zu prüfen, den sie für den Aufbau und die Pflege einer langfristigen Kundenloyalität leisten.

Alle Unternehmensaktivitäten sind unter CRM-Gesichtspunkten auf den Prüfstand zu stellen, zu bewerten und gegebenenfalls neu auszurichten. CRM ist in diesem Kontext als ganzheitlicher Ansatz der Unternehmensführung anzusehen, der neben operativen Aspekten auch strategische Entscheidungen einbezieht. Es wird hierbei eine 1:1-Philosophie zugrunde gelegt, die im Idealfall bei der Ausgestaltung der Produkt-, Entgelt-, Distributions- und Kommunikationspolitik über den gesamten Customer-Life-Cycle gleichermaßen angewendet wird.

2 Entscheidungsebenen und Handlungsfelder

2.1 Strategische Ebene

Auf der strategischen Entscheidungsebene sind zunächst einmal für das gesamte Unternehmen der grundsätzliche Anspruch einer 1:1-Partnerschaft und der Umgang mit Kunden festzulegen. Im Fokus stehen die hauptbeteiligten Akteure des Beziehungsmanagements, nämlich die Kunden und die Mitarbeiter. Es sind vor allem die Alleinstellungsmerkmale bzgl. einer emotionalen und kognitiven Kundenverbundenheit (und Mitarbeiterverbundenheit) zu definieren, die zu einer stabilen und dauerhaften Beziehung beitragen. Die Besonderheiten der vorhandenen Unternehmenskultur und der jeweiligen Marktsegmente sind ebenso aufzunehmen wie mögliche Unterschiede zwischen den strategischen Geschäftsfeldern eines Unternehmens. Gerade bei lateral diversifizierten Unternehmen bietet es sich an, eine CRM-Pyramide aufzubauen, die auf der obersten Ebene die CRM-übergreifenden Alleinstellungsmerkmale zusammenfasst und die notwendigen Differenzierungen beim CRM markt- resp. segmentbezogen vornimmt.

Von diesen Alleinstellungsmerkmalen, die den Grad der Kundenverbundenheit festlegen, sind solche Merkmale abzugrenzen, die auf eine Steigerung der Kundengebundenheit abstellen. Zu nennen sind u.a. vertragliche Bindungen und/ oder technologische Bindungen zwischen Anbieter- und Kundenseite. Mögliche Zielkonflikte zwischen diesen beiden Arten der Kundenbindung sind zugunsten der Kundenverbundenheit zu lösen, da die partnerschaftliche Gestaltung der Kundenbeziehungen im Vordergrund steht.

Der Aufbau einer prägnanten Positionierung auf der Beziehungsebene erfordert, dass sich die Ansprüche und Inhalte des Kundenbeziehungsmanagements nicht nur stringent an den Erwartungshaltungen der Kunden orientieren, sondern sich auch signifikant vom Wettbewerb abheben.

Vor diesem Hintergrund sind entsprechende CRM-Leitlinien, Führungs- und Verhaltensgrundsätze zu formulieren. Dabei ist auch zu klären, welchen Stellenwert Lieferanten, Technologie, Absatz- und Servicepartner im CRM einnehmen (sollen). In diesem Zusammenhang sind konkrete Anforderungen und Bewertungsmaßstäbe für das Beziehungsmanagement aufzustellen und mit den Profilen der Geschäftspartner abzugleichen. Die Institutionalisierung von Qualitätszirkeln trägt schließlich dazu bei, dass eine kontinuierliche Umsetzung und Weiterentwicklung der unternehmensspezifischen CRM-Philosophie stattfindet.

2.2 Operative Ebene

2.2.1 Ermittlung zusätzlicher Wertschöpfung

Auf der operativen Entscheidungsebene führt die Gestaltung einer Kundenbeziehung, verbunden mit der Notwendigkeit einer bereichsübergreifenden, koordinierten Ausrichtung auf den Kunden, zu der Betrachtung einer prozessorientierten Relationship-Kette. Die Sequenz wertschöpfender Maßnahmen reflektiert die Notwendigkeit, Werte aufzustellen, zu erbringen und zu kommunizieren, die im Idealfall die individuellen Kundenbedürfnisse 1:1 befriedigen. Das CRM-Leistungsprofil eines Anbieters kann sich dabei aus einem Sach-, Zusatz- und Erlebnisnutzen zusammensetzen (vgl. Lasogga, 1998, S. 225ff.).

Eine zusätzliche Wertschöpfung durch das Produkt (= Sachnutzen) erfordert eine individuelle Ausgestaltung des Leistungsbündels. Unter dem Begriff Mass Customization wird dabei das übergeordnete Ziel verfolgt, eine höhere Individualisierung mit den Losgrößenvorteilen der Massenproduktion zu verbinden, indem die herangezogenen Komponenten, Baugruppen und/oder Prozesse standardisiert werden.

Wie Abbildung 2 verdeutlicht, ist das Spektrum zwischen Standardprodukt und Unikat sehr facettenreich. Es ist abhängig vom Umfang der kundenindividuellen Wertschöpfungsstufen und den damit verbundenen Auswirkungen auf den Fertigungsprozess. Während bei Soft Customization kein Eingriff in die Fertigung vorgenommen wird und die individuelle Leistungserbringung außerhalb des Unternehmens stattfindet, basiert die Individualisierung bei Hard Customization auf Aktivitäten der Fertigung und Änderungen der internen Funktionen (vgl. Piller, 2000, S. 17).

Soft Customization		Hard Customization
Selbstindividualisierung Standardprodukte mit eingebauter Flexibilität bei Konstruktion und Fertigung	Umfang kundenindividueller Wertschöpfungsstufen	**Individuelle Vor-/Endproduktion mit standardisierter Restfertigung** Kundenindividuelle Wahlmöglichkeiten am Anfang oder am Ende der Wertschöpfungskette
Individuelle Endfertigung im Handel/Vertrieb Auslieferung eines einheitlichen Rohprodukts, das im Handel nach Kundenwunsch vollendet wird		**Modularisierung nach Baukastenprinzip** Erstellung individueller Produkte aus standardisierten modularen Bauteilen
Serviceindividualisierung Ergänzung der Standardprodukte um individuelle sekundäre Dienstleistungen		**Massenhafte Fertigung von Unikaten** Individuelle Leistungserstellung über ganze Wertkette durch standardisierte Prozesse

Abb. 2: Ansatzpunkte und Abstufungen der Mass Customization
Quelle: Piller (2000), S. 17.

Der Individualisierungsgrad der Leistungserbringung ist abhängig vom Geschäftsmodell und den technischen Gegebenheiten, sodass die Umsetzung des CRM-Konzeptes auf der Produktebene entsprechenden Restriktionen unterliegt. Dadurch wird verdeutlicht, wie wichtig der Aufbau von Beziehungen ist, die eine Wertschöpfung (= Nutzen) jenseits dessen erbringen, was bereits durch das Produkt geleistet wird. Dies beinhaltet die Ausstattung des Produktes mit zusätzlichen greifbaren und immateriellen Bestandteilen.

Es ist zwischen Zusatz- und Erlebnisnutzen zu differenzieren. Während die Schaffung eines Zusatznutzens der Servicepolitik obliegt, ist der Erlebnisnutzen der Kommunikationspolitik zuzuordnen. Im Vergleich zu den Wettbewerbern sollte es sich hierbei um Alleinstellungsmerkmale handeln, die für den Kunden eine besondere Bedeutung darstellen und glaubwürdig vermittelt werden können. Auf diesem Wege wird ein „Produktumfeld" geschaffen und ausgebaut, das in einer gesteigerten Wertschöpfung durch verbesserte Service- und Kommunikationsqualität resultiert. Die hier genannten Qualitäten werden wesentlich von der Qualifikation und Motivation der Mitarbeiter bestimmt. Entscheidende Faktoren sind hierbei die Fachkompetenz, Vertrauenswürdigkeit, Zuverlässigkeit, Höflichkeit und Kommunikationsfähigkeit der Mitarbeiter sowie deren geistige Beweglichkeit, auf Ausnahmesituationen adäquat zu reagieren (vgl. Parasuraman et al., 1985, S. 41ff.).

Die mit dem Produkt verbundenen Serviceleistungen sind in Abhängigkeit vom Zeitpunkt zu erbringen, zu dem die Serviceleistungen nachgefragt werden – vor (Pre-Sales-Services) oder nach dem Kaufabschluss (After-Sales-Services). Das Spektrum möglicher Serviceleistungen ist sehr vielfältig.

Zu nennen sind im Pre-Sales-Bereich insbesondere Kundenberatungsleistungen mit und ohne Nutzung unterstützender IT-Systeme. Als computergestützte Daten- und Informationssysteme für die Problemlösungs-, Anwendungs- und Kaufberatung kommen z.B. Produkt-/Angebotskonfigurations-, Bestell- und Lagerverwaltungssysteme sowie Buchführungssysteme infrage. Je nach Produktkategorie können auch spezifische Testzeiträume (z.B. ein 14-tägiges Probeabonnement bei Zeitungen, Probefahrten bei Automobilen, temporäre Freischaltungen bei Software) angeboten werden.

Zu den Serviceleistungen im After-Sales-Bereich zählen unter anderem Zustell-, Installations-, Instandsetzungs- und Instandhaltungsleistungen. So bestimmt der Hersteller durch seine Zustellleistungen, wie gut und effektiv das Produkt dem Kunden zugestellt wird. Hierzu gehören alle Maßnahmen, die dazu beitragen, dass der Lieferservice gewährleistet ist. Dieser besteht aus der Lieferzeit, der Lieferbereitschaft, der Lieferzuverlässigkeit und der Lieferflexibilität.

Bei komplexen Ausrüstungsgegenständen im Business-to-Business-Bereich (B-to-B) sind darüber hinaus auch Projektmanagement- und Installationsleistungen sowie Unterstützungen beim Echtlauf erforderlich, damit das Produkt am geplanten Einsatzort von Anfang an funktionsfähig ist. Zudem sind für die Kaufentscheidung auch die zu erwartenden Serviceleistungen bzgl. Instandsetzung und Instandhaltung wichtig. Diese Serviceleistungen können im Rahmen des CRM-Ansatzes in ihrem Leistungsumfang abgestuft und über modular aufgebaute Servicepakete zielgruppenspezifisch angeboten werden. Beispielsweise können beim Instandhaltungsmanagement diverse Leistungen wie Inspektion, Wartung, Instandsetzung oder Ferndiagnose so konfiguriert und kombiniert werden, dass sie dem Anspruch einer 1:1-CRM-Philosophie gerecht werden.

Neben der kundenspezifischen Erstellung einer Anlage, der Lieferung und des Aufbaus vor Ort können im Rahmen von Fullservice-Verträgen auch der Betrieb und die gesamte Instandhaltung von Industrieanlagen und Fabriken (sogenannte Betreibermodelle) übernommen werden. Eine im CRM anzustrebende hohe Kundenverbundenheit wird in diesen Fällen mit einer hohen Kundengebundenheit verknüpft.

Im Business-to-Consumer-Bereich (B-to-C) bieten erweiterte Garantieleistungen, Mailingaktionen, Kundenzeitschriften, Kunden-Clubs und -Events mit gegebenenfalls zusätzlichen Angeboten von Partnerunternehmen weitere Ansatzpunkte, um durch produktbezogene Erlebnisse die Attraktivität des Leistungsprogramms zu erhöhen und im kontinuierlichen Gespräch mit den Zielgruppen zu bleiben.

Darüber hinaus vermittelt das Electronic-Business sowohl für den B-to-C- als auch für den B-to-B-Bereich zusätzliche Mehrwerte. Internet-Auftritte lassen sich zu prozessorientierten CRM-Unternehmensportalen weiterentwickeln, indem durchgängig Kaufentscheidungsprozesse im Pre- und After-Sales-Bereich unterstützt werden (vgl. Baaken/Lasogga, 2003, S. 424ff.).

Für jede Entscheidungssituation und -phase werden entsprechende Inhalte und internetbasierte Services bereitgehalten. Da die originär nachgefragten Produkte und Dienstleistungen in einem übergeordneten Beschaffungs- und Verwendungskontext stehen, können zusätzlich auch die jeweiligen Beschaffungsumstände, die Lebensabschnitte und Lebenssituationen (B-to-C-Bereich) resp. die Geschäftsentwicklungen und -situationen (B-to-B-Bereich) der Zielgruppen explizit einbezogen werden.

Die konsequente Ausrichtung der Kundenansprache an den phasen- und kontextbezogenen Kundenbedürfnissen trägt damit zum Aufbau und zur Festigung der Beziehungsebene zum Kunden bei. Damit keine Brüche in der Informationslogistik auftreten, ist über das CRM-Unternehmensportal eine Synchronisation der Kundenprozesse mit den klassischen Geschäftsprozessen im Unternehmen erforderlich. Eine Differenzierung zwischen Intra-, Extra- und Internet ermöglicht darüber hinaus die gleichzeitige Ansprache und (Ein-)Bindung von Mitarbeitern, Geschäftspartnern und Kunden (vgl. Lasogga, 2001, S. 386ff.).

2.2.2 Ermittlung und fortlaufende Analyse der profitablen Kundenbeziehungen

Auf Basis der Bestandsdaten des Unternehmens ist die Profitabilität der Kunden zu ermitteln. Im Vergleich zur umsatzbezogenen ABC-Analyse hat diese Vorgehensweise den Vorteil, dass neben den aktuellen, kundenbezogenen Umsätzen auch die vom Kunden verursachten Aufwände beachtet werden. Für die Bestimmung der Aufwände im Unternehmen liegt idealerweise eine Prozesskostenrechnung vor, sodass die vom Kunden „beanspruchten" Prozesskapazitäten ihm zugerechnet werden können. Alternativ können die Aufwände über die Gewinn- und Verlustrechnung sowie Controlling-Daten den Kunden zugeschlüsselt werden (vgl. Köhler, 2008, S. 473ff.).

Die ermittelten Umsätze und Aufwände werden durch Einbeziehung einer zu erwartenden Kundenrestlaufzeit in die Zukunft fortgeschrieben und auf die Gegenwart abgezinst. Über die Verzinsung und die zukunftsbezogene Kundenlebenszeit werden somit dynamische Aspekte einbezogen, sodass eine statische Stichtagsberechnung entfällt (vgl. Töpfer/Seeringer, 2008, S. 242ff.). Neben dem aktuellen Barwert der laufenden Verträge können dem einzelnen Kunden auch Werte aus weiteren künftigen Verträgen (Cross- und Up-Selling-Potenzial) sowie aufgrund seines Referenzpotenzials (Multiplikatoreffekt durch Empfehlungsverhalten) und Innovationspotenzials zugerechnet werden. Analog sind Interessenten zu bewerten.

Im Ergebnis wird somit deutlich, welche Interessenten resp. Kunden eher profitabel und welche eher unprofitabel sind. Hierauf aufbauend lassen sich differenzierte Vertriebs- und Kundenbindungsmaßnahmen aufsetzen. Da die Präferenzen der Kunden gegenüber den individuellen Wertangeboten sehr unterschiedlich ausgeprägt sind, sind homogene Kundengruppen zu bilden, die in Bezug auf ihre Profitabilität und ihre Bedürfnisse abgestimmte Nutzenangebote erhalten.

Die Fortführung und der Ausbau der Kundenbeziehung stehen und fallen damit, inwieweit die jeweiligen Erwartungen der Kunden zum einen mit den erbrachten Produktleistungen, zum anderen mit den begleitenden und unterstützenden Service- und Kommunikationsleistungen übereinstimmen. Wie Abbildung 3 zeigt, ergeben sich sowohl aus Anbieter- als auch aus Kundensicht verschiedenartige Kostenkategorien, die den jeweiligen Nutzenangeboten gegenüberzustellen sind.

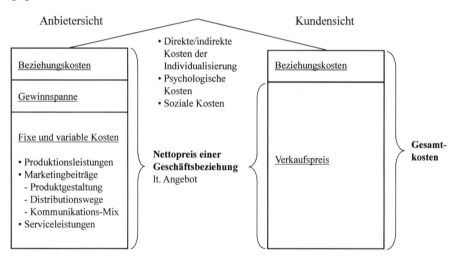

Abb. 3: Kostenkategorien einer Geschäftsbeziehung
Quelle: Eigene Darstellung.

Die hierbei auftretenden Beziehungskosten setzen sich aus vier Kostenarten zusammen (vgl. Grönross, 1995, S. 69ff.):

1. Direkte Kosten, die von der internen Organisation abhängen, die ein Kunde resp. ein Anbieter aufgrund der angebotenen Leistung aufrechterhalten muss (z.B. Lagerkosten für Ersatzteile; Vorhalten von Personal zwecks Sicherstellung der Datenverarbeitung);

2. Indirekte Kosten, begründet durch den Zeit- und Ressourcenaufwand, den der Kunde resp. der Anbieter für die Aufrechterhaltung der Geschäftsbeziehung erbringt (z.B. zusätzlicher Aufwand bei der Ausstellung fehlerhafter Rechnungen und anderen Dokumenten; zeitaufwändige Nachbesserungen bei Schlechterfüllung einer Leistung);
3. Psychologische Kosten in Form von Ärgernis, Sorgen etc., die sich z.B. aufgrund der Unzuverlässigkeit bei der Leistungserbringung ergeben;
4. Soziale Kosten, die aufgrund sozial erwünschter Verhaltensweisen des Gesprächspartners (z.B. Status-Symbole, Dress Code) entstehen.

Die Attraktivität einer Geschäftsbeziehung hängt somit von den Gesamtkosten ab, die für den Anbieter und den Kunden entstehen. Aus Anbietersicht sollten die Beziehungskosten für die einzelnen CRM-Segmente im Nettopreis enthalten sein. Zwecks Optimierung der Geschäftsprozesse sind die Dienstleistungserbringung und die Mitarbeiterzufriedenheit kontinuierlich zu messen. Darüber hinaus ist es erforderlich, die Beziehungskosten des Kunden mit Hilfe von Befragungen kontinuierlich zu erfassen, um Rückschlüsse auf die Effizienz der eigenen internen Prozesse und die Qualität der Beziehungsebene zu ziehen.

2.2.3 Kundenorientierte Organisationsstrukturen und -abläufe

Der Qualitätsanspruch eines Unternehmens auf der Beziehungsebene wird dadurch gestützt, dass sich das Qualitätsverständnis sowohl auf die Produkt- und Serviceebene als auch auf die Qualität der Prozesse, die Qualität der Arbeit und Arbeitsbedingungen erstreckt.

Zu diesem Zweck muss das vielfach praktizierte abteilungs- und funktionsorientierte Denken im Unternehmen überwunden werden, das individuelle Bereiche auf Kosten des Gesamtgeschäfts und des Kunden optimiert. Die Umsetzung des CRM erfordert vielmehr eine bereichs-, abteilungs- und aufgabenübergreifende Koordination aller kundenbezogenen Aktivitäten. Mitarbeiter in Schlüsselpositionen sind folglich in multidisziplinäre Teams einzubinden, deren Aufgabe der Einsatz und die Zuordnung von Ressourcen zur Erreichung marktbezogener Ziele ist. Bereiche können weiterhin existieren; sie stellen für die auf den Markt ausgerichteten Teams nunmehr einen Ressourcen-Pool in Form von Expertenwissen dar (vgl. Clark et al., 2003, S. 32).

Die Aufbauorganisation wandelt sich zu einer flacheren, eher horizontalen Organisationsstruktur, in der die Ablauforganisation bereichsübergreifend ausgerichtet ist. Eng beieinanderliegende Arbeitsläufe interner Prozesse können hierbei mit den Bedürfnissen und Fähigkeiten der Geschäftspartner verknüpft werden. Bedingt durch modulare Produkt- und Servicestrukturen, durch den verstärkten Einsatz elektronischer Schaltkreise, Prozesssteuerungen etc. bei den

Produktionsverfahren wird eine flexible Konfiguration für jedes CRM-Segment gewährleistet.

Die persönliche Gestaltung der Beziehungsebene zum Kunden setzt eine aktuelle Informationsbasis voraus. Aus diesem Blickwinkel betrachtet, ist es das Ziel des CRM, eine Integration und Bündelung aller den Kunden betreffenden Informationen vorzunehmen. Der Vertrieb, das Marketing, der Servicebereich und die Back-Office-Abteilungen für die Angebotserstellung, Rechnungslegung, Auftragsabwicklung, Produktion und Logistik sollen jederzeit ein einheitliches und umfassendes Bild über die Beziehungen zwischen Unternehmen und Kunde erhalten und fortführen. Es sind möglichst alle kundenrelevanten Schnittstellen abzubilden, anstatt Informationen in Form von „Insellösungen" unstrukturiert mehrfach bereitzuhalten.

Hieraus ergeben sich mannigfaltige Anforderungen für alle Mitarbeiter und zwangsweise für die eingesetzten Informations- und Kommunikationssysteme. Im operativen Geschäft sind detaillierte Kunden-, Produkt-, Service-, Kosten- und Erlösinformationen sowie Strukturinformationen (Unternehmensorganisation, Gebietsaufteilung, Außendienststruktur etc.) vorzuhalten. Diese unternehmensinternen Informationen sind mit externen Informationen, z.B. mit Hilfe von Marktforschungsstudien (Erfassung der Kundenzufriedenheit) und statistischer Datenbanken anzureichern.

Alle kundenbezogenen Informationen sind in einer zentralen Unternehmensdatenbank zu speichern und zu Merkmalsprofilen zusammenzufassen, sodass sich erfolgversprechende Interessenten und Kunden identifizieren lassen. Aus diesen Profilen lassen sich insbesondere Rückschlüsse ziehen in Bezug auf

⇨ das Produkt- und Servicepotenzial der Kunden,

⇨ das Potenzial der angebotenen Leistungen,

⇨ die Optimierung des Leistungsportfolios und

⇨ eine kundenbezogene Vertriebs- und Servicesteuerung.

Um die Vielzahl relevanter Kunden-, Produkt- und Unternehmensdaten systematisch aufzubereiten und jederzeit abrufbereit zu halten, ist es erforderlich, entsprechende CRM-Software-Lösungen einzusetzen.

3 Schlussbetrachtung

CRM wird zur Herausforderung und zum Erfolgsfaktor im Wettbewerb um Marktpositionen. Es bietet strategische Perspektiven hinsichtlich Investitionssicherheit und Wettbewerbsvorteilen, indem dauerhafte Bindungen zum Unternehmen geschaffen werden.

Die wesentlichen Erfolgsparameter zur Gestaltung der Beziehungsgeflechte eines Unternehmens sind die Mitarbeiter und Kunden jeder Rangstufe. Das verbindende Element ist – trotz bestmöglicher CRM-Technologien und noch so sorgfältig geplanten Verfahrensweisen – professionelles Beziehungsmanagement bei Wahrung einer unprofessionellen Wärme.

Kundenakquisition und Kundenbetreuung sind ausschließlich auf profitable Kundengruppen zu fokussieren. Für eine hohe Kundenbindung sind unverwechselbare und für die Zielgruppen attraktive Nutzenangebote einer partnerschaftlichen Beziehung zu unterbreiten. Ausgehend vom 1:1 CRM-Anspruch können im Idealfall durch eine entsprechende Ausgestaltung des Marketing-Mix und eines exzellenten Informations- und Kommunikationsverhaltens alle individuellen Kundenbedürfnisse entlang des Customer-Life-Cycle befriedigt werden.

Für eine effiziente und effektive Kundenansprache und Kundenbetreuung sind eine durchgängige CRM-Konzeption und in sich stimmige CRM-Ziele erforderlich, die strategische und operative Aspekte sowie organisatorische Anforderungen des CRM gleichermaßen berücksichtigen. Dabei sind alle kundenrelevanten Prozesse im Rahmen der Wertschöpfungskette einzubeziehen.

Eine konsequente Umsetzung des CRM-Ansatzes steht oder fällt mit der Qualität und der Bereitschaft der Menschen, an der Gestaltung einer Kundenbeziehung mitzuwirken. CRM ist gleichbedeutend mit einer intakten Beziehung zwischen Partnern. Entsprechend sind die Profile der Kunden mit den Profilen der Mitarbeiter abzugleichen.

Quellenverzeichnis

Baaken, T.; Lasogga, F. (2003): Prozessorientierte CRM-Unternehmensportale – Konzeption, Strategie und Umsetzung, Heft 4, 49. Jg., S. 424-440.

Clark, M.; Peck, H.; Christopher, M.; Payne, A. (2003): Vom funktionsorientierten Marketing zur prozessorientierten Relationship Marketing-Kette. In: Payne, A.; Rapp, R. (Hrsg.): Handbuch Relationship Marketing - Konzeption und erfolgreiche Umsetzung, 2. Aufl., München, S. 29-44.

Cornelsen, J. (2000): Kundenwertanalysen im Beziehungsmarketing, Nürnberg.

Grönross, C. (1995): Die Herausforderung im Dienstleistungswettbewerb – Wirtschaftlichkeitsvorteile durch guten Service. In: Bruhn, M.; Stauss, B. (Hrsg.): Dienstleistungsqualität - Konzepte, Methoden, Erfahrungen, 2. Aufl., Wiesbaden, S. 65-79.

Höhler, G. (1998): Wettspiele der Macht, Düsseldorf, München.

Jirjis, F.; Winkelmann, P. (2005): Ihr Kunde ist mehr wert als Sie denken – Kundenentwicklung nach dem Customer Value Ansatz, Vortrag auf der CRM-expo, 10. November 2005, Nürnberg.

Köhler, R. (2008): Kundenorientiertes Rechnungswesen als Voraussetzung des Kundenbindungsmanagements. In: Bruhn, M.; Homburg, Ch. (Hrsg.): Handbuch Kundenbindungsmanagement - Strategien und Instrumente für ein erfolgreiches CRM, 6. Aufl., Wiesbaden, S. 467-500.

Lasogga, F. (1998): Emotionale Anzeigen- und Direktwerbung im Investitionsgüterbereich – Eine exploratorische Studie zu den Einsatzmöglichkeiten von Erlebniswerten in der Investitionsgüterwerbung, Frankfurt am Main u.a.

Lasogga, F. (2001): Vorsprung durch Wissensmanagement – Grundlagen, Konzepte, Technologie. In: Jahrbuch der Absatz- und Verbrauchsforschung, Heft 4, 47. Jg., S. 379-390.

Parasuraman, A.; Zeithaml, V. A.; Berry, L. L. (1985): A Conceptual Model of Service Quality and its Implications for Future Research. In: Journal of Marketing, 49(2), S. 41-50.

Payne, A.; Rapp, R. (2003): Relationship Marketing: Ein ganzheitliches Verständnis von Marketing. In: Payne, A.; Rapp, R. (Hrsg.): Handbuch Relationship Marketing - Konzeption und erfolgreiche Umsetzung, 2. Aufl., München, S. 3-16.

Pepels, W. (2011): Handbuch des Marketing, 6. Aufl., München.

Piller, F. T. (2000): Aufbau dauerhafter Kundenbindungen mit Customer Relationship Management, Arbeitspapier Technische Universität München, München.

Reckenfelderbäumer, M.; Welling, M. (2006): Der Beitrag einer relativen Einzel-, Prozesskosten- und Deckungsbeitragsrechnung zur Ermittlung von Kundenwerten – konzeptionelle Überlegungen und Gestaltungsempfehlungen. In: Günter, B.; Helen, S. (Hrsg.): Kundenwert - Grundlagen, Innovative Konzepte, Praktische Umsetzungen, 3. Aufl., Wiesbaden, S. 335-368.

Töpfer, A.; Seeringer, C. (2008): Entwicklungsstufen des Customer-Value-Konzeptes und Berechnungsverfahren zur Steuerung des Kundenwertes. In: Töpfer, A. (Hrsg.): Handbuch Kundenmanagement – Anforderungen, Prozesse, Zufriedenheit, Bindung und Wert von Kunden, 3. Aufl., Berlin, Heidelberg, S. 229-266.

Winkelmann, P. (2012): Marketing und Vertrieb – Fundamente für die Marktorientierte Unternehmensführung, 8. Aufl., München.

Short biography of author

Prof. Dr. Frank Lasogga has been teaching marketing and market research at Fresenius University of Applied Science in Cologne, Germany since 2008. After completing his post-doctoral studies in business administration, he held different executive positions within marketing and sales in CAD/CAM, healthcare, knowledge management, ERP, as well as in IT service industries. Moreover, he successfully built several companies in the areas of consulting, IT and aerospace.

Kundenbindung im B-to-B-Markt – Das Beispiel Motorradreifen

Diana N. Boehm und Carsten Rennhak

While extensive insight exists relating to customer loyalty in the B-to-C context, research covering customer loyalty in B-to-B relations is still in its infant stage. The paper at hand is based on an extensive corporate project in the motorcycle tire industry. However, its findings – at least in large parts - are adaptable to other industries. The direct customer of the manufacturer is the distribution system. Therefore, to achieve loyalty from the different partners in this system, respective customer relationship strategies have to be developed. The underlying purpose of these activities is to generate added value for the partners in the distribution system and their customers. This ideally creates a win-win-win-situation. On an operational level this can be implemented using tools such as joint market research, co-branding, co-operative advertising, category management as well as co-operative customer loyalty programs. Key to the success of B-to-B loyalty programs in distribution systems is a segment-specific approach taking into account the particularities of the diverse distribution partners.

Während im B-to-C-Bereich ein umfangreicher Fundus zum Themenkomplex Kundenbindung existiert, steht die Forschung im B-to-B-Bereich hier noch am Anfang. Der vorliegende Beitrag basiert auf einem umfangreichen Praxisprojekt in der Motorradreifenindustrie. Die Ergebnisse sind jedoch – zumindest in großen Teilen – auf andere Branchen übertragbar. Direkter Kunde des Herstellers ist zunächst das Distributionsnetz. Entsprechend gilt es zunächst, Strategien zur Bindung der verschiedenen Partner auf der Handelsstufe zu entwerfen. Zielsetzung ist es dabei, für den Händler und dessen Kunden einen Mehrwert zu schaffen. Dies führt idealerweise zu einer „Win-Win-Win"-Situation. Operativ kann dies z.B. durch gemeinschaftliche Marktforschung, Co-Branding, Gemeinschaftswerbung, Category Management sowie kooperative Kundenbindungsprogramme umgesetzt werden. Entscheidend für den Erfolg von Händlerbindungsprogrammen ist ein segmentspezifisches Vorgehen, das den Besonderheiten der verschiedenen Handelspartner Rechnung trägt.

1 Einleitung

Wachsende Kundenanforderungen, steigender Wettbewerbs- und Kostendruck sowie die momentan angespannte gesamtwirtschaftliche Lage zwingen Unternehmen zu einer fortlaufenden Optimierung ihrer Marktbearbeitung. Hierbei steht nicht mehr das Produkt im Mittelpunkt erfolgsorientierter Hersteller, sondern die Beziehung zwischen Hersteller und Kunden. Kunde im B-to-B-Bereich ist oft der Handel (vgl. Beutin/Grozdanovic, 2005, S. 1). Hersteller sollten einen Händler nicht als bloßen Helfer im Warenverteilungssystem betrachten, sondern als selbstständig entscheidenden Kunden, der wiederum für eine noch größere Gruppe von Kunden handelt (vgl. Kotler/Bliemel, 2001, S. 1073). Während zu Kundenbindungsstrategien, Werkzeugen zur Kundenbindung und deren operativer Implementierung im B-to-C-Bereich bereits ein umfassender Literaturfundus vorliegt (vgl. z.B. Rennhak, 2006), ist im B-to-B-Bereich die Forschung in diesem Themenfeld noch nicht so deutlich fortgeschritten. Die nachfolgenden Betrachtungen basieren auf einem umfassenden Praxisprojekt zur Optimierung der Kundenbindung eines Herstellers von Motorradreifen. Die hier gewonnenen Erkenntnisse sind jedoch durchaus auf andere Branchen transferierbar.

2 Die Wirkungskette der Hersteller- und Händlerbindung

Kundenbindung ist in der Marketingliteratur vornehmlich ein B-to-C-Thema. In diesem Beitrag soll nun eine differenzierte Betrachtung bei vertikaler Marktbearbeitung dargestellt werden.

Als Kernaufgaben der Hersteller sind die zwei Dimensionen Markenaufbau und Bindung des Endverbrauchers zu nennen (vgl. Goerdt, 1999, S. 8ff.). Diese beeinflussen nicht nur den Konsumenten, sondern indirekt auch den gesamten Absatzkanal, da eine starke Marke sowohl den Endkonsumenten als auch den Handel an den Hersteller bindet. Dementsprechend hat ein Anstieg der Konsumentennachfrage auch einen Anstieg der Nachfrage des Händlers zur Folge. Neben der Kundenbindung über die Marke des Herstellers, versucht auch der Händler den Endkonsumenten an sein Unternehmen zu binden. Dies wird als Einkaufsstättenbindung bezeichnet und kann mit Hilfe gezielter Kundenbindungsmaßnahmen realisiert werden. Die dritte Dimension der Kundenbindung ist die Bindung des Handels durch den Hersteller. Diese Wirkungskette Hersteller zu Handel soll nachfolgend differenziert betrachtet werden.

Ausgehend von den anbieter- und nachfragerbezogenen Aspekten der Kundenbindung und der im Mittelpunkt stehenden Sicherung der Kontinuität, Stabilität und Intensität einer ökonomisch attraktiven Hersteller-Handels-Beziehung wird die Wirkungskette der Hersteller- und Händlerbindung (vgl. Abbildung 1) untersucht. Wesentlicher Bestandteil dieser Erfolgskette ist die Verknüpfung zwischen herstellerbezogenen und händlerbezogenen Größen (vgl. Bruhn, 2001, S. 57f.). Diesbezüglich wird das Modell der Wirkungskette von Homburg/Bruhn (2005, S. 10) herangezogen. Ziel ist es, einen höheren ökonomischen Erfolg durch eine stärkere Händlerbindung zu erreichen.

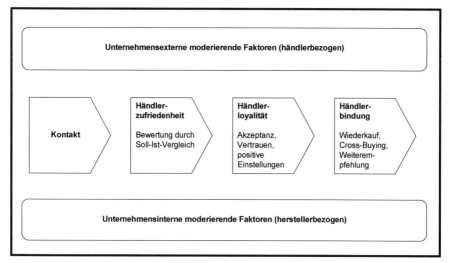

Abb. 1: Wirkungskette der Hersteller- und Händlerbindung
Quelle: In Anlehnung an Böhm et al. (2006), S. 263.

Während die Interessen der Marktpartner in B-to-C-Märkten oft gleichgerichtet sind, besteht zwischen Herstellern und Handel ein natürliches Spannungsverhältnis: Möchte der Hersteller sein Produktimage stärken, so fokussiert der Händler auf das Sortimentsimage; möchte der Hersteller große Bestellmengen, eine hohe Distributionsdichte, eine günstige Platzierung der eigenen Marke und möglichst die Präsenz des gesamten Herstellersortiments durchsetzen, versucht der Händler hingegen, schnelle Lieferungen auch kleiner Mengen, selektive und exklusive Distribution und eine gleichmäßige Platzierung aller Produkte sicherzustellen. Ähnlich konträr können die Positionen in der Preispolitik sein (z.B. niedrige vs. hohe Handelsspanne; konservative vs. aggressive Preispolitik).

3 Kundenbindung im B-to-B-Motorradreifenmarkt

Die Marken- und Einkaufsstättenloyalität der Endkunden ist im Motorradreifenmarkt rückläufig. Somit geraten Hersteller und Händler weiter unter Druck (vgl. Goerdt, 1999, S. 9f.). Vor diesem Hintergrund richteten Hersteller und Handel ihr Augenmerk verstärkt auf Kundenbindungsmaßnahmen (vgl. Kracklauer et al., 2004a, S. 3f.) als Form der vertikalen Kooperation, um gemeinsam eine Verbesserung der Ertragsstruktur zu bewirken (vgl. Laurent, 1996, S. 5, S. 56f.). Zielsetzung ist es, gemeinsam sowohl für den Hersteller als auch für den Händler und Konsumenten einen Mehrwert und infolgedessen eine „Win-Win-Win"-Situation zu schaffen, um höhere Kundenzufriedenheit, höhere Einkaufsstättentreue und höhere Markentreue zu erzielen (vgl. Kracklauer et al., 2003, S. 87ff.).

Im Rahmen isolierter Bindungsmaßnahmen kann es zu einem Bindungswettbewerb und damit zu Konflikten kommen, wenn Hersteller und Händler in gleichem Maße versuchen, den Endverbraucher in Form von Direktmarketing, Endverbraucherwerbung, Kundenaktivitäten etc. für sich zu gewinnen (vgl. Goerdt, 1999, S. 21f.). Entsprechend trägt zum Beispiel der Direktvertrieb von Waren über das Internet seitens des Herstellers dazu bei, den Kunden zu binden, hemmt jedoch andererseits die Geschäftsbeziehung zum Händler. Ebenso ergibt sich ein Konfliktpotenzial, wenn ein Händler eigene Handelsmarken einführt bzw. bei einem günstigeren Großhandelsunternehmen einkauft (vgl. Goerdt, 1999, S. 21f.). Um diesem Bindungswettbewerb und den damit einhergehenden Konflikten aus dem Weg zu gehen und die erwünschte Win-Win-Win-Situation zu erreichen, müssen kooperative Maßnahmen durchgeführt werden. Vertikal orientierte Relationship Marketing-Instrumente zur Kundenbearbeitung sind z.B. Co-Marketing, Joint Market Research, Category Management sowie kooperative Kundenbindungsprogramme (vgl. Kracklauer et al., 2004b, S. 35ff.).

Der Vertrieb von Motorradreifen sieht sich heute einem erheblichen Veränderungsdruck ausgesetzt. Triebkräfte sind hier vor allem die Konzentrationsprozesse im Handel, der Preisdruck seitens des Endverbrauchermarkts sowie das Internet als Vertriebsmedium. Steigende Produktansprüche, erodierende Marken- und Händlerloyalität sowie eine hohe Preissensibilität der Endkunden erfordern zum einen eine kundenorientierte Gestaltung der Vertriebskanäle, zum anderen aber auch eine Schaffung von Wettbewerbsvorteilen.

Das Distributionssystem der Motorradreifenhersteller kann im Wesentlichen in drei Bereiche eingeteilt werden. Der Reifenhandel stellt mit ca. 90% Anteil den größten Abnehmer dar. Neben diesem werden 5% an den Motorradhandel und 5% an andere Bereiche wie beispielsweise Racing-Teams abgesetzt. Der Reifenhandel kann in Groß- und Einzelhandel differenziert werden. Während vor einigen Jahren die Abnahmemengen jeweils 45% des abgewickelten Geschäftes betrugen, werden heutzutage 60% der Reifen vom Großhandel und 30% vom Einzelhandel umgesetzt. Für die Zukunft werden sogar bis zu 75% Abnahmeanteile des Großhandels prognostiziert. Dies ist darauf zurückzuführen, dass der klassische Einzelhandel nur drei Prozent seines Umsatzes durch den Verkauf von Motorradreifen generiert und dementsprechend nur geringfügig Reifen einlagert – die Kompetenzen des Reifeneinzelhandels liegen eher im Pkw-Bereich. Diese Differenzierung der Kompetenzen wird auch beim Einkaufsverhalten der Kunden deutlich. Die Reifenhersteller sehen sich somit zusehends im Wettbewerb mit ihren eigenen Kunden. Da der Großhandel für die Hersteller weniger margenträchtig ist, hätte dies zur Folge, dass sich die Gewinne der Hersteller drastisch reduzieren würden.

Neben einem elaborierten Bestell- und Logistiksystem bietet der Großhandel dem Einzelhandel auch ein exzellentes Informationsmanagement, das es dem Einzel- und Motorradhändler ermöglicht, zu jedem Zeitpunkt sein Sortiment zu optimieren. Ein weiterer Vorteil des Großhandels gegenüber den Herstellern ist das Angebot sämtlicher am Markt verfügbaren Marken aus einer Hand.

In Anbetracht dieser Entwicklungen lässt sich konstatieren, dass Kundenbindung ein interessanter Ansatzpunkt ist, um die Kontinuität, Stabilität und Intensität ökonomisch attraktiver Geschäftsbeziehungen zu sichern. Dies muss jedoch zielgruppenorientiert erfolgen. Im Folgenden werden die einzelnen Kundengruppen analysiert. Diese Analysen dienen als Basis zur Entwicklung zielgruppenspezifischer Kundenbindungsinstrumente.

Grundsätzlich lassen sich die Kunden der Motorradreifenindustrie auf Basis ihrer Größe, der Absatzmenge, ihrer Vertriebsstufe und der Kooperationsform in folgende fünf Abnehmergruppen klassifizieren:

⇨ Reifengroßhandel

⇨ Reifeneinzelhandelskooperationen

⇨ Handelsgesellschaften fremder Hersteller

⇨ Klassischer Einzelhandel

⇨ Motorradhandel

Der Vertriebskanal der Großhändler ist gekennzeichnet durch die schwerpunktmäßig unveränderte Weiterveräußerung von Gütern an den Einzel- oder Motorradhandel, um ebenfalls die Fremdbedarfsdeckung zu gewährleisten (vgl. Schaper, 2001, S. 93ff.). Im Hinblick auf die unterschiedlichen Wertschöpfungsstufen ist der klassische Einzelhandel das Wirtschaftssubjekt, das direkten Kontakt zum Endkonsumenten hat und demzufolge die Endverbrauchereinstellungen unvermittelt beeinflussen kann. Bei genauerer Betrachtung lässt sich schließlich feststellen, dass der Einzelhandel aus Einzelhandelskooperationen, Tochterunternehmen der Hersteller und dem klassischen Einzelhandel besteht. Die horizontale Kooperationsbereitschaft des Einzelhandels zwischen komplementären oder lateralen Anbietern ist zunächst auf die Vermeidung eines Preiskampfes zurückzuführen. Demnach ist es für Handelskooperationen und daraus resultierend einer erhöhten Einkaufskonzentration einfacher, bessere Konditionen zu erzielen als der klassische Einzelhandel dies vermag (vgl. Schaper, 2001, S. 93ff.). Darüber hinaus gibt es auch Handelssysteme, die den Herstellern direkt zuordenbar sind. Diese Tochterunternehmen der Hersteller vertreiben sowohl die eigenen Produkte als auch die Produkte der Konkurrenten und stellen somit eine differenziert zu bearbeitende Kundengruppe dar. Beispiele für Tochterunternehmen der Motorradhersteller sind Vergölst (Continental), Premio Reifen-Service (Dunlop), First Stop (Bridgestone), Euromaster (Michelin) und Pneumobil (Pirelli). Schließlich umfasst das Kundenportfolio auch den klassischen Reifeneinzelhandel, der weder einer Kooperation noch einer Kette angehört. Diese Kundengruppe war in den letzten Jahren von erheblichen ökonomischen und wettbewerblichen Veränderungen betroffen, die teilweise hohe Umsatzeinbußen und in der Folge auch Insolvenzen mit sich brachten.

Die Kundengruppe Motorradhandel umfasst neben werkseigenen Niederlassungen auch rechtlich unabhängige, aber vertrags- und markengebundene Wirtschaftssubjekte, die sich gewerblich mit dem An- und Verkauf von Motorrädern befassen und jene, die nicht exklusiv eine einzige Marke vertreiben.

4   Kundenbindungsmaßnahmen

Es existiert eine Reihe von Standardmaßnahmen, um die unterschiedlichen Handelspartner zu binden. Eggert (2003, S. 103ff.) nennt hier z.B. die Einrichtung eines Informations- und/oder Beschwerdemanagements. Eine Beschwerde ist aus Händlersicht ein „Moment der Wahrheit" (vgl. Wolf, 2002, S. 241f.). „Wenn die Augenblicke der Wahrheit unkontrolliert verstreichen, verkümmert die Servicequalität zu Mittelmäßigkeit" (Albrecht/Zemke, 2005, S. 34). In diesen Augenblicken müssen die Erwartungen der Händler übertroffen werden, um das erwünschte Ziel der Händlerzufriedenheit und schließlich Händlerbindung zu realisieren (vgl. Stauss, 2005, S. 317ff.). Beim Beschwerdemanagement handelt es sich um ein System, das beispielsweise in Form einer Abteilung oder einer Online-Händler-Service-Seite im Unternehmen implementiert werden kann. Dieses System kann sowohl zur Rückgewinnung unzufriedener Händler als auch zur Minimierung negativer Auswirkungen von Händlerunzufriedenheit dienen. Zudem können Beschwerden bzw. Informationsbelange der Händler zur Identifikation und Behebung von Schwachstellen in den Unternehmensabläufen bzw. -angeboten genutzt werden (vgl. Stiefbold/Rennhak, 2007). Ferner fördert ein effektives Informations- und Beschwerdemanagement auch das Image und das Vertrauen in die Produkte und das Unternehmen selbst. Peter (1997, S. 248f.) betont, dass es den Kunden und Partnern dazu möglichst einfach gemacht werden soll, dem Unternehmen Feedback zu geben. Eine weitere Maßnahme, die für den gesamten Händlerstamm angewandt werden kann, ist die Individualisierung persönlicher, proaktiver Kontakte (vgl. Tietz, 2002, S. 117f.). Proaktives Kontakt-Management ist demnach von großer Bedeutung. Neben der Intensivierung persönlicher Kontakte gilt es auch, den konkret gewählten Zeitpunkt der Kontaktaufnahme zu beachten. Aus einer entsprechenden Kundendatenbank können das typische Kaufverhalten sowie individuelle Anlässe herausgefunden werden, um so mit dem Großhandel proaktiv in Kontakt zu treten (vgl. Tietz, 2002, S. 117f.). Neben individualisierten Kontaktbriefen und Kundenbesuchen beeinflusst der persönliche, durchaus auch außergeschäftliche Kontakt die Qualität der Geschäftsbeziehung (vgl. Diller, 1995, S. 63). Dies kann beispielsweise durch die Nutzung im Kern eigentlich freizeitorientierter Events geschehen.

Professional Service Unternehmen z.B. erstatten ihren Führungskräften Mitgliedsgebühren für Business Clubs oder Golfvereine.

4.1 Reifengroßhandel

In Anbetracht der Machtverschiebungen und des immer größer werdenden Preisdrucks von Seiten des Großhandels, spielt die Schaffung echten Mehrwerts im Vergleich zum Versuch, den Reifengroßhandel über Preis- und Konditionenpolitik zu binden, eine zunehmend bedeutsamere Rolle. Hier ist neben dem Category-Management, die partnerschaftliche Steuerung von Bevorratung bzw. saisonal beeinflusster Ersatzbedarfs-Kaufzyklen zu nennen. Letztere bietet eine Reduzierung zeitaufwendiger Routinetätigkeiten für den Händler (vgl. Tietz, 2002, S. 148) sowie eine Win-Win-Situation für die Partner. Der daraus resultierende Mehrwert, der als „Convenience Service" bezeichnet wird, hat eine erhebliche Wirkung auf die Bindung des Großhandels (vgl. Beutin, 2005, S. 305f.).

Insbesondere die Implementierung automatischer Nachordersysteme ermöglicht den Aufbau vergleichsweise hoher Wechselbarrieren, da es die Einrichtung eines geeigneten elektronischen Lagerhaltungs- und Warenwirtschaftssystems erfordert (vgl. Tietz, 2002, S. 148). Dementsprechend wird nach der grundsätzlichen Zustimmung beider Marktpartner abgestimmt, bei welchen Mengen das automatische Nachordersystem greifen soll. Die Automatisierung bietet somit nicht nur die Möglichkeit des reibungslosen Bestellprozesses, sondern auch eine Übersicht, wie viele Reifen der eigenen Marken innerhalb eines bestimmten Zeitraumes veräußert worden sind und nicht aus dem Import aus anderen Ländern stammen.

4.2 Reifeneinzelhandelskooperationen

Während der Großhandel die Weiterveräußerung von Wirtschaftsgütern an andere Wirtschaftssubjekte zum Ziel hat, sind Einzelhändler und Einzelhandelskooperationen darauf ausgerichtet, diese Güter an den Endverbraucher zu veräußern (vgl. Schaper, 2001, S. 93ff.). Demgemäß ist das Einkaufsverhalten der Einzelhändler derivativ von der Nachfrage der Endverbraucher abhängig. Vor diesem Hintergrund ergibt sich die Möglichkeit, eine Zusammenarbeit mit den Einzelhandelskooperationen anzustreben und gemeinsame Instrumente zur Bindung der Endkunden zu entwickeln. Ziel ist es, die Einzelhändler bzw. Einzelhandelskooperationen direkt an den Hersteller zu binden. Dies gelingt nur, wenn man einen größeren Mehrwert schafft als dies der Großhandel vermag.

Für ein erfolgreiches Relationship Marketing (vgl. hierzu Rennhak, 2006) ist Individualisierung kritisch. Eine Idee für ein kundenindividuelles produktpolitisches Instrument im Bereich des Marktes für Motorradreifen ist hier z.B. das Angebot maßgeschneiderter Reifen, die neben dem Namen der Reifenmarke auch den des jeweiligen Kooperationspartners tragen. Bezüglich der Individualisierung können auch Werbemittel in Dual-Brand Optik, beispielsweise im Rahmen von Direktmarketingaktionen, klassischer Anzeigenwerbung oder Radiowerbung eingesetzt werden.

Zur Intensivierung und Verstärkung bestehender Geschäftsbeziehungen bedarf es der gezielten Interaktion mit der Zentrale der Einzelhandelskooperation bzw. den einzelnen Händlern (vgl. Vögele, 2002, S. 62ff). Hierbei besteht die Möglichkeit, interessante Angebote, Produktvorstellungen, Verlosungen oder ähnliches zu offerieren.

4.3 Handelsgesellschaften fremder Hersteller

Die Bindung der Handelsgesellschaften fremder Hersteller gestaltet sich aufgrund der Zugehörigkeit zu den jeweiligen konkurrierenden Unternehmen naturgemäß durchaus als anspruchsvoll. Ein typisches beziehungsorientiertes Instrument, das hier erfolgreich eingesetzt wird ist der Treuerabatt. Hier steht weniger der Absatz, sondern vielmehr die Geschäftsbeziehung zum Händler im Fokus. Basis dieses Rabattes ist somit nicht die Menge, sondern die Dauer der Geschäftsbeziehung (vgl. Tietz, 2002, S. 111). Aufgrund der Tatsache, dass viele Händler direkt über den Großhandel beziehen, lassen sich die Treuerabatte im Zusammenhang mit Relationship Marketing zur Bindung der Handelsgesellschaften fremder Hersteller mannigfaltig einsetzen.

Eine andere Form zur Ansprache und Bindung der Handelsgesellschaften fremder Hersteller sind Warenproben, die zunächst darauf abzielen, den Händlern ein Produkt in einer bestimmten Menge oder auch in einem bestimmten Zeitraum kostenlos erproben zu lassen, um dadurch möglichst positive Produkterfahrungen und schließlich Interaktionen beim Händler zu erzielen (vgl. Tietz, 2002, S. 136).

Des Weiteren eröffnen sich Möglichkeiten im Bereich der Redistribution. Diesbezüglich kann die Gewährleistung einer Rücknahme und Entsorgung alter Produkte zu einer Erhöhung der Loyalität und schlussendlich zur Bindung der Handelsgesellschaften fremder Hersteller führen (vgl. Peter, 1997, S. 254).

4.4 Klassischer Einzelhandel

Lange Zeit fokussierten Hersteller im Bereich des Einzelhandels auf Händlerschulungen und -seminare sowie Händlerwettbewerbe, um sich Konkurrenzvorteile zu verschaffen. Nachhaltige Händlerbindung setzt jedoch ein umfassendes Händlerverständnis voraus: Das Confirmation/Disconfirmation-Paradigma rückt beispielsweise die Händlerzufriedenheit in den Mittelpunkt der Analyse, die aufgrund der Qualitätseinschätzung eines Leistungsangebots entsteht. Die von den Händlern wahrgenommene Qualität besteht aus Preiswahrnehmung, Produkt-, Reputations-, Beziehungs- und Servicequalität (vgl. Rapp, 1995, S. 7ff).

Da die Qualitätsbewertung im Vergleich zu B-to-C-Märkten noch stärker kognitiv erfolgt, kommt der Servicequalität eine überragende Bedeutung zu. Dienstleistungsorientierung entlang der gesamten Wertschöpfungskette und bei allen Mitarbeitern mit Händlerkontakt ist ein wesentlicher Erfolgsfaktor für eine effektive Kundenbindung im Händlerbereich (vgl. Beutin, 2005, S. 299). Während eine grundsätzliche Dienstleistungsorientierung Händlerzufriedenheit schafft, generieren individualisierte Dienstleistungen für den Händler echte Wechselbarrieren (vgl. Peter, 1997, S. 244). Eine attraktive Möglichkeit zur Bindung der Einzelhändler bieten erfahrungsgemäß Dienstleistungen im betriebswirtschaftlichen Bereich (vgl. Beutin, 2005, S. 303ff.). Dazu zählen vor allem Betriebsanalysen, allgemeine Unternehmensberatung, Finanzierungsberatung und betriebswirtschaftliche Schulungen (vgl. Tietz, 2002, S. 106ff.). Diese schaffen im Idealfall auch Win-Win-Potenziale, wenn sich Synergien mit dem Hersteller ergeben. Eine andere Art von Value-Added Services stellen Informations-/Beratungsdienstleistungen dar. Solche Leistungen können technische Beratung, Absatz- und Marketingberatung, technische Schulungen, individualisierte Unterlagen, Unterstützung bei der Shop-Gestaltung sowie die Bereitstellung und/oder Auswertung von Daten und Informationen zu potenziellen Endkunden sein (vgl. Peter, 1997, S. 244; Beutin, 2005, S. 303ff.; Tietz, 2002, S. 106ff.). Besonders attraktiv im Motorradreifenmarkt sind Leasing-Verträge für größere Werkzeuge und Hebebühnen.

Eine in den unterschiedlichsten Wirtschaftszweigen eingesetzte Maßnahme zur Kundenbindung stellt der Kundenclub dar (vgl. Tomczak et al., 2005, S. 278.). Obwohl bisher überwiegend im Konsumgüter- und Dienstleistungssektor Kundenclubs eingerichtet worden sind, gewinnt diese Maßnahme auch im Händlerbereich an Bedeutung. Die Mitgliedschaft in einem Club schafft zusätzliche Customer Touchpoints und begünstigt so das Entstehen einer auch emotionalen Bindung (vgl. Peter, 1997, S. 254f.). Kritisch für den Erfolg eines Händlerclubs ist zunächst jedoch ein konkreter Value Add. In Fall der Motorradreifenindustrie erwiesen sich Reisen zu Händlerschulungen, vergünstigte Angebote für Motoradevents (Sicherheits- oder Rennstreckentrainings), Store Checks und Kooperationsangebote im Versicherungsbereich (z.B. vergünstigte Angebote in den Bereichen Brand- und Wasserschutz, Haftpflicht- oder Motorradversicherungen für die Angestellten der Händler) als erfolgreiche rationale Trigger für den Händlerclub. Um auch das Prestigedenken anzusprechen, kann die Mitgliedschaft (oder ein „VIP-Status") beispielsweise an die jährliche Reifenabnahmemenge gekoppelt werden.

4.5 Motorradhandel

Der Motorradhandel bestellt ca. 50% seiner Reifen über den Großhandel. Entsprechend hohes Potenzial böten maßgeschneiderte Kundenbindungsinstrumente aus Sicht der Hersteller. Bis dato kommen hier Instrumente zum Einsatz, die eine eher überschaubare Wirkung entfalten. Vornehmlich handelt es sich hier um Newsletter, die der Motorradhändler durch das Anlegen eines Interessenprofils auf seine Informationswünsche zuschneiden kann (vgl. Koch, 1999, S. 37). Zudem werden – mehr oder weniger gezielt – Informationen über die Erstausrüstung neuer Motorradmodelle sowie Pressemitteilungen über Reifentests versandt, kurze Produktbeschreibungen oder Änderungen aufgezeigt und Angebote des Monats vorgestellt. Darüber hinaus können den Motorradhändlern auch Informationen über aktuelle Marketingaktionen oder Events des Reifenherstellers nähergebracht werden.

Eine stärkere Bindung der Motorradhändler sollte jedoch vielmehr durch einen engen Dialog zwischen Reifenhersteller und Motorradhändler verwirklicht werden. Dieser führt zu einer bedarfsgerechten Produkt- und Beziehungsgestaltung (vgl. Peter, 1997, S. 249). Dies ist jedoch nur möglich, wenn der Informationsaustausch in einem kontinuierlichen Prozess verläuft. Besonders gute Erfahrungen wurden hier im Rahmen des erwähnten Praxisprojekts mit der Etablierung von Motorradhändlerforen und auch der Schaffung eines Motorradhändlerbeirates gemacht. Im Motorradhändlerbeirat werden Kundenbelange und -wünsche vorgetragen. Problembereiche und Verbesserungsvorschläge können offen diskutiert werden. Ziel dieser Plattformen ist es, den Motorradhändler im Sinne eines Upstream-Marketing (vgl. z.B. Hieke et al., 2007) in unternehmensinterne Entscheidungsprozesse und -zusammenhänge zu integrieren. Dies schafft gegenseitiges Vertrauen und hilft auch, das Informationspotenzial der Motorradhändler auszuschöpfen.

Verkaufsförderung in Form von Merchandising sollte für markengebundene Vertriebsniederlassungen der Motorradhersteller und markenunabhängige Motorradhändler in leicht unterschiedlicher Weise erfolgen. Für markenunabhängige Motorradhändler sollte der Fokus auf den Point of Sale (POS) gelegt werden. Für markengebundene Motorradhändler bietet sich im Rahmen der Verkaufsförderung der Einsatz von Dual-Brand-Motorrädern als Vorführobjekte an.

Interessant können auch so genannte Motorradhändler-Events, als vom Anbieterunternehmen initiierte Veranstaltungen ohne Verkaufscharakter, sein, die sowohl die Motorradhändler als auch deren Kunden ansprechen (vgl. Diller, 2001, S. 819f.). Jedoch gilt es hierbei, die unterschiedlichen Arten von Events zu unterscheiden. Hier können den Motorradhändlern für den Endverbraucher geschnürte Eventpakete offeriert werden.

5 Ausblick

Adäquates Kundenbindungsmanagement trägt auch im Motorradreifenmarkt zur Herstellung, Bewahrung und Intensivierung einer ökonomisch attraktiven Hersteller-Handels-Beziehung bei. Das Bemühen um eine Intensivierung der Kundenbindung und das Bestreben um eine Verbesserung des natürlichen Spannungsverhältnisses zwischen Hersteller und Handel haben in den letzten Jahren – angesichts des Preisdrucks von Seiten des Endverbrauchermarktes und des Konzentrationsprozesses im Handel – einen erheblichen Bedeutungszuwachs erfahren. Steigende Produktansprüche, erodierende Marken- und Händlerloyalität sowie eine hohe Preissensibilität der Kunden erfordern zum einen eine kundenorientierte Gestaltung der Vertriebskanäle, zum anderen aber auch die Schaffung von Wettbewerbsvorteilen gegenüber der Konkurrenz.

Als Ergebnis des umfangreichen Praxisprojekts im Motorradreifenmarkt lässt sich feststellen, dass Händlerbindung als Ziel des vertikalen Marketing einen essenziellen Beitrag zur Sicherung der Wettbewerbsposition der Hersteller leisten kann. Die Erfolgswirkungen der Händlerbindung sind dabei – sehr ähnlich dem B-to-C-Fall – auf erlössteigernde und kostensenkende Aspekte wie erhöhte Preisbereitschaft gebundener Kunden, Kauffrequenzsteigerung etc. zurückzuführen. Die Bindung der Händler kann im Motorradreifenmarkt als Schlüsselfaktor für den Unternehmenserfolg angesehen werden. Diese Erkenntnis lässt sich möglicherweise auch auf andere B-to-B-Märkte übertragen.

Es lässt sich ferner feststellen, dass eine differenzierte Bearbeitung verschiedener Kundengruppen (vgl. hierzu Kesting/Rennhak, 2008) jedoch nur auf der Grundlage umfassender Kundeninformationen möglich ist. Die jüngsten Diskussionen im Bereich Datenschutz und -sicherheit sowie das breite Misstrauen gegenüber einem organisationsübergreifendem Austausch von Daten gestalten die Bemühungen um erfolgreiche B-to-B-Kundenbindung in der Zukunft noch herausfordernder.

Quellenverzeichnis

Albrecht, K.; Zemke, R. (1987): Service-Strategien, Hamburg.

Beutin, N.; Grozdanovic, M. (2005): Professionelles Händlermanagement. Ausgestaltung und Erfolgsfaktoren im Business-to-Business Bereich. In: Reihe Management Know-how des Instituts für Marktorientierte Unternehmensführung, Arbeitspapier M 95, Mannheim.

Boehm, D. N.; Rennhak, C.; Ebert, T. (2006): Kundenbindung in B2B-Beziehungen. In: Rennhak, C. (Hrsg.): Herausforderung Kundenbindung, Wiesbaden, S. 261-272.

Bruhn, M. (2001): Relationship Marketing. Das Management von Kundenbeziehungen, München.

Diller, H. (1995): Kundenbindung als Zielvorgabe im Beziehungs-Marketing, Arbeitspapier Nr. 32 des Lehrstuhls für Marketing an der Universität Erlangen-Nürnberg, Nürnberg.

Diller, H. (2001): Vahlens Großes Marketing Lexikon, 2. überarbeitete und erweiterte Aufl., München.

Eggert, A. (2003): Beschwerdemanagement. In: Kamenz, U. (Hrsg.): Applied Marketing. Anwendungsorientierte Marketingwissenschaft der deutschen Fachhochschulen, Berlin u.a., S. 103-126.

Goerdt, T. (1999): Die Marken- und Einkaufsstättentreue der Konsumenten als Bestimmungsfaktoren des vertikalen Beziehungsmarketing – Theoretische Grundlegung und empirische Analysen für das Category Management. In: Diller, H. (Hrsg.): Schriften zum innovativen Marketing, Bd. 2, Nürnberg.

Hieke, M.-S.; Sarstedt, M.; Rennhak, C. (2007): Consumer Generated Advertising: Open-Source-Marketing, Munich Business School Working Paper 2007-02.

Homburg, C.; Bruhn, M. (2005): Kundenbeziehungsmanagement – Eine Einführung in die theoretischen und praktischen Problemstellungen. In: Bruhn, M.; Homburg, C. (Hrsg.): Handbuch Kundenbindungsmanagement. Strategien und Instrumente für ein erfolgreiches CRM, 5. überarbeitete und erweiterte Aufl., Wiesbaden, S. 3-37.

Kesting, T.; Rennhak, C. (2008): Marktsegmentierung in der deutschen Unternehmenspraxis, Wiesbaden.

Koch, R. (1999): Kundenbindungsmanagement von Dienstleistungs-Anbietern auf Business-to-Business-Märkten. Unter Berücksichtigung neuer Informations- und Kommunikationstechnologien. In: Meyer, P. W.; Meyer, A. (Hrsg.): Schriftreihe Schwerpunkt Marketing, Bd. 104, München.

Kotler, P.; Bliemel, F. (2001): Marketing Management, 10. überarbeitete und aktualisierte Aufl., Stuttgart.

Kracklauer, A.; Mills, Q.; Seifert, D. (2003): Collaborative Customer Relationship Management – A New Way to Boost CRM. In: Kamenz, U. (Hrsg.): Applied Marketing, Berlin u.a., S. 85-94.

Kracklauer, A.; Mills, Q.; Seifert, D. (2004a): Customer Management as the Origin of Collaborative Customer Relationship Management. In: Kracklauer, A.; Mills, Q.; Seifert, D. (Hrsg.): Kundenbindung in B2B-Beziehungen. Taking CRM to the Next Level, Berlin u.a., S. 3-6.

Kracklauer, A.; Mills, Q.; Seifert, D. (2004b): Collaborative Customer Relationship Management (CCRM). In: Kracklauer, A.; Mills, Q.; Seifert, D. (Hrsg.): Collaborative Customer Relationship Management. Taking CRM to the Next Level, Berlin u.a., S. 25-56.

Laurent, M. (1996): Vertikale Kooperationen zwischen Industrie und Handel. Neue Typen und Strategien zur Effizienzsteigerung im Absatzkanal, Frankfurt a. Main.

Meffert, H. (2005): Kundenbindung als Element moderner Wettbewerbsstrategien. In: Bruhn, M.; Homburg, C. (Hrsg.): Handbuch Kundenbindungsmanagement. Strategien und Instrumente für ein erfolgreiches CRM, 5. überarb. u. erw. Aufl., Wiesbaden, S. 145-166.

Peter, S. I. (1997): Kundenbindung als Marketingziel. Identifikation und Analyse zentraler Determinanten, Wiesbaden.

Rapp, R. (1995): Kundenzufriedenheit durch Servicequalität. Konzeption – Messung – Umsetzung, Wiesbaden.

Rennhak, Carsten (Hrsg.) (2006): Herausforderung Kundenbindung, Wiesbaden.

Schaper, T. (2001): Industriekundenmanagement, Stuttgart u.a.

Stauss, B. (2005): Kundenbindung durch Beschwerdemanagement. In: Bruhn, M.; Homburg, C. (Hrsg.): Handbuch Kundenbindungsmanagement. Strategien und Instrumente für ein erfolgreiches CRM, 5. überarb. u. erw. Aufl., Wiesbaden, S. 315-342.

Stiefbold, I.; Rennhak, C. (2007): Beschwerdemanagement in Franchiseunternehmen. Reutlinger Schriften zu Marketing & Management (Hrsg.: Rennhak, C.), Band 1, Stuttgart.

Tietz, W. (2002): Kundenbindung im Großhandel. Theoretische Diskussion und empirische Analysen dargestellt am Beispiel des Handwerks als Großkunde. Schriften zum innovativen Marketing (Hrsg.: Diller, H.), Bd. 7, Nürnberg.

Tomczak, T.; Reinecke, S.; Dittrich, S. (2005): Kundenbindung durch Kundenkarten und -clubs. In: Bruhn, M.; Homburg, C. (Hrsg.): Handbuch Kundenbindungsmanagement. Strategien und Instrumente für ein erfolgreiches CRM, 5. überarb. u. erw. Aufl., Wiesbaden, S. 275-296.

Vögele, S. (2002): Dialogmethode. Das Verkaufsgespräch per Brief und Antwortkarte, 12. Aufl., Landsberg am Lech.

Wolf, E. E. (2002): Konzeption eines CRM-Anreizsystems. Konzeption eines Anreizsystems zur Unterstützung einer erfolgreichen Implementierung von Customer Relationship Management. In: Zerres, M. (Hrsg.): Hamburger Schriften zur Marketingforschung, Bd. 19, München u.a.

Short biographies of authors

Dr. Diana Nadine Boehm holds a PhD from DCU Business School. Her research interests include industrial marketing, science-to-business marketing and entrepreneurship, and her research results have been published in peer-reviewed international journals. Prior to undertaking her studies at DCU she worked for Google Ireland and Lidl Ireland GmbH and completed a master's degree in international business administration at Munich Business School.

Prof. Carsten Rennhak teaches marketing at Universität der Bundeswehr, Munich. He received his bachelor and diploma in business from Augsburg University, a master's in economics (1995) from Wayne State University, Detroit, and his doctorate from Ludwig-Maximilians-Universität, Munich. Prior to his academic career, Prof. Rennhak worked as a management consultant at Booz & co. in the telco, media, high tech and utility industries for seven years. His primary research interests cover marketing communication, customer loyalty and corporate strategy. He is a member of the editorial boards of and a reviewer for leading marketing journals, and serves as a strategy and marketing advisor to top management in numerous leading companies.

Champions and Trust as Drivers of Industry/University Collaborations: A Relationship Marketing Perspective

Stephen C. Betts and Michael D. Santoro

The contributions of a champion and trust show mixed support as drivers of successful Industry/University (I/U) relationships despite agreement that university researchers and their industrial partners often have overlapping but different sets of desired outcomes and measures of success. However, the concept of different desired outcomes is an important aspect of the role of champions and trust as well as recent relationship marketing approaches to I/U collaboration. In this article we will examine the way in which champions and trust can facilitate various outcomes in I/U relationships such as technology and learning by underpinning our work using the dynamics and frameworks found in relationship marketing literature.

1 Introduction

The new competitive landscape for many firms is characterized by rapid technological change, shorter product life cycles, intense global competition and short-lived opportunities (Ali, 1994; Bettis & Hitt, 1995; Leavy, 2013). To successfully compete and survive in this changing competitive environment, firms need to use organizational learning to develop dynamic capabilities that enable them to react to turbulent environments (Castiaux, 2012).

Organizational learning can be accomplished both intra- and inter-organizationally, as can the subsequent ability to advance new technologies. However, an increasing number of scholars are turning their attention to the advantages of inter-organizational collaboration (e.g., Jarillo, 1988; Pisano, 1990; Parkhe, 1993; Shan et al., 1994; Adams et al., 2001; Hail et al., 2003; Cheung et al., 2010; Mariotti, 2012) since firms are finding it increasingly more feasible to develop inter-organizational initiatives for access to expertise and resources (Hamel & Prahalad, 1994; D'Este & Patel, 2007; Tether & Tajar, 2008). Where much of the inter-organizational literature concentrates on relationships between two or more industrial firms, which we define broadly to include both manufacturing and service-oriented businesses, a growing trend toward Industry/University (I/U) collaboration demands a more scholarly focus on I/U relationships (Betz, 1996; SRI International, 1997; Adams et. al., 2001; Cohen et al., 2002; Quetglas & Grau, 2002; Fritsch, 2003; George et al., 2002; Johnson et al., 2003; Harryson et al., 2007, 2008).

The dynamic nature of I/U relationships and the uncertainties of its outcomes contribute to making I/U relationships resemble an intermediate form of governance, somewhere between the strict boundaries of hierarchies and fluidness of external markets. Prior research has not investigated the specific governance mechanisms used to ensure equity in these relationships and which protect the interests of both parties (Geisler, 1995; Gray et al., 2001). Recently scholars have suggested adopting a relationship marketing perspective to explore I/U relationships (Plewa et al., 2005; Plewa et al., 2006; Vauterin et al., 2011). Relationship marketing allows the investigator to acknowledge the existence and importance of different motives for each partner (Ankrah et al., 2013), and the different stages in I/U relationships (Plewa et al., 2006).

In this article we examine the roles of two facilitating influences suggested by the literature – champions (Wohlin et al., 2012) and trust (Schilke & Cook, 2013) – in establishing and maintaining I/U relationships, and the impact they have on technology and learning outcomes. The article starts with a brief overview of I/U relationships and how a relationship marketing framework is appropriate in this context. This is followed by a discussion of outcomes of interest to industrial and university partners, specifically technology and learning outcomes. Two facilitators of the relationship, trust and the presence of a champion, are presented next. We draw from the authors' prior research to show some empirical support for the facilitating factors. The article ends with conclusions and suggestions for further research.

2 Industry/university collaborations and relationship marketing

While much of the inter-organizational literature concentrates on relationships between two or more industrial partners, an impressive body of research has contributed to exploring relationships between university and industry. Neither a hierarchical or contract governance structure can effectively deal with the many nuances and subtleties of I/U relationships. The resources of the industrial firm are beyond the hierarchical control of the firm's university partner, while the university's resources are beyond the hierarchical controls of the industrial firm. On the other hand, contracts alone are not adequate to handle the entire array of possible input and output contingencies, many of which cannot be fully anticipated (Santoro & Betts, 2002). Therefore, I/U relationships often rely on one or more intermediate forms of governance, such as clan control (Ouchi, 1980), relational contracting (Bolton et al., 1994; Zaheer & Venkatraman, 1995; Fritsch, 2003), networks (Powell, 1990) and hybrid structures (Williamson, 1991). All of these forms partially overlap the general framework of "relationship marketing". This is not surprising because relationship marketing between organizations has been found to be supported by social mechanisms of governance (Hernandez-Espallardo et al., 2010).

2.1 Relationship Marketing

According to Sheth and Parvatiyar (1995) "The fundamental axiom of relationship marketing is, or should be, that consumers like to reduce choices by engaging in an ongoing loyalty relationship with marketers." CRM (Customer Relationship Management) is often talked about as a set of tools for relationship marketing (for example, Reinartz 2004; Soliman, 2011). Although these descriptions lean toward "business to consumer" (B-to-C) relationships, more recently relationship marketing has been discussed not only in B-to-C, but in B-to-B contexts as well (for example, Kelly & Scott, 2012). The relevant core concepts of B-to-C relationship marketing apply to B-to-B relationships (Doney et al., 2007; Barry et al., 2008); however the area is under-researched (Dottore et al., 2010). U/I relationships have some of the same characteristics of B-to-B relationships (Vauterin et al., 2011); therefore there has been a call to explore relationship marketing in I/U relationships (Plewa et al., 2005; Plewa et al., 2006) since some researchers actively use this perspective (Vauterin et al.,). Sheth (2002) found that in B-to-B relationship marketing "… most companies began to institute key account, national account and global account management processes and programs to consolidate and increase share of each account's business to fewer suppliers preferably resulting in a sole source relationship." In I/U relationships we can expect universities and industrial firms to similarly seek out potential partners with the objective of finding a single dedicated partner, similar to Sheth's B-to-B "sole source relationship".

3 Outcomes of industry/university collaborations

3.1 Technology outcomes

Industrial firms and university partners are interested in different outcomes from their relationship (Plewa et al., 2005; Plewa et al., 2006). One cannot lose sight of the fact that an industrial firm's overriding mission is to improve its competitive position in order to increase shareholder wealth (Porter, 1980). Thus, the incentive for maintaining ongoing I/U relationship activities is that the relationship produces tangible outcomes, and that some of these outcomes contribute to learning and increased shareholder value. Some of the outcomes that are valuable to the industrial firm are the number of patents, the number of patent applications, the number of licenses, and the number of non-patented and non-licensed products and processes (Tornatzky & Fleischer, 1990; Evans et al., 1993).

3.2 Learning outcomes

Universities are not beholden to stockholders and have a different mission than their industrial partners (Mount & Bellanger, 2001). Universities are often more interested in intellectual output than the development of tangible technologies (Henderson et al., 2006; Greitzer et al., 2010). However, as long as the relationship produces outcomes of value to both parties, there is a reason for it to continue (Lee, 2000; Dooley & Kirk, 2007). Some examples of learning outcomes that can be generated as a direct result of the I/U relationship are the number of research papers published, the number of research papers presented at conferences, and the number of master's theses and doctoral dissertations generated as a direct result of the I/U relationship (Henderson et al., 2006; Lee, 2000).

4 Facilitators of industry/university collaborations

4.1 Champions

In establishing and maintaining I/U collaborations, it is essential first to identify potential partners, develop an appropriate collaborative agenda, and later, create outcomes that are mutually beneficial and target areas of opportunity (Santoro & Chakrabarti, 1999; Plewa & Quester, 2008). One method of facilitating these activities is through the use of a "champion", an empowered and influential individual responsible for boundary-spanning activities who ensures goals are achieved and provides formal guidance and structure to the relationship (Quinn, 1985; Ancona and Caldwell, 1990). Using a relational marketing perspective, inter-organizational relationships can be controlled through social mechanisms of governance (Hernandez-Espallardo et al., 2010) and champions provide that needed control and governance (van Dierdonck et al., 1990; Gewin et al., 1992).

Champions are very valuable in the initial phases of I/U relationships (Wohlin et al, 2012) since it is important that universities conduct research of value to industry and that industry is aware of the kind of research that universities conduct (Sparks, 1985; Kotnour & Buckingham, 2001). Champions bridge this gap and help align the interests of both partners. Ancona & Caldwell's (1987) terminology specified four roles that effective I/U champions must take, the first two of which are "the scout" and "the ambassador". In the scout role the champion seeks external information about potential liaisons, and the ambassador is responsible for establishing good relations. These two roles are essential in the initial phases of I/U relationships.

The industrial firm determines its level of resource commitment and involvement in I/U relationships (Santoro & Chakrabarti, 1999). In this regard, it is the more tangible technology outcomes that drive the relationship. Furthermore, technology outcomes need to be directly applicable, and the benefits must be specific and tangible to justify continuing the relationship (Bower, 1993);

therefore they involve a higher risk than learning outcomes. In order to address the asymmetry of risk, as the I/U relationship progresses after the initial phase, the role of a champion shifts to supporting more tangible technology outcomes. Again using Ancona & Caldwell's (1987) terminology, the last two roles are "the sentry" and "the guard". The sentry is responsible for monitoring activities between the two organizations while the guard protects against any potential internal and external threats. These two roles are essential for maintaining ongoing I/U relationships.

4.2 Trust

In the B-to-B relationship-marketing literature, the concept of trust has garnered significant attention (Handfield & Bechtel, 2002; Chang et al., 2012; Dowell et al., 2013). Specifically, trust has been found to be related to relationships (Caceras & Paparoidamis 2007; Ha, 2010) and relational outcomes both directly (Doney et al., 2007) and indirectly (Gil-Suara et al., 2009). Most importantly, trust builds up in inter-organizational relationships over time and comes to play a greater role in maintaining the relationship (Schilke & Cook, 2013).

Trust is "the willingness of a party to be vulnerable to the actions of another party based on the expectation that the other party will perform a particular action important to the trustor, irrespective of the ability to monitor or control that other party" (Mayer, Davis & Schoorman, 1995, p. 712). Trust is therefore a linkage mechanism (Plewa et al., 2005; Plewa et al., 2006) that serves as an informal regulatory process in the absence of more formal control mechanisms (Das & Teng, 1998).

In the initial phases of an I/U relationship, trust might provide some control for the university partner. There is little risk of opportunistic behaviour on the part of the industrial partner because learning outcomes that are of interest to universities are usually not readily converted by the firm into an immediate source of competitive advantage. The risk for the industrial firm is that it may forfeit a certain amount of control over its financial resources and competencies (Powell, 1990). A reduction in resource control means that the firm no longer has sole possession or unconditional access to its intellectual property, which can negatively impact the firm's current and future competitive advantage (Pfeffer & Salancik, 1978). The firm could experience unprotected technology transfer in the case of non-patented products or services, impacting its ability to achieve a first mover advantage (Zhao & Reisman, 1992). Because of these risks, and in the case of a lack of experience with the university partner, trust is not an appropriate control mechanism.

Trust is something that must be earned over time (Mayer et al., 1995). As the I/U relationship grows, both partners can work to increase trust. This will lead to greater levels of commitment (Ring & Van de Ven, 1994), which in turn strengthens the partners' intentions to continue the relationship (Plewa & Quester, 2007, 2008). With greater trust and commitment, I/U partners are more likely to engage in increasingly complex and riskier ventures (Geisler, 1995). Thus, after an I/U relationship has been established, trust can take on a more central role in maintaining the relationship (Barry et al., 2008).

5 Empirical support

We provide some support for our contention that trust and champions facilitate I/U relationships, and that they influence different outcomes at different times in different ways. The following results are from a study of 189 I/U relationships where a multi-method field study was used. In the exploratory stage, recent program evaluations and survey protocols from National Science Foundation (NSF) supported Engineering Research Centers (ERCs) and Industry-University Cooperative Research Centers (IUCRCs) were analyzed and semi-structured interviews were conducted with both industrial firm representatives and university research center directors. The exploratory data helped in developing a survey questionnaire.

Upon completion of the exploratory data collection and initial analysis, a variety of university research centers in prominent public and private US universities were contacted. The twenty-one participating university research centers consisted of eight NSF-supported Engineering Research Centers, eight NSF-supported Industry University Cooperative Research Centers, and five research centers outside these models. They represented a diverse, cross-section of disciplines, e.g., optics, large structural systems, offshore drilling, with a wide variation of member companies. This wide cross-section of firms and research centers provided us with the possibility for greater generalizability beyond the idiosyncratic nature of one particular center or one industry environment. In total, we found the 21 centers collaborated with 421 industrial firms. Survey questionnaires were sent to all 421 firms. Responses were received, of which 189 were useable, for a response rate of 45%.

The questionnaire asked respondents to assess their ongoing (current) relationship as well as to recall the initial stages of the relationship. Of interest to us in this article are questions about champions and trust, and technology and learning outcomes. Among the other questions asked in the questionnaire were ones about industry, size, culture, environmental turbulence, intellectual property rights policies and communications effectiveness (for more information regarding the details of this study see Betts & Santoro, 2011).

Tab. 1: Facilitators for Establishing I/U Relationships

	Establish Learning Outcomes	**Establish Technology Outcomes**
Champion(s)	0.181 *(p=0.006)*	0.202 *(0.003)*
Trust	0.153 *(0.018)*	-0.036 *(0.311)*

Table 1 shows the correlations for the presence of champions and trust against technology and learning outcomes in the initial or establishment stage of an I/U relationship. For both learning and technology outcomes, champions played an important role, while Trust was not significantly related to technology outcomes.

Tab. 2: Facilitators of Ongoing I/U Relationships

	Ongoing Learning Outcomes	**Ongoing Technology Outcomes**
Champion(s)	0.083 *(0.128)*	0.231 *(0.001)*
Trust	0.381 *(0.000)*	0.146 *(0.023)*

Table 2 reveals that during an ongoing relationship, i.e., after the relationship has been established, trust becomes a more important factor and the influence of a champion diminishes. This indicates that trust builds over time, and as it does, the role of the champion diminishes. Consistent with our a priori logic and with previous work by Santoro and Chakrabarti (2002), it appears that a champion at the firm was more important than a champion at the university. This reflects the relative importance of the outcomes and nature of the risk to each partner.

6   Conclusions and further research

Several key elements of relationship marketing are of critical importance to I/U relationships. First is the idea that outputs come from the collaboration between the partners. This is important because it requires governance mechanisms to control and monitor the actions of both to ensure that the outcomes are those that have been planned and there is no inappropriate behavior by either party. The second key idea is that relationships develop over time with the goal of being in a fairly steady ongoing state. For I/U relationships the difference between the initial establishing phase and the later ongoing maintenance phase are critical. In the beginning, there is no guarantee that an I/U relationship will be productive, that one's partner will be capable of performing as promised, or that one's partner will not act inappropriately. This creates asymmetrical risk since the industrial firm typically contributes greater resources, particularly financial, to the relationship. The third relationship marketing concept to consider is that the outputs of the relationship are not of equal value to both partners. In the case of I/U relationships, there are technology outcomes that are of more value to the industrial firm, while learning outcomes are often of more value to the university. This also adds to the risk of the industrial firm because outputs of interest to the industrial partner have a more tangible value that can be exploited by others if the relationship is violated.

In this article we have considered and attempted to integrate three key points – outputs come from collaboration between partners, relationships develop over time and the outputs of the relationship are not of equal value to both partners. We have also addressed issues of governance by considering two governance mechanisms that are beyond the internal hierarchy of either the firm or the university and any contracts signed between them. These two governance mechanisms are the use of a champion and trust within the context of two critical time frames in the relationship, the initial establishment phase and the ongoing maintenance phase. Finally we added the notion that universities value learning outcomes, while industrial firms value technology outcomes.

We argue that in the initial establishment phase of I/U relationships, trust is an inadequate governance mechanism for the university partner. Not enough is known about the industrial firm and there is no history to rely on. For the industrial partner, with the additional risk of contributed resources and the possibility of inappropriate university behavior that could lead to diminished competitive advantage, trust is not just inadequate, it may be inappropriate. We argue that champions can provide what trust cannot, particularly in the initial establishment phase of these relationships.

After the relationship has been established and the relationship is in a more ongoing phase, there is an opportunity for trust to be built. We propose that as trust grows, the champion's relative role diminishes. Trust begins to contribute to the control of technology outcomes which are often of most interest to the industrial partner. In contrast, champions may no longer be necessary for driving learning outcomes since they work hand-in-hand with the technological outcomes that are being driven by the industrial firm, and there is little chance of inappropriate firm behavior putting learning outcomes at risk.

We have presented results from a prior study to lend support to these ideas. However, there is still a great deal of work that can be done. Prior studies of I/U relationships rarely examine outcomes directly resulting from these relationships. Further research could focus on this aspect in an effort to develop a more detailed terminology of I/U collaboration outcomes. More research could help better define the various phases of I/U relationships as they relate to different industry dynamics and the types of projects pursued. Finally, with respect to the governance mechanisms considered in this article, we suggest looking at the specific functions that trust performs and the specific activities that champions engage in. In this way, we can better prescribe specific activities to help build trust, and offer training and guidance for champions to assist them in better serving their organizations and the collaborations they engage in.

References

Adams, J. D.; Chiang, E.P.; Starkey, K. (2001): Industry-university cooperative research centers. In: Journal of Technology Transfer, 26(1-2), pp. 73-86.

Ali, A. (1994): Pioneering versus incremental innovation: Review and research propositions. In: Journal of Product Innovation Management, 11(1), pp. 46-61.

Ancona, D. G.; Caldwell, D. F. (1987). Management issues facing new-product teams in high-technology companies. In: Lewin, D.; Lipsky, D.B.; Sockell, D. (Eds.): Advances in industrial and labor relations, Vol. 4, JAI: Greenwich, CT, pp. 199-221. Ancona, D.G.; Caldwell, D. (1990): Improving the Performance of New Product Teams. In: Research-Technology Management, 33(2), pp. 25-29.

Ankrah, S.; Burgess, T.; Grimshaw, P.; Shaw, N. (2013): Asking both university and industry actors about their engagement in knowledge transfer: What single-group studies of motives omit. In: Technovation, 33(2/3), pp. 50-65.

Barry, J. M.; Dion, P.; Johnson, W. (2008): A cross-cultural examination of relationship strength in B2B services. In: The Journal of Services Marketing, 22(2), pp. 114-135.

Bettis, R. A.; Hitt, M. A. (1995): The new competitive landscape. In: Strategic Management Journal, 16(S1), pp. 7-19.

Betts, S. C.; Santoro, M. D. (2011): Somewhere between markets and hierarchies: Controlling industry university relationships for success. In: Academy of Strategic Management Journal, 10(1), pp. 19-43.

Betz, F. (1996): Industry-university partnerships. In: Gaynor, G. (Ed.): Handbook of Technology Management, McGraw Hill: New York, Chapter 8, pp. 8.1-8.13.

Bolton, M. K.; Malmrose, R.; Ouchi, W. G. (1994): The organization of innovation in the United States and Japan: Neoclassical and relational contracting. In: Journal of Management Studies, 31(5), pp. 653-679.

Bower, D. J. (1993): Successful joint ventures in science parks. In: Long Range Planning, 26(6), pp. 114-120.

Caceres, R.C.; Paparoidamis, N. G. (2007): Service quality, relationship satisfaction, trust, commitment and business-to-business loyalty. In: European Journal of Marketing, 41(7/8), pp. 836-867.

Castiaux, A. (2012): Developing dynamic capabilities to meet sustainable development challenges. In: International Journal of Innovation Management, 16(6), pp. 1-16.

Chang, S.; Wang, K.; Chih, W.; Tsai, W. (2012): Building customer commitment in business-to-business markets. In: Industrial Marketing Management, 41(6), pp. 940-950.

Cheung, M.; Myers, M. B.; Mentzer, J. T. (2010): Does relationship learning lead to relationship value? A cross-national supply chain investigation. In: Journal of Operations Management, 28(6), pp. 472-487.

Cohen, W. M.; Nelson, R. R.; Walsh J. P. (2002): Links and impacts: The influence of public research on industrial R&D. In: Management Science, 48(1), pp. 1-23.

Das, T. K.; Teng, B. (1998): Between trust and control: Developing confidence in partner cooperation in alliances. In: Academy of Management Review, 23, pp. 491-512.

D'Este, P.; Patel, P. (2007): University-industry linkages in the UK: What are the factors underlying the variety of interactions with industry? In: Research Policy, 36(9), pp. 1295-1313.

Doney, P. M.; Barry, J. M.; Abratt, R. (2007): Trust determinants and outcomes in global B2B services. In: European Journal of Marketing, 41(9/10), pp. 1096-1116.

Dooley, L.; Kirk, D. (2007): University-industry collaboration. In: European Journal of Innovation Management, 10(3), pp. 316-332.

Dottore, A. G.; Baaken, T.; Corkindale, D. (2010): A partnering business model for technology transfer: The case of the muenster university of applied sciences. In: International Journal of Entrepreneurship and Innovation Management, 12(2), pp. 190-216.

Dowell, D.; Heffernan, T.; Morrison, M. (2013): Trust formation at the growth stage of a business-to-business relationship. In: Qualitative Market Research, 16(4), pp. 436-451.

Evans, D.; Starbuck, E.; Kiresuk T.; Gee R. (1993): Center for interfacial engineering: An experiment in building industry-university partnerships. In: International Journal of Technology Management, 8(6-8), pp 622-651.

Fritsch, M. (2003): Does R&D-cooperation behavior differ between regions? In: Industry and Innovation, 10(1), pp. 25-41.

Geisler, E. (1995): Industry-university technology cooperation: A theory of inter-organizational relationships, In: Technology Analysis & Strategic Management, 7(2), pp. 217-229.

George, G.; Zahra, S. A.; Wood, R. (2002): The effects of business-university alliances on innovative output and financial performance: A study of publicly traded biotechnology companies. In: Journal of Business Venturing, 17(6), pp. 577-609.

Gerwin, D.; Kumar, V.; Pal S. (1992): Transfer of advanced manufacturing technology from Canadian universities to industry. In: The Journal of Technology Transfer, 17(2-3), pp. 57-67.

Gil-Saura, I.; Frasquet-Deltoro, M.; Cervera-Taulet, A. (2009): The value of B2B relationships. In: Industrial Management + Data Systems, 109(5), pp. 593-609.

Gray, D. O.; Lindblad, M.; Rudolph, J. (2001): Industry-university research centers: A multivariate analysis of member retention. In: Journal of Technology Transfer, 26(3), pp. 247-254.

Greitzer, E. M.; Pertuze, J. A.; Calder, E. S.; Lucas, W. A. (2010): Best practices for industry-university collaboration. In: MIT Sloan Management Review, 51(4), pp. 83-90.

Ha, H. Y. (2010): Alternative explanations of business-to-business relationships: The relational case between web-based companies and traditional channel partners in South Korea. In: Asian Business & Management, 9(1), pp. 149-171.

Hall, B. H.; Link A. N.; Scott J. T. (2003): Universities as research partners. In: The Review of Economics and Statistics, 85(2), pp. 485-491.

Hamel, G.; Prahalad, C. K. (1994): Competing for the future, Harvard Business School Press: Boston.

Handfield, R. B.; Bechtel, C. (2002): The role of trust and relationship structure in improving supply chain responsiveness. In: Industrial Marketing Management, 31 (4), pp. 367-382.

Harryson, S.; Kliknaite S.; von Zedtwitz, M. (2008): How technology-based university research drives innovation in Europe and China. In: Journal of Technology Management in China, 3(1), pp. 12-46.

Henderson, J.; McAdam, R.; Leonard, D. (2006): Reflecting on a TQM-based university/industry partnership. In: Management Decision, 44(10), pp. 1422-1440.

Hernández-Espallardo, M.; Rodríguez-Orejuela, A.; Sánchez-Pérez, M. (2010): Inter-organizational governance, learning and performance in supply chains. In: Supply Chain Management, 15(2), pp. 101-114.

Jarillo, J. C. (1988): On strategic networks. In: Strategic Management Journal, 9(1), pp. 31-41.

Johnson, A. L.; Bianco, M.; Grucza, M.; Crawford K.; Whiteley, R. L. (2003): Industrial research institute's R&D trends forecast for 2003. In: Research Technology Management, 46(1), pp. 17-20.

Kelly, S.; Scott, D. (2012): Relationship benefits: Conceptualization and measurement in a business-to-business environment. In: International Small Business Journal, 30(3), pp. 310-339.

Kotnour, T.; Buckingham, G. (2001): University partnerships help aerospace firms, In: Research Technology Management, 33(3), pp. 5-7.

Leavy, B. (2013): Rita McGrath explores the risks and opportunities of the transient-advantage economy. In: Strategy & Leadership, 41(4), pp. 10-16.

Lee, Y. S. (2000): The sustainability of university-industry research collaboration: An empirical assessment. In: Journal of Technology Transfer, 25(2), pp. 111-133.

Mariotti, F. (2012): Exploring interorganizational learning: A review of the literature and future directions. In: Knowledge and Process Management, 19(4), pp. 215-221.

Mayer, R. C.; Davis, J. H.; Schoorman, F. D. (1995): An integrative model of organizational trust. In: Academy of Management Review, 20(3), pp. 709-734.

Mount, J.; Belanger, C. (2001): "Academia Inc.": The perspective of university presidents. In: Canadian Journal of Higher Education, 31(2), pp. 135-166.

Ouchi, W. G. (1980): Markets, bureaucracies and clans. In: Administrative Science Quarterly, 25(1), pp. 129-141.

Parkhe, A. (1993): Strategic alliance structuring: A game theoretic and transaction cost examination of interfirm cooperation. In: Academy of Management Journal, 36(4), pp. 794-829.

Pfeffer, J.; Salancik, G. K. (1978): The external control of organizations, Harper & Row: New York.

Pisano, G. (1990): The R&D boundaries of the firm: An empirical analysis. In: Administrative Science Quarterly, 35(1), pp. 153-176.

Plewa, C.; Quester, P. (2008): A dyadic study of "champions" in university-industry relationships. In: Asia Pacific Journal of Marketing and Logistics, 20(2), pp. 211-226.

Plewa, C.; Quester, P. (2007): Key drivers of university-industry relationships: The role of organisational compatibility and personal experience. In: The Journal of Services Marketing, 21(5), pp. 370-382.

Plewa, C.; Korff, N.; Johnson, C.; Macpherson, G.; Baaken, T.; Rampersad, G. C. (2013): The evolution of university-industry linkages – A framework. In: Journal of Engineering and Technology Management, 30(1), pp. 21-44.

Plewa, C.; Quester, P.; Baaken, T. (2005): Relationship marketing and university-industry linkages: A conceptual framework. In: Marketing Theory, 5(4), pp. 433-456.

Porter, M. (1980): Competitive Strategy, The Free Press: New York.

Powell, W. W. (1990): Neither market nor hierarchy: Network forms of organization. In: Research in Organizational Behavior, 12, pp. 295-336.

Quetglas, G. M.; Grau, B. C. (2002): Aspects of university research and technology transfer to private industry. In: Journal of Business Ethics, 39(1/2), pp. 51-58.

Quinn, J. (1985): Managing innovation: Controlled chaos. In: Harvard Business Review, 53(3), pp. 73-84.

Reinartz, W.; Krafft, M.; Hoyer, W. D. (2004): The customer relationship management process: Its measurement and impact on performance. In: Journal of Marketing Research, 41(3), pp. 293-305.

Ring, P. S.; van de Ven, A. H. (1994): Developmental processes of cooperative interorganizational relationships. In: Academy of Management Review, 19(1), pp. 90-118.

Santoro M. D.; Chakrabarti, A. (1999): Building industry-university research centers: some strategic considerations. In: International Journal of Management Reviews, 1(3), pp. 225-244.

Santoro M. D.; Chakrabarti, A. (2002): Firm size and technology centrality in industry-university interactions. In: Research Policy, 31(7), pp. 1163-1180.

Santoro, M. D.; Betts, S. C. (2002): Making industry-university partnerships work. In: Research Technology Management, 45(3), pp. 42-46.

Schilke, O.; Cook, K. S. (2013): A cross-level process theory of trust development in interorganizational relationships. In: Strategic Organization, 11(3), pp. 281-303.

Shan, W.; Walker, G.; Kogut, B. (1994): Interfirm cooperation and startup innovation in the biotechnology industry, In: Strategic Management Journal, 15(5), pp. 387-394.

Sheth; J. N. (2002): The future of relationship marketing. In: The Journal of Services Marketing, 16(7), pp. 590-592.

Sheth, J. N.; Parvatiyar, A. (1995): Relationship marketing in consumer markets: Antecedents and consequences. In: Academy of Marketing Science Journal, 23(4), pp. 255-271.

Soliman, H. S. (2011): Customer Relationship Management and Its Relationship to the Marketing Performance. In: International Journal of Business and Social Science, 2(10), pp. 166-182.

Sparks, J. (1985): The creative connection: University-industry relations. In: Research Management, 28(6), pp. 19-21.

SRI International, (1997): The Impact on Industry of Interaction with Engineering Research Centers, Science and Technology Program: Washington, DC.

Tether, B. S.; Tajar, A. (2008): Beyond industry-university links: Sourcing knowledge for innovation from consultants, private research organisations and the public science-base. In: Research Policy, 37(6/7), pp. 1079-1095.

Tornatzky, L. G.; Fleischer, M. (1990): The Processes Of Technological Innovation, Lexington Books: Lexington, MA.

van Dierdonck, K.; Debackere, K.; Engelen, B. (1990): University-industry relationships: How does the Belgian academic community feel about it? In: Research Policy, 19(6), pp. 551-566.

Vauterin, J. J.; Linnanen, L.; Marttila, E. (2011): Issues of delivering quality customer service in a higher education environment. In: International Journal of Quality and Service Sciences, 3(2), pp. 181-198.

Williamson, O. E. (1991): Comparative economic organization: The analysis of discrete structural alternatives. In: Administrative Science Quarterly, 36(2), pp. 269-296.

Wohlin, C.; Aurum, A.; Angelis, L.; Phillips, L.; Dittrich, Y., Gorschek, T., Kágström, S.; Low, G.; Rovegárd, P.; Tomaszewski, P.; van Torn, C.; Winter, J.. (2012): The success factors powering industry-academia collaboration. In: IEEE Software, 29(2), pp. 67-73.

Zaheer, A.; Venkatraman, N. (1995): Relational governance as an interorganizational strategy: An empirical test of the role of trust in economic exchange. In: Strategic Management Journal, 16(5), pp. 373-392.

Zhao, L.; Reisman, A. (1992): Toward meta research on technology transfer. In: IEEE Transactions on Engineering Management, 39(1), pp. 13-21.

Short biographies of authors

Stephen C. Betts is a professor of management at the Cotsakos College of Business at William Paterson University in Wayne, NJ, USA. His primary teaching areas are organizational behavior at both the undergraduate and graduate level, and special topics for MBAs such as crisis management, evidence based-management and organizational change and development. He is a frequent speaker at conferences and has published forty academic journal articles. His research interests are eclectic with a number of different streams. Recently he has been concentrating on practical research for small business such as crisis management and surviving during economic downturns.

Dr. Betts began teaching part-time over thirty years ago and has been teaching full-time for twelve years. Before turning to academia full-time he worked as an engineer in the aerospace industry and as a consultant for high tech companies and research laboratories. He holds a PhD in management, an MBA from Rutgers University, an MS in management engineering, and a BS in industrial engineering from the New Jersey Institute of Technology.

Michael D. Santoro is a professor of management in the College of Business and Economics at Lehigh University, Bethlehem, PA, USA. Santoro currently holds the William R. Kenan, Jr. Professorship and teaches strategic management in both the graduate and undergraduate programs in Lehigh's College of Business & Economics.

Dr. Santoro's principal research interests are in the areas of strategic alliances and the external sourcing of knowledge and technological innovation. Santoro has over thirty publications in edited volumes and leading peer-reviewed journals including the Strategic Management Journal, Research Policy, the Journal of Management Studies, Management International Review, the Journal of Engineering and Technology Management (JET-M), and IEEE Transactions on Engineering Management, among others.

Prior to embarking on his academic career, Santoro spent twenty-one years with Automatic Data Processing Inc. (ADP). His two most recent positions were those of Regional Vice President of Operations and Client Relations in ADP's Philadelphia Regional Processing Center, as well as Division Director of Strategic and Product Planning and Product Marketing on ADP's corporate headquarters staff. He holds a PhD in Management from Rutgers University, MBAs from Rutgers University and Adelphi University, and a BS from William Paterson University.

Open Innovation – New Opportunities and Challenges for Science-to-Business Collaboration

Andreas Pinkwart and Nagwan Abu El-Ella

We examine open innovation within the context of science-to-business collaboration and outline the main opportunities offered by open innovation to both businesses and academia. Two main challenges of science-to-business collaboration are also highlighted: the marketing of scientific results and competences, and the development of trust-based knowledge transfer mechanisms. Furthermore, the article shows how open innovation offers ways for overcoming those challenges. We start by providing a background to open innovation and the significant opportunities it opens up, especially for businesses. Then the article traces the parallel development in universities' innovation systems. This is followed by a discussion of the emerging challenges for science-to-business collaboration in the context of open innovation. Finally, we conclude with some key points for future research.

1 Open innovation – new opportunities for innovation management

1.1 Background

The landscape of innovation management has shifted dramatically, especially during the past ten years. This change has been driven by a variety of technological and social forces which have moved the emphasis from knowledge production to knowledge flow and transactions. Innovation was traditionally seen as taking place mostly within a single firm, mainly carried out through the research and development (R&D) department. Innovation researchers have been working for some time on the development of theoretical models which recognize the shifting boundaries and the engagement of an increasingly diverse number of players. These include: Distributed innovation processes (Howells et al., 2003), Innovation systems (Lundvall, 1992; Metcalfe/Miles, 1999), User-led innovation (von Hippel, 2005; Piller, 2006), Globalization (Santos, 2006), High involvement innovation (Boer et al., 2000; Bessant, 2003; Schroeder/Robinson, 2004), Recombinant innovation (Hargadon, 2002), Communities of practice (Wenger, 1999; Brown/Duguid, 2000) and several others. In the wake of these changes, the concept of open innovation has emerged, with processes that are characterized as spanning firm boundaries (Chesbrough, 2003; Lee et al., 2010). Open innovation is defined as "the use of purposive inflows and outflows of knowledge to accelerate internal innovation, and to expand the markets for external use of innovation, respectively." (Chesbrough et al., 2006, p. 1). It thus comprises both outside-in and inside-out movements of technologies and ideas. With open innovation, firms expand their sources of knowledge through different mechanisms (collaborative R&D, corporate venturing, crowdsourcing, licensing etc.) to diverse parties, such as competitors, customers, start-ups, suppliers, universities and a range of other institutions (Hagedoorn/Ridder, 2012).

Open innovation is a broad concept encompassing different dimensions. However, most research distinguishes between practices of open innovation, placing them into two main categories: technology exploitation (i.e. profiting from internal organizational knowledge) and technology exploration (i.e. profiting from external sources of knowledge). For example, van de Vrande et al. (2009) include in the first category the following open innovation practices: venturing, outward licensing of intellectual property (IP), and the involvement of non-R&D workers in innovation initiatives, and in the latter category the following practices: customer involvement, external networking, external participation, outsourcing R&D and inward licensing of IP.

Research on open innovation highlights that not all good ideas come from inside the organization (Chesbrough, 2003; Chesbrough/Crowther, 2006; Laursen/ Salter, 2006), thus the resources – the ideas, technologies and knowledge developed by other stakeholders – are crucial drivers of performance that lead to future technological developments. However, the coordination between internal and external efforts has been a critical point in open innovation. This coordination has been facilitated by the development of online communication channels such as communities, discussion forums, blogs, virtual worlds, and other tool kits (Jeperson, 2011). Recent technological developments around intranets and online innovation platforms, coupled with a growing culture of social networking open up new opportunities for the successful implementation of open innovation (Abu El-Ella et al., 2013).

1.2 Opportunities offered by open innovation

The idea of innovation as a networked, multi-player game is not new. The emerging pattern however is the increased "openness" in terms of both the variety of knowledge sources and the participation of multiple stakeholders.

Thus, open innovation offers new opportunities that have evolved into four key trends – opening up R&D (across the organizational boundaries), opening up employee engagement (across the different organizational functions), opening up stakeholder participation, particularly through innovation communities (Bessant/Moeslein, 2011), and opening up more chances for successful science-to-business collaborations. All four trends offer significant opportunities for enhancing the innovation process among different stakeholders.

Open Innovation – New Opportunities and Challenges 287

1.2.1 Opening up R&D

Traditional models of firm-based R&D are giving way to new arrangements which access external ideas and enable the exchange of internally generated knowledge with external partners (Brockhoff, 2004). Chesbrough (2003) highlighted this increasing permeability, and recent years have seen extensive reconfiguration of organizational innovation processes to enable this (Pinkwart/Abu El-Ella, 2012). In practice, this means that organizations need to learn to manage a "knowledge supply chain" in which partners are increasingly selected for their knowledge contribution in an act of co-creation of innovation. They need to find new partners as well as develop deeper links with existing ones. They also need to be able to construct high trust relationships which allow extensive information sharing. Furthermore, some studies (e.g. The World Intellectual Propert Report, 2011) have provided statistics that show that companies which use external sources in their innovation processes gain more patents and own more intangible assets than companies that do not undertake exploratory research. Among the companies that use external sources of knowledge are Procter & Gamble, Cisco Systems, IBM, and Sun Microsystems.

1.2.2 Opening up engagement

There is a long tradition of engaging employees in innovation (Imai, 1987; Boer et al., 1999; Bessant, 2003; Schroeder/Robinson, 2004) but until recently this emphasized incremental and localized improvement – a philosophy otherwise known as kaizen. However, developments such as corporate intranets and the trend towards social networking have shifted the focus to more radical innovation, tapping into internal entrepreneurship through innovation competitions etc. These developments effectively bring the traditional "suggestion box" into the 21st century but also add the important dimension of interactivity. Within such systems there is the possibility for sharing and building on ideas and for voting and mobilizing support for the strong ones – a feature which appears to engage and motivate employees.

1.2.3 Opening up innovation communities

An important variant on the open innovation trend can be observed in the growing number of "quasi-organizations" represented by formally constructed networks which aim to engage multiple players in focused co-operative innovative activities. Examples of these might include: supply networks, sector and regional clusters and topic-based networks. In each of these there is a commitment to building a network within which shared, co-operative activities take place and through which emergent properties can be generated.

"Learning networks" of this kind can be found in a variety of contexts but they share the same principles of open engagement – involving already integrated actors more extensively in the innovation process. The conditions under which effective networking takes place are less clearly identified, but it is becoming clear that simple factors such as proximity do not, by themselves, explain the complexities of networking (Bessant et al., 2012).

Bringing active users into the innovation process and constructing communities around them is a further area in which opening up is taking place. Exemplified in the research of Eric von Hippel (1988; 2005), user-led innovation highlights the active role played by users as active initiators of change. Whilst already a well-documented and important source of innovation, the emergence of powerful communication technologies has accelerated the trend of user-generated innovations. They enable active co-operation of user communities in co-creation and diffusion. Companies such as Lego, Threadless, and Adidas engage with users as front-end co-creators of new products and services.

Further work has demonstrated the potential contribution of users as active co-creators of innovation, a trend reflected in much of the work on "mass customization" (e.g. Piller, 2006).

1.2.4 Opening up science-to-business collaboration

University-industry exchange and its impact on innovation processes has been a longstanding object of investigation in different scholarly communities in management studies. Changes in the legislative environments, globalization trends, continuous government initiatives to promote research, public-private research partnerships etc. have contributed to a growing involvement of universities with industry. This is indicated by the increased patents, licensing activities, and research financing from industry.

The trend of more "open" innovation inbound and outbound activities emphasizes the need for effective inter-organizational relationships and knowledge flows (Lichtenthaler, 2009). Thus, in the university-industry collaboration context, managing innovation involves creating environments that allow new combinations of knowledge and practices to occur, rather than "managing" in the typical control sense (Newell et al., 2009). Later in this article, we discuss how open innovation is reshaping the university-industry collaboration rules and prerequisites. But before that, we will give a brief review of the development of the role of universities as innovation hubs, and the corresponding changes in industry.

2 The development of universities for science-to-business collaboration

As presented earlier, companies have shifted to a more project-oriented and open innovation approach, where research activities are spread across several locations worldwide rather than taking place in the company's headquarters alone. The interest in having a large R&D research centre has significantly declined. Alongside these changes in companies, universities and research institutes have also greatly developed. In this section, we will start with a review of the development in universities to cope with innovation and technology transfer needs, followed by some of the main challenges faced in science-to-business collaboration. In the following section, we show how open innovation offers ways in which these challenges could be overcome.

2.1 The development of university innovation systems in the 21st century

Although universities nowadays do not seem very different than their predecessors, their role has dramatically shifted in the last few decades. Traditionally, their main role was to provide society with students who possessed the right skills and education at different levels. Their role has developed from being mainly a provider of human resources to being an innovation engine and entrepreneurial hub that transfers knowledge across generations and throughout the global scientific community (Pinkwart, 2012). There are different taxonomies to the stages of university development; for instance, Wissema (2009) presented five stages: Medieval or 1st Generation University – 1st Transition – Humboldt/2nd Generation – 2nd Transition – and 3rd Generation universities. Each stage is more open to exploitation of internal knowledge and exploration of external knowledge sources than the previous one. This development occurred in parallel with the waves of globalization and the information technology revolution. The highest stage (i.e. the 3rd Generation university) is characterized by being a multi-cultural networked university, operating in a competitive market, with an interdisciplinary research approach, an exploitation of know-how, and a decreased dependency on state regulations (Wissema, 2009). Actually, 3rd stage universities mostly coexist with a government that demands a stronger focus on technology-based economic growth and academic entrepreneurship. This is reflected in recent trends where universities cooperate not only with firms in their region but also within a global network, shifting from university-centred research units to joint-venture application-oriented research laboratories.

Different models have been proposed to explain the development in research systems and their knowledge production mechanisms. The following table summarizes the main models in literature:

Tab. 1: The development of universities and knowledge production systems

University innovation systems	Main features	Corresponding knowledge production system	Sources
University-firm linear model	Traditional universities that focus on basic research	Mode 1: Stresses that research is an elite activity carried out by a group of people – Universities have limited functions– Linear knowledge transfer.	Gibbons et al. (1996)
The Triple Helix model	Emphasizes three "helices" that intertwine and generate a national innovation system: academia/universities, industry, and state/government forming trilateral networks and hybrid organizations where those helices overlap. More entrepreneurial-oriented universities are involved in this model.	Mode 2: Stresses that research relies on a distributed knowledge production system, diversification of university functions, and interactive knowledge transfer with more interest in application of research outcomes.	Etzkowitz/ Leydesdorff (1995, 2000); Gibbons et al. (1996)
The Quadruple Helix	This adds a fourth helix, civil society, which takes part in the knowledge creation process and thus considers the interaction between firms, academia, government and civil society as a requirement for sustainable growth.	Mode 3: Emphasizes the interplay between the entrepreneurial university and the so-called academic firm within an innovation ecosystem, for building knowledge-based economies and societies.	Carayannis/ Campbell (2009, 2012)
The Quintuple Helix	Here, the environment or the natural environments represent the fifth helix. Proposed as a framework for trans-disciplinary analysis of sustainable development and social ecology.	Mode 3: A wider and more inclusive ecosystem is emphasized.	Carayannis/ Campbell (2010)

University innovation systems	Main features	Corresponding knowledge production system	Sources
The N-tuple Helix	In a more abstract form, the N-Tuple Helices model of innovation systems introduces a multi-dimensional view perspective, where more actors can be added under certain measures.	Mode 3: Emphasizes the dynamism and openness of innovation systems for multiple players in a physical global or virtual context.	Leydesdorff (2012)

Source: Own illustration.

2.2 The changing role of universities within open innovation

From the previous section, it can be noted that compared to the earlier modes, mode 3 represents a more recent and broadened perspective of knowledge production within an innovation ecosystem of non-linear relationships and multi-level innovation systems (sectorial, regional, national etc.). Thus, in the context of the quadruple and quintuple innovation helices, open innovation can be highly demonstrated in concept as well as in practice:

⇨ The rules of knowledge exchange in closed innovation models do not function in such a dynamic ecosystem; instead those of open innovation apply (e.g. welcoming external ideas, feedback-driven learning, flexible intellectual property rights (IPR) policies, emergence of borderless careers).

⇨ Universities or research institutes in general, join firms in variable innovation networks and virtual platforms, forming knowledge clusters in which boundaryless knowledge transfer is greatly facilitated.

⇨ The government has an active role in building a knowledge-based economy rather than a political economy that is unprepared to face knowledge swings.

⇨ Concepts such as open innovation diplomacy (OID) have emerged, where OID refers to "the concept and practice of bridging distance and other divides (cultural, socioeconomic, technological etc.) with focused and properly targeted initiatives to connect ideas and solutions with markets and investors ready to appreciate them and nurture them to their full potential." (Carayannis, 2010, p. 12).

Despite that open innovation, with its focus on shifting to collaboration rather than competition, offers great opportunities in mode 3 knowledge production systems, yet it poses a number of challenges which will be reviewed in the coming section.

3 Challenges of science-to-business collaborations from an open innovation perspective

In this section, we will focus on two main challenges facing science-to-business collaborations. These are: the challenge of marketing scientific results and competences, and the challenge of developing and maintaining collaborative trust. Furthermore, we will briefly describe how open innovation offers a new perspective for overcoming these challenges.

3.1 The challenge of science-to-business marketing

A fruitful collaboration between science and business naturally means that each party perceives the outcome of such collaboration beneficial. However, research shows that many universities supply businesses with scientific results and competences that are not equally demanded by businesses. We will shed light upon this challenge next.

3.1.1 From innovation generators to marketers

Historically, the role of universities was limited to scientific research and education; therefore it was not their task to follow up on the implementation of what they invented. Nowadays, as universities become more entrepreneurial, they should not only be involved in the implementation of the ideas they generate, but should also be actively involved in commercializing their generated scientific knowledge (Etzkowitz, 2008).

Despite the importance of cooperation between universities and businesses in a society, recent studies of science-to-business commercialization have revealed that the present university-industry environment, especially in Europe, is "underdeveloped and highly fragmented" (Davey et al., 2011, p. 5). There are many possible reasons for the stagnating number of patents in spite of increased funding for R&D. One explanation may be that universities do excellent basic research, but put less emphasis on supplying applied marketable research i.e. research whose outcomes are demanded by other parties (industry, government, or others). As stated by Mowery/Sampat (2006, p. 224), "Academic research rarely produces "prototypes" of inventions for development and commercialization by industry – instead, academic research informs methods and disciplines employed by firms in their R&D facilities." Thus, science-to-business marketing is an essential approach that deals with science as a marketable product/service where research providers are represented by universities, and public/private research institutes (such as the Fraunhofer Institute) and research customers are represented by companies and governments (except those taking the funding role) (Baaken, 2003; Baaken/Kesting, 2008).

Another explanation is the concerns raised about the mechanisms for scientific knowledge transfer to the market. Scientific knowledge can be transferred to the market in different ways: (a) education and training; (b) contract research; (c) industrial consultancy; (d) licensing; (e) spin-off companies; (f) spin-off joint ventures; and (g) collaborative research (Cripps et al., 1999). However, the different innovation ecosystem players may prioritize these transfer mechanisms differently. For instance, while industry partners and academics see collaborative research as more essential, governments seek direct returns by prioritizing licensing and spin-off activities. From another viewpoint, companies are unwilling to cooperate within industry-based projects initiated by universities as it is unclear how IP created in these projects will be divided. Thus, meeting the interests of different parties involved is essential for a fruitful collaborative atmosphere.

3.1.2 Overcoming the challenge

With the increasing abundance of knowledge, the commercialization of scientific knowledge to attract the involvement of large companies as well as governmental support has become inevitable. Important enablers of this involvement include:

⇨ Applying open innovation principles through transparent trust-regulated knowledge transfer processes helps in overcoming external as well as internal obstacles such as rigidity of the academic system, insufficient communication between the parties, detachment of academia from practice, closed corporate culture of businesses, differing attitude of the parties to knowledge etc. (Kozlinska, 2012). Setting up appropriate incentive structures is important; they should align with the objectives of the university-industry collaboration and not with the university objectives alone.

⇨ To compete in the research market industry, universities should be successful in applying marketing principles by viewing themselves as providers of products/services that have to satisfy their customers' needs. Customer satisfaction results from the process in which the customer compares between his/her expectation and perception (von Hagen et al., 2006). Continuous involvement of the customer throughout the process, intelligible presentation of R&D results, identifying specific contact people for customers, and responsiveness and understanding are among the key factors for achieving customer satisfaction (von Hagen et al., 2006).

3.2 The challenge of developing and maintaining collaborative trust

No doubt, establishing trust between partners is a prerequisite for gaining the advantages of collaborative knowledge sharing and innovation. However, building and maintaining trust is challenging and requires sincere effort from parties who wish to have a long-term collaborative relationship. The trust challenge will be discussed in the coming part.

3.2.1 Towards more trust-based mechanisms

Spotting the development earlier from the triple helix model to the quadruple and quintuple helices, it becomes evident that the challenge is not lack of technology offers or finding new partners within the innovation system; rather it is the partnering process itself and the knowledge transfer that require the most attention. Therefore, the role of trust as the main governance mechanism for useful and safe knowledge-sharing processes should not be underestimated, especially within the growing trend of open innovation (Fleming/Waguespack, 2007).

There are different conceptualizations of trust, but a common and broad definition of trust is provided by Mayer et al. (1995, p. 712) who referred to it as "the willingness to be vulnerable based on the positive expectation of the intentions or behaviour of others" and additionally subdivided trust into ability- (or competence-), benevolence- and integrity-based trust. Trust may develop between individuals (interpersonal trust), between individuals and organizations (institutional trust), or between partner firms and organizations working together (interfirm trust). Nevertheless, a number of studies have shown how interpersonal, intergroup, and inter-organizational trust affect each other reciprocally (Currall/ Inpken, 2006). Similarly, the different levels of trust interact to shape the process of collaboration between universities/research institutes on the one hand and businesses on the other hand, especially when building long-lasting collaborations and strategic alliances. The risk of failed linkages between both parties can be particularly high for several reasons, such as differing objectives, focuses and priorities of both parties. Another reason could be the different working cultures supported by the possible differences in behaviours and backgrounds between research and business people. Therefore, a considerable amount of trust (especially competence-based trust) should be invested to overcome these differences and find common interests. However, this is challenging as the trust-building process starts slowly and once built needs to be maintained. When a trust-violating action occurs, the overall level of trust drops dramatically into the "destroyed trust" phase. As a result, great effort must be exerted to return to point zero (Currall/Epstein, 2003). Thus, companies and universities have to learn to establish trust with their partners to gain the advantage of collaborative innovation and knowledge-sharing.

3.2.2 Overcoming the challenge

Arguably, businesses and research institutes who are convinced by and adopt open innovation models are better at facing the trust challenge than their counterparts who adopt closed innovation models. The former rely on trust rather than contracts, monitoring or incentives alone which are governance mechanisms that are costly and time-consuming. Trust helps capture the benefits of adopting open innovation models, whether by firms or research institutes, as it reduces transaction costs and prevents opportunistic behaviour. This gives all partners the chance to concentrate on using the knowledge of external partners and to invest in innovation activities, thus enhancing their degree of innovativeness and facilitating both explicit and tacit knowledge transfer.

For developing trust between different parties, intermediate relationships can be very helpful. Innovation intermediaries play a vital role as boundary spanners through whom sensitive dialogue can take place and with whom proprietary knowledge can be safely shared. Technology Transfer Offices (TTOs), Science Parks, and Business Incubators are technology transfer intermediaries, mainly operating between academic institutions and businesses (Yusuf, 2008). A similar form are the so-called "Campus Companies" which are organizations that aim at supporting new founders from universities or research centres i.e. academic entrepreneurs, by connecting them with resourceful parties such as venture capitalists and potential customers (Pinkwart, 2002). They also foster spin-offs of universities and research institutions.

Another sort of intermediary is the partnership company, which acts as a common channel between an academic institute and a company. One example is Evotec, which for instance has recently licensed to Janssen Pharmaceuticals several biologics that were researched by both Evotec and Harvard University. Thus, it acts as the channel of collaboration between Harvard University and Janssen, although they have never dealt directly together in this field, but stand to gain mutual benefits through partnerships with Evotec. This and other intermediary forms play an important role of not only bringing different parties together, but also building a foundation of trust between them that can develop to long-lasting and even direct strategic partnerships.

4 Conclusion

This article shows that open innovation plays an important role in the establishment and the success of science-to-business collaborations. The 21st century entrepreneurial universities and research institutes are still in the learning phase of producing useful and marketable ideas. "The university of the future will only be capable of surviving if the best basic and applied research is accompanied by the best teaching and best transfer" (Pinkwart/Abu El-Ella, 2012, p. 28). Much still needs to be done to find collaboration modes that satisfy both parties

– research and academia. Some recent studies have shown that European research customers (companies/governments) do not perceive their universities and research institutes as market-oriented (e.g. von Hagen et al., 2006), and that university researchers and departments in the US concentrate too much on pure basic research while shifting to use-inspired basic research is lacking (Pinkwart, 2012). On the one hand, there is the challenge of commercializing scientific knowledge, and on the other hand there is the challenge of building trustful long-term collaborations. Setting up a contract prior to conducting collaborative research cannot always cover all eventualities. Trust is both a necessity in order for collaboration to start in the first place, and a requirement in order for the work to continue (Boehm/Hogan, 2013). Thus, we strongly believe that meeting these challenges could be much more enhanced by integrating both open innovation and marketing-oriented approaches. Future research should focus on developing applicable models that highlight collaborative open innovation practices between market-oriented universities and satisfied business partners.

References

Abu El-Ella, N.; Stoetzel, M,; Bessant, J.; Pinkwart, A. (2013): Accelerating high involvement: The role of new technologies in enabling employee participation in innovation. In: International Journal of Innovation Management, 17(6), 22 pp. *forthcoming*.

Baaken, T. (2003): Strategien und Instrumente im Forschungsmarketing. In: Mager, B.; Hamacher, H. (Eds.): Marketing und Kommunikation von Forschung, Fachhochschule Köln Fachbereich Design: Köln, pp. 76-81.

Baaken, T.; Kesting, T. (2008): Science-to-Business Marketing. Besonderheiten eines Marketing für Forschung. In: USP – Menschen im Marketing, Ausgabe 2-2008, pp. 20-21.

Bessant, J. (2003): High involvement innovation, John Wiley and Sons: Chichester.

Bessant, J.: Alexander A.; Tsekouras, G.; Rush, H.; Lamming, R. (2012): Developing innovation capability through learning networks. In: Journal of Economic Geography, 12(5), pp. 1087-1112.

Bessant, J.; Moeslein, K. M. (2011): Open Collective Innovation, The power of the many over the few. In: Advanced Institute of Management Research (AIM), London UK.

Boehm, D. N.; Hogan, T. (2012): Contextualising Science-to-Business Relationships and Networks: The Challenges of Scientific Knowledge Commercialisation in Ireland and Germany. Paper presented at the 11thWorld Congress of the International Federation of Scholarly Associations of Management, Limerick, 26-29 June.

Boer, H.; Berger, A.; Chapman, R.; Gertsen F. (Eds.) (2000): CI Changes: From Suggestion Box to Organizational Learning, Continuous Improvement in Europe and Australia, Ashgate Publishing: Aldershot.

Brockhoff, K. (2004): Organisation der Forschung und Entwicklung. In: Schreyögg, G.; von Werder, A. (Eds.): Handwörterbuch der Unternehmensführung und Organisation, 4th Edition, Schäffer-Pöschel: Stuttgart, columns 285-294.

Brown, J. S.; Duguid, P. (2000): The social life of information, Harvard Business School Press: Boston.

Carayannis E. G.: Campbell D. F. J. (2009): 'Mode 3' and 'Quadruple Helix': toward a 21st century fractal innovation ecosystem. In: International Journal of Technology Management, 46(3), pp. 201–234.

Carayannis E. G.; Campbell D. F .J. (2010): Triple Helix, Quadruple Helix and Quintuple Helix and how do knowledge, innovation, and environment relate to each other? In: International Journal of Social Ecology and Sustainable Development, 1(1), pp. 41-69.

Carayannis, E. G.; Campbell D. F. J. (2012): Mode 3 knowledge production in quadruple helix innovation systems, Springer: New York.

Chesbrough, H.; Crowther, A. K. (2006): Beyond high tech: early adopters of open innovation in other industries. In: R&D Management, 36(3), pp. 229-236.

Chesbrough, H. (2003): Open Innovation: The New Imperative for Creating and Profiting from Technology, Harvard Business School Press: Boston, MA.

Chesbrough, H. (2006): Open Business Models: How to Thrive in the New Innovation Landscape, Harvard Business School Press: Boston, MA.

Currall, S. C.; Andrew C. I. (2006): On the Complexity of Organizational Trust: A Multi-level Co-Evolutionary Perspective and Guidelines for Future Research. In: Zaheer, A.; Bachmann, R. (Eds.): The Handbook of Trust Research, Edward Elgar: Cheltenham, pp. 235-246.

Currall, S. C.; Epstein, M. J. (2003): The Fragility of Organizational Trust: Lessons from the Rise and Fall of Enron. In: Organizational Dynamics, 32(2), pp. 193-206.

Davey, T.; Baaken, T.; Galán Muros, V.; Meerman, A. (2011): The state of European-University Business Cooperation, Science-to-Business Marketing Research Centre, Münster University of Applied Sciences.

de Sousa Santos, B. (2006): Globalizations. In: Theory, Culture & Society, 23(2-3), pp. 393-399.

Etzkowitz H.; Leydesdorff L. (1995): The Triple Helix—university–industry–government relations: a laboratory for knowledge-based economic development. In: EASST Review, 14, 14–19.

Etzkowitz, H. (2008): The Triple Helix. University-Industry-Government Innovation in Action. Routledge: New York.

Etzkowitz, H.; Leydesdorff, L. (2000): The dynamics of innovation: from National Systems and "Mode 2" to a Triple Helix of university–industry–government relations. In: Research Policy, 29(2), pp- 109-123.

Fleming, L.; Waguespack, D. M. (2007): Brokerage, boundary spanning, and leadership in open innovation communities. In: Organization Science, 18(2), pp. 165-180.

Gibbons, M.; Limoges, C.; Nowotny, H.; Schwartzman, S.; Scott, P.; Trow, M. (1996): The New Production of Knowledge: The Dynamics of Science and Research in Contemporary Societies, SAGE Publishers: London.

Hagedoorn, J.; Ridder, A. K. (2012): Open innovation, contracts, and intellectual property rights: an exploratory empirical study, UNU-MERIT, Maastricht Economic and Social Research and Training Centre on Innovation and Technology.

Hargadon, A. (2002): Brokering Knowledge Linking Learning and Innovation. In: Research in Organizational Behavior, 24(2002), pp. 41-85.

Howells, J.; James, A.; Malik, K. (2003): The sourcing of technological knowledge: distributed innovation processes and dynamic change. In: R&D Management, 33(4), pp. 395-410.

Imai, K. (1987): Kaizen, Random House: New York.

Jespersen, K. R. (2011): Online channels and innovation: Are users being empowered and involved? In: International Journal of Innovation Management, 15(6), pp. 1141-1159.

Kozlinska, I. (2012): Obstacles to university-industry cooperation in the domain of entrepreneurship. In: Journal of Business Management, 12/2012, pp. 1-9.

Laursen, K.; Salter, A. (2006): Open for innovation: the role of openness in explaining innovation performance among UK manufacturing firms. In: Strategic management journal, 27(2), pp. 131-150.

Lee, S.; Park, G.; Yoon, B.; Park, J. (2010): Open innovation in SMEs—An intermediated network model. In: Research Policy, 39(2), pp. 290-300.

Leydesdorff, L. (2012): The Triple Helix, Quadruple Helix, and an N-Tuple of Helices: Explanatory Models for Analyzing the Knowledge-Based Economy? In: Journal of the Knowledge Economy, 3(1), pp. 25-35.

Lichtenthaler, U. (2009): Outbound open innovation and its effect on firm performance: examining environmental influences. In: R&D Management, 39(4), 317-330.

Lundvall, B. Å. (1992): Introduction. In Lundvall, B. Å. (Ed.): National Systems of Innovation, Pinter Publishers: London, pp. 1-19.

Mayer, R. C.; Davis, J. H.; Schoorman F. D. (1995): An integrative model of organizational trust. In: Academy of Management Review, 20(3), pp. 709-734.

Metcalfe, J. S.; Miles, I. (1999): Innovation Systems in the Service Economy: Measurement and Case Study Analysis, Kluwer Academic Publishers: Boston.

Mowery, D. C.; Sampat, B. N. (2006): Universities in national innovation systems. In: Fagerberg, J.; Mowery, D. C.; Nelson, R. R. (Eds.): The Oxford handbook of innovation, Oxford Publishing: Oxford, pp. 209-239.

Newell, S.; Robertson, M.; Scarbrough, H.; Swan, J. (2009): Managing Knowledge Work and Innovation, Palgrave Macmillan: London.

Piller, F. (2006): Mass Customization: Ein wettbewerbsstrategisches Konzept im Informationszeitalter, Gabler: Wiesbaden.

Pinkwart, A. (2002): Campus Companies zur Förderung innovativer Gründungen aus der Hochschule. In: Betriebswirtschaftliche Forschung und Praxis (BFuP), 54(4), pp. 339-354.

Pinkwart, A. (2012): The New Role of Universities as Innovation Engines and Entrepreneurial Hubs, AICGS The Johns Hopkins University Policy-Report No. 50, Washington.

Pinkwart, A.; Abu El-Ella, N. (2012): Business Economics as a Driver of Innovation. HHL Working Paper 109. Leipzig: HHL Leipzig Graduate School of Management, 2012.

Robinson, A. G.; Schroeder, D. M.: (2004): Ideas are free: How the Idea Revolution is liberating people and transforming organizations, Berrett Koehler: New York.

van de Vrande, V.; De Jong, J. P.; Vanhaverbeke, W.; De Rochemont, M. (2009): Open innovation in SMEs: Trends, motives and management challenges. In: Technovation, 29(6), pp. 423-437.

von Hagen, F.; Baaken, T.; Hölscher V.; Plewa, C. (2006). International research customer satisfaction surveys (Germany and Australia) and research provider surveys (Germany and Europe). In: International Journal of Technology Intelligence and Planning, 2(2), pp. 210-224.

von Hippel, E. (1988): The sources of innovation, MIT Press: Cambridge, Mass.

von Hippel, E. (2005): The democratization of innovation, MIT Press.: Cambridge, Mass.

Wenger, E. (1999): Communities of Practice: Learning, Meaning, and Identity, Cambridge University Press: Cambridge.

Wissema, J. G. (2009): Towards the Third Generation University, Edward Elgar Publishing Limited: Cheltenham.

Yusuf, S. (2008): Intermediating knowledge exchange between universities and business. In: Research Policy, 37(8), pp. 1167-74.

Short biographies of authors

Prof. Dr. Andreas Pinkwart is Dean of HHL Leipzig Graduate School of Management and chairholder of the chair of innovation management and entrepreneurship at HHL. He previously held a business economics full-professorship at the University of Siegen and was member of the German Bundestag and the German Bundesrat. From 2005 to 2010, he served as the Minister for Innovation, Science, Research & Technology and Deputy Prime Minister of the state of North Rhine-Westphalia. Professor Pinkwart is a fellow of AICGS, Johns-Hopkins-University and has been active for years on various supervisory boards and advisory committees.

Nagwan Abu El-Ella holds a MSc. in business administration and is a research associate at the chair of innovation management and entrepreneurship at HHL. She worked as a university lecturer for five years, as a human resources manager for three years at AMS GmbH (Mannheim), as a trainer for multinational companies as well as a student advisor for Edinburgh Business School. She is currently finishing the PhD program at HHL and she works as well as a SMILE coach for founders and young entrepreneurs by providing personal coaching and conducting workshops (The European Entrepreneurship Educators).

Produkt-Service-Systeme – Ansätze, aktuelle Formen, Potenziale und Gestaltungshinweise

Thomas Haubold und Martin G. Möhrle

In the last decade, product-service systems (PSS) became more and more relevant in terms of fulfilling individual customer needs. This trend will continue thanks to today's ongoing processes of digitalization and connectivity. These challenges will bring about a reorganization of PSS. The interaction with (digital) services offers new and promising possibilities for communication and cooperation in business-to-consumer (B-to-C) and business-to-business (B-to-B) sectors, with the potential to significantly speed up the innovation circle. The following article illustrates the obvious and hidden potential of PSS by using car sharing as an example and provides a PSS process model for cooperative design of PSS.

Produkt-Service-Systeme (PSS) haben in Bezug auf die Erfüllung individueller Kundenbedürfnisse im letzten Jahrzehnt an Bedeutung gewonnen. Im Zeitalter der anhaltenden Digitalisierung und Vernetzung ist zu erwarten, dass sich diese Entwicklung in den nächsten Jahren weiter fortsetzen wird. Neben den Herausforderungen die eine Umstellung auf PSS mit sich bringt, bietet deren Leistungsstruktur durch die Verzahnung mit (digitalen) Services vielversprechende Möglichkeiten der Kommunikation und Kooperation im Business-to-Consumer- (B-to-C) und Business-to-Business-Bereich (B-to-B), mit dem Potenzial, den Innovationskreislauf deutlich zu beschleunigen. Der folgende Beitrag zeigt anhand des Fallbeispiels Carsharing die offensichtlichen wie auch die versteckten Potenziale auf und liefert den Ansatz eines PSS-Prozessmodels zur kooperativen Gestaltung von PSS.

1 Einleitung

In verschiedenen Bereichen der Wirtschaft haben sich Produkt-Service-Systeme (PSS) etabliert. Im Maschinenbau wird dies beispielsweise unter der Bezeichnung der Betreibermodelle diskutiert (vgl. Niemann et al., 2009, S. 266) und an das Mobilfunkgeschäft mit Endkunden ist ohne eine sinnvolle Kombination bis hin zu einer Integration[33] aus Mobilfunkgeräten, anpassungsfähigen Softwarelösungen und Telefontarifen fast nicht zu denken.

PSS zeichnen sich gegenüber herkömmlichen Produkten durch offensichtliche Potenziale aus. Durch die Kombination von Produkt und Service erhöhen sich die Differenzierungsmöglichkeiten eines Angebotes. Bei zielgerichteter Ausgestaltung können PSS sogar einen Beitrag zur Positionierung von Unternehmen, Produkten und Services leisten. Insbesondere in Bezug auf eine kundenorientierte Leistungserbringung weisen PSS auch verborgene Potenziale auf, welche die Markteintrittschancen als auch die Kundenbindung erhöhen können. Insgesamt lassen sich so zusätzliche Wettbewerbsvorteile erzielen. In diesem Aufsatz geht es darum, anhand einer Fallstudie aktuell realisierte PSS zu analysieren, die genannten Potenziale zu identifizieren und einen Gestaltungsvorschlag darzulegen.

Zunächst werden PSS als Kernelemente der Wertschöpfung charakterisiert und typisiert (Abschnitt 2). Zwei Carsharing PSS – car2go von Daimler und DriveNow von BMW – dienen sodann als aktuelle Fälle, die der Beobachtung zugänglich sind und deren Gestaltungsparameter erfasst werden können (Abschnitt 3). Anknüpfend an die Literatur zu PSS sowie die Beobachtungen aus den Fällen lassen sich fünf Potenziale identifizieren, die den Nutzen von PSS ausmachen – u.a. das bisher eher wenig wahrgenommene Potenzial der Etablierung eines zweiseitigen Kommunikationskanals zwischen PSS-Anbietern und -Kunden auf Basis der Serviceleistung (Abschnitt 4). Als Konsequenz aus den Gestaltungserfordernissen von PSS wird ein Prozessmodell vorgeschlagen, das auf dem klassischen Stage-Gate-Modell von Cooper (vgl. Cooper/Kleinschmidt, 1990, S. 40ff.) aufbaut, dieses aber um eine leistungsbezogene Ebene ergänzt und auf die Kooperation zwischen unterschiedlichen Unternehmen abzielt (Abschnitt 5).

2 Produkt-Service-Systeme als Kernelemente der Wertschöpfung

Im Folgenden charakterisieren wir PSS und richten uns dabei nach der bewährten Typisierung von Tukker (2004). Die daran anknüpfend beschriebene Anschlussfähigkeit zwischen Produkten und Services ist eine Grundvoraussetzung für die Entstehung von PSS.

---

[33] Die DIN PAS 1094 spricht stets von einer Integration. Dieser Auffassung sind andere Autoren nicht, so z.B. Tucker und Tischner (vgl. u.a. Tukker/Tischner, 2006, S. 1552). Auch die Autoren dieses Beitrages sehen keine Notwendigkeit dafür, dass es sich bei PSS zukünftig stets um eine Integration handeln muss und bevorzugen das Verständnis der Kombination mit integrativen Charakter.

2.1 Definition und Typisierung

PSS entstehen durch die Kombination von Sach- und Dienstleistungen. In der Literatur findet sich eine Vielzahl verschiedenartiger Ansätze für PSS[34], welche jedoch mehr oder weniger alle Ähnliches umschreiben. Die Unterschiede lassen sich grob auf das Verhältnis von Sach- und Dienstleistungen (vgl. Tukker/Tischner, 2006, S. 1552) sowie den jeweils verwendeten Kontext (z.B. Branchen, Wissenschaftsdisziplinen) zurückführen (vgl. Boehm /Thomas, 2013, S. 251). Letztlich geht es bei der Betrachtung aber stets um die sinnvolle Kombination von Sach- und Dienstleistungen zum Zwecke einer umfassenden Befriedigung individueller Kundenbedürfnisse (Tukker/Tischner, 2006, S. 1552, Kersten et al., 2006, S. 191). Allgemein sind PSS dem Namen entsprechend durch drei wesentliche Kernpunkte determiniert; (i) das (materielle) Produkt, (ii) den (immateriellen) Service sowie (iii) das daraus resultierende System. Das System definiert, auf welche Art und Weise und zu welchem Zweck Sach- und Dienstleistungen miteinander kombiniert werden können.

Zum weiteren Verständnis eignet sich die Typisierung unterschiedlicher PSS nach Tukker (vgl. Tukker, 2004, S. 247ff.). Tukker (2004) führt den Kernnutzen eines PSS auf das verwendete Verhältnis zwischen Produkt und Service zurück und beschreibt acht PSS-Typen, welche sich jeweils einer von drei Hauptkategorien zuordnen lassen (siehe Abbildung 1).

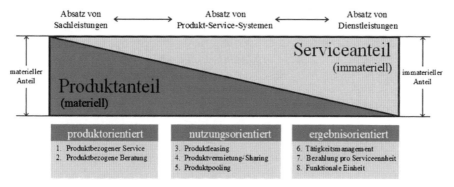

Abb.1: *PSS-Typen nach Haupt- und Nebenkategorien*
Quelle: *Tukker (2004), S. 248.*

---

34 Vor allem im deutschsprachigen Raum haben sich vor dem Hintergrund der Zweidimensionalität aus Sach- und Dienstleistung auch die Begriffe der „hybriden Leistungsbündel" und der „hybriden Wertschöpfung" verbreitet. Es lässt sich jedoch feststellen, dass sich der Terminus „PSS" über die Jahre hinweg international etabliert hat (vgl. Boehm/Thomas, 2013, S: 251f; Beuren et al., 2013, S. 224f.).

⇨ *Produktorientierte PSS* zeichnen sich durch einen hohen Produktanteil aus. Das materielle Produkt wird um kleinere produktbegleitende oder produkterweiternde Services ergänzt. Die PSS-Typen *produktbezogener Service* und *Beratung* werden hier genannt.

⇨ *Nutzungsorientierte PSS* zeichnen sich durch ein weitestgehend ausgeglichenes Produkt- und Serviceverhältnis aus. Das materielle Produkt bildet die zentrale Komponente des Geschäftsmodells. Jedoch steht nicht der Verkauf des Produktes im Vordergrund, sondern die Nutzung. Der Anbieter bleibt Eigentümer des Produktes und bietet diese Nutzung mithilfe entsprechender Serviceleistungen an. Die PSS-Typen *Produktleasing, -sharing* oder *-pooling* sind hier eingeordnet.

⇨ Bei *ergebnisorientierten PSS* überwiegt im Rahmen eines PSS-Angebotes der Serviceanteil. Anbieter und Nachfrager verständigen sich im Vorfeld auf ein zu erreichendes Ergebnis. So existiert kein vordefiniertes materielles Produkt, welches zur Erbringung der Leistung erforderlich wäre. *Ganzheitliches Tätigkeitsmanagement* (z.B. Outsourcing ganzer Entwicklungsstufen), *die Bezahlung pro Serviceeinheit* und die Bezahlung für die Übernahme zur Erbringung einer *funktionellen Einheit* bilden hier die nach Tukker zuordenbaren PSS-Typen.

2.2 Voraussetzung

Voraussetzung zur Entstehung eines PSS – insbesondere durch die Erweiterung um digitale Dienstleistungen – ist zunächst eine technische Weiterentwicklung des materiellen Produktes selbst, welche die Anschlussfähigkeit für Services überhaupt erst gewährleistet. So gestattete beispielsweise erst die Ergänzung der Mobilfunktelefone um Funkmodems deren Internetfähigkeit, welche wiederum die zahlreichen, im Umfeld der Mobilfunkindustrie entstandenen Serviceleistungen (z.B. ausdifferenzierte Vertragsmodalitäten oder Musiktauschbörsen) ermöglichte. Thoben et al. (2001) sprechen hier von einer materiellen Produkthülle, welche das eigentliche Kernprodukt umgibt. Diese setzt sich aus dem Produktdesign, einer Vielzahl von Sonderausstattungen und entsprechenden materiellen Produkterweiterungen (z.B. USB-Anschlussfähigkeit bei Autos, Fotokamera bei Handys) zusammen. Die Kombination (materieller Produktkern, materielle Produkthülle) mit einem darauf abgestimmten Servicebündel (immaterielle Produkthülle) führt letztlich zu dem gewünschten Leistungsangebot zur ganzheitlichen Befriedigung von Kundenbedürfnissen (vgl. Thoben et al., 2001, S. 435ff.).

3 Beispiel Carsharing der Automobilhersteller

Im vorangegangenen Abschnitt wurden PSS von der Grundidee her vorgestellt. Doch wie sehen PSS heute konkret aus? Dieser Frage wird im Folgenden anhand der Carsharing-Systeme zweier deutscher Automobilhersteller nachgegangen, welche auch als Beispiel für andere Branchen dienen können.

Die im Folgenden beschriebenen, vom Prinzip her ähnlichen Carsharing-Angebote von Daimler mit car2go und BMW mit DriveNow, dienen beispielhaft der Veranschaulichung praktisch umgesetzter PSS und deren differenzierter Ausgestaltung von Produkt und Service. Dazu folgt ein einleitender Überblick zum Thema Carsharing sowie eine Einordnung des Carsharing-Systems in bekannte Vertriebs- bzw. Nutzungsmodelle privater Automobilität. Anschließend werden die wesentlichen Gestaltungsmerkmale beider PSS-Angebote sowie deren differenzierte Ausgestaltung aus Kundensicht miteinander verglichen.

3.1 PSS-Carsharing in der Automobilindustrie

Automobilhersteller wandeln sich zu umfassenden Mobilitätsanbietern, bei welchen nicht mehr allein das Kernprodukt Automobil im Vordergrund steht. Vielfältige Finanzierungsmodelle, frei konfigurierbare Fahrzeuge sowie ganzheitliche Mobilitätsgarantien sorgen für ein immer umfangreicheres und lösungsorientiertes Angebotsportfolio. Experten gehen davon aus, dass in der Automobilindustrie zukünftig ca. zwei Drittel der Gewinne nach dem eigentlichen Produktionsprozess entstehen werden (vgl. Bentenrieder/Kleinhans, 2010, S. 7f.). Dies spricht für die zunehmende Bedeutung immaterieller Produktanteile und belegt die steigende Relevanz von PSS in der Automobilindustrie. Dass dieser Trend sich bestätigen könnte, zeigen die Automobilhersteller Daimler und BMW mit ihrem Einstieg in den Carsharing-Markt.

Entsprechend der Typisierung nach Tukker (2004) kann beim Carsharing von einem nutzenorientierten PSS gesprochen werden (PSS-Typ: Produktsharing), wenngleich im Hinblick auf zukünftige Entwicklungen (z.B. Car2x-Technologien) bereits Tendenzen hin zu ergebnis- oder auch lösungsorientierten PSS (PSS-Typ: Bezahlung pro Serviceeinheit) zu erkennen sind.

3.1.1 Carsharing: Definition

Unter Carsharing – (engl.) übersetzt „Auto teilen" – wird die organisierte gemeinschaftliche Nutzung eines Fahrzeugs verstanden (vgl. Gossen/Scholl, 2011, S. 1). Carsharing-Systeme sind neben den ökonomischen Überlegungen seit den 1980er Jahren auch Teil der Alternativbewegung, deren Grundsatzphilosophie aus ökologischer und ökonomischer Perspektive in der Abkehr vom eigenen Auto begründet liegt. Im Zuge anhaltender Klimadiskussionen und der öffentlichen Wertschätzung als tragfähiges und nachhaltiges Geschäftsmodell, wurde

Carsharing bereits in den 1990er Jahren als „Kernmodell" zukünftiger Mobilität identifiziert (vgl. Petersen, 1995, S. 304).

Grundsätzlich kann zwischen kommerziellen und nicht-kommerziellen Carsharing-Systemen unterschieden werden. Im kommerziellen Bereich lässt sich zwischen stationsgebundenen Carsharing- und Free-Floating-Systemen (oder auch One-Way-Carsharing) unterschieden (vgl. Gossen/Scholl, 2011, S. 1f.). Alle Systeme haben jedoch das Ziel, den Auslastungsgrad des Automobils – welches i.d.R. die meiste Zeit des Tages ungenutzt bleibt – zu erhöhen. Es ist gleichwohl zu beobachten, dass sich die Angebote weiter ausdifferenzieren (vgl. Bundesverband Carsharing, 2010, S. 2f.). Im Folgenden werden ausschließlich die kommerziellen Free-Floating-Angebote car2go und DriveNow der Automobilhersteller Daimler und BMW betrachtet.

3.1.2 Gemeinsamkeiten, Funktion und Einordnung in bisherige Vertriebsmodelle

Zunächst sollen die wesentlichen Gemeinsamkeiten beider PSS herausgearbeitet werden. Die kürzeren und flexibleren Anmiet- bzw. Nutzungszeiten bilden das Alleinstellungsmerkmal von Carsharing im Vergleich zu anderen Vertriebsmodellen der Automobilität (siehe Abbildung 2). Diese Zeiten bewegen sich zumeist im Stunden- oder Minutenbereich, was urbane Räume (z.B. kürzere Wege und höhere Verkehrsdichte) zu einem naheliegenden Einsatzgebiet macht.

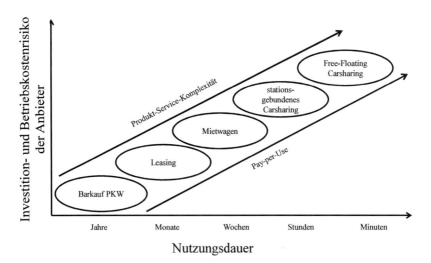

Abb. 2: *Vertriebsmodelle der Automobilität*
Quelle: *Eigene Darstellung.*

Abbildung 2 zeigt eine Übersicht der Vertriebsmodelle der Automobilität hinsichtlich der Nutzungsdauer und des potenziellen Investitionsrisikos der Anbieter. Die Free-Floating-Angebote der Automobilhersteller zeichnen sich, im Vergleich zum stationsgebundenen Carsharing, durch eine nochmals höhere Flexibilität aus (vgl. hierzu die Internetauftritte der Anbieter sowie car2go GmbH, 2013, S. 1ff.; DriveNow GmbH, 2013, 1ff.). Das Anmieten und Abstellen ist an beliebigen Orten innerhalb eines festgelegten Geschäftsgebietes (z.B. im Innenstadtbereich) möglich. Dazu steht eine – im Vergleich zum stationsgebundenen Carsharing – größere Fahrzeugflotte innerhalb des definierten Geschäftsgebiets zur Verfügung. Nach einmaliger Registrierung erhält man einen RFID[35]-Chip (in Form einer Chipkarte bei car2go oder als Aufkleber auf dem Führerschein bei DriveNow) mit welchem das Fahrzeug geöffnet werden kann. Über die Eingabe seines persönlichen Zugangscodes im Inneren lässt sich das Fahrzeug starten. Bei beiden Angeboten erfolgt die Bepreisung nach der Entrichtung einer einmaligen Grundgebühr und anschließend nach Nutzungsdauer. Das Auto kann am Ende der Nutzung an einer beliebigen Stelle innerhalb des Geschäftsgebietes wieder abgestellt werden. Parkplatzgebühren, Treibstoff und Versicherung sind im Preis enthalten.

Die Free-Floating-Angebote ließen sich erst mit dem Eintritt der finanzkräftigen Automobilhersteller marktreif realisieren. Entscheidend dafür waren die technische Integration von GPS-Sensoren zur Ortung und Vernetzung sowie die Möglichkeit der Öffnung der Fahrzeuge per RFID-Chips. Erst auf Basis dieser technischen Erweiterungen konnte die Automobilnutzung ohne eigenes Auto in Form des PSS-Carsharing derart flexibel und alltagstauglich gestaltet werden. Seitens der Anbieter ist die Bereitstellung eines solchen Angebotes mit erheblichen Investitionsvolumina verbunden und die Rückflüsse sind eher unregelmäßig und unsicher.

Abbildung 2 verdeutlicht, dass mit zunehmender Anschlussfähigkeit des Produktes (Fahrzeug) das Betriebskostenrisiko auf der Anbieterseite sowie der Umfang des Nutzungsprozesses auf der Kundenseite steigen. Der zunehmende Serviceanteil/-aufwand erhöht damit die Gesamtkomplexität des PSS.

3.2 Carsharing der Automobilhersteller: Ein Angebotsvergleich

Bei der Ausgestaltung der PSS car2go und DriveNow, lassen sich neben den zuvor beschriebenen Gemeinsamkeiten auch signifikante Unterschiede identifizieren, welche die Angebote letztlich differenzieren und die Marke positionieren. Tabelle 1 zeigt die quantitativen Unterschiede.

---

[35] RFID: Radio-frequency identification.

Tab. 1: Eckdaten Carsharing-Angebot car2go und DriveNow

	car2go	DriveNow
Unternehmen	Joint-Venture: Daimler (75%), Europcar (25%)	Joint-Venture: BMW (50%), Sixt (50%)
Gründung	2009	2011
Länder	7	2
Städte	23	5
Fahrzeuge	ca. 9.000	ca. 1.710
Davon EVs	ca. 1.100	ca. 130
Fahrzeugmarken	Smart	BMW, Mini
Fahrzeugmodelle	2 (Smart Benzin, e-Smart)	8 (Mini, Mini Clubman, Mini Coupe, Mini Cabrio, BMW 1er, BMW AvticeE, BMW Cabrio, BMW X1)
Registrierte Nutzer	ca. 450.000	ca. 145.000
Kooperationen/ Mobilitätspartner	Öffentlicher Nahverkehr in verschiedenen Städten; mitfahrgelegenheiten.de myTaxi	Öffentlicher Nahverkehr in verschiedenen Städten; Nextbike

Quellen: car2go GmbH (2013), S. 1ff., DriveNow GmbH (2013), S. 1ff. und Schelewsky (2013), S. 310.

car2go und DriveNow sind Joint Venture-Gründungen mit Branchenführern aus dem traditionellen Mietwagengeschäft. Die Portfolios beider Angebote unterscheiden sich im Umfang jedoch deutlich voneinander, was, neben dem späteren Markteintritt von DriveNow (2011) im Vergleich zu car2go (2009), auch strategische Gründe vermuten lässt (siehe Tabelle 1; vgl. hierzu und im Folgenden car2go GmbH, 2013, S. 1ff. und DriveNow GmbH, 2013, S. 1ff.).

car2go expandierte in den Jahren 2011 bis 2013 in über 23 Städte in acht verschiedene Länder. Es ist somit möglich, in verschiedenen internationalen Großstädten wie z.B. San Francisco, Berlin, Seattle oder Amsterdam mit nur einer einzigen Identifizierungskarte situativ Automobilität in Anspruch zu nehmen. Die von Daimler veröffentlichte Moovel-App, welche dem Kunden als zusätzliche Serviceleistung auf Anfrage die optimale (Weg/Zeit/Kosten) multimodale Wegekette (inkl. öffentlicher Nahverkehr, Fahrrad und Taxi) vorgibt (vgl. Daimler AG, 2013; Schelewsky, 2013, S. 310), verstärkt den Eindruck von der Schaffung eines ergebnis- und lösungsorientierten PSS. Strategisches Ziel im Vergleich zum Konkurrenten DriveNow, so scheint es, ist die effiziente multimodale Mobilität mit einfachsten (fahrzeugtechnischen) Mitteln zu offerieren.

Bei DriveNow stehen dem Nutzer acht verschiedene Fahrzeugtypen zur Verfügung. Vom Cabrio bis zum Kombi lassen sich verschiedene Modelle der Premiummarken BMW und Mini nutzen (siehe Tabelle 1). Hier scheint das Herausstellen der Markenvorteile, die sich mit dem Fahren wechselnder Premiummodelle des Herstellers verbinden lassen, eine der Kernbotschaften zu sein. Im Vergleich zu car2go steht bei DriveNow das materielle Produkt „Fahrzeug" deutlicher im Mittelpunkt. Auch ist die Gesamtzahl der zur Verfügung stehenden Fahrzeuge mit weltweit ca. 1.700 erheblich geringer.

Beide Angebote zeichnen sich durch branchenübergreifende Kooperationen mit anderen Mobilitätsanbietern wie Fahrradsharing-Anbietern (z.B. DriveNow mit nextbike) und regionalen öffentlichen Nahverkehrsbetreibern aus. Diese erweiterten das Serviceportfolio und tragen maßgeblich zur Schaffung eines ergebnisorientierten PSS bei. Darüber hinaus verfügen sowohl die car2go- als auch die DriveNow-Flotten über einen relativ hohen Anteil an Elektrofahrzeugen. Beispielsweise besteht die car2go-Fahrzeugflotte in Amsterdam ausschließlich aus Elektrofahrzeugen (ca. 300). Carsharing gilt allgemein als vielversprechender Ansatz, die derzeit offensichtlichen Nachteile von Elektrofahrzeugen, wie die hohen Anschaffungskosten und die Reichweitendefizite, gegenüber konventionellen Antriebsformen zu verringern oder zu eliminieren (vgl. Pricewaterhouse Coopers, 2010, S. 6, S. 61). Auch hier sind zukünftig – insbesondere im Bereich der Ladevorgänge – weitreichende Kooperationen zu erwarten. Die zweckmäßige Koordination der Partnerschaften ist daher eine besondere Herausforderung bei der PSS-Entwicklung.

Für eine kundenorientierte Produktentwicklung, die aufgrund der Komplexität insbesondere bei „neuartigen" PSS von elementarer Bedeutung ist, entstehen vielversprechende Potenziale für die Kunden und das Unternehmen. Aufgrund der PSS-Struktur besteht die Möglichkeit der aktiven Angebotsgestaltung durch den Kunden. car2go verwirklichte diesen Ansatz beispielsweise, indem es eine Umfrage unter den Nutzern durchführte, mit der Bitte, darüber abzustimmen, ob und um welche Bezirke das Geschäftsgebiet in Berlin ggf. auszuweiten wäre (vgl. greenmotorsblog.de, 2012).

Die registrierten Kunden die den Service nutzen, determinieren im Zuge der (Erst-)Nutzung einen Kundenkreis, welcher zum relevanten und schnell erreichbaren Informationslieferanten für die Anbieter wird. Im Rahmen des bestehenden PSS-Angebotes ist es zudem möglich, die notwendigen Kombinationen von Produkten und Services sowie neuen Technologie mit einem definierten Nutzerkreis praktisch zu testen. So lassen sich durch den Einsatz von Elektrofahrzeugen im PSS-Carsharing einerseits automatisiert praxisrelevante Daten, beispielsweise zur Nutzungsdauer und -häufigkeit, erheben. Anderseits kann die unkonventionelle und frühe Markteinführung in Bezug auf den Umgang mit der neuen Technologie beim Kunden für einen Vertrauenszuwachs sorgen. Diese und weitere Beispiele vermitteln einen ersten Eindruck davon, welche Möglichkeiten sich aus dem gezielten Umgang mit PSS für eine kundenorientierte Leistungsentwicklung ergeben können und wie diese bereits genutzt werden.

4 PSS-Möglichkeiten, Potenziale und Herausforderungen

Die beschriebenen Carsharing-Systeme zeigen das Möglichkeitsspektrum in Bezug auf die nutzungs- und ergebnisorientierte Befriedigung individueller Mobilitätsbedürfnisse. Anhand der Beispiele car2go und DriveNow konnte zudem das Vorhandensein neuer (verborgener) Kommunikations- und Austauschkanäle skizziert werden, welche aus der vorhandenen PSS-Struktur entstehen. Nachfolgend sind fünf Kernüberlegungen zusammengetragen, die das Potenzial für die Leistungsentwicklung und das Marketing beschreiben. Die Beispiele zeigen *offensichtliche* Potenziale hinsichtlich der Verwendung der PSS-Ausgestaltungsvielfalt als Differenzierungsmerkmal (1) sowie die Möglichkeit auf, PSS als Positionierungsinstrument (2) zur Unterstützung von Produkt und Marke einzusetzen. Gleichwohl können weitere *verborgene* PSS-Potenziale (3-5) identifiziert werden, durch deren gezielte Nutzung ein Mehrwert für die Produktentwicklung sowie -vermarktung generiert werden kann.

1. *PSS als Differenzierungsmerkmal*
   PSS-Serviceanteile liefern einen Zusatznutzen für den Kunden und dienen der Differenzierung des Angebotes (vgl. Böhmann/Krcmar, 2007, S. 252-253). Aufgrund der mannigfaltigen Gestaltungsmöglichkeiten von PSS (siehe Portfoliovergleich Abschnitt 3.2) ergeben sich elementare Stellhebel zur Differenzierung. Mit dem Carsharing gelingt es Daimler und BMW gegenüber anderen Herstellern ein differenziertes Angebot moderner Automobilität zu schaffen. Weiterhin führt die heterogene Ausgestaltung bei PSS (Produkt, Service und System) zu einer klaren Differenzierung untereinander. Auch zwischen verschiedenen Kundengruppen erlaubt das Carsharing eine weitergehende Differenzierung, beispielsweise durch das Angebot kundengruppenspezifischer Tarife (z.B. Vielfahrer- oder Wochenendtarife).

2. *PSS als Positionierungsinstrument*
   Art und Inhalt der Ausgestaltung eines PSS liefern einen wichtigen Beitrag zur Positionierung des Angebotes und der Marke. Das Beispiel Carsharing zeigt: Mit zunehmender Anzahl an Kooperationspartnern im Bereich des öffentlichen Verkehrs und der wachsenden Anzahl an Elektrofahrzeugen positionieren sich beide Marken (Daimler und BMW) im Feld nachhaltig-

vernetzter Mobilität. Der französische Automobilhersteller Citroën positioniert sich mit dem Einführen der Carsharing-Flotte „Multicity", welche vollständig aus Elektrofahrzeugen besteht, bereits deutlicher im nachhaltigen Bereich (vgl. Citroën, 2013), wobei hier die Auswahl des Produktes und nicht die Ausgestaltung der Services einen Einfluss auf die Positionierungsstrategie hat. Insgesamt führen die PSS Angebote im Bereich Carsharing dazu, dass sich die Automobilhersteller sichtbar im Bereich der nachhaltigen und vernetzen Automobilität positionieren können. Gleichzeitig lassen sich mithilfe der angebotenen Services „neue" Zielgruppen (z.B. urbane junge Menschen) erreichen, bei welchen aus verschiedenen Gründen eine verstärkte Abkehr zum eigenen Auto zu beobachten ist.

3. *PSS als Markteintrittsbeschleuniger*
Entstehende PSS-Wertschöpfungsnetzwerke schaffen branchenübergreifende Austauschbeziehungen, welche den Zutritt zu neuen Märkten erleichtern und damit beschleunigen können. Neue Absatzmöglichkeiten entstehen. Viele PSS werden zukünftig aufgrund des steigenden Vernetzungsgrad von Menschen und Produkten entstehen (vgl. z.B. Atzori, 2010, S. 2793ff.; Evans, 2011, S. 5ff.). Für die Automobilhersteller ergeben sich beispielsweise zusätzliche Austauschbeziehungen mit der IT-Branche und Unternehmen aus dem öffentlichen Nahverkehr, welche in den bisherigen Vertriebsmodellen in der Intensität eher eine untergeordnete Rolle in Bezug auf die Leistungsausgestaltung zukam. Für die beteiligten Kooperationspartner gilt dies für den Eintritt in den Markt der Automobilität.

4. *PSS als Kommunikationskanal (Outside-In & Inside-Out)*
Die entstehende PSS-Architektur schafft neue Kommunikationskanäle. Im Gegensatz zum reinen Produktgeschäft besteht beim Dienstleistungsgeschäft eine permanente Austauschbeziehung zwischen Anbietern, Kunden und Kooperationspartnern (vgl. z.B. Burr/Stephan, 2007, S. 22f.) Diese im Rahmen der Leistungserbringung „auf natürliche Weise" entstehenden Kanäle können in beide Richtungen zur Kommunikation genutzt werden. Beispielsweise ist die Veröffentlichung und Inanspruchnahme von Sonderangeboten (z.B. Upgrademöglichkeiten, Sonder- und Rabattaktionen), aufgrund des definierten Kundenstammes deutlich vereinfacht. Das Fallbeispiel car2go zeigt, dass selbst die aktive Einbeziehung des Kunden bei der strategischen Fragstellung – z.B. bei der Erweiterung des Geschäftsgebietes (vgl. Abschnitt 3.2) – zielgerichtet möglich ist.

5. *PSS als exklusiver interaktiver Testmarkt*
Der entstehende Kundenkreis der registrierten Nutzer schafft einen exklusiven Testmarkt. Innovative Ideen, Konzepte und/oder Weiterentwicklungen können schnell eingeführt und getestet werden. Der Carsharing-Markt bei-

spielsweise bietet ein ideales Einsatzgebiet, um Elektrofahrzeuge, zukünftig ggf. auch fortgeschrittene Assistenzsysteme, umfassend im Dauereinsatz mit dem Kunden testen zu können. Aufgrund der Vernetzungsintensität ist die zeitnahe Rückkopplung relevanter Informationen möglich. Durch die Verwendung entsprechender Softwareapplikationen ist sogar eine interaktive Wertschöpfung im Sinne einer Ko-Kreation denkbar (siehe Potenzial vier; u.a. Ihl/Piller, 2010, S. 8ff.)

5 Anpassung der Wertschöpfungsstruktur

Die Entwicklung und der Umgang mit PSS haben enormen Einfluss auf den gesamten Wertschöpfungsprozess. Produktentwicklungs-, Controlling-, Vertriebs- und Marketingprozesse müssen der Zwei- bzw. Dreidimensionalität des PSS Rechnung tragen, wodurch neue systemspezifische Koordinationsbedürfnisse auftreten (vgl. Böhmann/Krcmar, 2007, S. 241). Im Folgenden skizzieren wir ein Prozessmodell zur PSS-Entwicklung, das auf dem bekannten Standardmodell von Cooper (vgl. Cooper/Kleinschmidt, 1990, S. 40ff.) aufbaut. PSS-typisch sind hier (i) die Einführung einer Leistungsebene und (ii) die Replikation in verschiedenen Unternehmen.

Die Herausforderungen bei der Entwicklung von PSS und damit zur Nutzung der zuvor beschriebenen PSS-Potenziale besteht nach Morelli (2006) u.a. darin, unternehmensinterne und -übergreifende Institutionen zu schaffen, die personell und strukturell das Spannungsfeld zwischen der Verwendung von Standardmethoden unter Einhaltung gebotener Flexibilität aufzulösen (vgl. Morelli, 2006, S. 1500). Speziell zur Nutzung der *verborgenen* PSS-Potenziale (Markteintrittsbeschleunigung, Nutzung entstehender Kommunikationskanäle, Etablierung eines interaktiven Testmarktes) ist eine Prozessanpassung erforderlich, welche die Entwicklung und Gestaltung des gesamten PSS-Angebotes zielgerichtet koordiniert. Mit Blick auf die Entwicklung eines PSS bietet sich eine Erweiterung um eine zusätzliche leistungs- und systemorientierte Ebene an, wie sie schon von Spilgies und Möhrle (2004) in ihrem Innovationsmodell für PSS vorgeschlagen wird. Die Leistungsebene übernimmt gedanklich und inhaltlich eine Schnittstellenfunktion und dient der Koordination zwischen und innerhalb der einzelnen Prozessstufen (vgl. Spielgies/Möhrle, 2004, S. 12). Abbildung 3 zeigt den Stage-Gate-Prozess anhand der drei PSS-relevanten Ebenen Technik, Markt und Leistung inklusive der wesentlichen Aufgaben. Die Leistungsebene führt dabei unter Berücksichtigung der PSS-Paradigmen die Ebenen Markt und Technik zielorientiert zusammen.

Produkt-Service-Systeme

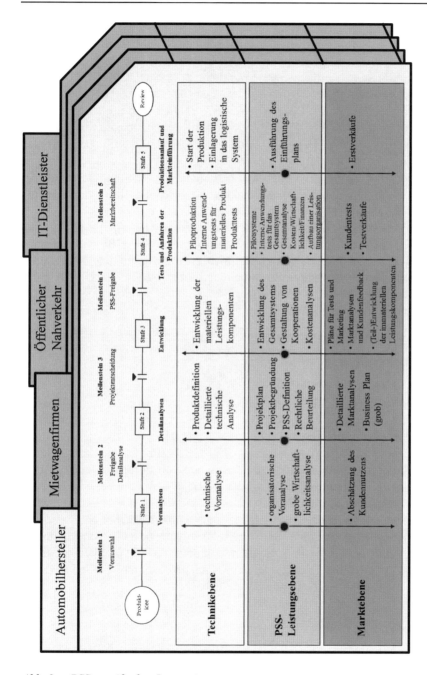

Abb. 3: PSS-spezifischer Innovationsprozess
Quelle: Eigene Darstellung in Anlehnung an Spilgies/Möhrle (2004), S. 12.

Wie auch die Beispiele im Carsharing zeigen, ist ein zentrales Gestaltungsmerkmal von PSS die Herausbildung unternehmens- und branchenübergreifender Wertschöpfungsnetzwerke, welche eine individuelle und lösungsorientierte Leistungserbringung überhaupt erst ermöglichen (Kersten, 2006, S. 195). Mit steigendem Vernetzungsgrad ist davon auszugehen, dass einzelne Unternehmen immer weniger dazu in der Lage sein werden, exklusiv ein umfassendes Leistungsspektrum in Form eines PSS, zu entwickeln oder anzubieten. Insbesondere Unternehmen aus der IT-Branche werden in PSS-Wertschöpfungsnetzwerken eine tragende Rolle übernehmen können. Dies bedingt insgesamt eine interne und externe Koordination zwischen den beteiligten Partnern und Personen, die sich in einer Parallelität der Prozesse und deren Synchronisierung manifestieren sollte (siehe Abbildung 3).

Die im vorherigen Abschnitt beschriebenen Potenziale ergeben sich grundsätzlich für alle beteiligten Kooperationspartner. Auch aus diesem Umstand ergibt sich die Notwendigkeit einer einheitlichen Prozessgestaltung bei der PSS-Entwicklung. Der zielgerichtete Informationsfluss zwischen den Unternehmen aber auch zwischen den Unternehmen und den Kunden – welcher sich durch die Nutzung im Rahmen eines PSS massiv verändert – ist für die PSS-Entwicklung von großer Bedeutung.

6 Zusammenfassung und Ausblick

Nicht nur in der Automobilindustrie (dort allerdings besonders gut), lässt sich die Durchdringung des Leistungsangebotes von Unternehmen durch PSS beobachten. In diesem Beitrag haben wir nach einer Charakterisierung von PSS zwei Fälle aus der Automobilindustrie untersucht. Dabei trat zu Tage, dass sich beide Angebote als nutzungsorientiertes PSS-Carsharing am Markt etablieren, sich aber durch unterschiedliche Konfigurationen von Produkten und Services deutlich voneinander unterscheiden. Auch zeichnet sich eine Entwicklung hin zu einer ergebnisorientierten PSS-Gestaltung ab, welche durch einen höheren Anteil an Services gekennzeichnet ist. Es konnten *offensichtliche* und *versteckte* Potenziale identifiziert werden, deren gezieltere Nutzung neue Anforderungen an die Produktentwicklung und -vermarktung formuliert. Abschließend schlagen wir ein Prozessmodell vor, das einerseits an ein bekanntes Modell anknüpft und andererseits die Spezifika von PSS berücksichtigt.

Grundsätzlich lassen sich drei Trends formulieren, welche die Entwicklung von PSS zukünftig prägen werden.

1. Infolge sich verändernder Kundenbedürfnisse, fortschreitender Technologisierung (u.a. Digitalisierung) sowie der zunehmenden Vernetzung von Menschen und Produkten kommt es zu einer immer stärkeren Verschmelzung von Sach- und Dienstleistungen. Die explizite Unterscheidung zwi-

schen Produkt und Service wird in Zukunft deutlich schwieriger werden, als sie es bereits schon ist (vgl. Spath/Demuß, 2006, S. 464).

2. PSS können oft „(...) nur durch das Zusammenwirken von Kompetenzträgern aus unterschiedlichen Branchen („Industries")" (Khan/Möhrle, 2010, S. 45) entstehen. Das Managen auf diese Art gestalteter Wertschöpfungsnetzwerke ist eine der großen Herausforderungen im Umgang mit PSS.

3. Die durch PSS progressiv entstehenden (digitalen) Kommunikations- und Austauschkanäle dienen in verschiedenen Variationen der Leistungsentwicklung. Bei sinnvoller Ausgestaltung der Austauschbeziehungen lässt sich eine Win-Win-Situation erzielen, in welcher der Kunde Einfluss auf die Entwicklung seines Leistungsangebotes erhält und das Unternehmen in zyklischen Abständen – oder nach Bedarf – Informationen zur PSS-Gestaltung erhält.

Quellenverzeichnis

Atzori, L.; Iera, A.; Morabito, G.: (2010). The Internet of Things: A survey. In: Computer Networks, 54(15), S. 2787-2805.

Bentenrieder, M.; Kleinhans, C. (2010): Elektromobilität: Powerplay um Gewinnzonen und nachhaltigen Kundenzugang. In: automotivemanager, I/2010, S. 7-9.

Beuren, F. H.; Gomes Ferreira, M.-G.; Cauchick Miguel, P. A. (2013): Product-service systems: A literature review on integrated products and services. In: Journal of Cleaner Production, 47(May 2013), S. 222-231.

Boehm, M.; Thomas, O. (2013): Looking beyond the rim of one's teacup: A multidisciplinary literature review of product-service systems in information systems, business management, and engineering & design. In: Journal of Cleaner Production, 51(July 2013), S. 245-260.

Böhmann, T.; Krcmar, H. (2007): Hybride Produkte: Merkmale und Herausforderungen. In: Bruhn, M.; Stauss, B. (Hrsg.): Wertschöpfungsprozesse bei Dienstleistungen, Wiesbaden, S. 239-255.

Bundesverband CarSharing e.V. (2012): Jahresbericht 2011-2012, Berlin.

Burr, W.; Stephan, M. (2006): Dienstleistungsmanagement. Innovative Wertschöpfungskonzepte für Dienstleistungsunternehmen, Stuttgart.

car2go GmbH (2013): Leo, A. (Pressekontakt): car2go - Zahlen – Daten – Fakten (Stand: September 2013), car2go GmbH Deutschland (Hrsg.).

Citroën Deutschland. (2013): Die Idee. Webauftritt von Multicity-Carsharing.de (Homepage), am 27.09.2013 abgerufen unter www.multicity-carsharing.de/idee/.

Cooper, R. G.; Kleinschmidt, E. J. (1990): New products: The key factors in success, Chicago.

Daimler AG (2013). Mobilitätskonzepte: „moovel" bietet vernetzte mobilität für alle, am 27.09.2013 abgerufen unter www.daimler.com/technologie-und-innovation/mobilitaetskonzepte/moovel.

DriveNow GmbH (2013): Sonne S. (Pressekontakt): Factsheet DriveNow. DriveNow GmbH & Co. KG (Hrsg.).

Evans, D. (2011): Das Internet der Dinge – so verändert die nächste Dimension des Internet die Welt. In: Cisco Whitepaper, April 2011, San Jose (CA).

Gossen, M.; Scholl, G. (2011): Latest trends in car-sharing. In: Corpus – The SCP Knowledge Hub, Institute for Ecological Economy Research, S. 1-5.

greenmotorsblog.de (2012): car2go Berlin – Nutzer dürfen über Erweiterung des Geschäftsgebiets abstimmen (22. Oktober 2012), am 23.09.2013 abgerufen unter www.greenmotorsblog.de/ko-mobilitaet/car2go-berlin-nutzer-durfen-uber-erweiterung-des-geschaftsgebiets-abstimmen/11021/.

Ihl, C.; Piller, F. (2010): Von Kundenorientierung zu customer co-creation im Innovationsprozess. In: Marketing Review St. Gallen, 27(4), S. 8-13.

Khan, A.; Möhrle, M. G. (2012): Multi cross industry innovation – eine Herausforderung an das Innovationsmanagement. In: Behrens, C. M. S. (Hrsg.): Innovative Produktionswirtschaft: Jubiläumsschrift zu 20 Jahren produktionswirtschaftlicher Forschung an der BTU Cottbus, Berlin, S. 45-58.

Kersten, W.; Zink, T.; Kern, E.-M. (2006): Wertschöpfungsnetzwerke zur Entwicklung und Produktion hybrider Produkte: Ansatzpunkte und Forschungsbedarf. In: Blecker, T.; Gemünden, H.-G. (Hrsg.), Wertschöpfungsnetzwerke. Festschrift für Bernd Kaluza, Berlin, S. 189-201.

Morelli, N. (2006): Developing new product service systems (pss): Methodologies and operational tools. In: Journal of Cleaner Production, 14(17), S. 1495-1501.

Niemann, J.; Schuh, G.; Baessler, E.; Eigner, M.; Stolz, M.; Steinhilper, R.; Hieber, M. (2009): Management des Produktlebenslaufs. In: Bullinger, H.-J.; Spath, D.; Warnecke, H.-J.; Westkämper, E. (Hrsg.): Handbuch Unternehmensorganisation, Berlin und Heidelberg, S. 223-315.

Petersen, M. (1995): Herkunft, Probleme und Perspektiven für carsharing, am 05.07.2013 abgerufen unter oops.uni-oldenburg.de/588/1/621.pdf, S. 303-314.

Pricewaterhouse Coopers (PwC); Fraunhofer IAO (2010): Elektromobilität - Herausforderungen für Industrie und öffentliche Hand, Frankfurt.

Schelewsky, M. (2013). Die eierlegende Wollmilch-App – Nutzeranforderungen an mobile Informations- und Buchungssysteme für öffentliche und intermodale Verkehrsangebote und Stand der technischen Entwicklung. In: Keuper, F.; Hamidian, K.; Verwaayen, E.; Kalinowski, T.; Kraijo, C. (Hrsg.): Digitalisierung und Innovation, Wiesbaden, S. 299-324.

Spath, D.; Demuß, L. (2006): Entwicklung hybrider Produkte - Gestaltung materieller und immaterieller Leistungsbündel. In: Bullinger, H.-J.; Scheer, A.-W. (Hrsg.): Service engineering, Berlin und Heidelberg, S. 463-502.

Spilgies, W.-D.; Möhrle, M. G. (2004): Ein Innovationsmodell für Product Service Systems. Erweiterung des Stagegate-Prozesses für Leistungsbündel aus Produkten und Dienstleistungen. In: Franz, O. (Hrsg.): RKW-Handbuch Führungstechnik und Organisation, Berlin, S. 1-27.

Thoben, K.-D.; Eschenbächer, J.; Jagdev, H.. (2001): Extended products: evolving traditional product concepts". In: Proceedings of the 7th international Conference on Concurrent Enterprising, Bremen, 27.-29.06.2001.

Tukker, A. (2004): Eight types of product–service system: Eight ways to sustainability? Experiences from suspronet. In: Business Strategy and the Environment, 13(4), S. 246-260.

Tukker, A.; Tischner, U. (2006): Product-services as a research field: Past, present and future. Reflections from a decade of research. In: Journal of Cleaner Production, 14(17), S. 1552-1556.

Short biographies of authors

Dipl.-Wi-Ing. Thomas Haubold is a research associate at the Institute for Project Management and Innovation (IPMI) at the University of Bremen. In his research he is interested in the strategic use of product-service systems in innovation management. The key aspect of his work activity is customer-oriented product development within the scope of mobility.

Prof. Dr. Martin G. Möhrle has been the director of the Institute for Project Management and Innovation (IPMI) at the University of Bremen, and has held the chair of innovation and competence transfer since 2001. His area of work relates to technology and innovation management, with a particular focus on patent management, technology roadmapping, future research, innovation process management, and methodical invention (TRIZ). Prof. Moehrle obtained his doctorate and qualified as a university lecturer on transitional themes between technology management and business informatics.

Customer Integration in Product Platform Development Projects

Peter E. Harland, Zakir Uddin and Haluk Yörür

The development of product platforms is a special challenge in product development as it is important to find the right balance between product synergies and market diversity. Reducing the development costs of product variants is one of the expected effects of platforms that firms strive to achieve. Based on the characteristics of product platform development projects, we discuss the necessity of integrating customers in the process even though there exists a longer time gap between platform development and start of production. In detail, the identification of customer requirements, and the customer integration in development and early sales activities are described.

1 Introduction

Product platform strategy is a well-established concept in industry, and is aimed at increasing cost reduction and improving one's competitive advantage. Product platforms help to satisfy a variety of customer needs through faster and cheaper introduction of product variants into the product portfolio. Several success stories of product platforms can be found in different industry types: the Volkswagen automotive platform (Karlsson and Sköld, 2007), the Sony Walkman platform (Sanderson and Uzumeri, 1995), the Black and Decker power tools platform (Meyer and Utterback, 1993), Hewlett Packard's Deskjet printer platform (Meyer and Lehnerd, 1997), and the Intel Microprocessor platform (Cusumano and Gawer, 2002). These stories provide clear evidence of product platform effects: a product platform can increase the speed of product development, reduce product development costs, and contribute to an increase in product variety (Muffatto and Roveda, 2000; Halman et al., 2003; Ben-Arieh et al., 2009).

In literature, a broad variety of definitions concerning the term "product platform" exist: however, Meyer and Lehnerd (1997) use the term in a quite narrow way. They define a product platform as a set of subsystems and interfaces that form a common structure from which a stream of derivative products can be efficiently developed and produced. Similarly, McGrath (1995) considers a product platform to be a collection of common elements, including the underlying core technology, implemented across a range of products. Robertson and Ulrich (1998), on the other hand, propose a broader definition of the term. They understand product platforms as a collection of assets (i.e. components, processes, knowledge, people and relationships) that are shared by a set of products. These definitions reveal a common understanding of product platforms, a view that is shared by many authors (Meyer and Utterback, 1993; Sawhney, 1998; Halman et al., 2003; Koen, 2005). All definitions focus on the fact that sharing elements or parts in derivative products can help companies to achieve certain positive effects.

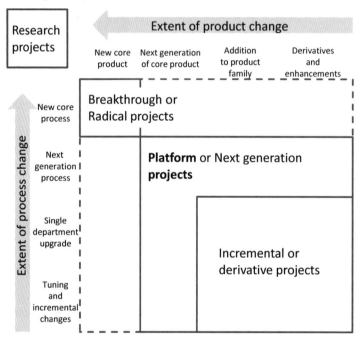

Fig. 1: Types of product development projects
Source: Own illustration based on Wheelwright and Clark (1992), p. 93.

Product platform development projects (PPDP) are part of the research and development (R&D) project portfolio of a firm, and are different from other project types (Wheelwright and Clark, 1992; Specht et al., 2002). Based on the characteristics of PPDP, the target of this paper is to discuss the necessity of integrating customers in the platform development process even though there is a long time gap between platform development and start of production.

By investing in PPDP, firms expect to see effects such as an increase of profit or market share that will help them fulfill their strategic targets (refer to Figure 2). However, these expected effects cannot be achieved without suitable planning and risk management. In this context, the internal decisions in PPDP play an important role in maximizing the effects. On the other hand, external company factors such as customer heterogeneity and price pressure may have a great impact on platform-related decisions as well as the expected effects.

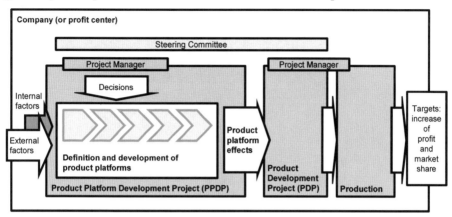

Fig. 2: Product platform development project framework
Source: Own illustration, based on Harland and Yörür (2011).

As mentioned above the purpose of this paper is to evaluate the necessity of integrating customers in different ways in the development process of product platforms. In the following sections we analyze the objects of PPDP, and the expected effects, challenges, and risks of PPDP. Based on this analysis we describe ways to integrate customers into platform development projects.

2 Product platforms as objects of PPDP

From the previous discussion it is clear that product platform development is a specific form of product development where next generation products or processes, or both are developed. A discussion is ongoing among practitioners and academics regarding how product platform development can be identified as a separate entity that is different from other product development activities. The following discussions may illustrate this difference.

Product platform projects are much more future-oriented than product development projects (PDP). Possible future products or variants or possible implementation in different derivative products from the platform are predicted beforehand. Hence, Cooper (2001) characterized this nature of platform projects as "visionary" because PPDP have little concrete definition of tangible products, yet at the same time, it is difficult to undertake detailed market analysis or full financial projections when only a first or a second product from the platform is even envisioned. Nevertheless, for certain decisions customer information is necessary. Therefore, PPDP project managers have to find a way to collect such information without impairing the actual business (early information about the next platform might create the desire of the customer too early).

The product platform could emerge from existing products (bottom-up principle) or it could be developed by the organization itself (top-down approach). However, in both cases different derivative products are developed to satisfy customer needs faster and cost-effectively. A difference between these two approaches is the decision on at which project phases information relating to customer requirements will be collected. In the top-down approach the relevant information for all products is gathered at once; in the bottom-up approach the points of information collection are often distributed throughout the different derivative projects.

While platform projects are more likely to occur early, derivative product projects are more likely to occur later in the product/process life cycle (Tatikonda, 1999). The target of a product platform project is "not to directly develop a new product, but to create the pieces or elements that enable the development of subsequent products" (McGrath, 1995, p. 44). Hence, the outcomes of the platform projects are not products or processes as would be the case for product development projects. The desired outcomes are common components or parts or processes, based on which new derivative products can be developed easily.

In comparison to product development projects, product platform projects require more resources and the involvement of senior management for successful completion. Planning and implementation of the project require more investment and time. As a result, a new product based on a new platform can take longer to develop than individual derivative products from existing platforms (McGrath, 1995). However, the benefit of platform development projects is that successful implementation helps to reduce the development time for the derivative product significantly.

Given the financial and time investment, another issue relates to how long the developed platform can be used. If the platform is planned well considering market turbulence and the possible future requirements of customers, a number of derivative products can be developed from this platform. Hence, the usage phase of a platform is often longer than the usage of single products (Meyer and Utterback, 1993) and the usage phase can be prolonged by periodic improvements (McGrath, 1995). A successful implementation of a platform requires regular monitoring and updates until the next generation of the platform is developed. Successful improvement will certainly increase a platform's life span.

The developed product platform is used by derivative product development projects to develop product variants. That means the direct internal customers for the platform are the derivative product development projects. The acceptance of the platform depends on with the internal customers who sense the voice of external customers, which shows once again the importance of integrating external customers into PPDP. Considering the changes in products and processes, platform projects entail more product and process changes than derivative products (Specht et al., 2002; Kim et al., 2003).

Summing up the above mentioned arguments there is a necessity but also a challenge to integrate customers in the definition of product platforms.

3   Expected effects, challenges and risks of PPDP

The successful planning and implementation of product platforms can bring certain positive effects. Among them are platform-based cost advantages in production and development, and in sales, marketing and service (Meyer and Lehnerd, 1997; Robertson and Ulrich, 1998; Sawhney, 1998; Ben-Arieh et al., 2009). However, other relevant effects may also exist: product platforms can help companies gain a competitive advantage by covering multiple market segments, covering global markets, reducing product time to market, reducing customer lead time, increasing quality, and decreasing product investment costs (Meyer and Lehnerd, 1997; Robertson and Ulrich, 1998; Sawhney, 1998; Muffatto and Roveda, 2000; Ben-Arieh et al., 2009). The significance of these effects might vary with industry type. Furthermore, some of the potential effects, such as the reduction of logistics costs, are not given much importance in the literature (refer to Figure 3).

The variety of expected effects differs among product development projects. Companies usually face specific challenges during the development and implementation of product platforms. Future products based on a product platform are influenced by the turbulence or uncertainty in a technology and the lack of knowledge about future customer requirements. In the case of any new innovation or radical technological change, the existing product platform has to be adjusted to fulfill customer requirements and keep pace with technological changes. Furthermore, if future customer requirements are not predicted carefully or if customer requirements are volatile, there is a high possibility of product platform failure. To cope with these challenges, Harland and Yörür (2011) propose a flexible product platform development concept called the "Platform Variant Funnel", a platform development process which uses rough and flexible variant concepts at the beginning, and successive decisions during the PPDP, until finally a detailed concept including variant parameters and a market entry strategy emerges. This flexible platform development and integration of customers at different levels can help companies to adjust their platform attributes. Therefore, the development targets differ from regular product development where project managers try to reduce risks by fixing development targets as soon as possible. Harland and Yörür (2011) also propose a PPDP-specific decision framework covering decisions related to the market, synergy, and customer integration.

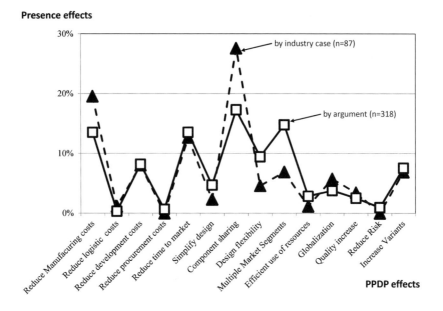

Fig. 3: Distribution of presence of effects in papers by industry case or by argument
Source: Harland and Uddin (2013a).

Companies try to reach synergy effects at different levels of production and development, which can bring cost advantages. Synergy effects can be reached between projects. The results of previous projects can be transferred to other projects by considering experience (adoption), using previous modules in the new project (re-use of the modules) or sharing a set of project modules (a platform). Among these, platform-oriented projects may show the best synergy. However, accomplishing too much synergy may also cost diversity in final products and may lead to reduced market share. Hence, a further challenge is for companies to balance the diversity and synergy targets based on the future customer requirements. Figure 4 shows possible synergy and diversity impacts for different platform intensities. In case of a "method platform", sharing common methods or concepts can bring synergy to the development phase and to innovation, but almost no synergy gains at the production level. Sharing modules might not only bring synergies to product development and production but might also help to introduce a good level of diversity in the product range. Therefore, we consider platform design by sharing modules to be a good compromise between the achievement of synergies and diversity in the market.

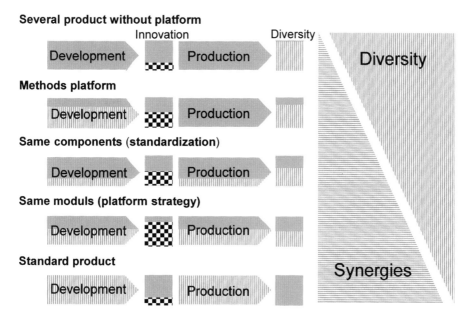

Fig. 4: Challenges of platform development projects
Source: Harland and Uddin (2013b).

Companies often struggle to find a way to address multiple markets with limited resources. A product platform could be one of the best options to cover multiple market segments. Meyer and Lehnerd (1997) propose a market segment model which shows that a product platform-enabled organisation can cover different market segments with vertical, horizontal and beachhead approaches. Another challenge is the combination of platform strategies (multilayer, multi-company): By combining multilayer platforms or by sharing platform development with other companies, even greater synergy effects might be reached.

However, considering the high investments in PPDP, these platforms might create a barrier for innovation as companies are tempted to wait until the return on investment of the last platform generation is reached, and introducing a platform to several stakeholders requires some effort.

PPDP can have many positive effects; nevertheless they are not free of risk. For example, Tatikonda (1999) described platform projects as highly uncertain in comparison to derivative projects considering the perspective of the organizational information process theory. Furthermore, Halman et al. (2003) argue that firms have insufficient knowledge about the risks of PPDP and the ways to handle these risks. Although there are many similar risks in product platform development and product development projects, they are slightly different. Both types of projects have regular project management risks such as failing targets in terms of quality, time, and budget. But the output of a platform development project often has only a limited, internal market. So platform project leaders might face the risk of missing the requirement specifications of future derivative product projects. Platform projects fail if the platform is not used by derivative projects within the company. In addition, the effects of decisions within the PPDP have a wider range of coverage – in terms of time (until the start of production) and of product lines. Therefore, platform projects are challenging and have a high investment risk (Harland and Uddin, 2013b).

However, the long planning horizon, the indirect risks of platform-based product development projects (PBPDP), and the long usage time of product platforms make PPDP special. Harland and Uddin (2013a) have identified risks specific to product platform development, such as platform obsolescence risks, long range planning risks (especially regarding customer requirements), risks of too little distinctiveness of products, misfit of certain customer requirements risks and overdesign risks. They have categorized these risks into three categories: Risks in setting up PPDP, risks involved within PPDP, and risks arising from the implementation of product platforms within PBPDP. There are also additional risks which can be described as failing to achieve the objectives of projects e.g. failing to reduce costs or time to market (Harland and Uddin, 2013a).

Harland and Uddin (2013a) propose a framework to mitigate the specific risks in product platform development risks. They argue that the risks of platform projects have their own characteristics and require a more future-oriented mind-set. To successfully adapt the risk management framework, emphasis has to be given to both direct risks of platforms as well as indirect risks of platform-based products. It is also necessary to adopt more proactive approaches to risk management, to consider longer time spans for prediction of platform risks, and to secure a reliable system of risk reporting usable for PBPDP after finalizing the PPDP.

PPDP face specific challenges especially due to uncertainty about customer requirements. Tactical and practical reasons limit the integration of customers – nevertheless, it is important for the success of the project.

4 Customer integration in product platform development projects

As explained above, the economic consequences of a platform failure due to lack of knowledge related to future customer requirements is more serious compared to a derivative product failure. The main aspects of integrating customers into the development of product platforms are first to evaluate future customer requirements within early project phases, and second to integrate customers into the value creation by allowing them to specify their wishes and preferences, which will lead to more customer satisfaction and loyalty (Kleinaltenkamp,

1997; Kleinaltenkamp et al., 2008). A third aspect of integrating customers into the development of product platforms is to enhance and fine-tune the sales strategy.

In some cases, the integration of the customer into the development activities is essential e.g. for the identification of so-called "soft attributes". Examples for "soft-attributes" can be comfort or design attributes of a product which are significant contributors to product value. These soft attributes can hardly be predicted by an engineering analysis, but can easily be quantified by customer surveys or workshops (De Weck, 2006). The challenge here is to find the right customers who can specify in detail their future needs and preferences in advance (Baaken, 1990; von Hippel, 1992). The lead user concept identifies strategically important customers who are familiar with future conditions and requirements, and their viewpoint is most likely to become the general one in the future market (von Hippel, 1986; Baaken, 1990; Baaken and Bobiatynski, 2002). According to Tatikonda (1999, p. 6) "platform products are intended for newer markets more often than derivative products", which makes it essential to integrate customers into the platform development process. Only a few authors (Moore et al., 1999; Stone et al., 2008; Kumar et al., 2009) broach the issue of customer integration into platform development. For example, Moore et al. (1999) combine multiple conjoint analyses within platform development to achieve the optimal platform. The identified platform focuses on the product functionality where the customers' willingness to pay is approved. Multiple customers are integrated systematically to evaluate their future wishes and preferences for planned product derivatives. Furthermore, Kumar et al. (2009) use mathematical demand models to subsequently adjust the platform basis and variable modules. The customers have to choose between alternatives which are then analyzed to identify similarities within the desired product attributes using nested logit demand models. Another approach integrating customers systematically into the development of a product platform is provided by Stone et al. (2008). Their approach considers responses of multiple customers about future product preferences which are combined and analyzed using the proposed frequency and weight approach. The approach of Luo et al. (2010) combines optimization methods with early customer information as input, which results in a scale-based product platform. Within their approach the customers are integrated into the platform development using the procedural methods of Quality Function Deployment (QFD).

As shown in the paragraphs above, a vast number of articles that form part of the current platform development literature have considered the integration of customers, mainly to identify future requirements. There are three main decisions within platform development projects that relate to the integration of customers' (Harland and Yörür, 2011). The first decision, in line with current platform literature, refers to the identification of the customers' future requirements.

The second decision deals with the integration of customers into the development process, which can result in better value creation within platform projects. The challenge is to identify the strategically important and also representative customers that should be integrated. The third decision refers to the integration of the customers into early sales activities. The challenge is to evaluate the customers' willingness to pay for product features and product functions, long before the product becomes available on the market.

5 Conclusion

Introducing product platforms is a strategy for firms to develop and produce their products economically with the required product variety and functionality. Customers play an important role within PPDP. Depending on the stage of the platform project and the time left until the start of production, customers should be integrated into platform development projects, bearing in mind the unique platform-related decisions which have to be made and the unique platform-related effects which can be achieved. Tasks, challenges, decisions and risks in PPDP are specific.

PPDP are special compared to other product development projects in the sense that they require a future-oriented mind-set considering all possible technology and market changes. The product platform itself is not static but has to be adjusted through generations. Certain positive effects are achievable if proper decisions and plans are adopted. On the other hand, the possible risks of product platforms can be minimized if specific aspects of the product platform are incorporated in the risk management process. Therefore, learning about the characteristics of product platforms and finding possible ways to integrate customers into platform development projects help companies to utilize the customer requirements in every step of the development and therefore improve the benefits which can be gained through product platforms.

References

Baaken, T. (1990): Technologie-Marketing. In: Kliche, M.; Baaken, T; Pörner, R. (Eds.): Investitionsgütermarketing. Positionsbestimmung und Perspektiven, Wiesbaden: Gabler, pp. 289-309.

Baaken, T.; Bobiatynski, E. (2002): Customer Relationship Management - Erhöhung der Kundenbindung durch Kommunikation. In: Baaken, T.; Busche, M.; Ginter, T.; u.a. (Eds.): Business-to-Business-Kommunikation: Neue Entwicklungen im B2B-Marketing, Erich Schmidt Verlag: Berlin, pp. 11-30.

Ben-Arieh, D.; Easton, T.; Choubey, A. M. (2009): Solving the multiple platforms configuration problem. In: International Journal of Production Research, 47(7), pp. 1969-1988.

Cooper, R. G. (2001): Winning At New Products – Accelerating The Process From Idea To Launch, 3rd Edition, Basic Books, Perseus Books: Massachusetts.

Cusumano, M. A.; Gawer, A. (2002): The Elements of Platform Leadership. In: MIT Sloan Management Review, 43(3), pp. 51-58.

De Weck, O. L. (2006): Determining Product Platform Extent. In: Simpson, T. W.; Siddique, Z.; Jiao, J. R. (Eds.): Product Platform and Product Family Design – Methods and Applications, 1st Edition, Springer Science & Business Media: New York, pp. 241-301.

Halman, J. M.; Hofer, A. P.; Van Vuuren, W. (2003): Platform-Driven Development of Product Families: Linking Theory with Practice. In: Journal of Product Innovation Management, 20(2), pp. 149-162.

Harland, P. E.; Uddin, A. H. M. Z. (2013a): Risk Management in Product Platform Development Projects. In: Proceedings of the 20th International Product Development Management Conference, June 23-25, 2013, Paris, France.

Harland, P. E.; Uddin, A. H. M. Z. (2013b): Characteristics of Product Platform Development Projects. In: Proceedings of the 11th Liberec Economic Forum, September 16-17, 2013, Liberec, Czech Republic.

Harland, P. E.; Yörür, H. (2011): Platform Variants Funnel: A Flexible Decision Framework Allowing Technical Uncertainty and Step-by-Step Customer Integration. In: Proceedings of the 5th European Conference on Management of Technology, EuroMOT2011, September 18-20, 2011, Tampere, Finland.

Karlsson, C.; Sköld, M. (2007): Counteracting Forces in Multi-branded Product Platform Development. In: Creativity and Innovation Management, 16(2), pp.133-141.

Kim, J.; Wong, V.; Eng, T. (2003): The impact of platform-based product development proficiencies on product family success. In: Journal of Strategic Marketing, 11(4), pp. 255-269.

Kleinaltenkamp, M. (1997): Kundenintegration. In: WiST, 26(7), pp. 350-354.

Kleinaltenkamp, M.; Griese, I.; Klein, M. (2008): Wie Kundenintegration effizient gelingt. In: Marketing Review St. Gallen, 25(2), pp. 40-43.

Koen, P. A. (2005): The Fuzzy Front End For Incremental, Platform, And Breakthrough Product. In: Kahn, K. B.; Castellion, G.; Griffin, A. (Eds.): The PDMA Handbook of New Product Development, 2nd Edition, John Wiley & Sons, Inc: Hoboken, New Jersey, pp. 81-91.

Kumar, D.; Chen, W.; Simpson, T. W. (2009): A market-driven approach to product family design. In: International Journal of Production Research, 47(1), pp. 71-104.

Luo, X.; Tang, J.; Kwong, C. K. (2010): A QFD-based optimization method for a scalable product platform. In: Engineering Optimization, 42(2), pp. 141-156.

McGrath, M. E. (1995): Product Strategy for High-Technology Companies: How to achieve growth, competitive advantage, and increased profits, McGraw-Hill: New York, NY.

Meyer, M. H.; Lehnerd, A. P. (1997): The Power of Product Platforms: Building Value and Cost Leadership, The Free Press: New York, NY.

Meyer, M. H.; Utterback, J. M. (1993): The Product Family and the Dynamics of Core Capability. In: Sloan Management Review, 13(3), pp. 29-47.

Moore, W. L.; Louviere, J. J.; Verma, R. (1999): Using Conjoint Analysis to Help Design Product Platforms. In: Journal of Product Innovation Management, 16(1), pp. 27-39.

Muffatto, M.; Roveda, M. (2000): Developing product platforms: analysis of the development process. In: Technovation, 20(11), pp. 617-630.

Robertson, D.; Ulrich, K. T. (1998): Planning for Product Platforms. In: Sloan Management Review, 39(4), pp. 19-31.

Sanderson, S.; Uzumeri, M. (1995): Managing product families: The case of the Sony Walkman. In: Research Policy, 24(5), pp. 761-782.

Sawhney, M. S. (1998): Leveraged High-Variety Strategies: From Portfolio Thinking to Platform Thinking. In: Journal of the Academy of Marketing Science, 26(1), pp. 54-61.

Specht, G.; Beckmann, C.; Amelingmeyer, J. (2002): Kompetenz im Innovationsmanagement F&E-Management, 2nd Edition, Schäffer-Poeschel Verlag: Stuttgart.

Stone, R. B.; Kurtadikar, R. M.; Villanueva, N.; Arnold, C. B. (2008): A customer needs motivated conceptual design methodology for product portfolio planning. In: Journal of Engineering Design, 19(6), pp. 489-514.

Tatikonda, M. V. (1999): An Empirical Study of Platform and Derivative Product Development Projects. In: Journal of Product Innovation Management, 16(1), pp. 3-26.

von Hippel, E. (1986): Lead Users: An Important Source of Novel Product Concepts. In: Management Science, 32(7), pp. 791-805.

von Hippel, E. (1992). Adapting Market Research to The Rapid Evolution of Needs for New Products and Services. Massachusetts. Working Paper No. 3374-92-BPS, Sloan School of Management,

Wheelwright, S. C.; Clark, K. B. (1992): Revolutionizing Product Development: Quantum Leaps in Speed, Efficiency, and Quality, Free Press: New York, NY.

Short biographies of authors

Peter E. Harland is an endowed junior professor in innovation management and entrepreneurship at the International Institute Zittau, a central unit of the Technische Universität Dresden (Germany). Before that, he worked as a postdoc at the Technische Universität, München (Germany) and as a research assistant at the Technische Universität, Darmstadt (Germany). He holds a PhD in innovation management and a joint master's degree in electrical engineering and business administration from the Technische Universität, Darmstadt. His research interests cover various topics in the field of innovation management, especially product platform concepts, service innovation, product management and idea generation.

Zakir Uddin is a research assistant and PhD candidate at the International Institute Zittau (IHI Zittau) of the Technische Universität, Dresden. He holds a master's degree in technology and innovation management from the Brandenburg University of Technology (BTU Cottbus, Germany). His research focuses on the evaluation of product platforms with respect to their effects and possible influencing factors.

Haluk Yörür is PhD candidate at the International Institute Zittau (IHI Zittau) of the Technische Universität, Dresden. From the University of Applied Sciences Karlsruhe he holds a diploma in mechatronics. He is a technology manager and research engineer working for Robert Bosch GmbH. His research focuses on the front-end phases of flexible product platform development projects in a business to business context.

Kapitel 5
Markenmanagement und Kommunikation im OM

Chapter 5
Brand Management and Communication in OM

B-to-B-Branding – Aktuelle Entwicklungen in der Forschung und Praxisempfehlungen

Martin Klarmann und Sophie Fleischmann

In the last decade, researchers and companies have become increasingly interested in branding in B-to-B markets. This paper starts by outlining the specifics of carrying out branding in B-to-B environments. It proceeds by giving a brief overview of academic research in this area. Building on this, the authors suggest avenues for future research and give some recommendations for B-to-B branding practices.

In den letzten zehn Jahren ist das Interesse von Forschung und Praxis an Branding-Fragestellungen in B-to-B-Märkten immer mehr gestiegen. Vor diesem Hintergrund gibt der vorliegende Beitrag einen Überblick über zentrale Besonderheiten des B-to-B-Branding sowie bereits untersuchte Forschungsfelder in diesem Bereich. Darauf aufbauend werden Ansatzpunkte für die zukünftige Forschung entwickelt und Praxisempfehlungen abgeleitet.

1 Einleitung

Verglichen mit der Aufmerksamkeit für Branding in Business-to-Consumer (B-to-C)-Kontexten wurde das Thema „Marken" auf Business-to-Business (B-to-B)-Märkten lange Zeit fast ignoriert – in Forschung und Unternehmenspraxis gleichermaßen. Bis in die 1990er Jahre hinein beschäftigten sich Forschungsbeiträge nur sehr vereinzelt mit B-to-B-Branding. Seitdem hat sich das Interesse an Fragen der Markenführung in B-to-B-Umgebungen aber kontinuierlich verstärkt.

Gleichzeitig haben auch viele auf B-to-B-Märkten aktive Unternehmen ihre Markenführung deutlich professionalisiert. Aktuell sind drei der zehn wertvollsten Marken der Welt (gemessen über den Interbrand-Ansatz) reine B-to-B-Marken: General Electric, IBM und Intel (vgl. Interbrand, 2013).

Man kann deshalb davon sprechen, dass die Forschung zu B-to-B-Marken in eine Konsolidierungsphase eingetreten ist. Hiervon zeugen zunächst einmal eine Reihe aktueller Überblicksartikel (vgl. Leek/Christodoulides, 2011a; Glynn, 2012; Herbst et al., 2012; Keller/Kotler, 2012; Keränen et al., 2012). Weitere Indizien sind eine Sonderausgabe von „Industrial Marketing Management" (vgl. Leek/Christodoulides, 2011b) und das Erscheinen spezifischer Handbücher zum Thema (vgl. z.B. Baumgarth, 2010; Masciadri/Zupancic, 2013).

Auch dieser Beitrag hat das Ziel, zur Konsolidierung der Forschung zum B-to-B-Branding beizutragen. Im nächsten Abschnitt werden dafür die zentralen Besonderheiten aufgeführt, die die Übertragung etablierter B-to-C-Branding-Konzepte erschweren. Anschließend wird ein kurzer Überblick über die bestehende Literatur zum Thema gegeben. Daraufhin werden einige interessante Fragestellungen für die zukünftige B-to-B-Markenforschung identifiziert. Schließlich werden sieben Empfehlungen zur B-to-B-Brandingpraxis entwickelt.

2 Besonderheiten und Relevanz des Branding in B-to-B-Märkten

B-to-B-Märkte weisen im Vergleich zu B-to-C--Märkten diverse Besonderheiten auf, die spezifische Herausforderungen für das Markenmanagement darstellen (vgl. z.B. Backhaus/Voeth, 2010, S. 7ff., S. 171f.; Homburg/Totzek, 2011, S. 16f.). Tabelle 1 gibt einen Überblick über diese Besonderheiten sowie die damit einhergehenden markenpolitischen Konsequenzen und Herausforderungen.

Die Nachfrage in B-to-B-Märkten ist nicht wie in B-to-C-Märkten originär, sondern **abgeleitet**. So müssen Zulieferunternehmen bei Markenentscheidungen sowohl direkte als auch indirekte Kunden berücksichtigen (vgl. Baumgarth, 2004, S. 803; Homburg, 2012, S. 1027). Dem Ingredient Branding (vgl. Tunder/Behre, 2010) kommt dabei eine besondere Rolle zu. So kann hiermit nicht nur für den Kunden sondern auch für die Kunden des Kunden ein Mehrwert geschaffen werden (vgl. Backhaus/Voeth, 2010, S. 275). Bei Kunden auf Industriegütermärkten handelt es sich um **organisationale Nachfrager**, d.h. andere Unternehmen sowie nicht kommerzielle und staatliche Institutionen (vgl. Backhaus/Sabel, 2004, S. 789; Baumgarth, 2004, S. 802). Aufgrund der unterschiedlichen Ansprüche der einzelnen Gruppen gibt es meist keine alleinige Markenstrategie, die den Anforderungen aller Zielgruppen entspricht.

Das organisationale Kaufverhalten ist in der Regel durch **Multipersonalität** gekennzeichnet. Besonders wichtig ist für Unternehmen hierbei die Analyse der Einflussstärke einzelner Buying Center-Mitglieder (vgl. Homburg, 2012, S. 1028) sowie deren wahrgenommene Markenwichtigkeit und der empfundene Nutzen der Marke (vgl. Baumgarth, 2004, S. 803). So wird einer Marke bei Mehrpersonenentscheidungen neben einem harmonisierenden Effekt auch eine erleichterte Mehrheitsfähigkeit zugesprochen (vgl. Backhaus/Sabel, 2004, S. 790). Aufgrund meist hoher finanzieller Investitionen, werden Entscheidungen in B-to-B-Märkten tendenziell **rational** getroffen. Daher liegt der Fokus zum einen auf der Leistung des Produkts (vgl. Homburg, 2012, S. 1030) und zum anderen auf internen und externen **formalen Vergaberichtlinien**, wie z.B. Ausschreibungen (vgl. Backhaus/Sabel, 2004, S. 789). Der hedonische wie auch der symbolische Nutzen einer Marke verliert dadurch folgerichtig meist an Einfluss (vgl. z.B. Brown et al., 2011, S. 194; Schmitt, 2011, S. 158f.).

Tab. 1: Branding-Besonderheiten in B-to-B-Märkten

Besonderheit	Ausgewählte markenpolitische Konsequenzen und Herausforderungen
Abgeleiteter Charakter der Nachfrage	▪ Markenführung auf mehreren Nachfragestufen relevant (z.B. „Ingredient Branding")
Organisationale Nachfrager	▪ Erschwerte Konzeption einer optimalen Branding-Strategie durch teilweise sehr kleine und unterschiedliche Zielgruppen
Multipersonalität	▪ Analyse von Markenwichtigkeit und Nutzen durch Marken für verschiedene Buying Center-Mitglieder wichtig ▪ Harmonisierender Effekt sowie erleichterte Mehrheitsfähigkeit bei Gruppenentscheidungen durch eine Marke
Hoher Grad an Rationalität und Formalisierung bei Kaufentscheidungen	▪ Reduzierter hedonischer und symbolischer Nutzen von Marken
Hoher Individualisierungsgrad	▪ Tendenz zur Dachmarkenstrategie
Multiorganisationalität	▪ Wichtigkeit der eindeutigen Zuordnung von Marken zu Unternehmen innerhalb von Allianzen
Bedeutung von Dienstleistungen	▪ Hohe Bedeutung der Risikoreduktion durch Marken
Langfristigkeit von Geschäftsbeziehungen	▪ Sicherheit im Hinblick auf die Kontinuität von Geschäftsbeziehungen und der Kompatibilität von Leistungen des Anbieters durch eine Marke
Hoher Grad der persönlichen Interaktion	▪ Vertriebs- und Servicemitarbeiter als zentrale Markenbotschafter ▪ Optimale Führung eines Verkaufsgesprächs abhängig von der Markenstärke

Quelle: Eigene Darstellung in Anlehnung an Backhaus/Sabel (2004), S. 781ff., Baumgarth (2004), S. 802ff., Backhaus/Voeth (2010), S. 7ff., S. 171f., Homburg et al. (2010), S. 207f., Homburg/Totzek (2011), S. 16f. und Homburg (2012), S. 1027ff.

Die Auftragsfertigung stellt einen wichtigen Aspekt auf Industriegütermärkten dar (vgl. Backhaus/Sabel, 2004, S. 790). Der damit einhergehende **hohe Individualisierungsgrad** in diesen Märkten führt häufig zu der Verwendung einer Dachmarkenstrategie bei B-to-B-Unternehmen (vgl. Richter, 2007, S. 170f.). Meist sind am Beschaffungsprozess in B-to-B-Märkten neben Anbieter und Nachfrager noch weitere Unternehmen beteiligt (vgl. Homburg, 2012, S. 1031). Diese **Multiorganisationalität** erschwert meist die eindeutige Zuordnung von Marken innerhalb von Allianzen (vgl. Campbell et al., 2010, S. 712).

Produktbegleitende industrielle **Dienstleistungen** spielen eine immer größere Rolle. Sie werden von Kunden auf der Suche nach allumfassenden Problemlösungen gefordert (vgl. Backhaus/Voeth, 2010, S. 9), jedoch von vielen Unternehmen auch deshalb eingesetzt, um sich vom Wettbewerb zu differenzieren (vgl. Homburg/Totzek, 2011, S. 16). Eine Marke kann in diesem Zusammenhang vor allem bei Dienstleistungen zu einer Reduktion des wahrgenommenen Risikos für die Unternehmen führen, da diese die Angebote verschiedener Zulieferunternehmen auf eine Art und Weise vergleichbar macht (vgl. Bengtsson/ Servais, 2005, S. 708; Homburg/Schmitt, 2010, S. 6ff.).

Die **Langfristigkeit von Geschäftsbeziehungen** stellt eine sehr wichtige Besonderheit in B-to-B-Märkten dar. Eine Marke gibt dem Kunden vor diesem Hintergrund Sicherheit im Hinblick auf die Kontinuität der Geschäftsbeziehungen und der Kompatibilität der Leistungen des Anbieters (vgl. Backhaus/Sabel, 2004, S. 790). **Persönliche Kontakte** zwischen Anbieter und Nachfrager sind im Rahmen organisationalen Kaufverhaltens fast ausnahmslos die Regel. So werden Vertriebsmitarbeiter wichtige Botschafter einer Marke, die ihr Verhalten bei organisationalen Kaufentscheidungen optimal anpassen sollten, um bestmögliche Erfolge zu erzielen (vgl. Baumgarth, 2004, S. 802).

Trotz einiger empirischer Untersuchungen zur Relevanz von Marken in B-to-B-Märkten, ist diese bis heute noch nicht eindeutig und variiert in verschiedenen Studien (vgl. z.B. Wolf/Brusendorf, 2013, S. 105ff.). In der Literatur werden Marken teilweise als irrelevant (vgl. z.B. Saunders/Watt, 1979, S. 122), teilweise als relevant (vgl. z.B. Homburg et al., 2008, S. 290ff.) und vereinzelt als sehr relevant (vgl. z.B. Mudambi et al., 1997, S. 441f.) klassifiziert. Hauptgrund hierfür ist der in den Studien meist sehr spezifische Kontext. So konnte bereits gezeigt werden, dass die Relevanz von Marken in B-to-B-Märkten je nach Branche (vgl. Donnevert, 2009, S. 146ff.; Backhaus et al., 2011, S. 1087), Segmentzugehörigkeit (vgl. Mudambi, 2002, S. 530), Wettbewerbsintensität (Zablah et al. 2010, S. 254ff.), Risikosituation für den Kunden (vgl. Brown et al., 2011, S. 202) sowie Wichtigkeit des Kaufs (vgl. Brown et al., 2012, S. 513ff.) variiert.

3 Kurzer Literaturüberblick zum B-to-B-Markenmanagement

Im Folgenden wird ein strukturierter Forschungsüberblick über ausgewählte Arbeiten zu zentralen Aspekten des B-to-B-Markenmanagements gegeben. Detailliertere Literaturüberblicke finden sich z.B. bei Leek/Christodoulides (2011a), Glynn (2012) und Herbst et al. (2012). Der Überblick orientiert sich an den Entscheidungsfeldern des Markenmanagements (Markenstrategie, Markenauftritt, Markenkontrolle, vgl. Homburg, 2012).

Ausgeklammert wird dabei die Markenverankerung. Auch hierzu gibt es vereinzelte Forschungsarbeiten (vgl. z.B. Baumgarth/Schmidt, 2010; Sheikh/Lim, 2011). Gegenstand solcher Untersuchungen sind u.a. die Rolle von Managern (vgl. Aspara/Tikkanen, 2008), die aktive Einbindung von Mitarbeitern (vgl. Mitchell, 2002) sowie die Bedeutung von Markenmanagement-Systemen (vgl. Lee et al., 2008; Santos-Vijande et al., 2013).

3.1 Markenstrategie

Die Literatur zur Markenstrategie betont die Wichtigkeit einer langfristigen Ausrichtung von Unternehmen in diesem Bereich (vgl. z.B. Kotler/Pfoertsch, 2007, S. 360). Wichtige Forschungsfelder sind die Kreation vs. Akquisition von Marken (vgl. z.B. Mahajan et al., 1994; Lambkin/Muzellec, 2010), der Zeitpunkt des Markeneintritts i.S.v. Vorreiter- und Nachahmermarken (vgl. Alpert et al., 1992) sowie die Wahl von Zulieferunternehmen basierend auf z.B. deren Image (vgl. z.B. Blombäck/Axelsson, 2007; Wuyts et al., 2009).

3.1.1 Markenreichweite

Der Fokus der B-to-B-Literatur zur Markenreichweite liegt weniger auf der geographischen, als auf der vertikalen und der kooperationsbezogenen Reichweite (vgl. z.B. Desai/Keller, 2002; Dahlstrom/Dato-On, 2004). Im Interesse der Forscher stehen dabei vor allem das Ingredient Branding (vgl. Erevelles et al., 2008; Ghosh/John, 2009) sowie das in Kooperation mit anderen Unternehmen durchgeführte Cobranding (vgl. Bengtsson/Servais, 2005).

3.1.2 Markenpositionierung

Im Rahmen der Markenpositionierung betrachten aktuelle Forschungsarbeiten in großer Vielfalt die Konzeption einer Markenposition. Besonderes Interesse wird Persönlichkeitscharakteristika (vgl. Herbst/Merz, 2011, S. 1078; Veloutsou/ Taylor, 2012, S. 902ff.), Nutzenaspekten (vgl. z.B. Glynn et al., 2007, S. 403ff.; Homburg/Schmitt, 2010, S. 6f.), Positionierungsdimensionen (vgl. Richter, 2007, S. 175f.) und Kontextfaktoren wie z.B. Unternehmensstrukturen (vgl. Mudambi et al., 1997, S. 441f.; Kalafatis et al., 2000, S. 423f.) gewidmet.

3.1.3 Markenarchitektur

Die Forschung zu B-to-B-Markenarchitekturen beschäftigt sich mit Familien-, Dach- und Einzelmarken (vgl. Muylle et al., 2012). Besonderes Augenmerk liegt jedoch auf der sehr häufig in Unternehmen angewendeten Dachmarkenstrategie (vgl. Rao et al., 2004, S. 137; Kuhn et al., 2008, S. 45) sowie teilweise auch der segmentbezogenen Markendifferenzierung (vgl. Richter, 2007, S. 176).

3.2 Markenauftritt

Aktuelle Forschungsarbeiten zum Markenauftritt beschäftigen sich vorrangig mit der Ausrichtung und dem Konzept (vgl. z.B. Mcquiston, 2004; Leischnig/Enke, 2011). Berücksichtigung finden aber auch Einflussfaktoren. Hierzu zählen Unternehmensinterne aber auch externe Dritte wie z.b. Kunden, soziale Medien und Geschäftsbeziehungen (vgl. Mäläskä et al., 2011).

3.2.1 Markierung

Die Forschung zur Markierung in B-to-B-Märkten fokussiert sich auf den Markennamen. Im Fokus sind dabei der Prozess der Namensgebung und die beteiligten Parteien (vgl. Shipley/Howard, 1993; Michell et al., 2001, S. 420f.). Auch die mit dem Markennamen verfolgten Ziele wie z.B. die Abgrenzung vom Wettbewerb (vgl. Sinclair/Seward, 1988, S. 28ff.) oder die Performancesteigerung (vgl. Horsky/Swyngedouw, 1987) finden Berücksichtigung. Zudem werden mit dem Markennamen einhergehende Gefahren diskutiert (vgl. Low/Blois, 2002, S. 388f.).

3.2.2 Marketinginstrumente

Forschung zu Marketinginstrumenten betrachtet bislang vor allem den Vertrieb. So erfordert eine erfolgreiche B-to-B-Markenkommunikation Vertriebsstrategien, welche die Markenwerte des Unternehmens integrieren und sich optimal den Ansprüchen organisationaler Kunden anpassen (vgl. Lynch/De Chernatony, 2007, S. 126ff.). Untersucht werden hierzu in erster Linie der Einfluss von Persönlichkeit und Verhalten von Vertriebsmitarbeitern auf den Aufbau und Erhalt einer starken B-to-B-Marke (vgl. Gordon et al., 1991, S. 40; Baumgarth/Binckebanck, 2011, S. 491f.). Zudem betrachten immer mehr Forscher die Relevanz sozialer Netzwerke für das B-to-B-Branding (vgl. Andersen, 2005; Michaelidou et al., 2011). Neben neuen Medien wird aber auch die klassische Kommunikation betrachtet (vgl. z.B. Gilliland/Johnston, 1997; Jensen/Jepsen, 2007).

3.3 Markenkontrolle/Markenerfolg

Die Messung des Markenerfolgs wird in der Literatur hinsichtlich potenzialbezogener, markterfolgsbezogener und wirtschaftlicher Erfolgsgrößen vorgenommen (vgl. Homburg, 2012, S. 630). Dabei sind die Markenbekanntheit (vgl. z.B. Yoon/Kijewski, 1996, S. 28; Davis et al., 2008, S. 223f.; Schmitt, 2011, S. 154ff.), das Markenimage (vgl. z.B. Selnes, 1993, S. 28ff.; Cretu/Brodie, 2007, S. 236) und markenbezogene Einstellungen bei den Nachfragern (vgl. z.B. Aaker/Jacobson, 2001, S. 491f.; Han/Sung, 2008, S. 813f.; Leek/Christodoulides, 2012, S. 109ff.) die am häufigsten verwendeten potenzialbezogenen Erfolgsgrößen. Die zentralen markterfolgsbezogenen Größen sind Marktanteil (vgl. z.B. Chaudhuri/Holbrook, 2001, S. 88ff.; Merrilees et al., 2011, S. 371ff.), Markenloyalität (vgl. z.B. Rauyruen et al., 2009, S. 181f.) und das Erzielen einer Preisprämie (vgl. z.B. Firth, 1993, S. 384f.; Bendixen et al., 2004, S. 377). Ebenfalls gemessen wird auch die Markenstärke (vgl. z.B. Michell et al., 2001, S. 421f.; Homburg et al., 2011, S. 805). Zu den betrachteten wirtschaftlichen Erfolgsgrößen zählen der mit der Marke erzielte Umsatz/Gewinn (vgl. z.B. Baldauf et al., 2003, S. 230ff.; Weerawardena et al., 2006, S. 42) sowie der Markenwert (vgl. z.B. Mudambi et al., 1997, S. 441f.).

4 Ausgewählte Ansatzpunkte für die zukünftige Forschung

Trotz der großen Anzahl an Studien, die gerade in den vergangenen Jahren zum Branding in B-to-B-Umfeldern durchgeführt wurden, sind noch viele Fragen offen. Eine schöne Systematisierung interessanter Forschungsfelder entwickeln Leek/Christodoulides (2011a, S. 835). Im Folgenden sollen drei Fragestellungen umrissen werden, die vielleicht ganz besondere Aufmerksamkeit verdienen.

1. *Welche Rolle spielen Marken in Entscheidungsprozessen von Gruppen?*
   Betrachtet man die bisherige Forschung zu B-to-B-Marken, so fällt auf, dass der Einfluss von Buying Center-Charakteristika bislang kaum erforscht ist. Zwar greifen zum Beispiel Homburg et al. (2010) Größe und Homogenität des Buying Center in ihrem Modell auf. Doch auch hier bleibt das Buying Center empirisch eine „Black Box".

   Es wäre wünschenswert, wenn zukünftige Forschung diesen Aspekt aufgreifen könnte. Auf diese Weise sollte auch eine – bislang weitestgehend fehlende – Integration der Buying Center-Forschung mit der sozialpsychologischen Forschung zu Gruppenentscheidungen realisiert werden. Es wäre interessant zu lernen, wie bestimmte Grundtendenzen im Gruppenentscheidungsverhalten, wie zum Beispiel die erhöhte Neigung zu extremen Entscheidungen (vgl. z.B. Isenberg, 1986) und die Bedeutsamkeit durch aller geteilter Informationen (vgl. z.B. Larson et al., 1994), mit Marken interagieren.

2. *Wie ändert sich die Markenwichtigkeit im Zeitablauf?* Die meisten der bislang durchgeführten empirischen Studien zu B-to-B-Marken basieren auf Querschnittsdaten. In der Zukunft könnte es sehr interessant sein, die Markenwichtigkeit mit Hilfe eines Längsschnittdatensatzes zu analysieren. Denkbar ist zum Beispiel, dass B-to-B-Marken (vielleicht im Gegensatz zu vielen B-to-C-Marken) ihre Wirkung vor allem bei Neuprodukten entfalten. Konkret wäre denkbar, dass im Zeitverlauf der Einfluss von Einkaufsabteilungen steigt – und damit Kostenerwägungen der Kunden immer wichtiger werden, zu Lasten der Bedeutung der Marke.

3. *In welchen Situationen ist welche Markenarchitektur optimal?* Unter den gewählten Markenarchitekturen nimmt bei B-to-B-Unternehmen die Dachmarke die stärkste Rolle ein (vgl. Richter, 2007). Generalisierbares Wissen zur Frage der optimalen Markenarchitektur fehlt jedoch. Bislang stehen vor allem Plausibilitätsüberlegungen zur Verfügung. Wünschenswert wäre deshalb Forschung, die die Interaktion von Markenarchitekturen mit den Rahmenbedingungen im Hinblick auf den Unternehmenserfolg theoretisch antizipiert und empirisch untersucht.

Zur Untersuchung dieser Sachverhalte ist methodische Kreativität gefordert. Einkaufsprozesse sind in vielen Unternehmen hochsensibel, gerade im Hinblick auf die Beschaffung teurer Ausrüstung. Die Datenbeschaffung ist so die größte Herausforderung in der B-to-B-Markenforschung. Ein möglicher Ausweg könnten Simulationen von B-to-B-Einkaufsentscheidungen in einem laborähnlichen Umfeld sein. Insbesondere wäre die Entwicklung von Planspielen denkbar, bei denen studentische Teams die Rolle von Unternehmen wahrnehmen und wiederholt Einkaufsentscheidungen treffen. Darüber hinaus könnte in der Kombination von Befragungen mit Experimenten eine mögliche methodische Vorgehensweise liegen. In einem anderen sensiblen Kontext (Massenentlassungen) wird dies zum Beispiel von Homburg et al. (2012) angewendet.

5 Wichtige Empfehlungen für die B-to-B-Branding-Praxis

Auch wenn noch reichlich Bedarf für Forschung besteht, zeichnen sich einige Implikationen für die Praxis bereits ab. Sieben davon werden kurz ausgeführt.

1. *Das Potenzial von Marken noch stärker ausreizen.* Die in diesem Beitrag angerissenen Studien illustrieren, dass zumindest in bestimmten Marktumfeldern, B-to-B-Marken einen Erfolgsbeitrag leisten. Unternehmen haben deshalb – sicherlich vor allem inspiriert durch starke B-to-B-Marken wie IBM, McKinsey, SAP und Trumpf – dem Thema mehr Beachtung geschenkt. Dennoch stehen viele B-to-B-Unternehmen eher am Anfang des Wegs. Das Erfolgspotenzial, das B-to-B-Branding bietet, kann noch viel stärker nutzbar gemacht werden. Die Entwicklung einer eindeutigen und

differenzierenden Markenpositionierung steht zum Beispiel in vielen Firmen noch aus.

2. *Im B-to-C-Kontext etablierte Branding-Konzepte nicht einfach auf B-to-B-Umfelder übertragen.* Sucht man nach Leitfäden zur Markenführung, so stößt man in der Regel sehr schnell auf sehr etablierte Werke. Die darin entwickelten Konzepte basieren nicht selten auf Best Practices in Unternehmen mit sehr wertvollen Marken auf B-to-C-Märkten, wie zum Beispiel Coca Cola, BMW oder Apple. Diese Konzepte lassen sich häufig nicht direkt in die B-to-B-Welt transferieren, da wichtige Markenfunktionen in der B-to-C-Welt (z.B. die symbolische Nutzung) nur in sehr seltenen Fällen übertragbar sind. In der Folge kann es sehr gut sein, dass einige populäre Instrumente – wie z.B. die Entwicklung einer Markenpersönlichkeit – in B-to-B-Umgebungen weniger zum Erfolg einer Marke beitragen.

3. *Die Markenpositionierung tendenziell auf Risikoreduktion ausrichten.* Aktuelle Studien (vgl. z.B. Homburg/Schmitt, 2010; Brown et al., 2011) verdeutlichen, dass in B-to-B-Märkten die Risikoreduktion bei der Beschaffung eine wesentliche Markenfunktion darstellt. Passende Werte (z.B. Tradition, Qualität, Genauigkeit) und Nutzenmerkmale sollten bei der Entwicklung einer B-to-B-Markenpositionierung auf jeden Fall berücksichtigt werden.

4. *Auf Dachmarken konzentrieren.* Eine wichtige strategische Markenentscheidung ist die Wahl der Markenarchitektur (vgl. Esch/Knörle, 2010). In der B-to-C-Welt herrscht hier eine große Vielfalt. Große Konsumgüterhersteller setzen oft auf Produktmarken. Für jede Produktfamilie werden eigene Markenkonzepte implementiert (z.B. bei Procter & Gamble mit Ariel, Gilette, Braun und vielen anderen Marken). Diese Strategie macht attraktiv, dass sie das Portfoliomanagement vereinfacht: Es ist einfacher, Produktfamilien weiterzuverkaufen. Für B-to-B-Umfelder sind solche Strategien dennoch oft nicht ratsam. Erstens ist die Individualisierung von Produkten sehr wichtig. Es kann einfach nicht klar sein, wofür Produktmarken final stehen. Zweitens schafft – wie gerade erwähnt – Risikoreduktion durch die Marke Kundennutzen. Dabei kommt es aber vor allem mehr auf allgemeine Kompetenzen des ganzen Unternehmens an. Drittens erleichtern Dachmarkenstrategien Cross-Selling (vgl. z.B. Schäfer, 2002). Dies gewinnt gerade beim Angebot ganzheitlicher Lösungen (vgl. z.B. Tuli et al., 2007) an Wichtigkeit.

5. *Für Produkte durchdachte Namensgebungskonzepte entwickeln.* In vielen B-to-B-Unternehmen herrscht auf Produktebene eine sehr große Variantenvielfalt. In solchen Umgebungen ist es eine zentrale Herausforderung, ein systematisches Konzept zur Namensgebung (nicht: Markenentwicklung)

individueller Produkte zu entwickeln. Ein Best Practice-Beispiel ist der Maschinenbauer Trumpf aus Ditzingen. Für verschiedene Produktfamilien existieren hier Gattungsmarken, die immer mit der Silbe "Tru" beginnen und so klar der Dachmarke zugeordnet sind. Mit Ziffern und Worten werden dann die spezifischen Eigenschaften der Maschinen genauer beschriebenen. Die "TruLaser 5030 fiber" ist so eine mittelgroße Laserschneidemaschine mit der neben Baustahl, Edelstahl und Aluminium auch Kupfer und Messing geschnitten werden können (vgl. Trumpf, 2013).

6. *Intern die Sensibilität für die Markenwichtigkeit erhöhen, insbesondere im Vertrieb.* Wie im zweiten Abschnitt bereits herausgearbeitet wurde, spielt der persönliche Verkauf in B-to-B-Umfeldern eine wesentlich größere Rolle als in den meisten B-to-C-Märkten. Kommunikationsbudgets sind in der Regel eher klein (vgl. zur Kommunikation in B-to-B-Märkten z.B. Baaken et al., 2002). So werden Vertriebsmitarbeiter oft zum zentralen Medium der Vermittlung der Markenidentität. Dabei haben in vielen Branchen die meisten Mitarbeiter im Kundenkontakt aber eine technische Ausbildung. Im Ergebnis besteht oft eine deutliche Skepsis gegenüber Marken und Branding.

Soll B-to-B-Branding erfolgreich sein, muss deshalb die Sensibilität von Vertriebsmitarbeitern für die Wichtigkeit von Marken erhöht werden. Spezifische Trainings, wie sie z.B. auch BMW regelmäßig durchführt (vgl. Krex, 2013), können hier eine wichtige Rolle spielen.

Eine Sensibilisierung für die Rolle von Marken ist auch noch aus einem anderen Grund wichtig. Homburg et al. (2011) finden heraus, dass nur bei starken Marken der Aufbau einer persönlichen Beziehung zu Kundenkontaktmitarbeitern die Kundenloyalität fördert.

7. *Markenwirkung messen.* In vielen deutschen B-to-B-Unternehmen ist die Skepsis gegenüber Marketing und Marketingkonzepten noch stark ausgeprägt. Umso wichtiger ist es, den Erfolg von Branding-Strategien auch quantitativ messbar zu machen. Bei der Umsetzung von B-to-B-Branding ist es deshalb sehr wichtig, gleich zu Beginn auch Kriterien zur Bewertung des Markenerfolgs zu definieren. Einen guten Überblick über entsprechende Verfahren bieten zum Beispiel Brandes/Biesalski (2010). Eine gute Option stellt diesbezüglich eine Quantifizierung des durch die Marke möglichen Preispremiums dar. Als Instrument bietet sich in diesem Zusammenhang die Conjoint Analyse an (vgl. z.B. Bendixen et al., 2004).

6 Zusammenfassung

Die Besonderheiten von B-to-B-Umfeldern führen dazu, dass sich erfolgreiche Konzepte des Markenmanagements aus B-to-C-Märkten nur schwer übertragen lassen. Als Resultat hat sich in den vergangenen Jahren eine lebendige Forschung zu B-to-B-Marken entwickelt. Dieser Beitrag trägt zu einer ersten Konsolidierung der Forschung in diesem Bereich bei. So werden einige zentrale Felder der bisherigen Forschung identifiziert und kurz charakterisiert. Es zeigt sich, dass einige wichtige Fragestellungen noch der Aufklärung harren. So wäre zum Beispiel eine stärkere Erforschung der Markenwirkung im Buying Center Kontext sehr wünschenswert. Dennoch zeichnen sich bereits jetzt einige klare Implikationen für die Praxis ab. Der Beitrag zeigt hiervon sieben auf, so z.B. eine stärkere Sensibilisierung der Vertriebsmitarbeiter für Marken und ihren Nutzen.

Quellenverzeichnis

Aaker, D.; Jacobson, R. (2001): The Value Relevance of Brand Attitude in High-Technology Markets. In: Journal of Marketing Research, 38(4), S. 485-493.

Alpert, F.; Kamins, M.; Graham, J. (1992): An Examination of Reseller Buyer Attitudes Toward Order of Brand Entry. In: Journal of Marketing, 56(3), S. 25-37.

Andersen, P. (2005): Relationship Marketing and Brand Involvement of Professionals Through Web-Enhanced Brand Communities: The Case of Coloplast. In: Industrial Marketing Management, 34(1), S. 39-51.

Aspara, J.; Tikkanen, H. (2008): Adoption of Corporate Branding by Managers: Case of a Nordic Business-to-Business Company. In: Journal of Brand Management, 16(1), S. 80-91.

Baaken, T. u.a. (Hrsg.) (2002): Business-to-Business-Kommunikation, Berlin.

Backhaus, K.; Sabel, D. (2004): Markenrelevanz auf Industriegütermärkten. In: Backhaus, K.; Voeth, M. (Hrsg.): Handbuch Industriegütermarketing: Strategien-Instrumente-Anwendungen, Wiesbaden, S. 779-797.

Backhaus, K.; Voeth, M. (2010): Industriegütermarketing, 9. Auflage, München.

Backhaus, K.; Steiner, M.; Lügger, K. (2011): To Invest, or Not to Invest, in Brands? Drivers of Brand Relevance in B2B Markets. In: Industrial Marketing Management, 40(7), S. 1082-1092.

Baldauf, A.; Cravens, K.; Binder, G. (2003): Performance Consequences of Brand Equity Management: Evidence from Organizations in the Value Chain. In: Journal of Product and Brand Management, 12(4), S. 220-236.

Baumgarth, C. (2004): Markenführung von B-to-B-Marken. In: Backhaus, K.; Voeth, M. (Hrsg.): Handbuch Industriegütermarketing: Strategien-Instrumente-Anwendungen, Wiesbaden, S. 799-823.

Baumgarth, C. (Hrsg.) (2010): B-to-B Markenführung: Grundlagen, Konzepte, Best Practice, Wiesbaden.

Baumgarth, C.; Binckebanck, L. (2011): Sales Force Impact on B-to-B Brand Equity: Conceptual Framework and Empirical Test. In: Journal of Product and Brand Management, 20(6), S. 487-498.

Baumgarth, C.; Schmidt, M. (2010): How Strong Is the Business-to-Business Brand in the Workforce? An Empirically-Tested Model of 'Internal Brand Equity' in a Business-to-Business Setting. In: Industrial Marketing Management, 39(8), S. 1250-1260.

Bendixen, M.; Bukasa, K.; Abratt, R. (2004): Brand Equity in the Business-to-Business Market. In: Industrial Marketing Management, 33(5), S. 371-380.

Bengtsson, A.; Servais, P. (2005): Co-Branding on Industrial Markets. In: Industrial Marketing Management, 34(7), S. 706-713.

Blombäck, A.; Axelsson, B. (2007): The Role of Corporate Brand Image in the Selection of New Subcontractors. In: Journal of Business and Industrial Marketing, 22(6), S. 418-430.

Brandes, F.; Biesalski, A. (2010): Marktforschung und Markenwertmessung von B-to-B-Marken. In: Baumgarth, C. (Hrsg.): B-to-B Markenführung: Grundlagen, Konzepte, Best Practice, Wiesbaden, S. 685-712.

Brown, B.; Zablah, A.; Bellenger, D.; Johnston, W. (2011): When Do B2B Brands Influence the Decision Making of Organizational Buyers? An Examination of the Relationship between Purchase Risk and Brand Sensitivity. In: International Journal of Research In Marketing, 28(3), S. 194-204.

Brown, B.; Zablah, A.; Bellenger, D.; Donthu, N. (2012): What Factors Influence Buying Center Brand Sensitivity? In: Industrial Marketing Management, 41(3), S. 508-520.

Campbell, C.; Papania, L.; Parent, M.; Cyr, D. (2010): An Exploratory Study into Brand Alignment in B2B Relationships. In: Industrial Marketing Management, 39(5), S. 712-720.

Chaudhuri, A.; Holbrook, M. (2001): The Chain of Effects from Brand Trust and Brand Affect to Brand Performance: The Role of Brand Loyalty. In: Journal of Marketing, 65(2), S. 81-93.

Cretu, A.; Brodie, R. (2007): The Influence of Brand Image and Company Reputation where Manufacturers Market to Small Firms: A Customer Value Perspective. In: Industrial Marketing Management, 36(2), S. 230-240.

Dahlstrom, R.; Dato-On, M. (2004): Business-to-Business Antecedents to Retail Co-Branding. In: Journal of Business-to-Business Marketing, 11(3), S. 1-22.

Davis, D.; Golicic, S.; Marquardt, A. (2008): Branding a B2B Service: Does a Brand Differentiate a Logistics Service Provider? In: Industrial Marketing Management, 37(2), S. 218-227.

Desai, K.; Keller, K. (2002): The Effects of Ingredient Branding Strategies on Host Brand Extendibility. In: Journal of Marketing, 66(1), S. 73-93.

Donnevert, T. (2009): Markenrelevanz: Messung, Konsequenzen und Determinanten, Wiesbaden.

Erevelles, S.; Stevenson, T.; Srinivasan, S.; Fukawa, N. (2008): An Analysis of B2B Ingredient Co-Branding Relationships. In: Industrial Marketing Management, 37(8), S. 940-952.

Esch, F.-R.; Knörle, C. (2010): Markenarchitekturstrategien in B-to-B-Märkten erfolgreich konzipieren und umsetzen. In: Baumgarth, C. (Hrsg.): B-to-B Markenführung: Grundlagen, Konzepte, Best Practice, Wiesbaden, S. 219-241.

Firth, M. (1993): Price Setting and the Value of a Strong Brand Name. In: International Journal of Research In Marketing, 10(4), S. 381-386.

Ghosh, M.; John, G. (2009): When Should Original Equipment Manufacturers Use Branded Component Contracts with Suppliers? In: Journal of Marketing Research, 46(5), S. 597-611.

Gilliland, D.; Johnston, W. (1997): Toward a Model of Business-to-Business Marketing Communications Effects. In: Industrial Marketing Management, 26(1), S. 15-29.

Glynn, M. (2012): Primer in B2B Brand-Building Strategies with a Reader Practicum. In: Journal of Business Research, 65(5), S. 666-675.

Glynn, M.; Motion, J.; Brodie, R. (2007): Sources of Brand Benefits in Manufacturer-Reseller B2B Relationships. In: Journal of Business and Industrial Marketing, 22(6), S. 400-409.

Gordon, G.; Calantone, R.; Dibenedetto, C. (1991): How Electrical Contractors Choose Distributors. In: Industrial Marketing Management, 20(1), S. 29-42.

Han, S.-L.; Sung, H.-S. (2008): Industrial Brand Value and Relationship Performance in Business Markets-A General Structural Equation Model. In: Industrial Marketing Management, 37(7), S. 807-818.

Herbst, U.; Merz, M. (2011): The Industrial Brand Personality Scale: Building Strong Business-to-Business Brands. In: Industrial Marketing Management, 40(7), S. 1072-1081.

Herbst, U.; Schmidt, N.; Ploder, S.; Austen, V. (2012): What Do We Know about B2B Branding in Marketing Research? A Comprehensive Status Quo Analysis. In: Proceedings of the 28th IMP-Conference (IMP 2012), Rome.

Homburg, C. (2012): Marketingmanagement: Strategie-Instrumente-Umsetzung-Unternehmensführung, 4. Auflage, Wiesbaden.

Homburg, C.; Jensen, O.; Richter, M. (2008): Die Kaufverhaltensrelevanz von Marken im Industriegüterbereich. In: Die Unternehmung - Swiss Journal of Business Research and Practice, 60(4), S. 281-296.

Homburg, C.; Klarmann, M.; Schmitt, J. (2010): Brand Awareness in Business Markets: When Is It Related to Firm Performance? In: International Journal of Research in Marketing, 27(3), S. 201-212.

Homburg, C.; Klarmann, M.; Staritz, S. (2012): Customer Uncertainty Following Downsizing: The Effects of Extent of Downsizing and Open Communication. Journal of Marketing, 76(3), S. 112-130.

Homburg, C.; Müller, M.; Klarmann, M. (2011): When Does Salespeople's Customer Orientation Lead to Customer Loyalty? The Differential Effects of Relational and Functional Customer Orientation. In: Journal of The Academy of Marketing Science, 39(6), S. 795-812.

Homburg, C.; Schmitt, J. (2010): Von Robotern und Emotionen. In: Harvard Business Manager, 9, S. 6-9.

Homburg, C.; Totzek, D. (Hrsg.) (2011): Preismanagement auf Business-to-Business-Märkten, Wiesbaden.

Horsky, D.; Swyngedouw, P. (1987): Does It Pay to Change Your Company's Name? A Stock Market Perspective. In: Marketing Science, 6(4), S. 320-335.

Interbrand (2013): Best Global Brands 2013, am 30.09.2013 abgerufen unter www.interbrand.com/de/best-global-brands/2013/Best-Global-Brands-2013.aspx.

Isenberg, D. (1986): Group Polarization: A Critical Review and Meta-Analysis. Journal of Personality and Social Psychology, 50(6), S. 1141-1151.

Jensen, M.; Jepsen, A. (2007): Low Attention Advertising Processing in B2B Markets. In: Journal of Business and Industrial Marketing, 22(5), S. 342-348.

Kalafatis, S.; Tsogas, M.; Blankson, C. (2000): Positioning Strategies in Business Markets. In: Journal of Business and Industrial Marketing, 15(6), S. 416-437.

Keller, K.; Kotler, P. (2012): 12 Branding in B2B Firms. In: Lilien, G.; Grewal, R. (Hrsg.): Handbook of Business-to-Business Marketing, Cheltenham [u.a.], S. 208-225.

Keränen, J.; Piirainen, K.; Salminen, R. (2012): Systematic Review on B2B Branding: Research Issues and Avenues for Future Research. In: Journal of Product and Brand Management, 21(6), S. 404-417.

Kotler, P.; Pfoertsch, W. (2007): Being Known or Being One of Many: The Need for Brand Management for Business-to-Business (B2B) Companies. In: Journal of Business and Industrial Marketing, 22(6), S. 357-362.

Krex, A. (2013): Auto-Didaktik, am 30.09.2013 abgerufen unter www.brandeins.de/archiv/2013/marken-und-glaubwuerdigkeit/auto-didaktik.html.

Kuhn, K.-A.; Alpert, F.; Pope, N. (2008): An Application of Keller's Brand Equity Model in a B2B Context. In: Qualitative Market Research, 11(1), S. 40-58.

Lambkin, M.; Muzellec, L. (2010): Leveraging Brand Equity in Business-to-Business Mergers and Acquisitions. In: Industrial Marketing Management, 39(8), S. 1234-1239.

Larson, J.; Foster-Fishman, P.; Keys, C. (1994): Discussion of Shared and Unshared Information in Decision-Making Groups. Journal of Personality and Social Psychology, 67(3), S. 446-461.

Lee, J.; Park, S.; Baek, I.; Lee, C.-S. (2008): The Impact of the Brand Management System on Brand Performance in B-B and B-C Environments. In: Industrial Marketing Management, 37(7), S. 848-855.

Leek, S.; Christodoulides, G. (2011a): A Literature Review and Future Agenda for B2B Branding: Challenges of Branding in a B2B Context. In: Industrial Marketing Management, 40(6), S. 830-837.

Leek, S.; Christodoulides, G. (2011b): Brands: Just For Consumers? Introduction to the Special Issue on B2B Branding. In: Industrial Marketing Management, 40(7), S. 1060-1062.

Leek, S.; Christodoulides, G. (2012): A Framework of Brand Value in B2B Markets: The Contributing Role of Functional and Emotional Components. In: Industrial Marketing Management, 41(1), S. 106-114.

Leischnig, A.; Enke, M. (2011): Brand Stability as a Signaling Phenomenon-An Empirical Investigation in Industrial Markets. In: Industrial Marketing Management, 40(7), S. 1116-1122.

Low, J.; Blois, K. (2002): The Evolution of Generic Brands in Industrial Markets: The Challenges to Owners of Brand Equity. In: Industrial Marketing Management, 31(5), S. 385-392.

Lynch, J.; De Chernatony, L. (2007): Winning Hearts and Minds: Business-to-Business Branding and the Role of the Salesperson. In: Journal of Marketing Management, 23(1-2), S. 123-135.

Mäläskä, M.; Saraniemi, S.; Tähtinen, J. (2011): Network Actors' Participation in B2B SME Branding. In: Industrial Marketing Management, 40(7), S. 1144-1152.

Mahajan, V.; Rao, V.; Srivastava, R. (1994): An Approach to Assess the Importance of Brand Equity in Acquisition Decisions. In: Journal of Product Innovation Management, 11(3), S. 221-235.

Masciadri, P.; Zupancic, D. (2013): Marken- und Kommunikationsmanagement im B-to-B-Geschäft: Clever Positionieren, erfolgreich Kommunizieren, 2., überarb. u. erw. Auflage, Wiesbaden.

Mcquiston, D. (2004): Successful Branding of a Commodity Product: The Case of RAEX LASER Steel. In: Industrial Marketing Management, 33(4), S. 345-354.

Merrilees, B.; Rundle-Thiele, S.; Lye, A. (2011): Marketing Capabilities: Antecedents and Implications for B2B SME Performance. In: Industrial Marketing Management, 40(3), S. 368-375.

Michaelidou, N.; Siamagka, N.; Christodoulides, G. (2011): Usage, Barriers and Measurement of Social Media Marketing: An Exploratory Investigation of Small and Medium B2B Brands. In: Industrial Marketing Management, 40(7), S. 1153-1159.

Michell, P.; King, J.; Reast, J. (2001): Brand Values Related to Industrial Products. In: Industrial Marketing Management, 30(5), S. 415-425.

Mitchell, C. (2002): Selling the Brand Inside. In: Harvard Business Review, 80(1), S. 99-105.

Mudambi, S. (2002): Branding Importance in Business-to-Business Markets: Three Buyer Clusters. In: Industrial Marketing Management, 31(6), S. 525-533.

Mudambi, S.; Doyle, P.; Wong, V. (1997): An Exploration of Branding in Industrial Markets. In: Industrial Marketing Management, 26(5), S. 433-446.

Muylle, S.; Dawar, N.; Rangarajan, D. (2012): B2B Brand Architecture. In: California Management Review, 54(2), S. 58-71.

Rao, V.; Agarwal, M.; Dahlhoff, D. (2004): How Is Manifest Branding Strategy Related to the Intangible Value of a Corporation?. In: Journal of Marketing, 68(4), S. 126-141.

Rauyruen, P.; Miller, K.; Groth, M. (2009): B2B Services: Linking Service Loyalty and Brand Equity. In: Journal of Services Marketing, 23(3), S. 175-186.

Richter, M. (2007): Markenbedeutung und -management im Industriegüterbereich: Einflussfaktoren, Gestaltung, Erfolgsauswirkungen, Wiesbaden.

Santos-Vijande, M.; Del Río-Lanza, A.; Suárez-Álvarez, L.; Díaz-Martín, A. (2013): The Brand Management System and Service Firm Competitiveness. In: Journal of Business Research, 66(2), S. 148-157.

Saunders, J.; Watt, F. (1979): Do Brand Names Differentiate Identical Industrial Products? Industrial Marketing Management, 8(2), S. 114-123.

Schäfer, H. (2002): Die Erschließung von Kundenpotentialen durch Cross-Selling: Erfolgsfaktoren für ein produktübergreifendes Beziehungsmanagement, Wiesbaden.

Schmitt, J. (2011): Strategisches Markenmanagement in Business-to-Business-Märkten: Eine branchenübergreifende Untersuchung, Wiesbaden.

Selnes, F. (1993): An Examination of the Effect of Product Performance on Brand Reputation, Satisfaction and Loyalty. In: European Journal of Marketing, 27(9), S. 19-35.

Sheikh, A.; Lim, M. (2011): Engineering Consultants' Perceptions of Corporate Branding: A Case Study of an International Engineering Consultancy. In: Industrial Marketing Management, 40(7), S. 1123-1132.

Shipley, D.; Howard, P. (1993): Brand-Naming Industrial Products. In: Industrial Marketing Management, 22(1), S. 59-66.

Sinclair, S.; Seward, K. (1988): Effectiveness of Branding a Commodity Product. In: Industrial Marketing Management, 17(1), S. 23-33.

Trumpf (2013): TruLaser 5030 Fiber, am 30.09.2013 abgerufen unter www.de.trumpf.com/produkte/werkzeugmaschinen/produkte/2-d-laserschneiden/laserschneidanlagen/trulaser-5030-fiber-5040-fiber.html.

Tuli, K.; Kohli, A.; Bharadwaj, S. (2007): Rethinking Customer Solutions: From Product Bundles to Relational Processes. Journal of Marketing, 71(3), S. 1-17.

Tunder, R.; Behre, S. (2010): Ingredient Branding. In: Baumgarth, C. (Hrsg.): B-to-B Markenführung: Grundlagen, Konzepte, Best Practice, Wiesbaden, S. 243-259.

Veloutsou, C.; Taylor, C. (2012): The Role of the Brand as a Person in Business to Business Brands. In: Industrial Marketing Management, 41(6), S. 898-907.

Weerawardena, J.; O'Cass, A.; Julian, C. (2006): Does Industry Matter? Examining the Role of Industry Structure and Organizational Learning in Innovation and Brand Performance. In: Journal of Business Research, 59(1), S. 37-45.

Wolf, A.; Brusendorf, C. (2013): Die Bedeutung von B2B-Marken im Kaufentscheidungsprozess industrieller Käufer. Marketing Review St. Gallen, 30(4), 101-114.

Wuyts, S.; Verhoef, P.; Prins, R. (2009): Partner Selection in B2B Information Service Markets. In: International Journal of Research in Marketing, 26(1), S. 41-51.

Yoon, E.; Kijewski, V. (1996): The Brand Awareness-to-Preference Link in Business Markets: A Study of the Semiconductor Manufacturing Industry. In: Journal of Business-to-Business Marketing, 2(4), S. 7-36.

Zablah, A.; Brown, B.; Donthu, N. (2010): The Relative Importance of Brands in Modified Rebuy Purchase Situations. In: International Journal of Research in Marketing, 27(3), S. 248-260.

Short biographies of authors

Martin Klarmann is currently professor of marketing at the Karlsruhe Institute of Technology (KIT). Previously, he worked as professor of marketing and innovation at the School of Business and Economics at the University of Passau and as an assistant professor for empirical research methods at the University of Mannheim. He obtained his doctoral degree in marketing at the University of Mannheim, after studying business administration at the same university.

Sophie Fleischmann is currently a doctoral candidate at the Karlsruhe Institute of Technology (KIT). She holds a bachelor's and master's degree from the University of Mannheim and an ESSEC MBA from ESSEC Business School in France.

Markenaudit für B-to-B-Marken – Skizze eines holistischen Ansatzes zur Evaluation der Markenorientierung von B-to-B-Unternehmen

Carsten Baumgarth

In comparison to the B-to-C field, B-to-B brand management is much more a concept of corporate management. Hence, an evaluation of B-to-B brands should be based on holistic tools. On the basis of a definition and an overview of existing research, the article outlines a B-to-B brand audit. This B-to-B brand audit is based on a brand model with three pillars and 18 dimensions. Furthermore, the article deals with aspects of the practical use of the brand audit as the auditor, the evaluation methodology and the audit process. The article closes with some ideas for the practical implementation of such a B-to-B brand audit.

B-to-B-Markenführung ist im Vergleich zur B-to-C-Markenführung in viel stärkerem Maße ein Konzept der Unternehmensführung. Daher sind zur Evaluation von B-to-B-Marken auch entsprechende holistische Ansätze notwendig. Der Beitrag skizziert aufbauend auf einer Definition und dem Forschungsstand zu Marketing- und Markenaudits ein B-to-B-Markenaudit. Basis des vorgestellten B-to-B-Markenaudits bildet ein Markenmodell, welches sich aus drei Faktoren und 18 Dimensionen zusammensetzt. Weiterhin werden praktische Fragen zur Trägerschaft, zur Beurteilung und zum Prozess eines B-to-B-Markenaudits adressiert. Abgeschlossen wird der Beitrag mit Ideen zum praktischen Einsatz eines solchen B-to-B-Markenaudits.

1   Notwendigkeit einer holistischen Betrachtung von B-to-B-Marken

B-to-B-Markenführung ist im Vergleich zur klassischen B-to-C-Markenführung viel stärker ein Konzept der Unternehmensführung und nicht ein Marketing- oder Kommunikationskonzept. Dies ergibt sich aus der überwiegend verfolgten Markenstrategie, der hohen Bedeutung des Top-Managements sowie der speziellen Kommunikation im B-to-B-Bereich.

(1) Dachmarken dominieren
Im B-to-B-Bereich dominieren Marken mit einer ausgeprägten Markenbreite. Richter (2007, ähnlich auch Weiber et al., 1993; Homburg, 2003) konnte in seiner branchenübergreifenden Studie zeigen, dass rund 31% der Firmen reine

Dachmarkenkonzepte und weitere 47% der Unternehmen Markenkonzepte mit einer Integration der Dachmarke einsetzen.

(2) Top-Management beeinflusst den strategischen Kurs und die operativen Entscheidungen
Viele B-to-B-Unternehmen inklusive der sog. „Hidden Champions" (Simon 2007) sind häufig mittelständisch ausgerichtet und inhabergeführt (auch Schultheiss, 2011). Diese zeichnen sich regelmäßig durch einen starken Einfluss der Familie auf die strategischen und taktischen Entscheidungen aus. Daher setzt ein Dachmarkenkonzept, welches die gesamte Unternehmung umfasst, die Integration des Top-Managements im B-to-B-Umfeld voraus.

(3) Intensive Face-to-Face-Kommunikation prägt die B-to-B-Kommunikation
Trotz aktueller Veränderungen der B-to-B-Kommunikation (zum aktuellen Stand z.B. Baaken et al., 2012; Deutsche Fachpresse 2013) stellt die persönliche Kommunikation zwischen Mitarbeitern des B-to-B-Unternehmens (z.B. Vertrieb, Entwicklung, Service, Geschäftsführung) und (potenziellen) Kunden in unterschiedlichen Kontexten (z.B. gemeinsame Projekte, Messe, Telefon) das zentrale Instrument der B-to-B-Kommunikation dar. Auch beeinflusst insbesondere die persönliche Kommunikation die Markenstärke im B-to-B-Umfeld (Baumgarth/Binckebanck, 2011). Schließlich zeigt sich zudem, dass teilweise die „Personenmarke" der einzelnen Kontaktperson aus Sicht der Kunden stärker ist als die B-to-B-Marke des Unternehmens (Sheikh/Lim, 2011). Daher ist die Entwicklung einer starken B-to-B-Marke fundamental von der Berücksichtigung der persönlichen Kommunikation abhängig, die sich aber aufgrund der Heterogenität der eigenen Mitarbeiter und dem hohen Grad der Interaktivität nicht durch einfache Rezepte, wie sie in der medialen Kommunikation üblich sind (Corporate-Design-Regeln, integrierte Kommunikation), einfach steuern lässt.

Aus dieser notwendigen Interpretation der B-to-B-Markenführung als Konzept der Unternehmensführung folgt, dass nur eine holistische Betrachtung der B-to-B-Marke sinnvoll erscheint. Die Analyse einzelner Kennzahlen (z.B. Markenwert, Markenbekanntheit, Net Promoter Score) oder einzelner Instrumente (z.B. Messestandevaluation) hilft nur bedingt bei der Evaluation und Verbesserung der B-to-B-Markenführung weiter.

Ein Konzept, welches bislang im Bereich der Markenführung im Allgemeinen und der B-to-B-Marke im Speziellen sowohl in der Literatur als auch der Praxis bislang kaum Beachtung gefunden hat, ist ein Markenaudit, das analog zu einem Qualitätsaudit umfassend und extern die Marke evaluiert.

Das folgende Kapitel fasst zunächst die terminologischen Grundlagen und den bisherigen Forschungsstand zusammen. Anschließend wird ein Markenaudit für B-to-B-Marken inklusive dem zugrundeliegenden Markenmodell und Fragen zur praktischen Durchführung skizziert. Der Beitrag endet mit einigen Ideen zur Weiterentwicklung eines B-to-B-Markenaudits.

2 Markenaudit

2.1 Begriff, Funktionen und Abgrenzung

Markenaudits lassen sich historisch als eine Weiterentwicklung von Marketingaudits auffassen. Eine klassische und wegweisende Definition von Marketingaudit stammt von Kotler et al. (1977, S. 27), die dieses wie folgt definieren:

„A marketing audit is a comprehensive, systematic, independent, and periodic examination of a company's – or business unit's – marketing environment, objectives, strategies, and activities with a view to determining problem areas and opportunities and recommending a plan of action to improve the company's performance."

Wichtige Merkmale von Marketingaudits sind die umfassende, systematische, unabhängige und im Zeitablauf wiederholte Bewertung der Qualität des Marketing sowie die darauf aufbauende Ableitung von Verbesserungsvorschlägen. Diese charakteristischen Merkmale bildeten auch den Ausgangspunkt zur Entwicklung einer Definition von Markenaudits.

Mit dem Perspektivwechsel vom Marketing zur Markenführung und von der Markt- bzw. Kunden- zur Markenorientierung (z.B. Baumgarth et al., 2011; Urde et al., 2013; Baumgarth et al., 2013) lassen sich die Grundprinzipien von Marketingaudits auf den Bereich Marke übertragen. Danach lässt sich ein Markenaudit wie folgt definieren (ähnlich Jenner 2005, S. 200):

> Ein Markenaudit ist eine **umfassende, systematische, unabhängige** und in zeitlichen Abständen **wiederholte** Bewertung der Qualität der Marke sowie darauf aufbauend die **Ableitung von Verbesserungsansätzen**.

Aus dieser Interpretation von Markenaudits resultieren deren Funktionen:

1. Identifizierung und Abbau von Schwachstellen der Marke
Die erste Funktion von Markenaudits stellt die Identifizierung einzelner Schwachstellen der Markenführung dar und darauf aufbauend die Ableitung von Maßnahmen zum Abbau dieser Defizite. Exemplarisch kann ein Markenaudit ergeben, dass das Branding eines B-to-B-Unternehmens wenig merk- oder differenzierungsfähig ist, der Vertrieb die Markenpositionierung nicht kennt oder lebt und ein aussagefähiges Markencontrolling fehlt. Dies kann dann zu Empfehlungen und konkreten Umsetzungen wie Überarbeitung des Brandings, Etablierung von Instrumenten zur internen Markenführung (z.B. Intranet, Mar-

kenbuch) oder Entwicklung und Implementierung von Markencontrollinginstrumenten (z.B. MARKET-Q: Baumgarth 2008a: Markenstärke; Markenwert: Bendixen et al., 2004; Markenpersönlichkeit: Herbst/Merz, 2011) führen.

2. Identifizierung von Chancen für die Stärkung bzw. das Wachstum der Marke
Aufgrund des holistischen Charakters der Analyse sowie der Verknüpfung mit Empfehlungen und ggf. Best-Practice-Beispielen kann ein Markenaudit auch Chancen für ein generisches Wachstum, basierend auf der eigenen Marke, aufzeigen. Neben Ansatzpunkten zur Stärkung der Marke und damit verbunden mit positiven Markeneffekten (wie ein erhöhtes Preispremium oder eine stärkere Weiterempfehlungsbereitschaft) eröffnen insbesondere Markentransfers und Markenkooperationen Wachstumspotenziale.

3. Lernprozesse innerhalb und außerhalb des B-to-B-Unternehmens
Marketingaudits werden seit vielen Jahren erfolgreich in der Hochschulausbildung als didaktisches Instrument eingesetzt (Madden, 2007). Es ist zu erwarten, dass auch die Markenaudit-Methodik den Studierenden dabei helfen kann, abstraktes Wissen über die B-to-B-Markenführung und Markenwirkung mit realen Marken zu verknüpfen. Ähnlich kann ein Markenaudit zudem dazu eingesetzt werden, den eigenen Mitarbeitern Wissen über die Funktionsweise von B-to-B-Marken im Allgemeinen und Wissen über den Status-quo der eigenen B-to-B-Marke im Speziellen zu vermitteln.

4. Denken in Zusammenhängen sowie abteilungsübergreifendes Verstehen und Handeln
Eine Hauptherausforderung der B-to-B-Markenführung stellt die organisationsweite und abteilungsübergreifende Zusammenarbeit dar. Nicht die Marketingabteilung, die häufig nur Pressearbeit, den Internetauftritt, Flyer und Broschüren sowie Messen betreut, sondern der Vertrieb und die Forschung & Entwicklung sind mindestens ebenso wichtig für eine starke B-to-B-Marke. Auch die Personalabteilung spielt durch Konzepte wie Employer Branding oder Interne Markenführung für die Stärke der B-to-B-Marke eine zunehmend wichtigere Rolle. Dies setzt aber voraus, dass alle Abteilungen und Personen den Sinn und die Funktionsweise der eigenen Marke verstehen und akzeptieren. Ein Markenaudit und die Diskussion der Implikationen können ein effektives Instrument für eine abteilungsübergreifende Kommunikation und für ein tieferes Verständnis über den Sinn und den Umfang einer B-to-B-Marke sowie die Notwendigkeit einer abteilungsübergreifenden Zusammenarbeit darstellen.

Markenaudits stellen eine Methodenklasse des gesamten Markencontrollings dar, weisen aber im Vergleich zum klassischen Markencontrolling (z.B. Markenbekanntheits-, Markentreue- oder Markenwertmessung) einige Besonderheiten auf, die Tabelle 1 zusammenfasst.

Tab. 1: Vergleich von Markenaudit und Markencontrolling

	Markenaudit	(Klassisches) Markencontrolling
Analysebereich	Umfassende Analyse der Markenführung und der Markenwirkungen; explorative Analysen; schlecht strukturiert.	Analysebereich a priori begrenzt; häufig Fokus auf Kennzahlen der Markenwirkung (z.B. Markenstärke); gut strukturiert.
Art der verarbeiteten Information	Berücksichtigung von quantitativen und qualitativen Informationen; Berücksichtigung von „schwachen Signalen".	Überwiegend quantitative Informationen.
Analysefrequenz	In größeren zeitlichen Abständen (2 - 5 Jahre).	Kontinuierlich bzw. in kurzen Abständen.
Beteiligung und typische Form des Erkenntnisgewinns	Viele Beteiligte mit heterogenem Hintergrund; Durchführung durch externe Auditoren; diskursiver Ansatz.	Einzelne interne (Controlling-) Experten; analytischer Ansatz.
Ergebnisse	Vergleich mit (externen) Standards, Beurteilungen und Verbesserungsvorschläge.	Abweichungen der Kennzahlen von vorab festgelegten Niveaus.

Quelle: Eigene Darstellung, ähnlich Jenner (2005), S. 101.

2.2 Bisheriger Forschungsstand

Bislang liegen keine umfassenden Publikationen zum Thema Markenaudit für B-to-B Marken vor. Fruchtbaren Input für die Entwicklung eines solchen Markenaudits liefern Arbeiten allgemein zum Marketing- und Markenaudit. Zur Beschreibung der Ansätze wird insbesondere auf die Merkmale (1) Organisation des Markenaudits, (2) Modell, (3) Beurteilungsmethodik und (4) Auditergebnisse abgestellt.

(1) Marketingaudits
Explizit wurde der Begriff des Marketingaudits im Jahre 1959 von Shuchman (1959) eingeführt. In der Folge gab es vielfältige konzeptionelle Beiträge, Fallstudien und Best-Practice-Beispiele sowie Praxisleitfäden (zum Überblick Berry et al., 1991; Rothe et al., 1997).

Einer der einflussreichsten konzeptionellen Beiträge stammt von Kotler et al. (1977, 1989), der sowohl prozessuale als auch inhaltliche Aspekte umfassend und branchenunabhängig behandelt. Die Verfasser empfehlen einen umfassenden Ansatz mit den sechs Dimensionen Umfeld, Marketingstrategie, Marketingorganisation, Marketingsystem, Marketingproduktivität und Marketingteilfunktionen. Für diese sechs Dimensionen haben die Autoren entsprechende Fragenkataloge erstellt. Weiterhin empfehlen Kotler et al. (1977, 1989) die unabhängige Durchführung eines Marketingaudits entweder durch externe Auditoren oder durch interne Auditoren aus anderen Geschäftsbereichen. Schließlich wird in dem Beitrag trotz aller Offenheit eines Marketingaudits eine systematische Vorgehensweise empfohlen. Auf einer abstrakten Ebene wird dies durch einen dreistufigen Prozess (Abstimmung über Ziele und Umfang des Marketingaudits, Datensammlung sowie Reporterstellung und -präsentation) und das Sechs-Dimensionen-Modell sichergestellt.

In einem weiteren Beitrag hat Kotler (1977) einen standardisierten und schnellen Ansatz zur Beurteilung der Marketingqualität vorgeschlagen. In diesem Ansatz verwendet Kotler (1977) jeweils eine Dreierskala für die insgesamt 15 Fragen (Dimensionen: Kundenorientierung, Marketingorientierung, Marketinginformationen, Strategisches Marketing, Operatives Marketing). Die Ergebnisse der einzelnen Fragen werden nach diesem Ansatz ungewichtet addiert und der Gesamtindex in eine Sechserskala der Marketingeffektivität eingeordnet („keine Marketingeffektivität" bis „überragende Marketingeffektivität").

Einen sektorspezifischen Ansatz für den Dienstleistungsbereich haben Berry et al. (1991) in die Diskussion eingebracht. Im Vergleich zu den beiden skizzierten Ansätzen plädieren die Autoren für einen vollständig standardisierten Ansatz, der im Endergebnis zur Berechnung eines Indexes („Index of Services Marketing Excellence") führt. Dieser basiert auf Befragungsergebnissen (Manager, Mitarbeiter, Kunden) zu sechs Dimensionen (Marktorientierung, Marketingorganisation, Neukundengewinnung, Bestandskundenpflege, Internes Marketing, Servicequalität). Ein weiterer Unterschied besteht darin, dass Berry et al. (1991) die Analyse der weiten Umwelt nicht berücksichtigen, sondern das Audit stärker auf das Marketing und die direkten Zielgruppen (Mitarbeiter, Kunden) fokusieren. Neben der Unabhängigkeit der Auditoren empfehlen Berry et al. (1991) auch, dass nach der Präsentation der Auditergebnisse und der Verarbeitung durch das Management weitere Treffen zwischen dem Management- und dem Auditteam stattfinden, um die Umsetzung in Maßnahmen und damit die Verbesserung der Marketingqualität sicherzustellen.

Einen stärker umsetzungsorientierten Ansatz für ein Marketingaudit hat Wilson (2002) vorgelegt, der insgesamt 28 Checklisten für die externen (z.B. Wettbewerb, Kaufprozess, Markt) und internen Dimensionen (z.B. Qualität des Marketing, Preis) vorsieht. Ähnlich wie Kotler et al. (1977) empfiehlt auch Wilson (2002) eine unabhängige Durchführung des Marketingaudits. Im Vergleich zu Kotler et al. (1977) sind die von Wilson (2002) vorgeschlagenen Checklisten umfangreicher. Darüber hinaus diskutiert der Autor auch eine Vielzahl potenzieller Informationsquellen für die Beantwortung der Checklistenfragen. Weiterführende Hinweise zur prozessualen Durchführung eines Marketingaudits schlägt Wilson (2002) nicht vor.

Zusammenfassend lässt sich festhalten, dass die Unabhängigkeit der Auditoren in Bezug auf ein Marketingaudit ein wichtiges Merkmal darstellt. Weiterhin wird eine systematische, mit konkreten Umsetzungsempfehlungen verbundene und sich im Zeitablauf wiederholende Vorgehensweise (vgl. auch Taghian/Shaw, 2008) empfohlen. Bezüglich der zu bewertenden Dimensionen besteht – mit Ausnahme des Merkmals „holistische Betrachtung" – bislang kein Konsens in der Literatur, wobei die meisten Ansätze eine Kombination aus internen (Qualität des Marketing) und externen Faktoren (Wirkungen) vorschlagen. Weiterhin lassen sich mit einer offenen (Leitfragen/Checklisten mit offenen Antworten) und einer standardisierten Methodik (geschlossene Fragen und Skalen mit anschließender Index-Berechnung) zwei grundsätzliche Beurteilungsansätze identifizieren.

(2) Markenaudits
Auch die Literatur zum Thema Markenaudit ist bislang überschaubar. Zwar wird in Büchern zum Marketingcontrolling (z.B. Reinecke/Janz, 2007, S. 154) und zur Markenführung (z.B. Haedrich et al., 2003, S. 176; Baumgarth, 2008b, S. 242) vereinzelt auf Markenaudits hingewiesen. Allerdings liegen kaum konkrete Vorgehensweisen oder Erfahrungsberichte aus der Praxis vor. Im Folgenden werden die wichtigsten Arbeiten skizziert.

Einen ersten Ansatz hat Keller (2000) mit dem Vorschlag einer sog. „Brand Score Card" für die Durchführung eines Markenaudits vorgelegt. Diese umfasst zehn Kriterien aus den Feldern Markenverständnis im Topmanagement, Markenpositionierung, Branding und Marketing, Markenportfolio und Markenhierarchien sowie Markencontrolling, mit mehreren Leitfragen und einer abschließenden 10er-Skala pro Kriterium. Gemäß den Aussagen von Keller (2000) erfüllen „Weltklasse-Marken" diese zehn Kriterien. Zusätzliche Aussagen zur informatorischen Fundierung, zur genauen Beurteilung oder zum Prozess des Markenaudits fehlen.

Ähnlich wie Keller (2000) haben Homburg/Richter (2003) einen umfassenden und konkreten Ansatz zur Ermittlung der „Branding Excellence" vorgelegt. Dieses Modell basiert auf einem Scoringmodell (5er-Skala) mit vier Hauptdimensionen (Markenstrategie, Markenauftritt, Markenerfolgsmessung, Markenverankerung im Unternehmen) und insgesamt 95 Einzelkriterien. Weiterhin fordern die Autoren, dass die jeweiligen Beurteilungen durch entsprechende Quellen belegt werden. Schließlich empfehlen Homburg/Richter (2003) zur

Veranschaulichung der Ergebnisse den Einsatz einer grafischen Profildarstellung. Aussagen zur Durchführung eines Markenaudits fehlen in diesem Ansatz.

Eine konzeptionelle Betrachtung zum Markenaudit hat Jenner (2005) vorgelegt. Neben einer terminologischen Grundlegung schlägt Jenner (2005) abstrakt als Inhalte des Markenaudits zwei Dimensionen (marktliche und interne Perspektive) mit jeweils zwei Unterkategorien vor. Ferner diskutiert Jenner (2005) auch die Trägerschaft eines Markenaudits und empfiehlt in diesem Zusammenhang eine Teamlösung von internen und externen Personen.

Wheeler (2006) hat für die Analysephase von Markenprojekten verschiedene Audits (Marketing, Wettbewerb, Stakeholder, Sprache) vorgeschlagen. Speziell die Marketing- und Sprachaudits besitzen Berührungspunkte für die Entwicklung eines Markenaudits im B-to-B-Bereich. Im Rahmen des Marketingaudits empfiehlt Wheeler (2006, S. 86f.) einen mehrstufigen Prozess, der vom groben Verständnis der Organisation über die Entwicklung eines Bezugsrahmens und die Sammlung von Informationen hin zu einer Auswertung und Präsentation gelangt. Im Rahmen der Informationssammlung schlägt die Autorin als Quellen sieben verschiedene Arten (Branding, Geschäftsausstattung, elektronische Kommunikation, Vertriebs- und Marketingmaterialien, interne Kommunikationsmaterialien, dreidimensionale Kommunikation, Handel) vor. Im Rahmen des Sprachaudits empfiehlt Wheeler (2006, S. 92f.) die umfassende Analyse des Sprachstils und -inhalts mit Hilfe einer Checkliste über alle Markenkontaktpunkte hinweg. Das Ergebnis der verschiedenen Audits wird abschließend in einer Top-Management-Präsentation verdichtend dargestellt. Zusätzlich spricht sich Wheeler (2006, S. 87) für die Einrichtung eines Auditraumes aus, der visuell alle Materialien strukturiert ausstellt.

Einen im Vergleich zu seiner „Brand Score Card" deutlich aufwändigeren Ansatz schlägt Keller (2008) vor. Dieser Ansatz soll alle Bausteine der Markenstärke aus Unternehmens- und Konsumentensicht erfassen. Dazu unterscheidet Keller (2008) zwischen einem Brand Inventory und einem Brand Exploratory. Er empfiehlt eine Durchführung durch externe Auditoren. Bzgl. der Kriterien und Bewertung plädiert Keller (2008) für einen offenen Ansatz, der möglichst umfassend die Marke bzw. die Marken eines Unternehmens beschreibt und beurteilt.

Olins (2008, S. 108f.) schlägt im Appendix seines Markenhandbuches ein visuelles Markenaudit vor, welches insbesondere die direkten Markenkontaktpunkte berücksichtigt. Insgesamt unterscheidet Olins (2008) 13 verschiedene Gruppen von Markenkontaktpunkten. Ideen zur Durchführung, Bewertung oder Auswertung werden von ihm nicht präsentiert.

Speziell zur Evaluation von an Corporate Social Responsibility orientierten Marken haben Baumgarth/Binckebanck (2012) konzeptionell ein Markenaudit vorgeschlagen. Dieser Ansatz basiert auf einem Markenmodell, welches sich aus fünf Dimensionen (Positionierung, Unternehmenskultur, Verhalten, Kommunikation, Konsistenz) zusammensetzt. Zur Beurteilung der einzelnen Kriterien wird eine standardisierte Fünfer-Skala in Verbindung mit einem Scoringmodell vorgeschlagen.

Darüber hinaus haben Baumgarth (2011) und Baumgarth et al. (2013) ein Markenaudit für Kulturinstitutionen entwickelt und praktisch getestet, welches auf der Basis von 83 Items und 15 Dimensionen die Marke einer Kulturinstitution durch ein externes Auditteam und mit Hilfe eines Scoringmodells umfassend evaluiert.

3 Skizze eines Markenaudits für B-to-B-Marken

3.1 Markenmodell als Bezugsrahmen eines B-to-B-Markenaudits

Kern eines B-to-B-Markenaudits stellt ein Markenmodell dar, welches umfassend die wichtigsten Facetten einer B-to-B-Marke abbildet. In Anlehnung an die Ansätze von Baumgarth (2011), Baumgarth et al. (2013), Homburg/Richter (2003) und Keller (2000, 2008) wird dabei ein Markenmodell zugrunde gelegt, welches sowohl die Treiber einer starken B-to-B-Marke als auch die Effekte einer starken B-to-B-Marke abbildet. Weiterhin wird bei den Treibern zwischen Potenzialfaktoren und Markenkontaktpunkten unterschieden. Erstere, die im Hintergrund und für den Kunden unsichtbar wirken, bilden das Fundament einer starken B-to-B-Marke. Hingegen sind die Markenkontaktpunkte sicht- und erlebbar und bilden die Schnittstelle zum Kunden. Die Markenperformance bildet die Wirkung der B-to-B Marke bei den Kunden ab.

Diese drei Faktoren – Potenzialfaktoren, Markenkontaktpunkte und Markenperformance – lassen sich weiter in jeweils mehrere Dimensionen aufteilen. Abbildung 1 fasst das Markenmodell des B-to-B-Markenaudits grafisch zusammen.

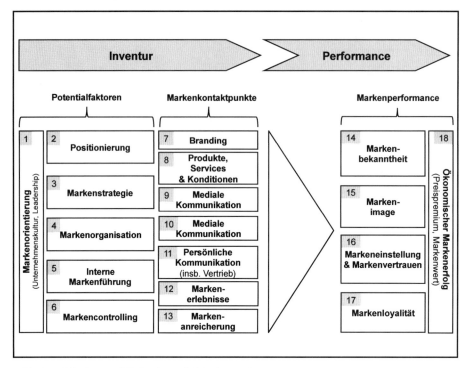

Abb. 1: Markenmodell des B-to-B-Markenaudits
Quelle: Eigene Darstellung

3.2 Träger, Beurteilung und Prozess

Zur praktischen Durchführung eines B-to-B-Markenaudits sind insbesondere die Träger, die Beurteilungsmethodik sowie der Prozess festzulegen.

Beim Träger eines B-to-B-Markenaudits wird in Anlehnung an die dargestellte Literatur zu Marketing- und Markenaudits (vgl. Kap. 2.2) sowie an die Literatur zu Qualitätsaudits (z.B. Gietl/Losinger, 2012; Kaminske 2013) eine Durchführung durch Externe empfohlen. Dabei bietet sich die Bildung eines Teams an, welches unterschiedliche Expertisen und Kompetenzen (z.B. Strategie, Kommunikation, Vertrieb, Branchen-Know-how) integriert und bei Durchführung durch die gemeinsame Diskussion zu abgewogenen Evaluationen gelangen kann.

In Bezug auf die Beurteilungsmethodik empfiehlt sich der Einsatz eines Scoringmodells (vgl. allg. Schmidt, 2009). Dazu müssen in einem ersten Schritt für jede einzelne der 18 Dimensionen ein oder mehrere Items zur Messung ausgewählt werden und mit einer einheitlichen Skala (z.B. 5er-Skala von 1 = geringe bis 5 = exzellente Ausprägung) verknüpft werden. Weiterhin bietet es sich an, die einzelnen Skalenausprägungen durch Ankerbeispiele oder – falls möglich – konkrete Zahlenangaben näher zu bestimmen. Dadurch reduziert sich zum einen der Evaluationsaufwand und zum anderen steigert es die Objektivität im Sinne einer intersubjektiven Nachvollziehbarkeit der Beurteilungen. Ferner sind zur Beurteilung auch konkrete Instrumente zur Datensammlung auszuwählen. In der praktischen Durchführung von Markenaudits haben sich u.a. folgende Instrumente bewährt:

⇨ Auswertungstools für Internet und Social Media (z.B. Google Analytics)

⇨ Eigene Beobachtungen und fotografische Dokumentation durch das Auditteam (z.B. Messen, Gebäudearchitektur)

⇨ Inhaltsanalytische Auswertung von externen Marketingmaterialien (z.B. Geschäftsausstattung, Anzeigen, Prospekte, Homepage)

⇨ Inhaltsanalytische Auswertung von internen Marketingmaterialien (z.B. Leitbilder und Positionierungsstatements, Briefings, Markenbücher)

⇨ Leitfadeninterviews mit Führungskräften aus dem Topmanagement, Marketing, Vertrieb, Personal etc.

⇨ Leitfadeninterviews mit (Marketing-)Dienstleistern, Händlern etc.

⇨ Mystery-Techniken und Begleitung des Vertriebs

⇨ Rechnungswesen und Betriebsstatistik

⇨ Sekundärrecherche und Sekundärdaten

⇨ Standardisierte Kunden- und Marktbefragung

⇨ Standardisierte Mitarbeiterbefragung

Diese Vielfalt an Instrumenten ist erforderlich, da die verschiedenen Dimensionen und Items des Markenmodells unterschiedliche Informationen benötigen. Weiterhin sollte ein Markenaudit versuchen, im Sinne eines Multi-Method-Ansatzes die Beurteilung jedes einzelnen Items durch mindestens zwei Quellen abzusichern (Prinzip der Triangulation, hierzu auch Davidson, 2005, S. 54f.). Abbildung 2 zeigt für einen Indikator der Dimension Markeneinstellung & Markenvertrauen exemplarisch die Konstruktion einer Beurteilungsskala im Rahmen des B-to-B-Markenaudits.

Schließlich ist im Rahmen der Beurteilung auch die Verrechnung der Einzelurteile zu Indizes auf Ebene der Dimensionen und des Gesamtaudits zu bestimmen. Im Kern geht es um eine Gewichtung der einzelnen Items bzw. Dimensionen. Zur Bestimmung der Gewichtungen existieren mit einer unabhängigen Expertenbefragung im Rahmen der Auditkonstruktion sowie mit einer Diskussion der Gewichte mit dem Auftraggeber des jeweiligen B-to-B-Unternehmens im Vorfeld des eigentlichen B-to-B-Markenaudits zwei grundsätzliche Ansätze, die jeweils Vor- und Nachteile aufweisen (vgl. allg. auch Davidson, 2005, S. 99ff.).

	B-to-B-Marke	100% (positiv)	75%	50%	25%	0% (negativ)	Quellen & Begründung
...							
Dimension 16: Markeneinstellung & Markenvertrauen							
Risikoreduktion	...reduziert aus Sicht der Nachfrager im Vergleich zum Wettbewerb das Risiko von Fehlentscheidungen.	Top-Marke	Top-3	Mittelfeld	Unteres Mittelfeld	Keine Risikoreduktion	(Internationale) Kunden- und Marktbefragungen, Awards
...							

Abb. 2: *Beispiel für eine Skala im Rahmen des B-to-B-Markenaudits*
Quelle: *Eigene Darstellung.*

Zusätzlich zu der Bestimmung des Trägers des B-to-B-Markenaudits und der verwendeten Beurteilungsmethodik ist ein B-to-B-Markenaudit im Sinne eines Projektes mit einem Aufgaben- und Zeitplan zu versehen. Grob lässt sich ein konkretes B-to-B-Markenaudit in die drei Phasen „Vorbereitung", „Durchführung" und „Kommunikation" einteilen. In der Vorbereitungsphase sind das Auditteam zusammenzustellen, mit dem B-to-B-Unternehmen die vorhandenen Informationsquellen (z.B. Kundenbefragung) zu sichten und zu beurteilen, notwendige Primärforschung (z.B. Leitfadeninterviews) unter Berücksichtigung des Budgets und des Timings abzustimmen sowie der Zeitplan für das gesamte Audit inklusive des Abschlussworkshops zu beschließen. Die Durchführung des B-to-B-Markenaudits bildet die Kernphase und lässt sich idealtypisch in drei Schritte einteilen. Zunächst sind alle notwendigen Daten mit Hilfe der Sekundär- und Primärforschung zu erheben. Dann erfolgt die Beurteilung der einzelnen Items durch das Auditteam. Schließlich erfolgt unter Berücksichtigung der Gewichtungen die Berechnung der Scores für die 18 Dimensionen, die 3 Faktoren sowie den Gesamtindex. In dieser Phase werden die Beurteilungen auch interpretiert, wobei Vergleiche mit bereits durchgeführten B-to-B-Markenaudits den Aussagewert erhöhen können. Die letzte Phase dient der Kommunikation der Ergebnisse. Dabei bietet sich ein halbtägiges Workshopformat mit einem heterogenen Teilnehmerkreis aus dem B-to-B-Unternehmen an. Die Präsentation der eigentlichen Markenauditergebnisse inklusive der Stärken und Schwächen sollten dabei kompakt erfolgen. Größeres Augenmerk sollte hingegen auf die Diskussion von tatsächlichen Verbesserungsansätzen gelegt werden. Um die Nachhaltigkeit des B-to-B-Markenaudits sicherzustellen, sollten sowohl konkrete Maßnahmen, Meilensteine und Verantwortlichkeiten vereinbart als auch in einem mehrmonatigen Abstand Folgeworkshops zum Stand der Verbesserungen terminiert werden.

4 Fazit

Das skizzierte B-to-B-Markenaudit stellt eine erste Skizze eines Ansatzes zur holistischen Evaluation einer B-to-B-Marke als Unternehmensführungskonzeption dar. Im Gegensatz zu bestehenden Controllingansätzen für B-to-B-Marken (vgl. zum Überblick Baumgarth/Douven, 2010) evaluiert dieser Ansatz holistisch die notwendigen Voraussetzungen, die Schnittstellen zum Kunden sowie die Wirkungen der B-to-B-Marke in einem gemeinsamen System.

Das vorgeschlagene Tool B-to-B-Markenaudit ist bislang für den B-to-B-Bereich noch nicht umfassend in der Praxis getestet oder durch empirische Ergebnisse validiert worden. Wünschenswert wäre, dass ein praktischer Test des Tools, eine inhaltliche und methodische Weiterentwicklung im Sinne eines Action-Research-Ansatzes und eine empirische Validierung im Rahmen einer Kooperation zwischen Wissenschaft und Unternehmenspraxis (z.B. Industrieverband, Pool von B-to-B-Unternehmen) zukünftig realisiert werden kann. In einem solchen Kooperationsprojekt könnte auch ein sinnvolles Benchmarking auf Ebene der B-to-B-Markenführung stattfinden.

Wichtig für den objektiven Einsatz des B-to-B-Markenaudits ist, dass eine Trennung zwischen Audit und Markenberatung stattfindet, damit die Auditergebnisse nicht durch die Suche nach neuen Aufträgen durch die Beratungsunternehmen verzerrt werden.

Schließlich ist anzumerken, dass die Durchführung eines B-to-B-Markenaudits nur dann sinnvoll und nachhaltig sein kann, wenn die Marke auf Seiten des B-to-B-Unternehmens eine hohe Relevanz auf der Top-Führungsebene aufweist, das B-to-B-Unternehmen dem Auditteam offen die notwendigen Informationen zur Verfügung stellt und bereit ist, Markenführung als kontinuierliche Managementaufgabe und als Investment in die zukünftige Unternehmensentwicklung zu akzeptieren. Eine Reduzierung des B-to-B-Markenaudits auf ein zeitlich befristetes Markenprojekt ist hingegen zum Scheitern verurteilt.

Quellenverzeichnis

Baaken, T.; Kesting, T.; Kliewe, T.; Pörner, R. (Hrsg.) (2012): Business-to-Business-Kommunikation. Neue Entwicklungen im B-to-B-Marketing, 2., völlig neu bearbeitete und wesentlich erweiterte Auflage, Berlin.

Baumgarth, C. (2008a): Integrated Model of Marketing Quality (MARKET-Q) in the B-to-B-Sector. In: Journal of Business Market Management, 2(1), S. 41-57.

Baumgarth, C. (2008b): Markenpolitik, 3. Aufl., Wiesbaden.

Baumgarth, C. (2011): Markenaudit für Kulturinstitutionen. In: Höhne, S.; Bünsch, N.; Ziegler, R. P. (Hrsg.): Kulturbranding III, Leipzig, S. 161-177.

Baumgarth, C.; Binckebanck, L. (2011): Sales force impact on B-to-B-brand equity. In: Journal of Product and Brand Management, 20(6), S. 487-498.

Baumgarth, C.; Binckebanck, L. (2012): Echte CSR-Marken als Erfolgskonzept. In: Wüst, C.; Kreutzer, R. T. (Hrsg.): Corporate Reputation Management, Wiesbaden, S. 341-356.

Baumgarth, C.; Douven, S. (2010): B-to-B-Markencontrolling. In: Baumgarth, C. (Hrsg.): B-to-B-Markenführung, Wiesbaden, S. 635-660.

Baumgarth, C.; Kaluza, M.; Lohrisch, N. (2013): Markenaudit für Kulturinstitutionen, Wiesbaden.

Baumgarth, C.; Merrilees, B.; Urde, M. (2011): Kunden- oder Markenorientierung. In: Marketing Review St. Gallen, 28(1), S. 8-13.

Baumgarth, C.; Merrilees, B.; Urde, M. (2013): Brand Orientation. In: Journal of Marketing Management, 29(9-10), S. 973-980.

Bendixen, M.; Bukasa, K. A.; Abratt, R. (2004): Brand equity in the business-to-business market. In: Industrial Marketing Management, 33(5), S. 371-380.

Berry, L. L.; Conant, J. S.; Parasuraman, A. (1991): A Framework for Conducting a Services Marketing Audit. In: Journal of the Academy of Marketing Science, 19(3), S. 255-268.

Davidson, J. E. (2005): Evaluation Methodology Basics, Thousand Oaks.

Deutsche Fachpresse (Hrsg.) (2013): Fachmedien in Deutschland 2013, Frankfurt.

Gietl, G.; Losinger, W. (2012): Leitfaden für Qualitätsauditoren, München.

Haedrich, G.; Tomczak, T.; Kaetzke, P. (2003): Strategische Markenführung, 3. Aufl., Bern et al.

Herbst, U.; Merz, M. A. (2011): The industrial brand personality scale. In: Industrial Marketing Management, 70(7), S. 1072-1081.

Homburg, C. (2003): Marken sind auch für Industriegüter ein Thema, in: FAZ vom 11.08.2003.

Homburg, C.; Richter, M. (2003): Brand Excellence, Arbeitspapier des Instituts für Marktorientierte Unternehmensführung der Universität Mannheim, Nr. M. 75, Mannheim.

Jenner, T. (2005): Funktionen und Bedeutung von Marken-Audits im Rahmen des Marken-Controllings. In: Marketing ZFP, 27(3), S. 197-207.

Kaminske, G. G. (Hrsg.) (2013): Handbuch QM-Methoden, München.

Keller, K. L. (2000): The Brand Report Card. In: Harvard Business Review, 78(1), S. 147-157.

Keller, K. L. (2008): Strategic Brand Management, 3. ed., Upper Saddle River.

Kotler, P. (1977): From sales obsession to marketing effectiveness. In: Harvard Business Review, 55(6), S. 67-75.

Kotler, P.; Gregor, W.; Rodgers, W. (1977): The Marketing Audit comes of Age. In: Sloan Management Review, 18(2), S. 25-44.

Kotler, P.; Gregor, W.; Rodgers, W. (1989): The marketing audit comes of age - Retrospective Commentary. In: Sloan Management Review, 30(2), S. 49-62.

Madden, C. S. (2007): Marketing Audit Assignments as a Source of Nonprofit Classroom Decision Cases. In: Proceedings of the Society for Marketing Advances Annual Meeting, S. 69-72.

Olins, W. (2008): The Brand Handbook, London.

Reinecke, S.; Janz, S. (2007): Marketingcontrolling, Stuttgart.

Richter, M. (2007): Markenbedeutung und -management im Industriegüterbereich, Wiesbaden.

Rothe, J.; Harvey, M.; Jackson, C. E. (1997): The marketing audit. In: Journal of Marketing and Theory and Practice, 5(3), S. 1-16.

Schmidt, G. (2009): Organisation und Business Analysis – Methoden und Techniken, Gießen.

Schultheiss, B. (2011): Markenorientierung und -führung für B-to-B-Familienunternehmen, Wiesbaden.

Sheikh, A.; Lim, M. (2011): Engineering consultants' perceptions of corporate branding. In: Industrial Marketing Management, 40(7), S. 1123-1132.

Shuchman, A. (1959): The marketing audit: its nature, purposes and problems. Analyzing and improving marketing performance. In: American Management Association (Hrsg): Management Report No. 32, New York, S. 1-11.

Simon, H. (2007): Hidden Champions des 21. Jahrhunderts, Frankfurt und New York.

Taghian, M.; Shaw, R. N. (2008): The Marketing Audit and Organizational Performance. In: Journal of Marketing Theory and Practice, 16(4), S. 341-350.

Urde, M.; Baumgarth, C.; Merrilees, B. (2013): Brand orientation and market orientation. In: Journal of Business Research, 66(1), S. 13-20.

Weiber, R.; Droege, W. P. J.; Backhaus, K. (1993): Trends und Perspektiven im Investitionsgütermarketing – eine empirische Bestandsaufnahme. In: Droege, W. P. J.; Backhaus, K.; Weiber, R. (Hrsg.): Strategien für Investitionsgütermärkte, Landsberg/Lech, S. 17–98.

Wheeler, A. (2006): Designing Brand Identity, 2. Aufl., Hoboken.

Wilson, A. (2002): The Marketing Audit Handbook, London.

Short biography of author

Carsten Baumgarth was born in Darmstadt, Germany, in 1968 and obtained his diploma, doctorate and habilitation at the University of Siegen, Germany. He has taught marketing in Cologne, Frankfurt, Hamburg, Paderborn, Shanghai, St Gallen, Stockholm, Vienna, Oestrich-Winkel and Würzburg. He was associate professor of marketing at the Marmara University, Istanbul, Turkey, for three years. Since 2010 he has been professor of marketing and brand management at the Berlin School of Economics and Law, Berlin.

He has authored and edited 15 books on brand management and empirical research methods, and published over 200 papers on marketing-related issues, in publications including the European Journal of Marketing, Industrial Marketing Management, the Journal of Business Research, the Journal of Marketing Management, the Journal of Marketing Communication and the top-ranked German marketing journal Marketing ZFP, among others. He is also the head of a brand consultancy company.

Die Relevanz digitaler Medien in B-to-B-Transaktionen[36]

Klaus Backhaus, Ole Bröker, Philipp A. Brüne und Philipp Gausling

Digital Media (DM) play a prominent role in B-to-C-Marketing. This paper is concerned with the relevance of DM in business markets. Our results deliver new insights regarding the importance of DM even in B-to-B markets. The importance of DM varies, for example with respect to the buying phase and the perceived buying risk. Other hypothesized relatonships had to be rejected. The analysis was carried out on the basis of a three risk classes approach.

Digital Media (DM) spielen eine große Rolle im B-to-C-Marketing. Dieser Beitrag befasst sich mit der Relevanz von DM auf B-to-B-Märkten. Die Ergebnisse bieten neue Einsichten in die Rolle, die DM auch bereits auf B-to-B-Märkten haben. Die Bedeutung von DM variiert z.B. mit der Kaufphase und dem empfundenen Kaufrisiko. Andere vermutete Zusammenhänge bestätigen sich dagegen nicht. Die Analyse erfolgt auf Basis eines Drei-Risikoklassen-Ansatzes.

1 Digitaler Medieneinsatz: Status quo

Es ist unbestritten, digitale Medien (DM) haben das Business-to-Consumer-Geschäft (B-to-C) nachhaltig verändert (vgl. Heinemann, 2012, S. 1ff.). Mit der Vielfalt an Möglichkeiten und der wachsenden Anzahl an Online-Aktivitäten stellt sich die Frage, ob und ggfs. wie DM auch im Business-to-Business-Bereich (B-to-B) an Bedeutung gewinnen werden. Was für den Consumer-Bereich schon seit längerem Gültigkeit hat, erreicht möglicherweise mit einiger Verspätung auch den B-to-B-Bereich. Insbesondere industrielle Beschaffungsprozesse können durch die zunehmende Digitalisierung erheblich verändert werden. Tab.1 zeigt, dass schon eine Reihe von Studien existent ist, die den Einfluss der Medien-Digitalisierung auf den B-to-B-Beschaffungsbereich analysieren.

---

[36] Dieser Beitrag basiert auf einem unveröffentlichten Arbeitspapier des Instituts für Anlagen und Systemtechnologien: Backhaus et al. (2013): „Digitale Medien in B2B-Beschaffungsprozessen – eine explorative Untersuchung."

Tab.1: *Exemplarischer Überblick relevanter Studien*

Autor	Thema	Erkenntnisse
Phillips/Meeker (2000)	B-to-B-Bereich im Internetzeitalter	Zunehmende Abwicklung der Transaktionen und Prozessoptimierung der Beschaffung über elektronische Kanäle.
Hosoi (2000)	B-to-B-Beschaffungen im Internetzeitalter	Änderung der Beschaffungsprozesse durch Internetlösungen und Verlagerung der Beschaffung auf das Internet.
Sharma (2002)	Internettrends im B-to-B-Marketing	B-to-B-Unternehmen müssen das Internet in Zukunft nutzen, um besser auf die Bedürfnisse ihrer Kunden einzugehen.
Subramaniam/Shaw (2002)	Mehrwert durch Digitalisierung von B-to-B-Beschaffungen	Bei unstrukturierten Beschaffungsprozessen ist der Mehrwert einer Digitalisierung höher als bei strukturierten Beschaffungsvorgängen.
Hunter/Kasouf/ Celuch/Curry (2004)	Mehrwert durch Digitalisierung von B-to-B-Beschaffungen	Klassifikation verschiedener B-to-B-Kaufsituationen und Feststellung des jeweiligen Mehrwerts durch eine Digitalisierung.
Tai/Ho/Wu (2010)	Einführung internetbasierter Beschaffungssysteme im B-to-B	Die Integration von Einkauf, Lagerung und Lieferung in einem Prozess wird durch die Digitalisierung erleichtert.
Chang/Wong (2010)	Zusammenhang zwischen B-to-B-Beschaffung und Online-Marktplätzen	Unternehmen mit digitalisierten Beschaffungsprozessen sind Online-Marktplätzen gegenüber aufgeschlossener.

Quelle: *Backhaus et al. (2013), S. 5.*

2 Digitale Medien und Heterogenität von B-to-B-Transaktionen

Diese Studien bestätigen im Wesentlichen die Grundtendenz der zunehmenden Digitalisierung, sie weisen jedoch alle gewisse Schwächen auf, die vor allem in folgenden Punkten begründet liegen:

⇨ Die Studien tragen nicht der Tatsache Rechnung, dass industrielle Beschaffungsprozesse in ausgeprägten und für den Anbieter klar erkennbaren Teilphasen ablaufen. Digitale Medien könnten jedoch phasenspezifisch eine unterschiedliche Rolle spielen.

⇨ Digitale Medien in B-to-B-Transaktionen treten in unterschiedlichen Formen auf, wie z.B. als Bewertungsportale, Websites oder Suchmaschinen. Die Unterschiede zwischen den DM-Formen werden häufig nicht explizit differenziert und diskutiert.

⇨ Es wird nicht berücksichtigt, dass Beschaffungsprozesse im B-to-B-Bereich in der Regel multipersonal ablaufen (Buying Center) und die Bedeutung von DM im Buying Center unterschiedlich ausgeprägt ist.

⇨ Die B-to-B-Welt ist durch eine hohe Heterogenität der Transaktionsprozesse gekennzeichnet. Es bestehen bedeutsame Unterschiede zwischen standardisierten Transaktionsprozessen, wie z.B. bei dem Kauf und Verkauf von Schrauben, und individuellen Absatz- und Beschaffungsprozessen, welche z.B. bei der Errichtung eines Kraftwerkes zum Tragen kommen. Diese Differenzierung wird in der Literatur nur rudimentär betrachtet.

Die unterschiedlichen Transaktionsprozesse im B-to-B-Marketing machen es notwendig, unterschiedliche Prozesstypen zu definieren, um typspezifisch den Einfluss von digitalisierten Medien auf die Beschaffungsprozesse entsprechend differenziert analysieren zu können. Backhaus et al. (2013, S. 13) haben herausgearbeitet, dass für das organisationale Beschaffungsverhalten insbesondere verschiedene Ausprägungen des mit dem Kauf verbundenen, subjektiv empfundenen Risikos verhaltensbestimmend sind. Dabei werden produkt- und systembezogene Risikokomponenten unterschieden.

Produktbezogen sind solche Risiken, welche unmittelbar mit der Anschaffung des Produktes zusammenhängen und von diesem ausgehen. In Anlehnung an Valla (1982, S. 9f.) zählen dazu das technische Risiko einer Investition, das finanzielle Risiko des Einzelprodukts, die strategische Bedeutung des Produkts und die Lieferzeit für das Produkt. *Systembezogene* Risiken treten durch die langfristige gegenseitige Bindung von Vertragspartnern auf und müssen nicht unbedingt auf das Produkt zurückzuführen sein. Hierzu zählen das finanzielle Risiko eines Rahmenvertrags wie auch das systembedingte Lock-in Risiko und damit die Abhängigkeit von einem Anbieter. Je nach Produkt und Umfang können diese Risiken unterschiedlich stark ausgeprägt sein.

Anhand der beiden Dimensionen des Nachfrager-Risikos lässt sich eine 2x2 Matrix aufziehen (vgl. Abbildung 1). Die Darstellung ist dem Konzept des Geschäftstypenansatzes entliehen (vgl. Backhaus/Voeth, 2010, S. 199ff.), beinhaltet jedoch nur noch die Nachfrageperspektive. Insgesamt ergeben sich vier Quadranten, nach denen das nachfrageseitige Risiko bei Kaufentscheidungen im B-to-B-Kontext kategorisiert werden kann.

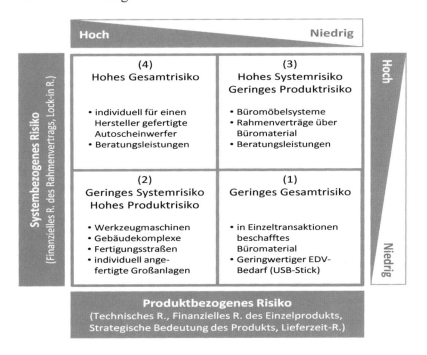

Abb.1:   Kategorisierung von nachfrageseitigem Risiko bei Kaufentscheidungen im B-to-B-Kontext

Quelle: Backhaus et al. (2013), S. 13.

Nach Johnston/Lewin (1996, S. 3) beeinflusst die Höhe des Risikos den organisationalen Beschaffungsprozess der Nachfrager in unterschiedlichem Maße (vgl. Abb. 2).

Niedrig	Risiko bei der Beschaffung	Hoch
Einfaches Buying Center Schwache Beziehungen Informelle Entscheidungsregeln	Einfluss auf Struktur	Komplexes Buying Center Starke Beziehungen Formelle Entscheidungsregeln
Minimale Informationssuche Kleine Netzwerke Wenig Verhandlung	Einfluss auf Aufgaben	Aktive Informationssuche Komplexe Netzwerke Verhandlungen wesentlich

Abb. 2: *Einfluss des Risikos auf das organisationale Beschaffungsverhalten*
Quelle: *Backhaus et al. (2013), S. 16, in Anlehnung an Johnston/Lewin (1996), S. 9.*

Je höher das Risiko in der Beschaffungssituation, desto größer und komplexer wird das Buying Center (vgl. hier und im Folgenden Johnston/Lewin, 1996, S. 1ff.). Über die verschiedenen Phasen hinweg sind zunehmend mehr Teilnehmer aus verschiedenen Abteilungen mit unterschiedlichen organisationalen Interessen beteiligt. Für die Abstimmung werden daher enge innerbetriebliche Beziehungen und formelle Entscheidungsregeln immer wichtiger. Zudem kommen Personen mit höherer Entscheidungsgewalt hinzu. Somit steigt im Buying Center die Relevanz, auf den untergeordneten Hierarchieebenen relevante Informationen zu sammeln, auszuwerten und daraus für die Entscheider Empfehlungen abzuleiten. Bei steigendem Risiko sucht das Buying Center daher grundsätzlich aktiver nach Informationen, sodass auch ein größer werdendes Spektrum von verschiedenen Informationsquellen herangezogen wird (vgl. Sheth, 1973, S. 53ff.). Sheth (1973, S. 53) betont, dass dabei die aktive Informationsrecherche ebenfalls für Entscheider immer bedeutender wird, um möglichen Informationsverzerrungen, die durch die Informationsaufbereitung unterer Hierarchiestufen bewusst und unbewusst entstehen können, zu beseitigen. Darüber hinaus wird mit wachsendem Risiko ein Kommunikationsnetzwerk zwischen Anbieter und Nachfrager wichtiger, um Vertrauen zu schaffen und über einen Informationsaustausch Risiken zu beseitigen. Vor diesem Hintergrund ist es auch nachvollziehbar, dass sich die Beschaffungsprozesse je nach Risikosituation unterschiedlich komplex gestalten.

In Abhängigkeit vom Nachfrager-Risiko werden auf Grundlage der entwickelten Kategorisierung in Abbildung 3 vier idealtypische Beschaffungsprozesse herausgestellt. Es sei an dieser Stelle noch einmal darauf verwiesen, dass die Übergänge zwischen den Risikokategorien fließend verlaufen und somit in der Realität eine wesentlich höhere Anzahl von Beschaffungsprozessen zu erwarten ist.

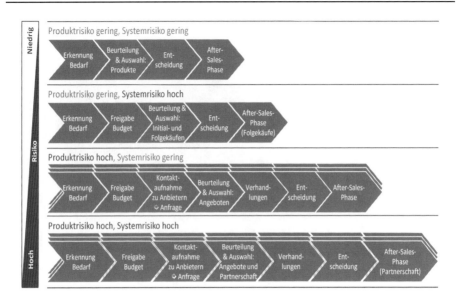

Abb.3: *Idealtypische geschäftstypenspezifische Beschaffungsprozesse*
Quelle: Backhaus et al. (2013), S. 17, in Anlehnung an Weddeling (2010), S. 48.

Bei *geringem Produktrisiko und geringem Systemrisiko* ist das Gesamtrisiko auf Nachfrageseite sehr niedrig einzustufen. Beschaffungsprozesse laufen dementsprechend eher standardisiert und mit der Beteiligung weniger Personen – manchmal sogar nur einer Person – ab. Bei der Suche nach Informationen über Angebote und der Entscheidungsfindung wird insbesondere Wert auf Schnelligkeit gelegt. Oberstes Bewertungskriterium ist hierbei der Preis (vgl. Johnston/Lewin, 1996, S. 8). Es ist anzunehmen, dass der Beschaffungsprozess in diesem Kontext, wie durch die Länge des Pfades in Abbildung 3 kenntlich gemacht, deutlich kürzer ausfällt als in den anderen Beschaffungsprozessen. Einzelne Phasen entfallen komplett. Nach der Erkennung des Bedarfs wählt der Nachfrager unmittelbar ein Produkt aus und fällt relativ schnell die Kaufentscheidung. Gegebenenfalls wird bei später aufkommenden Problemen für den Nachfrager die Inanspruchnahme des After-Sales-Service relevant.

Werden für die Beschaffung von Produkten mit *geringem Produktrisiko* langfristige Rahmenverträge mit Lieferanten geschlossen, erleichtert dies zwar die zukünftige Abwicklung der Beschaffung, gleichzeitig entsteht allerdings aufgrund der langfristigen Bindung ein *Systemrisiko* für den Nachfrager. Es ist daher von einem höheren Gesamtrisiko bei der Beschaffung auszugehen. Somit ist mit einer intensiveren Abwicklung und einer längeren Dauer des Beschaffungsprozesses zu rechnen, was in Abbildung 3 durch den längeren Beschaffungspfad symbolisiert wird. Nach der Erkennung des Bedarfs wird z.B. oft ein bestimmtes Budget für den Bedarf beim Nachfrager festgelegt. Zusätzlich zum Initialkauf werden in der Regel auch die Folgekäufe im Entscheidungskalkül berücksichtigt (vgl. Backhaus/Voeth, 2010, S. 422).

Die Beschaffung von Produkten mit *hohem Produktrisiko* geht oft einher mit sehr hohen monetären Risiken für das Unternehmen. Das führt zu einer wesentlich strukturierteren Vorgehensweise bei der Beschaffung, wodurch sich der Beschaffungsprozess in der Regel verlängert. Es sind darüber hinaus bedeutend mehr Personen aus unterschiedlichen Abteilungen mit verschiedenen Funktionen und Entscheidungskompetenzen in den Beschaffungsprozess eingebunden. Dies wird in Abbildung 3 durch die Überlappung mehrerer Pfade verdeutlicht. Zudem müssen in diesem Kontext zusätzliche Phasen im Beschaffungsprozess berücksichtigt werden. Im Anschluss an die Bedarfserkennung und Budgetfestlegung kommt es z.B. zur ersten Anfrage und Kontaktaufnahme mit möglichen Anbietern. Dabei entsteht ein gesteigerter Informationsbedarf, dem zum Teil in Verhandlungen nachgekommen wird. Anders als bei Beschaffungen mit geringerem Risiko wird bei solchen mit höherem Risiko der Fokus eher auf eine hohe Angebotsqualität als auf eine schnelle und kostengünstige Beschaffung des Angebots gelegt (vgl. Johnston/Lewin, 1996, S. 9). Aus diesem Grund werden zur Informationsrecherche oftmals mehrere Informationskanäle aktiv genutzt.

Das höchste Risiko weisen Beschaffungen mit *hohem Produktrisiko und hohem Systemrisiko* auf. Daher steigt hier die Zahl der Mitglieder im Buying Center an. Eine proaktive Informationssuche und die Nutzung mehrerer unterschiedlicher Informationsquellen sind ebenfalls von elementarer Bedeutung.

Die idealtypische Darstellung in Abbildung 3 stellt natürlich eine starke Vereinfachung der Realität dar. Sie hilft jedoch als Strukturierungsgerüst, um die phasenspezifisch variierende Bedeutung digitaler Medien bei der Reduktion von Risiken in B-to-B-Beschaffungsprozessen herauszuarbeiten.

3 Thesen zur Auswirkung von DM bei B-to-B-Transaktionen

Die oben explizierten Plausibilitätsüberlegungen wurden einer empirischen Untersuchung unterworfen, um die Belastbarkeit dieser Aussagen zu verbessern. Dazu wurde ein Strukturierungsvorschlag entwickelt und getestet, um darauf aufbauend Handlungsprofile abzuleiten (vgl. Backhaus et al., 2013). Wir stellen im Folgenden ausgewählte Ergebnisse vor, ohne dabei auf methodische Einzelheiten einzugehen. Diese werden detailliert von Backhaus et al. (2013, S. 21ff.) dargelegt, auf welche an dieser Stelle nur verwiesen werden kann.

Kern aller Überlegungen stellt Tab2 dar, in der auf Basis explorativer Experteninterviews abgeleitete Hypothesen sowie deren konfirmatorische Überprüfung dargestellt sind. Die acht ausdifferenzierten Hypothesen, die auf drei Risikosituationsgruppen[37] bezogen sind, lassen sich strukturieren nach (vgl. Spalte 1)

⇨ der Gestaltung von Beschaffungsprozessen,

⇨ der Relevanz von DM-Arten in verschiedenen Phasen,

⇨ On- und Offline Medien im Vergleich.

In Spalte 3 wird gezeigt, welche Hypothesen in einer breiteren qualitativen Analyse vorläufig bestätigt (c=confirmed) bzw. abgelehnt (f=falsified) werden. Ein erster Blick auf die Struktur der c und f-Verteilungen zeigt, dass es offenbar sinnvoll war, die Beschaffungssituation hinsichtlich der 3 Risikosituationen zu unterscheiden (hier 3 Risikogruppen). Im Einzelnen lassen sich die in Kapitel 4 dargestellten Profile herausarbeiten:

Tab. 2:   Ergebnisse der Thesenüberprüfung nach Risikogruppen

		Thesen	Gruppe		
			1	2	3[1)]
Gestaltung von Beschaffungsprozessen	T_{1a}	Je höher das Risiko in einer Beschaffungssituation, desto wichtiger ist die Beurteilung der Qualität einer zu beschaffende Leistung.		c	
	T_{1b}	Je niedriger das Risiko in einer Beschaffungssituation, desto stärker rückt der Preis als Entscheidungskriterium in den Fokus.		f	
	T_{1c}	Je niedriger das Risiko in einer Beschaffungssituation, desto stärker rückt die Unkompliziertheit der Beschaffung als Entscheidungskriterium in den Fokus.		c	
	T_{2a}	Bei risikoreichen Beschaffungsprozessen nimmt die selbstinitiierte Informationsbeschaffung im Verlauf des Kaufprozesses ab, während der persönliche Kontakt zunimmt. Empfehlungen von befreundeten Unternehmen sind in jeder Phase gleichbedeutend.	c	f	-
	T_{2b}	Bei risikoarmen Beschaffungsprozessen ist im Kontext der effizienten Prozessgestaltung die Informationsrecherche die vorherrschende Heuristik zur Risikoreduktion.	-	-	f

---

[37] Im explorativen Teil der Studie wurde in den Experteninterviews deutlich, dass die beiden Quadranten 2 und 3 (Abbildung 1) aufgrund ihrer Beschaffungsprozessähnlichkeit zu einer Gruppe 1 (hohes Produktrisiko) zusammengefasst werden können. De facto werden daher drei Gruppen unterschieden: Gruppe 1: hohes Produktrisiko; Gruppe 2: niedriges Produktrisiko mit hohem Systemrisiko; Gruppe 3: niedriges Produktrisiko ohne Systemrisiko.

Relevanz von Online-Medien in Beschaffungsprozessen	Unternehmenswebsite[2]	VA	T$_{3a}$	Die Unternehmenswebsite kann wertvolle Informationen für die Erstellung eines ersten Auswahlsets an Unternehmen liefern.	c	f	c
			T$_{3b}$	Die Professionalität der Unternehmenswebsite ist ein Indikator für die Gesamtkompetenz des Anbieters.	f	-	f
			T$_{3c}$	Ein schlechter Internetauftritt eines Anbieters kann ein Ausschlussgrund aus dem Vorauswahlset sein.	f	-	f
		FA	T$_{4a}$	Wenn es zur endgültigen Bewertung der Anbieter kommt, spielen Informationen auf der Unternehmenswebsite eine wichtige Rolle.	f	f	-
			T$_{4b}$	Bei der erstmaligen Kontaktaufnahme mit dem Anbieter helfen Unternehmenswebsites, einen Ansprechpartner im Unternehmen zu finden.	c	c	-
	Online-Referenzen[3]	VA	T$_{5a}$	Kundenreferenzen und Erfahrungsberichte auf der Unternehmenswebsite liefern wertvolle Informationen für die Auswahl relevanter Anbieter.	f	f	f
			T$_{5b}$	Kundenreferenzen und Erfahrungsberichte auf Websites Dritter liefern wertvolle Informationen für die Auswahl relevanter Anbieter.	f	f	f
		FA	T$_{6a}$	Kundenreferenzen und Erfahrungsberichte auf der Unternehmenswebsite liefern wertvolle Informationen für die endgültige Bewertung der Anbieter.	f	f	-
			T$_{6b}$	Kundenreferenzen und Erfahrungsberichte auf Websites Dritter liefern wertvolle Informationen für die endgültige Bewertung der Anbieter.	f	f	-
	Suchmaschinen		T$_{7a}$	Suchmaschinen können wertvolle Informationen für die Erstellung eines ersten Auswahlsets an Unternehmen liefern.	c	c	c
			T$_{7b}$	Gerade für unbekannte Unternehmen ist es wichtig, in Suchmaschinen weit oben zu stehen, um überhaupt in einem Vorauswahlset berücksichtigt zu werden.	c	c	c
			T$_{7c}$	In der täglichen Anwendung werden auch bereits bekannte Websites über Suchmaschinen aufgerufen.	c	f	c
			T$_{7d}$	Bei der erstmaligen Kontaktaufnahme mit dem Anbieter helfen Suchmaschinen, einen Ansprechpartner im Unternehmen zu finden.	c	f	c

On- & Offline-Medien im Vergleich	T_{8a}	Offline-Medien werden aktuell im Kaufprozess zur Informationsbeschaffung intensiver genutzt als Online-Medien.	f	f	f
	T_{8b}	Online-Medien werden in Zukunft im Kaufprozess zur Informationsbeschaffung intensiver genutzt als Offline-Medien.	c	c	c
	T_{8c}	Online- und Offline-Auftritt eines potenziellen Zulieferers sollten aufeinander abgestimmt sein.	c	c	c

Anmerkungen. VA=Vorauswahlphase; FA=Finalauswahlphase; c=confirmed; f=falsified;

1) Bei Gruppe 3 handelt es sich um einen einphasigen Ansatz. Thesen der Vorauswahlphase und der Finalauswahlphase, die auch auf den einphasigen Ansatz zutreffen, wurden vom Wortlaut leicht abgeändert, sodass dem Befragten klar war, dass es sich nur um eine Phase handelt.
2) Unternehmenswebsite entspricht allen Internetseiten eines Unternehmens, die von Unternehmen selbstgesteuerte Informationen über sich selbst und seine Produkte/Dienstleistungen zur Verfügung stellen.
3) Online-Referenzen sind die Beschreibungen von bereits abgewickelten Projekten und/oder die Anzeige von bereits eingegangenen Partnerschaften sowie Erfahrungsberichte von Kunden über den Anbieter.

Quelle: Backhaus et al. (2013), S. 60.

4 Typspezifische Handlungsprofile

4.1 Beschaffungsprofil bei hohem Produktrisiko

Die Beschaffung von Produkten *mit hohem Produktrisiko* zeichnet sich durch komplexere Beschaffungsprozesse aus. Das spiegelt sich u.a. in der Länge und der Mehrphasigkeit des Kaufprozesses wider. T_{1a} zeigt, dass in komplexen Beschaffungsprozessen die Qualität des zu beschaffenden Produkts im Vergleich zu den anderen Risikogruppen am wichtigsten ist. Sweeney et al. (1999, S. 94) bestätigen in einer Studie, dass eine hohe Produktqualität einen signifikanten Einfluss auf eine niedrigere Risikowahrnehmung hat. Eine qualitätsorientierte Kommunikationspolitik für Produkte mit hohem Produktrisiko ist daher anzuraten.

Neben der Art und Weise der Kommunikationspolitik ist auch der Zeitpunkt von Bedeutung, zu dem Informationen im Beschaffungsprozess benötigt werden. Die Überprüfung der These T_{2a} deckt auf, dass bei Beschaffungsprozessen von Hochrisikoprodukten zu Beginn der Beschaffung eher selbstinitiierte Informationsrecherche stattfindet, während im späteren Verlauf der persönliche Kontakt zum Unternehmen und dessen Vertretern wichtiger wird. Die Individualität des benötigten Produktes führt gerade zu Beginn des Prozesses zu einem erhöhten Informationsbedarf (vgl. Backhaus/Voeth, 2010, S. 506ff.). Dabei werden sowohl nach innen (unternehmensinterne) als auch nach außen (unternehmensexterne) gerichtete Informationsrechercheprozesse angestoßen, um die Bedarfe genau zu spezifizieren (vgl. Tushman, 1977, S. 589). Ein Anbieter sollte daher so früh wie möglich durch die Bereitstellung von benötigten Informationen in den Beschaffungsprozess eingreifen und benötigte Informationen zur Verfügung stellen.

Diese Informationen können auf unterschiedliche Art und Weise zur Verfügung gestellt werden. Der Fokus der hier vorliegenden Studie liegt insbesondere auf der Bereitstellung von Informationen über das Internet. Während im Konsumgüterbereich weitreichende Studien zur Wirkung der Darstellungsweise von Informationen auf Websites, dem Design der Website (vgl. Liu et al., 2000) oder der Qualität der Website (vgl. Bai et al., 2008) auf die Kaufabsicht durchgeführt wurden, ist dies im B-to-B-Bereich noch wenig verbreitet. Ein erstes Verständnis für die Zusammenhänge liefern jedoch die Thesen T_{3a} bis T_{3c}. Unternehmenswebsites können notwendige und wertvolle Informationen zur Verfügung stellen und somit eine Relevanz für die Bildung eines ersten Vorauswahlsets haben. Im Gegensatz zum Konsumgüterbereich ist jedoch nicht davon auszugehen, dass ein schlechter Internetauftritt zu einem Ausschluss aus dem Vorauswahlset führt oder dass die Qualität der Website als Indikator für die Gesamtkompetenz steht. Im Zuge des Beschaffungsprozesses nimmt die Bedeutung der Unternehmenswebsite als Informationsquelle deutlich ab, wie die Prüfung der These T_{4a} belegt. Jedoch schafft die Unternehmenswebsite die Möglichkeit, konkrete Ansprechpartner zu präsentieren und somit die Präsenz im Internet zu steigern, was aus These T_{4b} hervorgeht. Dies bekräftigt noch einmal die Argumentation aus These T_{2a}, welche impliziert, dass in der finalen Auswahlphase vor allem der persönliche Kontakt im Unternehmen wichtig ist. Unternehmenswebsites können in diesem Zusammenhang als Unterstützung zur leichteren Kontaktaufnahme zum Unternehmen dienen. Ansprechpartner sollten auf der Unternehmenswebsite daher leicht auffindbar sein.

Der Online-Kanal im Konsumgüterbereich ist von der moderierenden Rolle von Kundenerfahrungen und Referenzen über ein Produkt geprägt (vgl. Park et al., 2007, S. 125ff.). Im Industriegüterbereich kann bezogen auf die Offline-Welt ebenfalls von einem besonderen Stellenwert von Referenzen und Kundenerfahrungen, insbesondere für Produkte mit hohem Produktrisiko ausgegangen werden (vgl. Salminen/Möller, 2006, S. 12; Backhaus/Voeth, 2010, S. 415f.). In Kontrast dazu stehend sind Kundenreferenzen und Erfahrungsberichte im Internet für den B-to-B-Bereich nicht von Relevanz, was auch Diskussionen in Fachforen mit einbezieht. Alle Thesen (T_{5a} bis T_{6b}) sind abzulehnen. Eine ausgewogene Kommunikationspolitik sollte daher eher auf die Kommunikation von Referenzen im persönlichen Kontakt fokussieren.

Die Analyse der aufgezeigten Online-Informationsquellen ist darauf gestützt, dass der Informationssuchende die Quelle bereits kennt. In der Mehrheit der Fälle kann jedoch davon ausgegangen werden, dass Informationsquellen nicht in vollem Umfang bekannt sind. Insbesondere für neue Anbieter von Produktlösungen ist es schwer in ein Vorauswahlset zu gelangen, wenn keine Informationen zu ihrer Existenz und Lösungskompetenz vorliegen. Suchmaschinen kommt daher eine besondere Bedeutung zu. Sie spielen sowohl in der Vorauswahlphase als auch in der Finalauswahlphase eine signifikante Rolle, was mehrere Gründe hat. Zum einen werden auch bekannte Internetseiten häufig über eine Suchmaschine angesteuert (vgl. T_{7c}). Zum anderen zeigen sie Informationsquellen auf, die wichtig sind für die Erstellung eines ersten Auswahlsets (vgl. T_{7a}). Für noch unbekannte Anbieter bietet das eine besondere Chance in das Vorauswahlset aufgenommen zu werden (vgl. T_{7b}). In der entscheidenden Phase des Kaufabschlusses können Suchmaschinen den richtigen Ansprechpartner vermitteln, sofern diese Informationen vom Anbieter zur Verfügung gestellt werden (vgl. T_{7d}). Dies mag zunächst trivial erscheinen. Betrachtet man jedoch die Spontanassoziationen der Befragten [38] zu Online-Informationsquellen, wird ersichtlich, welchen Stellenwert Suchmaschinen tatsächlich im B-to-B-Bereich einnehmen können (vgl. Abbildung 4).

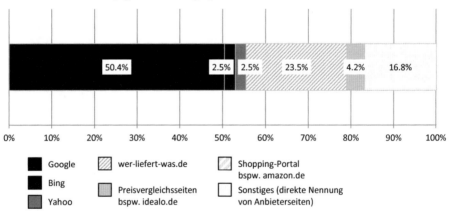

Abb. 4: Spontanassoziationen zu Online-Informationsquellen (Gruppe 1)
Quelle: Backhaus et al. (2013), S. 63.

Die Suchmaschinen Google (50,4%), Bing und Yahoo (jeweils 2,5%) und die B-to-B-spezifische Suchmaschine wer-liefert-was.de (23,5%) nehmen ca. 80% der Spontannennungen ein. Eine Präsenz in Suchmaschinen ist für den Anbieter daher unerlässlich.

---

[38] Die Befragten wurden nach Onlinediensten gefragt, an die sie bei der Informationsbeschaffung für die Anbieterauswahl spontan denken. Die ersten drei Nennungen wurden berücksichtigt.

Die Betrachtung der Online-Relevanz ist jedoch nur eine Seite der Medaille. Auf der anderen Seite muss die Relevanz der Online-Welt in Bezug zur Offline-Welt gestellt werden. Aufgrund der Fokussierung auf den persönlichen Kontakt in der Finalauswahlphase (vgl. T_{2a}) wurde angenommen, dass Offline-Medien aktuell intensiver genutzt werden als Online-Medien. T_{8a} kann jedoch nicht bestätigt werden. Um ein genaueres Bild der Nutzungsintensität im Beschaffungsprozess zu ermitteln, ist eine detaillierte Analyse der einzelnen Online- und Offline-Medien durchzuführen. Einen Überblick über die Intensität der Nutzung einzelner Online- und Offline-Medien gibt Abb. 5.

Abb. 5: *Intensität der Nutzung von Online- und Offline-Quellen bei der Beschaffung von Produkten mit hohem Produktrisiko (Gruppe 1)*
Quelle: *Backhaus et al. (2013), S. 64.*

Der persönliche Kontakt wird am intensivsten im Beschaffungsprozess genutzt, um Informationen einzuholen und damit das Risiko zu reduzieren. Suchmaschinen und die Unternehmenswebsite sind aber ebenfalls von hoher Relevanz, sodass eine eindeutige Aussage, ob lediglich Online- oder Offline-Medien wichtig seien, nicht getroffen werden kann. Klassische Werbung sowohl im Online- als auch im Offline-Bereich bietet für die Befragten bei Hochrisikoprodukten kaum Mehrwert. Gleiches gilt für Social Media und Fachforen. Während heutzutage noch von einer heterogenen Nutzung der verschiedenen Informationskanäle ausgegangen werden kann, kann sich dieses Bild nach Einschätzung der Befragten bereits in fünf Jahren gewandelt haben. T_{8b} bestätigt, dass in Zukunft (Fünfjahreshorizont) die Informationsbeschaffung stärker über Online-Medien erfolgen wird. Dies hat erhebliche Konsequenzen für die Kommunikationspolitik von Anbietern. So muss das Betreiben einer Internetseite ebenso wie die gute Auffindbarkeit der eigenen Inhalte (kaufrelevante Informationen, Kontaktdaten von genauen Ansprechpartnern) fester Bestandteil der Kommunikationsstrategie von Anbietern werden, die Produkte mit hohem Produktrisiko verkaufen wollen. Vor diesem Hintergrund ist es vor allem wichtig, dass die beiden Welten (online/offline) nicht isoliert betrachtet werden, sondern in einem abgestimmten Kommunikationskonzept erfolgen. These T_{8c} bekräftigt diesen Sachverhalt.

4.2 Das Beschaffungsprofil bei niedrigem Produktrisiko und hohem Systemrisiko

Wenngleich Beschaffungen von Produkten *mit niedrigem Produktrisiko* ex definitione ein niedriges Gesamtrisiko aufweisen, ist bei der Auswahl von Lieferanten, mit denen langfristige Rahmenverträge über die Lieferung solcher Produkte geschlossen werden, das *Systemrisiko hoch* und damit das Gesamtrisiko ebenfalls erhöht. Daher kann auch hier mit Verweis auf T_{1a} davon ausgegangen werden, dass die Qualität im Fokus der Beschaffung steht. Im Gegensatz zu Gruppe 1 ist jedoch nicht die Produktqualität vordergründiges Entscheidungskriterium, sondern die Qualität der zu erwartenden Beziehung mit dem Lieferanten. Fullerton (2005, S. 105) bestätigt, dass die Qualität der Interaktion zwischen zwei Parteien, die Qualität des Ergebnisses und die Qualität der beziehungsbeeinflussenden Umwelt einen signifikanten Einfluss auf die wahrgenommene Qualität der gesamten Leistung haben. Eine Kommunikationspolitik sollte daher auf diese Aspekte abstellen.

Vor diesem Hintergrund ist zu erwarten, dass die persönliche Beziehung zwischen Anbieter und Nachfrager im besonderen Maße die Kaufentscheidung beeinflusst. Die These T_{2a} beinhaltet die Vermutung, dass am Anfang der Beschaffung noch die selbstinitiierte Informationsrecherche im Vordergrund steht. Diese These musste jedoch abgelehnt werden, was vermutlich aus der durchgehenden Dominanz des persönlichen Kontakts als Heuristik zur Risikoreduktion resultiert. Diese Tatsache wirkt sich unmittelbar auf die Relevanz der digitalen Welt im Beschaffungsprozess aus. Da es sich um Produkte handelt, deren Produktrisiko niedrig ist, rückt das Systemrisiko in den Fokus der Beschaffenden. Es werden Informationen zur Evaluation des zukünftigen Partners benötigt. Eine unmittelbare Relevanz der Unternehmenswebsite als Medium zur Bereitstellung von kaufrelevanten Informationen kann daher nicht nachgewiesen werden (vgl. T_{3a} und T_{4a}). Jedoch ist das Auffinden von Kontaktpersonen über die Unternehmenswebsite von hoher Relevanz (vgl. T_{4b}). Das Medium Internet wird also als Rechercheinstrument für Kontaktpersonen genutzt, um dann möglichst früh im Beschaffungsprozess die persönliche Evaluation des potenziellen Partners vornehmen zu können.

Nachfragern müssen allerdings alle potenziellen Partner bereits bekannt sein, um eine direkte Kontaktsuche auf der Unternehmenswebsite auszuführen. Suchmaschinen können hierbei von einer gesteigerten Relevanz für den Beschaffungsprozess sein, da sie einen Überblick über anbietende Unternehmen geben. Die Thesen T_{7a} und T_{7b} bestätigen die hohe Bedeutung von Suchmaschinen für die Zusammenstellung von Informationen. Sie werden allerdings nicht benutzt, um Kontakte aufzufinden oder auch bereits bekannte Websites anzusteuern (vgl. T_{7c} und T_{7d}). Dies könnte darin begründet sein, dass die Auswahl von Lieferanten für eine langfristige Beziehung in unregelmäßigen Zeitabständen und zu unterschiedlichen Zeitpunkten erfolgt. Zu diesen Zeitpunkten ist es von Relevanz, Informationen zu suchen und zu finden. Auf Basis der Experteninterviews ist anzunehmen, dass in diesem Falle zunächst die Suche von Firmennamen und Firmenwebsites relevant ist, während weitere Informationen (wie z.B. mögliche Ansprechpartner) nicht über eine Suchmaschine, sondern auf der jeweils gefundenen Unternehmenswebsite gesucht werden. Dieser Sachverhalt macht deutlich, wie wichtig es ist, zum Zeitpunkt der (Neu-)Auswahl eines langfristigen Partners präsent zu sein. Je nach Unternehmen und Situation schwanken diese Zeitpunkte sehr stark. Daher kann festgehalten werden, dass es für Anbieter wichtig ist, auf Suchmaschinen dauerhaft präsent zu sein, um vor einem *moment-of-truth*[39] aufgefunden zu werden. Auf der Unternehmenswebsite müssen konkrete Ansprechpartner schnell gefunden werden. Einen tieferen Einblick in das Informationsverhalten zu kritischen Zeitpunkten der (Neu-)Auswahl von Partnerunternehmen gewähren die Spontanassoziationen[40] der Befragten zu Online-Informationsquellen, die in Abbildung 6 dargestellt werden.

---

[39] Von „moment-of-truth" wird immer dann gesprochen, wenn eine Interaktion zwischen Anbieter und Nachfrager stattfindet (vgl. hierfür Literatur zur Methode des Blueprinting, z.B. Bitner et al., 2008, S. 66ff.).

[40] Die Befragten wurden nach Onlinediensten gefragt, an die sie bei der Informationsbeschaffung für die Anbieterauswahl spontan denken. Die ersten drei Nennungen wurden berücksichtigt.

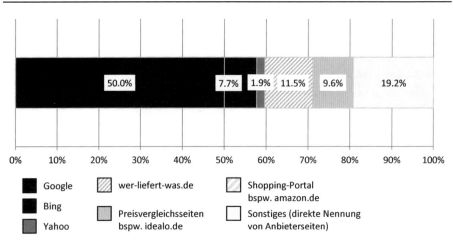

Abb. 6:   Spontanassoziationen zu Online-Informationsquellen (Gruppe 2)
Quelle: Backhaus et al. (2013), S. 69.

Suchmaschinen sind gegenüber anderen Informationsquellen nach wie vor dominant, wenngleich die direkte Ansteuerung von Anbieterseiten bei fast 20% liegt.

Da in dieser Risikogruppe das Risiko aus dem Eingehen einer Beziehung resultiert, kann eine Signalwirkung von bereits eingegangenen Beziehungen des Anbieters mit anderen Nachfragern ausgehen. Im Offline-Bereich ist dieses Signaling fester Bestandteil der Kommunikation von Systemen und deren Ausgestaltung (vgl. Bergmann/Rhode, 1992, S. 17). Im Online-Bereich spielt dies jedoch noch keine große Rolle (vgl. Thesen T_{5a} bis T_{6b}). Der Präsentation von Referenzen wird online kaum eine Bedeutung beigemessen. Das liegt den Experteninterviews zufolge vor allem daran, dass die Richtigkeit der Informationen schlechter eingeschätzt werden kann als im persönlichen Kontakt. Wenngleich der Betrachtung der Online-Relevanz nur zum Teil Bedeutung beizumessen ist, muss eine Gegenüberstellung von Online- und Offline-Medien bezogen auf die Intensität der Nutzung im Beschaffungsprozess dennoch geschehen, da T_{8a} abgelehnt werden musste. Abb. 7 gibt einen Überblick über die Intensität der Nutzung von Online- und Offline-Quellen bei der Beschaffung von Produkten mit niedrigem Produktrisiko und hohem Systemrisiko.

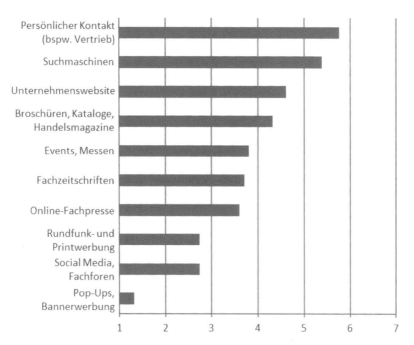

Abb. 7: *Intensität der Nutzung von Online- und Offline-Quellen bei der Beschaffung von Produkten mit niedrigem Produktrisiko und hohem Systemrisiko (Gruppe 2)*
Quelle: *Backhaus et al. (2013), S. 70.*

Der persönliche Kontakt wird am intensivsten genutzt. Dies ist in Einklang mit den Erkenntnissen aus der Analyse der These T_{2a}. Suchmaschinen und Unternehmenswebsites folgen auf den Plätzen zwei und drei. Der Stellenwert dieses Ergebnisses muss im Kontext mit den Thesen T_{4b} und T_{7a} bis T_{7d} betrachtet werden. Suchmaschinen und Unternehmenswebsite dienen demnach vor allem dazu, den persönlichen Kontakt herzustellen.

Auch hier handelt es sich um eine Momentaufnahme zum Zeitpunkt der Studienerstellung. Die Erwartungen der Befragten lassen jedoch auf eine weitreichende Änderung in den kommenden fünf Jahren schließen. These T_{8b}, welche die intensivere Nutzung von Online-Medien in Zukunft (in fünf Jahren) im Vergleich zu Offline-Medien postuliert, wurde bestätigt. Glaubt man der Einschätzung der Befragten, ändern sich demnach die Vorgehensweisen in der Informationsbeschaffung in den kommenden fünf Jahren grundlegend. Anbietern ist daher anzuraten, sich bereits jetzt auf die strategischen Änderungen vorzubereiten und eine ausgewogene Kommunikationsstrategie zu erarbeiten. Dabei ist die Konsistenz des Auftretens ein entscheidender Faktor, der Glaubwürdigkeit vermittelt (vgl. T_{8c}). Charakteristisch für die Auswahl der Lieferanten, mit denen eine langfristige Lieferantenbeziehung für Produkte mit niedrigem Produktrisiko eingegangen wird, ist das hohe Systemrisiko.

4.3 Beschaffungsprofil mit niedrigem Produktrisiko ohne Systemrisiko

Beschaffungen von Produkten *mit geringem Produktrisiko* sind dann von niedrigem Gesamtrisiko geprägt, wenn keine dauerhafte Bindung an einen Anbieter erfolgt und somit *kein Systemrisiko* besteht. Da die Qualität der Produkte als gegeben angesehen wird, steht bei geringem Gesamtrisiko die Unkompliziertheit der Beschaffung als Entscheidungskriterium stärker im Fokus. These T_{1c} belegt dies. Generell kann daher auch von einem einphasigen Ansatz ausgegangen werden, in der die Auswahl potenzieller Anbieter und die finale Entscheidung zeitlich eng aufeinander folgen.

Mit der Erkenntnis, dass die Einfachheit der Beschaffung im Fokus steht, kann vermutet werden, dass die Informationsrecherche die vorherrschende Heuristik zur Reduktion von Risiko ist. Diese Annahme kann jedoch nicht bestätigt werden (vgl. T_{2b}). Persönlicher Kontakt und Informationsrecherche unterscheiden sich in ihrer Wichtigkeit statistisch nicht signifikant voneinander, sodass von einem dualen Informationsverhalten sowohl auf Grundlage von persönlichen Kontakten als auch durch selbstinitiierte Informationsbeschaffung auszugehen ist.

Betrachtet man zunächst die Online-Relevanz in Beschaffungen mit niedrigem Gesamtrisiko, kann eine signifikante Relevanz von Informationen auf der Unternehmenswebsite für das Auffinden von potenziellen Anbietern bestätigt werden (vgl. T_{3a}). Obwohl die Beschaffung mit niedrigem Gesamtrisiko starke Ähnlichkeiten zu Kaufprozessen im Konsumgüterbereich aufweist, unterscheidet sie sich hinsichtlich des Einflusses der Websitequalität auf die Kaufintention grundlegend (vgl. T_{3a} und T_{3b}). Es ist daher zu vermuten, dass tatsächlich Informationen im Online-Bereich zum Vergleich von Anbietern genutzt werden und nicht die Qualität der Internetseite als Qualitätssurrogat für den Anbieter empfunden wird.

Bei Beschaffungen mit niedrigem Gesamtrisiko muss noch stärker davon ausgegangen werden, dass Referenzen und Erfahrungen von anderen Kunden eine große Rolle bei der Entscheidung für einen Anbieter haben. In Anlehnung an Park et al. (2007, S. 140) ist auch hier zunächst anzunehmen, dass im Online-Bereich ein Einfluss der Kundenrezensionen auf die Kaufabsicht herrscht. Dies ist jedoch trotz der Nähe zu B-to-C-Kaufprozessen im B-to-B-Bereich nicht der Fall (vgl. T_{5a} und T_{5b}).

Im Hinblick auf die Einfachheit der Beschaffung kann Suchmaschinen in der Rolle als Intermediär eine besondere Bedeutung zugesprochen werden, wie im Folgenden gezeigt wird. Die Bestätigung der Thesen T_{7a} bis T_{7b} weist auf die besondere Relevanz von Suchmaschinen hin. Zum einen liefern Suchmaschinen wertvolle Informationen für die Auswahl eines geeigneten Anbieters. Zum anderen werden Ansprechpartner direkt über Suchmaschinen gesucht. Daher ist es gerade für unbekannte Unternehmen wichtig, auf Suchmaschinen weit oben gelistet zu sein. Durch die Fokussierung auf eine einfache und schnelle Beschaffung scheint die Bedeutung von Suchmaschinen als Einstiegsportal in die Beschaffung besonders groß zu sein. Anbietern ist daher anzuraten, auf eine breite Präsenz in Suchmaschinen zu achten. Vor diesem Hintergrund ist es nicht verwunderlich, dass auch die Spontanassoziationen[41] der Befragten auf die Wichtigkeit von Suchmaschinen hindeuten, wie in Abbildung 8 zu sehen ist.

Abb. 8: *Spontanassoziationen zu Online-Informationsquellen (Gruppe 3)*
Quelle: *Backhaus et al. (2013), S. 74.*

Dennoch muss konstatiert werden, dass auch der direkte Zugang zu einer bereits bekannten Anbieterwebsite (29,0%) und Shopping-Portalen (11,6%) von Relevanz sind. Eine Kommunikationspolitik mit Online-Bezug muss daher breiter aufgestellt sein als auf die reine Optimierung von Suchmaschinen-Einträgen.

Setzt man die Intensität der Nutzung von Online- und Offline-Medien in Relation, wird auch hier ersichtlich, dass sich aktuell keine Präferenz für eine Medienkategorie aufzeigen lässt (vgl. Abb.ildung 9). Zwar stehen Suchmaschinen erkennbar auf Platz eins. Der persönliche Kontakt ist aber ebenso von hoher Bedeutung.

---

[41] Die Befragten wurden nach Onlinediensten gefragt, an die sie bei der Informationsbeschaffung für die Anbieterauswahl spontan denken. Die ersten drei Nennungen wurden berücksichtigt.

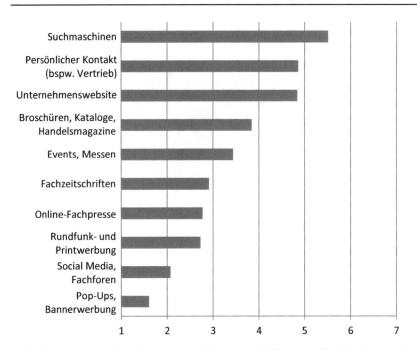

Abb. 9: *Intensität der Nutzung von Online- und Offline-Quellen bei der Beschaffung von Produkten mit niedrigem Produktrisiko ohne Systemrisiko (Gruppe 3)*
Quelle: Backhaus et al. (2013), S. 75.

Obwohl auch hier eine Nähe zu Konsumgütermärkten zu vermuten ist, kann die Relevanz klassischer Online-Werbung oder klassischer Offline-Werbung ebenso wie die Relevanz von Social Media und Fachforen nicht bestätigt werden. Eine Kommunikationspolitik sollte sich daher im Kern auf die Unternehmenswebsite, das Suchmaschinenlisting und den persönlichen Kontakt fokussieren.

Während aktuell ein ausgewogenes Verhältnis zwischen Online- und Offline-Mediennutzung zur Informationsbeschaffung besteht, ist auch für die Beschaffung mit niedrigem Gesamtrisiko zukünftig von einer stärkeren Bedeutung des Online-Bereichs auszugehen (vgl. T_{8b}). Eine Kommunikationsstrategie für die nahe Zukunft sollte daher unter Beachtung der Konsistenz zum Offline-Auftritt (vgl. T_{8c}) einen starken Online-Bezug berücksichtigen und schon heute auf adäquate Lösungen hinarbeiten.

Beschaffungen mit einem niedrigen Gesamtrisiko wurde eine Ähnlichkeit mit B-to-C-Kaufprozessen unterstellt. Dies gilt jedoch nur für die Struktur des Beschaffungsprozesses, nicht aber für die Relevanz von Online- und Offline-Medien.

5 Fazit

Die Untersuchung hat gezeigt, dass die Ausgestaltung von B-to-B-Beschaffungsprozessen im Wesentlichen von produktbezogenen und systembezogenen Risiken abhängt. Insgesamt ergeben sich drei unterschiedliche Gruppen von Beschaffungsprozessen, die sich in Bezug auf Formalisierungsgrad, Phasen, Beschaffungsdauer und Zahl der beteiligten Personen im Buying Center unterscheiden: Beschaffungen mit hohem Produktrisiko (Gruppe 1), Beschaffungen mit geringem Produktrisiko, aber hohem Systemrisiko aufgrund langfristiger Rahmenverträge (Gruppe 2) und Beschaffungen mit niedrigem Produktrisiko und niedrigem Systemrisiko (Gruppe 3). Diese Gruppen weisen Unterschiede im Hinblick auf ihre charakteristischen Profile auf, die direkten Einfluss auf die Relevanz von Online-Medien in B-to-B-Beschaffungsprozessen haben.

Bei der Beurteilung des zukünftigen Einsatzes digitaler Medien im B-to-B-Bereich stößt diese Studie allerdings an ihre Grenzen. So kann aufgrund der dynamischen Entwicklungen der digitalen Welt zum einen nicht beurteilt werden, welche Rolle z.B. Social Media in Zukunft für den B-to-B-Bereich spielen wird. Dieser Online-Kanal wird gerade erst für den B-to-B-Bereich entdeckt und könnte in Zukunft eine immer stärkere Rolle einnehmen. Zum anderen ist zu vermuten, dass in Zukunft neue Online-Kanäle zur Informationsbeschaffung auftauchen könnten. Der zunehmende Einsatz von internetfähigen Mobilgeräten und die ständige digitale Erreichbarkeit könnten beispielsweise zu neuen Trends und Möglichkeiten der Informationsbeschaffung im B-to-B-Bereich führen. Eine weitere Einschränkung der Studie besteht darin, dass hauptsächlich die Relevanz digitaler Medien in B-to-B-Beschaffungsprozessen analysiert wurde, die optimalen Einsatzformen relevanter Online-Kanäle aber in der Untersuchung noch nicht umfassend behandelt werden konnten. Diese Limitationen eröffnen einen Ausblick auf weiteren Forschungsbedarf. So müsste zum einen die Frage geklärt werden, ob der Bereich Social Media für den B-to-B-Bereich in Zukunft eine höhere Relevanz auf Nachfrageseite einnehmen wird. Zum anderen müsste untersucht werden, inwiefern sich das mobile Internet und die damit verbundene permanente Online-Präsenz auf das Informationsbeschaffungsverhalten von Nachfragern im B-to-B-Bereich auswirken und welche zusätzlichen Online-Kanäle zur Informationsbeschaffung, beispielsweise über spezielle Apps, daraus erwachsen. Da in dieser Studie vor allem die Relevanz von Unternehmenswebsites und Suchmaschinen für Beschaffungen im B-to-B-Bereich festgestellt wurde, sollten in einem nächsten Schritt zudem die Optimierungsmöglichkeiten dieser Online-Kanäle für Anbieter stärker fokussiert werden. Hier ist beispielsweise zu klären, welchen Einfluss Aufbau und Gestaltung der Unternehmenswebsite auf den Nachfrager und seine Auswahlentscheidung im Beschaffungsprozess haben. Im Hinblick auf Suchmaschinen stellt Suchmaschinenoptimierung ein wichtiges Themenfeld dar. Dabei ist vor allem die Wichtigkeit der Platzierung von Suchergebnissen und Präzision der Stichwortwahl zu untersuchen. Unbedingt notwendig wären solche Analysen auf der Basis größerer Stichproben.

Quellenverzeichnis

Backhaus, K.; Bröker, O.; Brüne, P.; Gausling, P. (2013): Digitale Medien in B2B-Beschaffungsprozessen – eine explorative Untersuchung, Arbeitspapier Nr. 52, Institut für Anlagen und Systemtechnologien, Westfälische Wilhelms-Universität Münster.

Backhaus, K.; Voeth, M. (2010): Industriegütermarketing, 9. Aufl., München.

Bai, B.; Law, R.; Wen, I. (2008): The Impact of Website Quality on Customer Satisfaction and Purchase Intentions: Evidence from Chinese Online Visitors. In: International Journal of Hospitality Management, Special Issue in Hospitality Management in China, 27(3), S. 391-402.

Bergmann, H.; Rhode, H. (1992): Nutzung und Einsatz von Kompetenzzentren im Marketing für rechnerintegrierte Fertigungssysteme, Abschlussbericht, Ruhr-Universität Bochum, 1992.

Bitner, M. J.; Ostrom, A. L.; Morgan, F. N. (2008): Service Blueprinting: a Practical Technique for Service Innovation. In: California Management Review, 50(3), S. 66-94.

Chang, H. H.; Wong K. H. (2010): Adoption of E-Procurement and Participation of E-Marketplace on Firm Performance: Trust as a Moderator. In: Information & Management, 47(5-6), S. 262-270.

Fullerton, G. (2005): The Service Quality–Loyalty Relationship in Retail Services: Does Commitment Matter? In: Journal of Retailing and Consumer Services, 12(2), S. 99-111.

Heinemann, G. (2012): Der neue Online-Handel. Erfolgsfaktoren und Best Practices, 4. Aufl., Wiesbaden.

Hosoi, K. (2000): Advanced B2B Procurement on the Internet. In: FUJITSU Scientific & Technical Journal, 63(2), S. 226-231.

Hunter, L. M.; Kasouf, C. J.; Celuch, K. G.; Curry, K. A. (2004): A Classification of Business-to-Business Buying Decisions: Risk Importance and Probability as a Framework for E-Business Benefits. In: Industrial Marketing Management, 33(2), S. 145-154.

Johnston, W. J.; Lewin, J. E. (1996): Organizational Buying Behavior: Toward an Integrative Framework. In: Journal of Business Research, 35(1), S. 1-15.

Liu, C.; Kirk, A. P.; Litecky, C. (2000): Design Quality of Websites for Electronic Commerce: Fortune 1000 Webmasters' Evaluations. In: Electronic Markets, 10(2), S. 120-129.

Park, D.-H.; Lee, J.; Han, I. (2007): The Effect of On-Line Consumer Reviews on Consumer Purchasing Intention: The Moderating Role of Involvement. In: International Journal of Electronic Commerce, 11(4), S. 125-148.

Phillips, C.; Meeker, M. (2000): The B2B Internet Report. Collaborative Commerce, Morgan Stanley Dean Witter.

Salminen, R. T.; Möller, K. (2006): Role of References in Business Marketing – Towards a Normative Theory of Referencing. In: Journal of Business-to-Business-Marketing, 13(1), S. 1-51.

Sharma, A. (2002): Trends in Internet-Based Business-to-Business Marketing. In: Industrial Marketing Management, 31(2), S. 77-84.

Sheth, J. N. (1973): A Model of Industrial Buyer Behavior. In: Journal of Marketing, 37(4), S. 50-56.

Subramaniam, C.; Shaw, M. J. (2002): A Study on the Value and Impact of B2B E-Commerce: The Case of Web-based Procurement. In: International Journal of Electronic Commerce, 6(4), S. 19-40.

Sweeney, J.; Soutar, G. N.; Johnson, L. W. (1999): The Role of Perceived Risk in the Quality-Value Relationship: A Study in a Retail Environment. In: Journal of Retailing, 75(1), S. 77-105.

Tai, Y.-M.; Ho, C.-F.; Wu, W.-H. (2010): The Performance Impact of Implementing Web-Based E-Procurement Systems, International Journal of Production Research, Vol. 48 (18), S. 5397-5414.

Tushman, M. L. (1977): Special Boundary Role in the Innovation Process. In: Administrative Science Quarterly, 22(4), S. 587-605.

Valla, J.-P. (1982): The Concept of Risk in Industrial Buyer Behavior, in: Workshop on Organisational Buying Behaviour, European Institute for Advanced Studies in Management, Brüssel, Dezember, S. 9-10.

Weddeling, M. (2010): Performance Contracting für hybride Produkte. Eine konzeptionelle und empirische Analyse des investiven Nachfragerverhaltens, Hamburg, zugleich Dissertation an der Westfälischen Wilhelms-Universität Münster 2009.

Short biographies of authors

 **Klaus Backhaus** is a senior professor of marketing and director of the Institute of Business-to-Business Marketing at the WWU, Münster. He works at the leading edge of marketing research and knowledge transfer to practice. He has published in JAMS, IJRM, JBE, IMM, B2B Marketing, and JAP, and is member of the supervisory board of glass technology leader Schott AG, Mainz.

 **Ole Bröker** is a research assistant and PhD. candidate at the Institute of Business-to-Business Marketing at the WWU, Münster. His main area of research is dedicated to production-related services in B-to-B markets.

 **Philipp A. Brüne** is a research assistant and PhD. candidate at the Institute of Business-to-Business Marketing at the WWU, Münster. His research interests concern production-related services and the use of search engines in B-to-B markets.

 **Philipp Gausling** is a research assistant and PhD. candidate at the Institute of Business-to-Business Marketing at the WWU, Münster. His research focuses on project financing in B-to-B markets.

Science-to-Business-Marketing auf Messen

Sven Prüser

Trade shows have traditionally been places where companies establish and develop business relations. Since 1976, as well as companies, research institutions of all kinds have also started to use the potential of trade shows for their knowledge transfer activities. At the beginning, the exhibiting institutions focused on selling licenses to companies, which in turn saved risky expenses on research and development (R&D). The more experienced that institutions became in collaborating with companies, the clearer it became that there was more potential beyond selling licenses. This cleared the way for science-to-business marketing. This concept needs to be adapted to the trade show activities of research institutes. Hence, more attention must be paid to attracting different types of visitors and addressing their specific needs.

Messen sind Plätze auf denen Unternehmen traditionell Geschäftsbeziehungen begründen und entwickeln. Seit 1976 präsentieren sich auch Forschungseinrichtungen auf Messen. Ursprünglich zielten diese Präsentationen darauf ab, Lizenzen zu vermarkten und den Unternehmen Forschungs- und Entwicklungs (FuE)-Aufwand zu ersparen. Mit wachsender Erfahrung in der Zusammenarbeit mit Unternehmen wurde deutlich, dass jenseits der Lizenzvermarktung noch weitere Potenziale zu heben waren. Damit war der Weg für Science-to-Business-Marketing frei. Dieses Konzept ist auf die Messeaktivitäten der Forschungseinrichtungen zu adaptieren. Die Messepräsentationen sind daher auf die unterschiedlichen Besuchertypen und ihre spezifischen Bedürfnisse auszurichten.

1 Einleitung

Präsentationen von Forschungseinrichtungen fanden sich auf Messen schon lange bevor der Begriff des Science-to-Business-Marketing geprägt wurde. So war bereits auf der ersten eigenständigen CeBIT im Jahre 1986 ein Ausstellungsbereich speziell für Universitäten, Fachhochschulen und Forschungsinstitutionen im Angebot. Damit war die CeBIT aber nicht die erste Messe, die der Wissenschaft Präsentationsmöglichkeiten offerierte. Vielmehr knüpfte sie damit an eine Tradition, die die HANNOVER MESSE bereits zehn Jahre vorher mit dem „Forschungsmarkt" begründet hatte (vgl. Goehrmann, 1992, S. 59). Ursprünglich hatten die Messe-Veranstalter mit der Schaffung dieser Ausstellungsbereiche die Absicht verfolgt, Unternehmen Kontakte mit wissenschaftlichen Institutionen zu vermitteln, durch die der Zugriff auf Forschungsergebnisse und damit eine bessere Position im Innovationswettbewerb ermöglicht werden sollte. Die Motivation der ausstellenden Forschungseinrichtungen war es, im Wege des Verkaufs von Lizenzen für Forschungsergebnisse Drittmittel einzuwerben und somit die immer schon knappen öffentlichen Mittel aufzustocken.

Den ersten Präsentationen der Forschungseinrichtungen lagen keine fundierten Marketingkonzeptionen zugrunde. Vielmehr basierten diese Aktivitäten auf der Überlegung, dass unter den besuchenden und ausstellenden Unternehmen von Messen auch solche zu finden sein müssten, die einen Bedarf an den mehr oder weniger zur Anwendungsreife gebrachten wissenschaftlichen Ideen haben könnten und somit als Drittmittelgeber zu gewinnen sein sollten. Die Erfahrungen, die seither mit solchen und anderen Formen des sogenannten „Forschungstransfers" gemacht wurden, zeigten jedoch einerseits, dass Forschungseinrichtungen wesentlich mehr Leistungen für Unternehmen erbringen können, als lediglich den gelegentlichen Verkauf von Forschungsergebnissen. Andererseits wurde deutlich, dass – über das einmalige Lizenzgeschäft hinaus – für einige Unternehmen und Forschungseinrichtungen langfristig angelegte Kooperationen wesentliche zusätzliche Nutzen erzeugen können. Ergo sollte auch das Marketing von Forschungseinrichtungen auf die Etablierung von Geschäftsbeziehungen ausgerichtet werden (vgl. Schröder et al., 2012, S. 75). Damit war dem Science-to-Business-Marketing der Weg bereitet (vgl. Baaken, 2010, S. 1).

Auf die Messeaktivitäten von Forschungseinrichtungen bezogen, bietet Science-to-Business-Marketing zunächst einmal die Chance, die ursprünglich auf zufällige Kontakte ausgerichtete Präsentation durch eine systematische Herangehensweise zu ersetzen. Im Folgenden wird daher zunächst das Leistungsangebot der Forschungseinrichtungen unter dem Gesichtspunkt der Präsentationsfähigkeit auf Messen strukturiert. Anschließend sollen die Unternehmen, denen diese Leistungen angeboten werden sollen, kategorisiert werden. Im vierten Kapitel wird beleuchtet, welche Messen für welche Kombinationen angebotener Leistungen und potenzieller Nachfrager dieser Leistungen geeignet sind. Abschließend geht das fünfte Kapitel auf weitere Marketing-Potenziale ein, die über das eigentliche Vermarkten von Forschungsleistungen hinaus auf Messen zu erschließen sind.

2 Leistungsangebote von Forschungseinrichtungen

Die Leistungen, die Forschungseinrichtungen für interessierte Unternehmen bereithalten, umfassen ein weitreichendes Spektrum. Wissenschaftliche Ergebnisse, die Unternehmen angeboten wurden, um sie gegenüber diesen in Form neuer Produkte zu vermarkten, gehörten von Anfang an zum Präsentationsprogramm der Forschungseinrichtungen. Je nachdem, wie weit der Entwicklungsprozess vorangeschritten ist, kann es sich bspw. um Prototypen handeln, die im Prinzip nur noch vom interessierten Unternehmen in die Serienfertigung überführt zu werden brauchen. Angesichts knapper Ressourcen der Forschungseinrichtungen können aber auch schon am Beginn des Entwicklungsprozesses Interessenten akquiriert werden, die dann die Entwicklung des Prototyps finanzieren und im Gegenzug Vermarktungsrechte eingeräumt bekommen. Damit wird zugleich in einem sehr frühen Stadium des Entwicklungsprozesses eine Anwendungsperspektive integriert, die wiederum tendenziell die Vermarktungschancen zu beiderseitigem Nutzen erhöht. Die Geschichte des MP3-Standards mag hier als Gegenbeispiel gelten; denn die Entwicklung dieser Technologie fand in Kooperation mit Unternehmen statt, die dann im Verlauf der Zusammenarbeit jedoch zu der Einschätzung kamen, dass MP3 nicht marktfähig sein werde (vgl. Fraunhofer IIS, 2012, S. 6). Dennoch gilt, dass das durch die Industriepartner eingebrachte Know-how auch in diesem Fall letztlich den Durchbruch dieser Technologie zumindest gefördert hat, wenn auch zugunsten von deren Wettbewerbern.

Neben diesen unmittelbar produktbezogenen Angeboten gehören aber auch Dienstleistungen zu den Leistungen, die Unternehmen offeriert werden können. Viele – vor allem kleinere – Unternehmen haben zum Beispiel weder den konstanten Bedarf noch die finanziellen und personellen Ressourcen, um spezielle Laboreinrichtungen und Prüfstände vorhalten bzw. betreiben zu können. Umgekehrt verfügen Forschungseinrichtungen häufig über Labore und Messgeräte, deren Kapazitäten nicht immer vollständig ausgelastet sind. Hier bietet sich die Vermarktung der freien Kapazitäten an, zumal damit beiderseitig Kosten gespart und zugleich bidirektionale Know-how-Transfers ermöglicht werden.

Ein Vorteil der skizzierten Leistungsangebote besteht darin, dass die Vermarktung gerade auf Messen vergleichsweise einfach ist, denn es handelt sich um konkrete Angebote, die bildlich dargestellt und vor allem einfach erklärt werden können. Forschungseinrichtungen können aber auch über das konkrete Produkt oder die konkrete Dienstleistung hinaus als Partner zur Lösung mehr oder weniger klar strukturierter Probleme fungieren. Hierzu gehören Leistungen wie etwa die Mitwirkung bei der Gestaltung von Fertigungs-, Innovations-, Logistik- oder auch Administrationsprozessen. Selbst bei Strategieentwicklungen können Forschungseinrichtungen nutzbringend involviert werden, wenn die jeweils benötigten Wissenschaftsdisziplinen zum Spektrum der fraglichen Forschungseinrichtung gehören. Die Vermarktung solcher abstrakter Leistungsangebote ist allerdings auch für Unternehmen mit langjähriger Messetradition eine große Herausforderung. Letztlich kommt es dabei darauf an, dass sich die jeweilige Forschungseinrichtung mit ihrem gesamten Know-how als integrierter Lösungsanbieter und Partner für die Unternehmen darstellt. Eines der wenigen dokumentierten Beispiele dafür, wie Industrieunternehmen diese Aufgabe angehen, ist die Darstellung der Messestrategie der Heidelberg Druckmaschinen AG (vgl. Reichardt/Jensen, 2003, S. 1237ff.). Ein wesentlicher Bestandteil einer entsprechenden Messestrategie ist nach Reichardt und Jensen vor allem eine integrierte Kommunikation, die bereits im Vorfeld der Messe ansetzt und auch im Nachklang der Veranstaltung eine gezielte Interessentenansprache umfasst. Eines der Elemente, die hier zum Einsatz kommen, sind Testimonials (vgl. Reichardt/Jensen, 2003, S. 1245). Für Forschungseinrichtungen bietet es sich hier an, positive Erfahrungen zufriedener Kooperationspartner – bspw. in Einladungen zum Messebesuch und in Danksagungen an Besucher – zu platzieren.

Ein letztes hier aufzuführendes Leistungsangebot von Forschungseinrichtungen gewinnt gerade im Zuge des demographischen Wandels eine zunehmende Bedeutung. Für ein breiter werdendes Feld von Qualifikationen fällt es Unternehmen zunehmend schwerer, geeignete Arbeitskräfte zu gewinnen (vgl. BMBF, 2013, S. 5). Damit ist vor allem für die Universitäten und (Fach-)Hochschulen unter den Forschungseinrichtungen der Kern-Kompetenzbereich, die Aus- aber auch Weiterbildung, angesprochen. Unternehmen suchen gerade auf Messen nach Praktikanten und Absolventen, die über die knapper werdenden Qualifikationen verfügen. Umgekehrt haben Studierende häufig das Problem, die ihren Interessen entsprechenden Praktikumsplätze und Arbeitgeber zu identifizieren. Einer der Gründe hierfür ist, dass ein großer Teil der Praktikums- und Arbeitsplätze von Unternehmen zu besetzen sind, die den Studierenden unbekannt sind. Universitäten und (Fach-)Hochschulen können, um diese Diskrepanz zu überwinden, als Mittler zwischen Angebot und Nachfrage involvieren, bspw. indem auf Messen gezielt Praktikums- und Arbeitsplatzangebote eingesammelt und an die Interessenten weitergegeben werden. Darüber hinaus wächst aber auch das Angebot der Bildungsinstitutionen an berufsbegleitenden Qualifizierungsmöglichkeiten. Auch diese Optionen können auf Messen den suchenden Unternehmen bekannt gemacht werden.

3 Besucher-Zielgruppen der Messeaktivitäten von Forschungseinrichtungen

In der Literatur wird üblicherweise davon ausgegangen, dass die Aussteller die Angebotsseite und die Besucher die Nachfrageseite repräsentieren (vgl. Busche, 2012, S. 90). Allerdings zeigt sich häufig, dass Aussteller ihre Messebeteiligung auch dazu nutzen, Beschaffungsaufgaben wahrzunehmen. Entsprechend gehören neben den Besuchern einer Messe auch deren Aussteller zu den Zielgruppen, die für Forschungseinrichtungen relevant und daher in die Aktivitäten miteinzubeziehen sind.

Unabhängig davon, ob die Personen, die auf der Messe angetroffen werden, zu Unternehmen gehören, die auch als Aussteller vertreten sind, oder ob es sich um Besucher im engeren Sinne handelt, können zwei Besuchertypen unterschieden werden: Auf der einen Seite ist mit Besuchern zu rechnen, die ein konkretes Anliegen haben, zum Beispiel, weil sie im Vorfeld der Messe gezielt an den Stand einer Forschungseinrichtung eingeladen wurden und sich über die in der Einladung in Aussicht gestellten Angebote informieren möchten. Auf der anderen Seite finden sich aber auch Besucher, die ursprünglich nicht beabsichtigt haben, sich über Forschungsleistungen zu informieren. Dieser Fall tritt zum Beispiel dann ein, wenn ein Besucher sein geplantes Besuchsprogramm unterbricht und in einer rezeptiven Besuchsphase auch solche Angebote zur Kenntnis nimmt, die nicht auf seinem Programm stehen (vgl. Strothmann, 1979, S. 174f; Backhaus/Voeth, 2010, S. 314). Diese beiden Besuchertypen sind jeweils auf unterschiedliche Weise anzusprechen. Der sich gezielt informierende Besucher hat ein Anliegen und sollte zügig zu einem geeigneten Ansprechpartner und/oder Exponat gebracht werden. Da rezeptive Besucher hingegen (zunächst) nicht suchen, gestaltet sich deren Ansprache schwieriger. Für diesen Typ sind in der Standkonzeption Exponate oder andere Präsentationsinhalte vorzusehen, die den Besucher dadurch aktivieren, dass sie Aufmerksamkeit wecken und im besten Fall neugierig machen. Hier haben Forschungseinrichtungen gegenüber anderen Ausstellern oft einen Vorteil, da interessante Experimente und innovative Produkte in der Regel zum Fundus einer Forschungseinrichtung gehören und entsprechend auf der Messe gezeigt werden können. Ein ähnlicher Effekt kann auch mit Diskussionsrunden oder Vorträgen erzielt werden, sofern diese von außerhalb des Messestandes einsehbar sind. Gerade Besucher in der rezeptiven Phase neigen dazu, diese „Darbietungen" zu taxieren und sie weiter zu verfolgen, sofern sie nicht abschreckend langweilig wirken.

Ein weiterer Aspekt, der bei der Kategorisierung von Besuchern von Relevanz ist, betrifft die Art des Informationsanliegens. Handelt es sich bei diesem um die Suche nach einer konkreten Leistung, etwa einem Prototyp oder eine Dienstleistung, kann das Informationsanliegen in einem Gespräch und – sofern vorhanden – anhand von Exponaten befriedigt und vor allem in ein konkretes Verkaufsgespräch eingestiegen werden. Komplexer stellt sich die Situation hingegen dar, wenn sich das Informationsanliegen auf eine der abstrakteren Leistungen richtet. Hier kann der informationssuchende Besucher in der Regel nicht präzise darlegen, welche konkreten Informationen benötigt werden. Häufig handelt es sich bei Anliegen des Besuchers um eine unstrukturierte Beschreibung eines Problems oder einer Idee und es besteht nur eine vage Vorstellung davon, dass bei dessen Lösung bzw. deren Umsetzung die Forschungseinrichtung mitwirken könnte. In diesen Fällen hat das Gespräch auf der Messe den Charakter eines Diskurses, in dessen Verlauf zum einen durch gezielte Fragen das Anliegen des Besuchers zu strukturieren ist und zum anderen zum Beispiel durch den Verweis auf ähnlich gelagerte Referenzprojekte deutlich gemacht werden sollte, dass die Forschungseinrichtung der richtige Partner für das Anliegen ist.

Insgesamt ergeben sich somit letzten Endes vier Kategorien von Besuchern, auf die die Messekonzeption vorbereitet sein sollte:

1. Gezielt Informationssuchende, deren Anliegen sich auf konkrete Leistungen bezieht.
2. Gezielt Informationssuchende, deren Anliegen sich auf abstrakter Leistungen bezieht.
3. Besucher, in der rezeptiven Phase, deren Interesse für eine konkrete Leistung geweckt wurde.
4. Besucher, in der rezeptiven Phase, die durch die Messepräsentation motiviert wurden, sich für eine abstrakte Leistung zu interessieren.

Besucher der beiden erstgenannten Kategorien können durch Aktivitäten wie gezielte Einladungskampagnen und Pressearbeit gewonnen werden. Für Besucher der beiden letztgenannten Kategorien sind Elemente der Standkonzeption von besonderer Bedeutung, da diese Besucher zur Informationsgewinnung erst zu motivieren sind.

4 Die Eignung verschiedener Messearten für die Präsentation von Forschungseinrichtungen

Zu den schwierigen Entscheidungen, die an Messepräsentationen interessierte Forschungseinrichtungen zu treffen haben, gehört die Auswahl der für die jeweiligen Ziele am besten geeigneten Messen – denn das Angebot an Messeveranstaltungen ist sehr ausdifferenziert. Ein wesentliches Kriterium zur Bestimmung der passenden Messe ist der Grad der Branchenfokussierung. Das Science-to-Business-Marketing kann hierfür auf die im Investitionsgütermarketing gebräuchlichen Kategorien zurückgreifen, da es auch in diesem Fall die Ansprache von Unternehmen beabsichtigt ist. Das wesentliche Kriterium für diese Typologien ist der Branchenfokus einer Messe (vgl. Backhaus/Voeth, 2010, S. 314, S. 319). Die in der Literatur noch regelmäßig aufgeführte Universalmesse spielt jedoch allenfalls noch in wenig industrialisierten Ländern eine Rolle. In den Zentren der Weltwirtschaft finden sich hingegen auf der einen Seite Veranstaltungen, die wie zum Beispiel die HANNOVER MESSE aussteller- und besucherseitig ein breites Spektrum an Branchen repräsentieren. Auf der anderen Seite sind Messen zu nennen, die aussteller- und/oder besucherseitig auf eine (Teil-)Branche fokussieren. Als Beispiele können hier die EMO (die Weltleitmesse der Werkzeugmaschinenindustrie) und die AIME (Messe für Flugzeuginnenausstattung) angeführt werden. Der Vorteil fokussierter Messen liegt generell darin, dass solche Veranstaltungen zu einem hohen Anteil von Spezialisten des jeweils relevanten Fachgebietes besucht werden.

Dabei gilt, dass mit wachsender Fokussierung auch der Grad der Spezialisierung der Besucher einer solchen Veranstaltung zunimmt. Entsprechend spezifischer gestalten sich dann auch die Informationsanliegen der Besucher. Umgekehrt zeichnen sich Messen mit einem breiten Branchenspektrum dadurch aus, dass zu ihren Besuchern sowohl Spezialisten für einzelne Aufgaben als auch Unternehmensentscheider mit einem breiten Verantwortungsgebiet gehören. Die Informationsanliegen der Besucher sind daher insgesamt differenzierter. Ferner bieten breiter aufgestellte Veranstaltungen den Besuchern die Möglichkeit, unterschiedliche Informationsanliegen zu befriedigen, was dazu führt, dass ein hoher Anteil der Besucher von vornherein eine höhere Bereitschaft aufweist, sich auch mit anderen als den geplanten Themen zu beschäftigen.

Daher kann als Faustregel genannt werden, dass Forschungseinrichtungen, die konkrete Leistungsangebote für eine einzelne, klar definierte Branche anbieten, sich auf eine auf diese Branche spezialisierte Messe fokussieren sollten, da sie dort am ehesten auf solche Besucher treffen, deren Informationsbedürfnis sich auf eben derartige Angebote richtet. Die Chance, Besucher anzutreffen, die erst durch den Messekontakt auf Leistungen der Forschungseinrichtung aufmerksam werden oder sich durch die Präsentation inspirieren lassen, sinkt jedoch mit wachsender Fokussierung der Veranstaltung. Gleiches gilt für die Wahrscheinlichkeit, Entscheidungsträger höherer Hierarchiestufen und insbesondere der Vorstands- und Geschäftsführungsebene zu erreichen. Entsprechend ihrer vielschichtigen Verantwortlichkeiten bevorzugen diese Entscheidungsverantwortlichen es, Veranstaltungen zu besuchen, die ein größeres Angebotsspektrum abdecken. Demgemäß gilt, dass für den Aufbau langfristiger Geschäftsbeziehungen sowie für die Profilierung als Problemlösungspartner Veranstaltungen mit einem breiteren Branchenfokus zu bevorzugen sind (vgl. Karger, 2013).

5 Weitere Marketingpotenziale von Messen

In den bisherigen Ausführungen wurde eine besondere – auf Messen anzutreffende – Zielgruppe weitgehend ausgeblendet. Es handelt sich hierbei um Journalisten. Auch diese Berufsgruppe nutzt Messen, um Informationen zu gewinnen. Anders als die anderen Messebesucher nutzen Journalisten die Informationen jedoch zum Zwecke einer redaktionellen Aufbereitung in Artikeln oder Rundfunkbeiträgen sowie auch zur Publikation via Internet. Daher können Publikationen die Wirkung einer Messepräsentation potenzieren. Gelingt es, Journalisten zu motivieren, über die Präsenz der Forschungseinrichtung und/oder einzelne Exponate zu berichten, kann ein Beitrag dazu geleistet werden, die jeweilige Forschungseinrichtung und ihre Angebote bekannter zu machen. Dies führt zum einen dazu, die Aufmerksamkeit von Unternehmen, die auf der Messe selbst nicht erreicht wurden, zu wecken und somit im Anschluss an die Messe zusätzliche Kontakte zu gewinnen. Zum anderen trägt insbesondere positive Berichterstattung dazu bei, ein positives Image zu schaffen, das die Erfolgswahrscheinlichkeit zukünftiger Gespräche über Forschungskooperationen erhöht. Während der Messe stehen die Forschungseinrichtungen dabei mit den übrigen Ausstellern und dem Messeveranstalter im Wettbewerb um die Beachtung durch die Journalisten (vgl. Roloff, 1992, S. 205). Die Forschungseinrichtungen verfügen dabei über den „Wettbewerbsvorteil", dass ihnen zum einen kommerzielle Neutralität unterstellt wird, so dass im Gegensatz zur Berichterstattung über Unternehmen der Verdacht, die Berichterstattung sei eine verdeckte Werbung, gar nicht erst aufkommt. Zum anderen sind Journalisten vor allem daran interessiert, neue Inhalte zu identifizieren und diese zu publizieren. Da es zum Wesen von Forschungseinrichtungen gehört, Innovationen zu produzieren, werden diese Einrichtungen von Journalisten daher überproportional oft aufgesucht.

Ein weiterer Nutzenaspekt der Messepräsentationen von Forschungseinrichtungen ist darin zu sehen, dass diese Einrichtungen in der Regel einen regionalen Bezug haben. Dies gilt zwar vor allem für Hochschulen (Universitäten und Fachhochschulen), aber auch Großforschungseinrichtungen werden häufig mit ihren Standorten in Verbindung gebracht. Das führt dazu, dass die Imagewirkungen der Präsentationen auch auf die jeweiligen Standortregionen abstrahlen, was sich unter anderem darin ausdrückt, dass besagte Regionen als Forschungsstandorte wahrgenommen werden. Dies unterstützt zum einen etwaige Aktivitäten des Regionalmarketing, insbesondere die Gewinnung ansiedlungswilliger Unternehmen. Zum anderen bestätigen solche Effekte die kommunalen Geldgeber der Forschungseinrichtung darin, dass ihre Mittelzuweisungen gerechtfertigt sind. Auch diese Nutzenaspekte werden durch erfolgreiche Pressearbeit potenziert.

6 Fazit

Wenn die Messe nicht nur als eine Möglichkeit verstanden wird, aus dem Strom der Besucher einige Kontakte zu gewinnen, mit denen über eine mögliche Zusammenarbeit gesprochen werden kann, bieten Messebeteiligungen für Forschungseinrichtungen vielschichtige Potenziale, Science-to-Business-Marketing erfolgreich zu praktizieren. Eine wesentliche Erfolgsvoraussetzung hierfür ist, sich einerseits über das eigene Leistungsangebot klar zu werden und dabei zu beachten, dass sehr viel mehr Leistungen als nur Lizenzen vermittelt werden können. Andererseits gilt es auch, sich darauf vorzubereiten, dass Besucher sehr unterschiedliche Informationsbedürfnisse bzw. Interessen an Leistungen der Forschungseinrichtungen haben (können). Aufgabe der Messekonzeption ist es daher, die unterschiedlichen Voraussetzungen, die Besucher mitbringen, zu antizipieren und den Messeauftritt entsprechend zu gestalten. Sind diese Voraussetzungen gegeben, können Messen der Ausgangspunkt fruchtbarer langfristiger Geschäftsbeziehungen zwischen Forschungseinrichtungen und innovationsinteressierten Unternehmen werden.

Quellenverzeichnis

Baaken, T. (2010): Science-to-Business Marketing – ein innovativer Ansatz im Wissenstransfer, Key Note Vortrag auf der Tagung „Technologietransfer – Ideen Perspektiven geben" der University Partners Interchange am 24.02.2010 in Bonn.

Backhaus, K.; Voeth, M. (2010): Industriegütermarketing, 9. Auflage, München

Bundesministerium für Bildung und Forschung (BMBF) (Hrsg.): Berufsbildungsbericht 2013, Bonn.

Busche, M. (2012): Internationale Messen und Kommunikation. In: Baaken, T; Kesting, T.; Kliewe, T.; Pörner, R. (Hrsg.): Business-to-Business-Kommunikation. Neue Entwicklungen im B-to-B-Marketing, 2., völlig neu bearbeitete und wesentlich erweiterte Auflage, Berlin, S. 89-98.

Fraunhofer IIS (2012): MP3 – Forschung, Entwicklung und Vermarktung in Deutschland, am 15.10.2013 abgerufen unter www.iis.fraunhofer.de/content/dam/iis/de/dokumente/amm/broschueren/mp3_Broschuere_A4_16S2012.pdf.

Goehrmann, K. (1992): Messen im technischen Entwicklungsprozeß. In: Strothmann, K.-H.; Busche, M. (Hrsg.): Handbuch Messemarketing, Wiesbaden, S. 51-65.

Karger, R. (2013): Warum noch zur Messe? Weil es großes Kino ist! Beitrag auf TRIALOG – Der Blog für Unternehmen, am 15.10.2013 abgerufen unter www.trialog-unternehmerblog.de/2013/03/05/warum-noch-zur-messe-weil-es-groses-kino-ist/.

Reichardt, H.; Jensen, S (2003): Die Messe als Instrument der Markenführung im Industriegütersektor. In: Kirchgeorg, M.; Dornscheidt, M.; Giese, W.; Stoeck, N. (Hrsg.): Handbuch Messemanagement, Wiesbaden, S. 1235-1252.

Roloff, E. (1992): Die Öffentlichkeitsarbeit von Messegesellschaften. In: Strothmann, K.-H.; Busche, M. (Hrsg.): Handbuch Messemarketing, Wiesbaden, S. 201-218.

Schröder, C.; Baaken, T.; Korff, N. (2012): The Triangle for Innovation in Knowledge Transfer and Partnering at Münster University of Applied Sciences. In: Gorzka, G. (Hrsg.): Knowledge Transfer - The New Core Responsibility of Higher Education Institutions. Practice and Perspectives in Russia and Germany, Kassel, S. 61-78.

Strothmann, K.-H. (1979): Investitionsgütermarketing, München.

Short biography of author

Sven Prüser has been a professor at the HTW Berlin University of Applied Sciences since 2009. Before joining the university he spent nearly 20 years in the trade show industry working for leading organisers. In between other jobs he was responsible for the international activities of Deutsche Messe AG and was the head of CeBIT, the leading event for the high tech industry. Beside trade show marketing, his primary research areas concern the impact of the Internet on all sectors of the economy and society, e.g. industry 4.0, big data, cloud computing and social media.

Printed by Printforce, the Netherlands